트레이딩의 정석

트레이딩의 정석

초판 1쇄 발행 2016년 6월 10일
초판 2쇄 발행 2016년 8월 16일

지은이 배단한
펴낸이 백유미

Publishing Dept.
CP 조영석 | Chief editor 박혜연 | Editor 이하정 | Designer 김경미
Marketing 이원모 김재연 | Online Marketing 김주영 조아란

Education Dept.
Chief Creator 박은정 | Manager 이은영 김민수

Management Dept.
Manager 임미현 윤민정

Staff
출력 카이로스 | **인쇄** 도담프린팅

펴낸곳 라온북
주소 서울 서초구 효령로 34길 프린스효령빌딩 5층
등록 2009년 12월 1일 제 385-2009-000044호
전화 070-7600-8230 | **팩스** 070-4754-2473
이메일 raonbook@raonbook.co.kr | **홈페이지** www.raonbook.co.kr

값 23,000**원**
ISBN 979-11-5532-236-9 03320

이 도서의 국립중앙도서관 출판시도서목록(CIP)은 서지정보유통지원시스템 홈페이지(http://seoji.nl.go.kr)와 국가자료공동목록시스템(http://www.nl.go.kr/kolisnet)에서 이용하실 수 있습니다.
(CIP제어번호 : CIP2016013485)

＊ 라온북은 (주)니카의 출판 브랜드입니다.
＊ 잘못된 책은 구입한 서점에서 바꾸어 드립니다.

라온북은 독자 여러분의 다양한 아이디어와 원고 투고를 설레는 마음으로 기다리고 있습니다. 머뭇거리지 말고 두드리세요.

보내실 곳 raonbook@raonbook.co.kr

트레이딩의 정석

오직 주식 트레이딩 만으로 월 천만 원 버는
'월천 트레이더'의 트레이딩 교과서

배단한 지음

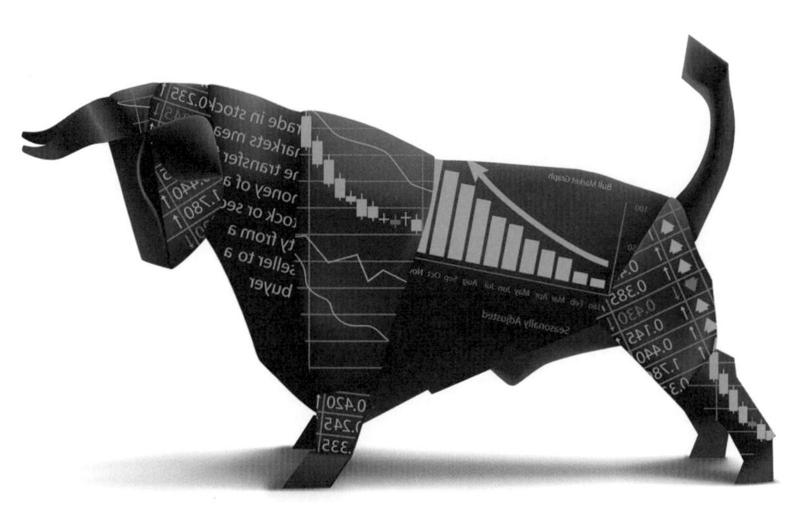

리온북

프롤로그

운명을 바꾸는 평생기술, 주식 트레이딩

인생의 터닝포인트에 대해 생각해 본 적 있는가? 내 인생의 전환점은 스무 살, 자기계발과 재테크 서적에 파묻혀 살았을 때였다.

대부분 학생들이 그렇듯, 나 역시 대학에 가기 위해 수능 시험을 목표로 10대를 보냈다. 그런데 목표했던 대학에 떨어지면서 나와 우리 가족은 모두 패닉에 빠졌다. 내가 대학에 낙방한 이유는 '겁' 때문이었다. 간이 작아서, 겁이 많아서, 긴장해서 실전에 실력 발휘를 하지 못한 것이다. 넉넉하지 못한 살림에 아들 교육을 위해서 부산에서 수원으로, 수원에서 서울로 이사까지 하시며 월 100만 원 가까이 학원비를 지출한 부모님이었다. 나는 그런 부모님에게 미안한 마음과 나 자신에 대한 실망을 가득 안은 채 스무 살을 맞았다.

사실, 나에게는 특별한 재능이 없었기에 뭐든 남들보다 잘 하기 위해서는 몇 배의 노력을 들여야 한다는 사실을 잘 알고 있었다. 그래서 언제나 남들보다 열심히 했다. 하고 싶은 목표나 과정의 즐거움은 뒤로 한 채, 그저 묵묵히 열심히만 했다.

변화가 절실히 필요했다. 그러나 돈도, 빽도, 학벌도 없는 내 주변에는 롤모델조차 없었다. 그래서 절박하게 성공을 찾아 헤맸다.

가장 쉽게 접할 수 있는 성공한 인물은 자기계발서, 재테크 책에 모두 있었다. 그렇게 '살기 위해' 책을 읽다가 내 운명을 바꿀 평생 기술을 찾게 되었다. 바로 '주식'!

긍정의 힘과 욕심을 버리라는 조언으로 삶의 문제가 해결된다면, 누구나 고통 없는 삶을 살 수 있을 것이다. 나는 마인드보다는 능력에 집중했다. 답 없는 내 삶에 해결책을 줄 수 있는 것은 특별한 기술과 능력 그뿐이라고 생각했다.

자기계발 책은 대부분 '문제제기 → 변화의 필요성 → 해결책 제시'라는 3단계를 따른다. 나는 이 방식을 주식에 적용했다. 그리고 그 때부터 성공을 향한 계단을 오를 수 있었다.

주식을 중심으로 삶이 돌아가기 시작했고, 주식으로 성공하기 위해 무엇을 해야 할지, 어떻게 해야 할지 끊임없이 고민하며 시행착오를 반복했다. 그 과정에서 한 가지 확실한 명제를 얻었다. 나에게 있어 성공이란 '목적 달성'이라는 것. 계획, 실행, 피드백이라는 과정은 모두 처음 세운 '목표'를 달성하기 위한 것이다. 그 원하는 목표를 달성하는 것이 바로 성공이다. 이렇게, '월천 트레이더'라는 개념이 탄생했다. 월 천만 원 버는 것을 목표로 하는 트레이더. 이것이 나의 인생 철학이자 주식 철학이다.

당신의 드림에이지는 몇 살인가? 나는 스물일곱의 나이에 월천 트레이더의 꿈을 이루었다. 목표를 달성했으므로 나는 스스로 '성공했다'고 생각한다.

나를 잘 아는 사람들은 요즘도 묻는다. "너처럼 소심하고 겁 많은 녀석이 어떻게 트레이딩을 할 수 있냐?"라고. 투자는 마인드가 중요하다고 말하는데, 겁 많은 성격을 가진 내가 어떻게 성공할 수 있었을까? 운이 좋아서? 단언컨대, 주식투자의 성패는 결코 운이 좌우하지 않는다.

내게 작용한 운이 있다면, 겁이 많아 조심스럽게 주식시장에 발을 디뎠던 것과 롤모델을 찾으라는 자기계발서의 조언을 충실히 이행하여 진정한 주식고수를 찾아다닌 것, 그리고 10명이 넘는 사람들을 거쳐 마침내 지금의 스승님을 만난 것이다. 원하는 목표를 이루기 위해서는 많은 것들이 필요하다. 그 안에는 운도 포함될 테지만, 이 모든 일련의 과정들이 목적달성이라는 하나에 집중되었을 때 결과가 만들어진다.

주가의 상승과 하락은 5대 5. 즉, 50% 확률이다. 운으로 따진다면 결코 불가능한 수치는 아니지만, 이 확률을 절대 만만하게 봐서는 안 된다. 많은 사람들이 인생 역전을 꿈꾸며 주식시장에 들어왔다가 패가망신하는 이유가 바로 이것이다.

난폭운전이 위험한 이유는 난폭하기 때문이다. 주식투자가 위험한 이유는 운만 믿고 난폭하게 투자했기 때문이다. 예측 확률을 높여 안정적인 누적 수익을 추구하는 월천 트레이더를 명확하게 목표로 잡은 순간부터, 이미 주식으로 망하는 일은 없을 것이다. 월천 트레이더가 될 만큼 충분히 예측 확률이 높아지기 전까지는 실전에 뛰어들지 않을 테니 말이다. 월천 트레이더는 월 천만 원이라는 금액이 중요한 것이 아니라 시장에 상관없이 꾸준하게 승률 높은 예측을 할 수 있는 트레이딩 실력이 핵심이다. 트레이딩 실력이 있다면, 한두 번 틀리게 예측하더라도, 열 번 맞는 예측을 할 수 있다. 그래서 나는 자신 있게 말한다. 트레이딩 고수가 되면 '돈은 저절로 벌린다'고.

나는 월천 트레이더라는 목표를 이루기 위해 모든 것을 예측 확률에 집중하였다. 예측 확률을 높이는 가장 좋은 방법은 '공식화'하는 것이다. 그래서 최초로 트레이딩에 공학 개념을 도입했고, 경제학이 아닌 트레이딩 공학으로 새로운 투자 기술이 탄생했다.

1장에서는 문제제기와 변화의 필요성, 그리고 솔루션을 제시하는 방식으로 재테크에 대한 동기부여를 통해 투자자들의 의식을 확장시키고자 했다.

2장에서는 재테크를 배우기에 앞서 필요한 금융 지식 기초를 다룬다. 돈의 원리를 깨달아야만 주식, 트레에딩은 물론 재테크를 이해할 수 있다. 2장의 금융자본주의 시스템 설명을 통해 돈의 역사와 금융시스템의 본질에 대해 생각하는 시간을 갖길 바란다.

3장에서는 본격적으로 재테크의 꽃이라 불리는 주식 트레이딩이라는 기술에 대해 공부할 것이다. 금융자본주의 사회에서 돈은 끊임없이 돌고 돈다. 돈의 움직임을 예측하고 내 주머니 속으로 돈을 받는 기술을 재테크라고 한다면, 주식 시장으로 드나드는 돈은 국경을 넘나들고 액수는 상상을 초월한다. 주식시장이라는 파이 속에서 개인은 티끌보다 작지만, 주식시장에서 얻은 티끌만큼의 파이는 개인에게 경제적 자유를 주기에 충분하다. 이를 위해 트레이딩의 목표를 명확히 하고, 트레이딩 전략을 세우고, 마지막으로 트레이딩의 의미에 대해 통찰력 있게 바라본다.

4장에서는 월천 트레이딩이라는 목표를 이루기 위해 필요한 트레이딩의 기본 지식, 핵심 내용을 다룬다. 트레이딩 공학적 접근법과 F=투심×(차트, 수급, 모멘텀) 공식에 대한 설명이 시작되니, 이 장을 통해 트레이딩의 개론을 마스터하겠다는 목표를 세우길 바란다. 트레이딩 기술에 대한 핵심전달과 이해의 편의를 위해 용어설명과 기초지식은 별도의 부가설명 없이 진행하므로 반복적인 학습이 필요하다. 월천트레이딩을 위해 필요한 모든 내용이 여기에서 파생되기 때문에 반드시 이해하고 또 암기해야 한다.

5장에서는 트레이딩 실전을 다룬다. 4장에서 다룬 이론을 바탕으로 실전에서 바로 적용할 수 있는 핵심 방법론을 알려주고 있다. 트레이딩을 시황, 종목, 기법, 신호, 비중과 계좌, 마인드 6단계 시스템으로 구성하였고, 실전 데이터와 구체적인 기준들이 제시되므로 4장을 확실히 이해했다면, 5장의 트레이딩 6단계 시스템을 암기하는 것만으로도 바로 주가를 예측할 수 있을 것이다.

6장에서는 월천 트레이딩을 내것으로 만들기 위한 1만 시간의 훈련 과정을 다룬다. 운동법을 배웠다고 해서 곧바로 좋은 몸을 가질 수 없듯이, 트레이딩 시스템을 배웠다고 해서 바로 수익을 내고 실력이 향상되는 것은 아니다. '1만 시간의 법칙'이라는 성공을 위한 절대 시간이 트레이딩에도 적용된다. 6장에 제시되는 훈련법을 통해 포기하지 않고 스스로 피드백하며 꾸준히 데이터를 쌓는다면 누구나 월천 트레이더가 될 수 있을 것이다.

나는 현재 '누구나 체계적인 교육을 통해 월천 트레이더가 될 수 있다'는 슬로건으로 〈월천 트레이딩 코칭센터〉를 운영하고 있다. 지면의 문제로 이 책에 다 담지 못한 기법 사례는 내가 운영하는 커뮤니티를 통해 꾸준히 연재할 예정이다.

나의 목표는 대한민국 트레이딩 열풍을 선도하는 것이다. 그리고 나의 비전은 많은 월천 트레이더를 배출하여 우리나라가 금융강국이 되는 데에 이바지하는 것이다. 거창한 포부에 비해 턱없이 부족하지만 평생을 주식시장과 함께할 것을 다짐한다.

책을 통해 트레이딩에 관심이 생겼다면 월천 트레이딩 코칭센터의 문을 두드리길 바란다. 당신이 월천 트레이더가 되는 그날까지 함께 응원하는 드림 파트너, 비즈니스 파트너, 트레이딩 파트너가 되어줄 것을 약속한다.

월천 트레이더 **배단한**

차례

CHAPTER 4 하루에 끝내는 트레이딩 기본 이론

CHAPTER 5 트레이딩 시스템 6단계

CHAPTER 6 1만 시간의 훈련

CHAPTER 1

당신을 위한 '돈 이야기'

01 능력대로 평등한 세상

이 세상에 변하지 않는 단 하나의 진리는 '모든 것은 변한다'는 것이다. 이 말을 들어본 적 있는가? 살아 있는 모든 것은 변하는 것이 숙명이므로 변화하는 현실보다 앞서 변화해야 한다. 그러나 현실은 냉혹하다. 불안한 현재와 미래, 희망 없는 삶. 중산층의 몰락이라는 표현이 등장했고 '빈익빈 부익부' 양극화 현상은 심해지고 있다. 설문조사에 따르면 계층 간 이동이 불가능하다고 생각하는 응답률이 60%를 넘는다. 변화의 필요성을 알지만 세상은 먼저 기회를 주지 않는다.

어쩌면 우리가 살고 있는 사회는 능력대로 평등한 세상이다. 능력, 일을 감당해낼 수 있는 힘. 사람들은 타고난 천재적 재능을 가진 사람을 부러워한다. 금수저를 물고 태어난 사람을 보고 전생에 나라를 구했다고 표현하기도 한다. 사실 그들은 부정할 수 없는 힘을 가지고 있다. 능력의 선악으로 평가하기 이전에 분명히 타고난 재능과 금수저도 능력 중 하나다. 예쁘고 잘생긴 것도 능력이고 인맥이 많은 것도 능력이다. 소위 낙하산으로 취업하는 것에 대해 사회적으로 비판할 수 있지만 그것 역시 능력이다. 태초 이래 세상은 평등한 적이 없었다. 무력사회에서 자본사회로 힘의 모습만 달라졌을 뿐이다. 인정할 수밖에 없는 사실이다. 또한 뒤처져 세상이 불공평하다고 불평해봐야 바꿀 수 없는 것도 현실이다.

여기서 질문을 하나 던져보자. 이런 현실을 부정적으로 보는가? 이 책은 소설이 아니다. 자신을 힘없는 약자 입장에서 주인공처럼 감정 이입하지 말고 한 발 물러나 객관적인 시각으로 보자. 힘 있는 사람과 힘없는 사람이 공존하는 세상에서 당신에게 선택권을 준다면 어느 쪽을 택할 것인가? 삶의 기준, 행복을 힘으로 판단하거나 '노블리스 오블리제'가 쟁점이 아니다. 힘없는 사람은 살기 힘들지만 상대적으로 힘 있는 사람들은 살기 편한 세상 아닌가? 지금은 조선시대 신분사회가 아니다. 타고난 능력 외에도 수없이 많은 능력이 존재한다. 무엇을 해낼 수 있는 힘이 있다면 그것으로 충분하다. 그것을 찾고 개발한다면 유능한 사람이 될 수 있다. 그래서 조금 이기적으로 자신의 능력을 키워야만 한다. 자신이 이 사회의 일원으로 당당히 살아갈 수 있는 힘을 길러야 한다.

"저는 글 쓰는 것 외에는 재능이 전혀 없는, 회사에서 전형적으로 제 구실을 못하는 여직원이었습니다. 하지만 주어진 능력을 뛰어넘어 '진정 우리가 무엇이 될 수 있는지를 보여주는 것'이야말로 우리의 선택에 달려 있습니다." 너무나 유명한 소설 〈해리 포터〉의 작가 조앤 K. 롤링이 선택의 중요성을 말하는 메시지다. 해리 포터에 등장하는 마법이라는 능력을 가진 주인공은 아니지만 우리도 선택할 능력을 가지고 있다. 비록 현재의 모습이 너무나 평범할 수 있겠지만 자신의 인생을 선택할 수 있다면 더 나은 모습이 될 수도 있다. 내 삶의 주인공은 바로 나 자신이다.

02

직장인 부자는 없다

월급 모아 부자 되기는커녕 내 집 마련하기도 힘든 것이 모두 아는 사실이다. 그런데 희망퇴직, 명예퇴직, 구조조정이라니….

"저는 일중독이었어요. 힘들었지만 대기업이고 열심히 일한 만큼 돈을 버는 회사여서 주위사람들과 비교해봤을 때 좋은 환경이었죠. 회사에서도 나름대로 인정받고 성과를 낸 만큼 두둑한 인센티브를 받으며 보람도 느끼고 일에 대한 자부심도 있었습니다. 그런데 막상 회사를 나오니 제가 할 수 있는 일이 없네요. 근무 경력만으로는 재취업도 쉽지 않고 이대로라면 퇴직 후에도 노후의 경제적 여유는 생각하기 힘듭니다. 회사에서 인정받던 제가 회사 밖에서는 이렇게 할 수 있는 일이 없다는 사실에 자괴감마저 듭니다. 회사의 울타리에서 치열하지만 한편으로 안일하게 살았던 것 같습니다."

15년 동안 대기업 H사에서 근무하고 퇴직한 P씨의 고민을 듣고 퇴직은 한 개인만의 문제가 아니라는 생각이 들었다. 사람이 미래인 회사에 20대 신입사원도 명퇴 대상이 되는 현실은 가슴 아프다. 하지만 엄연한 대한민국의 현실이고 앞으로 나아질 것을 기대하기보다 더 나빠질 것을 걱정해야 되는 것이 현재 실정이다.

직장에서 밀려난 사람들은 커피숍, 치킨사업, 음식점을 시작한다. 100세 시대, 앞으로 '1인 1창업 시대'라는 말도 생겨났다. 이제 은퇴 전보다 은퇴 후의 인생을 더 고민하는 것이다. 설문조사에 따르면 10명 중 9명이 은퇴 후 재취업을 계획한다고 한다. 재취업에 대한 고민이 선택의 문제가 아니라 생존의 문제와도 직결되는 것이다.

근본적인 문제는 고용불안과 고령화라는 시대적 원인에서 찾을 수 있겠지만 이 문제를 자신으로부터 살펴볼 필요가 있다. 평범한 직장인이 회사에 기여하는 업무능력은 시간에 비례한 급여에 해당한다. 하루 24시간 정해진 시간 속에서 일하는 직장인을 빗대어 시간의 노예 즉, '타임 푸어'라는 신조어도 탄생했다.

직장인이 한정된 시간 속에 노후 대비를 할 만큼의 돈을 벌기 위해 직장 내에서 발휘할 수 있는 능력에는 한계가 있다. 소수를 제외한 회사원은 일을 아무리 열심히 잘해도 경제적 문제를 해결하기 쉽지 않은 것이 사실이다. 거기에 퇴직 문제까지.

내가 사랑하는 사람이 반드시 나를 사랑해줄 것이라는 믿음에 문제가 있듯이 내가 일하는 회사가 끝까지 나를 지켜줄 것이라는 믿음도 문제가 될 수 있다. 아무리 회사에 헌신하면서 일을 잘 하더라도 결국 끝이 있는 법이다. 그래서 월급 받는 만큼만 일한다며 스스로 업무량을 조절하는 사람도 있다. 회사를 나올 때 덜 억울할지언정 업무에 방해될까 마음 편치 못하고 무엇보다 근본적인 문제가 해결되는 것도 아니다.

대학이 취업준비 학원이라는 말이 있다. 토익이며 각종 자격증을 따고도 신입직원이 회사에서 할 수 있는 일은 거의 없다. 스펙이 업무능력과 다르듯이 회사에서 발휘하는 능력과 회사 밖에서의 능력은 다르다. 퇴직하기 전까지 경제적 걱정을 하지 않아도 될 만큼 돈을 벌어놓을 수 없다면 오랫동안 일할 수 있는 자신만의 능력이 필요할 것이다.

회사가 아닌 '플랜 B'를 구축해야 한다. 플랜 B를 위한 준비는 선택이 아닌 필수다. 평생 공부하는 시대라고 하지 않는가? 그렇다. 돈을 안 쓰고 안 먹고 절약해선 노후가 보장되지 않는다. 시간을 쪼개고 줄여 자기계발에 투자하는 것이 현명한 선택이다.

"어떻게든 버텨라. 여기선 버티는 게 이기는 거야. 버틴다는 건 어떻게든 완생으로 나간다는 말이다. 바둑에 이런 말이 있어. '미생', '완생'. 우린 아직 모두 미생이야."

많은 직장인들이 공감한 드라마 〈미생〉에 나온 대사다.

"최선은 학교 다닐 때 대우받는 것이고 직장에서는 결과만 대접받는다."

'열심히'보다 '잘'해야 된다는 압박감 속에 회사에 헌신하는 직장인들에게 다소 비관적인 얘기지만 악착같이 버틴 결과는 퇴직이라는 벽 앞에서 완생할 수 없다는 것이다. 진정한 의미의 완생은 스스로 자립할 수 있을 때 이루어진다.

03

이곳은 금융자본주의 사회

배가 고프면 밖으로 뛰어나가 사냥하지 않아도 된다. 식당에 가서 먹고 싶은 것을 주문해 그냥 먹으면 된다. 식재료를 생산하고 유통하고 요리하는 과정을 돈이 대신 해주는 것이다. '빈자는 돈을 얻기 위해 시간을 투자하고 부자는 시간을 얻기 위해 돈을 투자한다.' 라는 말처럼 돈은 시간도 살 수 있는 막강한 힘이 있다. 시간, 노동, 신용….

사람의 마음까지도 돈의 가치로 환산할 수 있을지 모른다. 대한민국 직장인들의 평균연봉으로 과거 신분사회의 계급과 비교하는가 하면, 배우자 선택 조건을 묻는 각종 설문조사에서 경제력의 중요도를 세 손가락 안에 꼽는다. 그렇다. 우리는 돈이 막강한 힘을 가진 금융자본주의 사회에서 살고 있다.

컴퓨터의 발달은 우리에게 편의성을 갖다 주었다. 그런데 컴퓨터가 인간을 뛰어넘어 세상을 지배할 것이라는 영화 〈터미네이터〉처럼 영향력이 커지는 돈의 힘은 위협적이다. 컴퓨터와 인간의 체스 대결에서 결국 컴퓨터가 이기는 시대가 온 것처럼 어느새 훌쩍 커버린 자본력에 뒤처진다는 생각을 지울 수 없다. 더욱이 자본력의 혜택이 소수에게 집중되는 부익부 빈익빈 현상은 우리에게 영화 〈터미네이터〉 못지않게 위협적이다.

자본주의 사회는 18세기 산업혁명 이후 탄생해 지금까지 끊임없이 경제성장을 이루어왔다. 그러나 이제 성장이 멈춘 시대다. 투자의 대가 워런 버핏도 경험해보지 못한 시대를 맞은 것이다.

오늘날의 노년층에게는 열심히 일하고 저축하면 언젠가는 가난에서 벗어날 것이라는 희망이 있었고 오늘날의 장년층에게는 기업의 성장과 함께 부동산으로 부를 이룰 기회가 있었다. 그러나 시대가 변했다. 이제 경제성장률 2%, 제로금리 시대에 돈을 벌 기회를 어디서 찾아야 하는가?

기업이 살아야 나라가 산다면서 세금도 깎아주고 전폭적으로 밀어주어 대기업들의 이익이 증가했다. 그런데 그게 우리와 무슨 상관이 있는가? 고생 끝에 골병 들고 헌신하면 헌신짝 된다. 경기가 안 좋으면 어김없이 구조조정 위협을 받고 일자리며 급여인상은 항상 희망고문일 뿐이다. 기업이 잘되는 것과 나와는 별 상관이 없다.

IMF사태 전까지는 가계소득 증가율과 기업소득 증가율이 거의 같았다. 은행 이자도 10%가 넘었고 임금상승률도 10%가 넘었다. 지금 우리나라의 가계소득 증가율은 OECD 회원국 중 꼴찌다. 대한민국 경제가 살아나고 우리 살림살이가 나아지길 기다리는 막연한 희망은 저성장 시대로 접어들며 종말을 고했다.

세계적인 경제학자 토마 피케티는 〈21세기 자본론〉에서 자본소득이 노동소득보다 훨씬 커 소득격차는 점점 더 벌어질 수밖에 없다고 주장했다. '회사원은 사장을 위해 일하고 사장은 투자자를 위해 일한다.'라는 말처럼 노동으로 버는 돈보다 돈이 돈을 버는 속도가 더 빠르다. 미국, 일본, 중국 같은 강대국들은 앞 다투어 자국 화폐를 찍어내며 자본의 위력을 과시하고 있다. 자본증식 속도는 LTE급이고 부의 대물림으로 이어지는 자본사회는 계급이 정해지는 신분사회와 다르지 않다. 시대 변화를 모르면 뒤처질 수밖에 없다. 이렇게 세상이 먼저 기회를 주지 않는다면 스스로 능동적으로 기회를 찾아야 한다.

이 시점에서 부자들은 어떻게 기회를 찾는지 궁금해진다. 하지만 별로 특별하지 않다. 부를 축적하기 위한 대표적인 방법은 사업, 주식, 부동산이다. 특별하지 않은 방법이지만 남들과 다른 특별함이 있었기 때문에 부자가 될 수 있었다. 그 특별함은 돈을 다루는 기술, 바로 재테크 능력이다. 그렇다. 돈을 다루는 기술이 존재한다. 막강한 힘을 가진 돈, 그 돈을 다루는 기술 또한 막강한 힘을 가진다. 우리는 능력대로 평등한 세상을 살고 있다.

04

성공을 선택하라

'세상은 돈이 문제다'라고 말하는 사람들이 있다. 우리 몸의 피가 잘 돌아야 건강하듯이 자본주의 사회는 돈이 잘 돌아야 건강하다. 돈이 문제가 아니라 순환이 문제인 것이다. 순환하지 못하는 것은 서로 자기 주머니를 채우려는 욕심 때문이 아닐까? 국가, 경제, 사회, 직장, 인간관계… 돈과 얽힌 문제는 돈 때문이 아니라 돈을 다루는 사람이 문제다. 인간의 욕심에서 비롯될 수도 있고 무지와 편견 때문일 수도 있다. 돈이 가진 힘은 역사상 그 어떤 기술과 제품보다 혁신적이다. 문제는 돈의 힘을 잘못 다루는 인간에게 있다.

에밀 졸라의 소설 〈돈〉에서 "왜 돈이 모든 오명을 뒤집어써야 하는가?"라는 질문이 나온다. 돈이 가진 힘으로 물질만능주의 문제를 얘기하려는 것이 아니다. 물이 차면 넘치고 달이 차면 기울 듯 자연은 끊임없이 순환하지만 항상 인간에게 관대하지 않았다. 세상은 끊임없이 변하지만 평등한 적은 없었다. 문제없는 세상이 존재할 수 없는 것은 자연스러움이 인간의 편이 아니기 때문이다. 단지 지구를 중심으로 순환할 뿐이다. 어쩌면 지구가 중심이 아닐 수도 있다.

돈의 자연스러움이 가진 문제를 인지했다면 이제 우리의 선택만 남았다. "돈이 많다고 행복한 게 아냐", "돈이 인생의 전부가 아냐", "나는 그런 거 잘 몰라" 저항하고 회피하고 내숭 피워선 돈의 힘을 내 편으로 만들기 쉽지 않을 것이다.

소득이 높을수록 삶에 더 만족한다는 조사 결과가 있다. 순수한 돈의 힘 그 자체로 본다면 인간이 더 강한 힘을 원하는 것은 본성이고 문제가 될 이유도 없다.

단, 인간의 본성에 욕심이 있고 항상 유식하고 이성적으로 올바를 수 없기 때문에 문제가 있으며 또한 해결하기 위해 힘써야 한다. 이제 선택의 순간이다. 돈이 가진 본연의 힘과 파생된 힘이 공존한다는 것을 알았다. 돈이 가진 순수한 힘을 모른 척할 것인가, 회피할 것인가, 저항할 것인가, 타협할 것인가 아니면 적극적으로 추구할 것인가?

"돈은 목표가 아닌 수단이다."라는 말을 들어본 적 있는가? 돈의 힘이 막강하다고 해서 다양한 능력보다 우선한다는 뜻은 아니다. '성공=부'의 공식은 틀렸다. 돈을 많이 버는 것이 목표라면 공식이 성립하겠지만 모든 사람의 목표가 돈은 아니지 않은가? 성공은 목표를 달성하고 목적을 이루는 것이다. 당신의 목표가 사회적으로 영향력 있고 인정받을 만한 것이라면 화려한 스포트라이트를 받는 성공의 타이틀이 주어진다. 그러나 성공이라는 타이틀보다 목표를 달성하고 목적을 이루는 것, 원하는 것을 얻는 것이 진정한 의미의 성공이다. 인생의 목표를 이루기 위해 계획하고 시행착오를 겪는 과정에서 돈이 가진 힘을 이용해야만 한다.

> "세상에서 돈보다 더 인간의 사기를 꺾는 것은 없다"
>
> _ 소포클레스

당신이 추구하는 목표와 꿈을 위해 준비하고 계획하고 실행할 때 돈에 발목 잡혀 쓰러진다면 그보다 더 힘든 일은 없을 것이다. 성공을 위해 결코 모른 척한다고 피할 수 없는 것이 돈의 힘이다. 목표를 세우고 계획하고 실천할 때 돈에 대한 목표도 세우고 계획해야 한다. 돈을 공부해야 한다. 돈의 힘을 이해하고 현명하게 다룰 수 있다면 스포트라이트를 받는 화려한 성공은 아닐지라도 당신이 원하는 목표를 이룰 수 있다.

〈돈, 뜨겁게 사랑하고 차갑게 다루어라〉, 독일 증권시장의 우상으로 군림하는 투자자 앙드레 코스톨라니의 책 제목이다. 유럽 증권업계는 이 책을 '위대한 유산'으로 평가한다. 제목 그대로 강력한 메시지를 던져준다. 돈, 뜨겁게 사랑하고 차갑게 다루어라.

자본주의 사회에서 돈을 어떤 태도로 대할 것인지 고민해보았는가? 돈, 진솔하고 분명히 부를 추구하고 적극적으로 노력해야만 얻을 수 있는 것이 당연한 이치다. 당당히 돈을 좋아하고 돈이 어떻게 돌고 돌며 순환하는지, 어떻게 하면 내 주머니에 들어와 오랫동안 머물 수 있을지 고민해야 한다.

성공을 선택하라.

05
재테크의 함정

사실 많은 사람들이 '재테크는 선택이 아닌 필수'라는 말에 절실히 공감하고 있다. 서점에 들러 재테크 서적을 찾아보면 주식부터 원자재, 외환, 채권, 펀드, 부동산, 경매 등 다양한 방법이 존재하지만 막상 배우려면 쉽지 않다. 그러다보니 '저축도 재테크다'라며 안 먹고 안 쓰고 절약하는 방법까지 알려주는 책이 베스트셀러 차트에 올라간다.

저축하는 방법을 모르는 사람이 있는가? 알아도 내 뜻대로 안 되는 것이 문제다. 재테크가 쉽지 않은 가장 큰 이유는 습관이다. 예를 들어, 우리는 운동의 중요성을 절실히 알고 있으면서도 건강하지 못한 사람들이 많다. 주변에서 쉽게 운동하는 방법을 찾을 수 있는데도 몸짱이 드문 이유는 무엇일까? 운동하는 방법을 알았다고 해서 몸짱이 되는 것이 아니기 때문이다. 배운 운동법대로 스스로 반복해 운동할 때 근육이 자라듯이 재테크 방법을 배웠다고 해서 당신의 실력이 향상되는 것이 아니다.

방법론은 두 번째 문제이며 첫 번째 문제는 당신의 태도에 있다. 금융에 대한 무지는 배우면 해결된다. 단, 배우려는 태도와 실행하려는 습관을 기르는 것은 자신에게 달려 있다. 재테크를 배운 방법대로 반복 훈련할 때 비로소 돈버는 능력이 향상되는 것이다.

현실이 냉혹해 변화의 필요성을 절실히 느끼고 마음을 단단히 먹고 재테크를 배우려고

했다. 그런데 올바른 교육기관이나 커리큘럼을 찾아보기 어렵고 '위험하다'는 주위의 우려와 허위, 과장, 사기피해 사례가 많아 걱정된다. 그러나 이것은 당연하다. 500만 년 인류 역사를 하루 24시간으로 환산해보면 자본주의가 출현한 시간은 23:59:56다.

우리나라만 봐도 알 수 있다. 1997년 외환위기가 발생해 그 유명한 국제통화기금(IMF)의 긴급 금융지원을 받고 이어서 김대중 정부 당시 신자유주의 정책이 바탕인 대외 개방정책으로 빠른 경제성장을 이어왔다. 중요한 것은 그 기간이 20년이 채 안 되었다는 사실이다. 그 사이 2008년 리먼 브라더스 사태, 2011년 그리스 사태 두 차례의 금융위기가 찾아왔다. 우리 모두에게 새로운 경험이었다. 은행이 문을 닫는가 하면 굴지의 기업이 외국기업에게 매각되는 등 치욕스런 사건들도 많았다. 국가와 기업도 금융에 무지했는데 하물며 개인들은 어떠했겠는가?

실패를 통해 배우듯이 우리는 몇 차례의 경제위기와 버블 붕괴를 경험했고 재테크의 실력과 행운을 구별하게 되었다. 산업과 기술이 발전하듯 재테크 기술도 향상되었다. 그러나 재테크의 포장지만 이용해 돈을 벌려는 금융업의 필요악이 존재한다는 사실을 간과하면 머지않아 재테크관련 서적을 버리고 포기하게 될 것이다.

은행에 저축하면 이자를 받고 대출을 받으면 이자를 내듯이 금융업에서 이자와 수수료는 산업의 뼈대와 같다. 금융회사는 이익 창출이 목적이며 직원들은 금융전문가라는 명함으로 수입원인 수수료 창출에 최선을 다한다. 펀드매니저는 매매수수료를 통해, 재무설계사는 중계수수료를 통해, 은행과 증권사는 각종 금융상품을 통해 기본적인 금융수익을 추구한다. 이것이 잘못은 아니지만 투자수익과 수수료 수익의 경계에서 발생하는 피해는 고스란히 고객 몫이다. 또한 금융전문가는 절대로 실력자를 의미하지 않는다. 증권사, 각종 금융기관에서 만든 금융상품, 재테크 전략, 투자 예측자료들은 상승 또는 하락을 예측하는 것이 목적이 아니다.

홍콩 H지수의 급락으로 ELS 상품의 평가손실액이 2,800억 원을 넘었다는 금융상품 피해 사례 뉴스가 원고를 쓰는 지금도 터져 나올 만큼 흔히 발생한다. 예측이 틀렸을지언정 금융사는 금융상품을 판매하고 수수료만 챙기면 그만이다. 손실은 온전히 투자자 본인의 책임이라는 서명으로 회피할 수 있다. 예측 확률이 약 50%를 상회한다면 금융전문가로서 충분하다. 그렇다. 상승 또는 하락, 50% 남짓이다. 손실이 난다면 "시장이 예상치 못한 사건으로 어쩔 수 없었습니다. 죄송합니다."라는 말 한 마디면 일 잘하는 직원이 될 수 있고 운좋게 수익이 난다면 고객이 더 많은 돈을 들고 찾아올 테니 우수사원이 될 것이다. 이것은 분명한 사실이다. 그들은 예측이 틀려도 수수료만 챙기면 그만이다. 게다가 대부분의 전문가들은 예측하는 것이 아니라 만들어진 금융상품을 어떻게든 추천하고 판매할 뿐이다.

따라서 재테크는 절대로 전문가를 믿어선 안 된다. 돈을 벌겠다는 의지만으로는 부족하다. 맹목적으로 돈을 좇아서는 쉽게 손에 넣지 못할 것이다. 오히려 잃지 않으면 다행이다. 주위에서 비일비재한 일들로 충격적인 사실도 아니다. 흥분을 가라앉히고 현실을 냉철히 직시하자.

재테크라는 포장지와 전문가라는 명함에 가려 진정한 실력을 놓쳐선 안 된다. 전문가가 아니라 실력자가 시장을 이끌어야 한다. 스스로 전문가가 되고 실력자가 되어야 한다. '한 우물을 파라'라는 말처럼 자신만의 기술과 무기를 가진 사람은 이 시대를 당당히 살아갈 수 있다. 돈을 버는 능력, 돈의 기술이 있다. 돈의 움직임을 예측해 내 주머니로 들어오도록 만드는 기술이 존재한다. 실력자로부터 재테크를 배우고 스스로 재테크의 고수가 되어라.

06

주식하면 망한다?

"아는 사람이 ○○사 임원인데 따끈따끈한 고급정보를 내게 은밀히 알려줬어. 자기네 회사가 대규모 수주를 계약해서 주가가 오를 거라는 거야. 아무한테도 말하면 안 돼."

일명 찌라시 '정보매매'의 대표적 사례다. 한 명 건너 한 명이 주식투자를 시작하게 되는 계기이자 손실을 보게 되는 것이 남의 정보를 듣고 솔깃한 나머지 주식을 매수하면서 시작된다. 처음에는 종자돈으로 투자해 한두 번 수익을 보았다면 문제는 더 심각해진다. 이렇게 쉽게 돈버는 방법이 있는 것을 왜 진작 몰랐는지 안타까워하며 더 과감히 주식에 투자한다. 지인에게도 알려주며 적극 권하고 자신이 앞장서 추천하며 본격적으로 주식 공부를 시작한다. 결국 실력이 아닌 순전히 운이었음을 깨닫는 데는 그리 오래 걸리지 않는다. 깨달음의 비용치곤 손실금이 상당히 크다는 점과 정신적 고통은 대부분 기본적인 증상이다. 추가 옵션으로 주변 지인과의 문제나 감당할 수 없는 투자금액이나 신용, 대출이 사용되었다면 사태는 심각해진다. 이후 주식 근처에는 얼씬도 않는가 하면 지고는 못사는 승부욕이 발동해 손실에 대한 복수심의 칼날로 공부의 필요성을 깨닫게 된다.

"지금 이 회사 주가는 빠져도 너무 빠졌어. 이름만 들어도 아는 대기업인데 이렇게 우량한 회사가 망하진 않을 테니 언젠가는 오를 거야." 소위 '저점 매수'는 이제 막 주식 공부를 시작한 어설픈 입문자부터 여러 권을 읽고 증권자격증을 보유한, 나름대로 공부했다는 사람들도 반드시 거치는 함정이다. 이런저런 지식으로 기업 가치를 분석하거나 주가 움직임을 예측하다보면 얼마 전까지 5만 원, 10만 원 하던 주가가 어느새 바닥까지 떨어진 것을 보면 매수 기회라는 속삭임이 들려온다. 높은 가격에서 산 사람들의 손실을 의미심장하게 걱정하며 내가 그들을 구제해주겠다는 결의에 찬 심정으로 매수에 가담한다. 바닥을 예측하고 어김없이 지하실을 구경하게 되는 것이다.

"내가 투자로 ○억 원을 벌었는데 이번에도 확실하다니까. 정말 확신할 수 있어. 인생은 한 방이지. 제대로 크게 한 몫 챙기자고." 손실을 본 사람도 많지만 수익을 낸 사람의 소식도 들려오기 마련이다. 주식전문가라는 사람들의 종목 추천과 돈을 많이 벌었다는 사람들이 으스대며 오가는 대화 속에 확실한 정보, 확실한 종목, 확실한 기회의 유혹에 이성을 유지하기는 쉽지 않다. '아는 만큼 보인다.'라는 말처럼 손실을 경험해보지 않으면 무엇이 문제인지 절대로 알 수 없다. 잘 모르는 주식시장에 뛰어들었기 때문에 손실은 당연한 결과다. 자신의 무지를 간과하고 확신과 자신감에 차있다면 그 결과는 더 처참하다. 소위 '미수 몰빵', '신용 몰빵'이라는 카지노의 '올인' 스타일의 베팅은 많은 사람들이 확신과 돈의 유혹으로 이성의 끈을 놓쳐버리는 대표적 사례다.

"말도 안 돼. 분명히 올라야 되는데. 오른다고 했는데. 오를 수밖에 없는데… 손실이 너무 커서 팔 수가 없어. 인정할 수도 없어. 너무 억울해. 반드시 오를 거야. 올라야만 해. 주가야 올라라. 제발 올라주세요, 제발."

가장 고질적인 문제로 주식을 처음 접하는 사람부터 5~10년 경력도 부질없게 만드는 것이 바로 손절이다. 손실을 보고선 절대로 팔 수가 없다. 오를 것이라는 확신에 주식을 샀기 때문에 떨어지는 것은 있을 수 없다. 값이 더 내렸기 때문에 오히려 주식을 더 사 모으기 위해 돈을 마련하기 바쁘다. 커져가는 손실을 부정해도 오르내리는 주가 움직임을 하루이틀 보고 있으면 처음의 확신도 어느새 주가와 함께 요동친다. 떨어지는 주가와 흐르는 시간 속에 마침내 자신의 잘못을 인정하는 순간이 오게 된다. 그리고 3가지 기법 중에서 선택하게 된다. 기도, 퇴출, 자식 유산 기법. 오르게 해달라고 기도하거나 쿨 하게 모든 주식을 처분하고 주식시장을 떠난다. 일부는 자식에게 물려주겠다는 마음의 위안으로 주식에서 마음을 뗀다.

주위에서 흔히 접하는 대표적인 주식투자 실패 사례다. 사실 이것은 주식의 문제가 아니라 주식시장을 대하는 우리의 태도가 문제다. 문제의 심각성은 사례에서 알 수 있듯이 어의 상실이다. 1만 원, 2만 원 아껴가며 살림하신 어머님들, 새벽부터 출근해 저녁까지 일하는 직장인들부터 고학력 학위로 각자의 분야에서 인정받는 전문가들까지 주식 앞에서는 상식에서 벗어난 태도를 보인다. 그 결과, 경제적, 정신적으로 감당하기 힘든 고통을 받는데 대해 위로받을 수 없다. 냉정하지만 그 누구의 잘못도 아닌 자신의 비상식적인 태도 때문임을 부정할 수 없다.

난폭 운전이 위험한 이유는 난폭하기 때문이다. 주식투자를 위험하다고 생각하는 것은 난폭하게 투자했기 때문이다. 자신이 난폭하고 무모했음을 깨닫기에는 인간에게 무지라는 단어가 야속할 뿐이다. 인간은 아는 만큼만 보인다.

07

주식, 공부해도 망한다?

주식투자 시작은 참 쉽다. 누구나 집에서 HTS를 다운로드받아 돈을 입금하면 시작할 수 있다. 나아가 스마트폰으로 어디서든 주식을 살 수 있는 스마트한 시대에 우리는 살고 있다. 문제는 스마트한 시대를 누리기 위한 준비가 스마트하지 않다는 것이다.

운전을 예를 들어보자. 오토매틱 기어, 스마트 키, 블랙박스 등 각종 기술의 발달로 분명히 운전이 쉽고 편리해진 것은 사실이지만, 운전자가 갖추어야 할 최소한의 소양이 필요하다. 운전면허증이 그 최소한의 자격을 증명해준다.

그런데 주식시장에는 자격제한이 없다. 돈만 있으면 남녀노소 모두 발을 들일 수 있다. 생 초보부터 아마추어, 프로선수가 동시에 공존하는 곳이다. 어설프게 공부하고 뛰어들어 살아남을 수 있는 곳이 아니다. 프로들이 싸우는 주식시장에 뛰어들기 위해서는 프로가 되어야 한다.

주변을 둘러보라. 주식시장에서 체계적으로 교육받고 오랜 시간 동안 훈련받은 진정한 고수를 본 적이 있는가? 수익은 누구나 맛볼 수 있다. 그러나 손실을 막는 것은 극소수다. 이들을 '고수'라고 부른다. 허위, 과장, 사기가 판치는 주식시장에서 주식에 대한 우리의 무지와 편견은 조금의 과장도 없이 자격미달 그 자체다. 똑똑하다는 사람들이 주식 공부를 해도 살아남지 못하는 이유는 분명하다.

대한민국 주식 시장의 역사는 1세기도 채 안 되었다. 지금까지는 시행착오를 거치는 도입기에 지나지 않았다. 코스피 지수가 1,000포인트, 2,000포인트를 돌파하고 경제가 끊임없이 성장하는 시대에서 주식시장은 결과적으로 가치투자라는 정의가 맞았다.

드라마 〈응답하라 1988〉에서 삼성전자를 꼭 사야 된다는 말에 이미 너무 올라서 사면 안 된다며 은행예금이 정답이라는 대화가 나온다. 1988년 불과 2~3만 원이던 주식이 2016년 현재 100만 원을 훌쩍 넘은 사실을 알고 있는 우리는 그들의 대화에서 씁쓸한 웃음을 짓게 된다. "은행이자가 조금 내려 15%여."라는 대사는 2%대 이자율뿐만 아니라 이웃나라 일본에서 마이너스 금리를 도입하며 은행에 돈을 맡기면 이자를 받는 것이 아니라 오히려 내야 하는 시대에 살고 있는 우리에게 재미 그 이상을 생각해보게 한다.

사람들과 주고받는 대화 속의 정보는 사실 아무 도움이 되지 않는다는 것은 두 말하면 잔소리다. 어설픈 지식과 정보로 정치, 사회 주제 이상으로 진지한 대화를 나눈다고 해서 감히 '예측'이라는 단어를 사용하기에는 턱없이 부족한 가십거리에 불과하다.

조금 더 전문적으로 공부하고 전문가들의 분석에도 예측이라는 단어를 사용하기에는 부족한 점이 많다. 끊임없이 성장하던 시대에 삼성전자와 같은 초우량기업의 주식에 장기투자하는 것은 정답이 될 수 있었다. 그러나 2008년, 2011년 두 차례의 금융위기를 겪고 저성장시대에 접어들면서 우리가 알고 있던 정답에 변화가 필요함을 깨닫게 된다.

문제가 무엇인지 모르는 것이 가장 큰 문제다. 다행히 저성장시대에 경제위기와 금융시스템의 문제를 깨닫게 되면서 주식시장은 발전을 도모할 수 있었다. 끊임없는 경제성장 시대에 상승만 예측하는 것은 절대로 완벽한 예측이 아니다. 경제성장의 멈춤과 주식시장의 하락이 예측에 포함되었을 때 비로소 완벽한 예측이 될 수 있는 것이다.

지금까지 반쪽자리 예측에 불과했다. 결과적으로 많은 지식정보와 예측이 난무했지만 실제로 돈을 번 사람은 극소수다. 한때 잘나가던 사람들도 어느새 시장에서 퇴출당했고 은행, 증권사를 다니는 소위 전문가들도 별로 다르지 않았다. 부동산처럼 아무 생각 없이 들고 있다가 자신도 모르는 사이에 큰 수익을 낸 사람들과 이것을 가치투자라는 이름으로 확신을 가지고 버틴 사람들만 부를 얻을 수 있었다.

손실구간을 버티지 못하고 팔았더니 어느새 매수가격을 훌쩍 뛰어넘어 상승하는 주가를 바라본 경험은 과거에나 가능했다. 안타깝게도 이제 대세상승 시대는 막을 내렸다. 하지만 경제성장의 숨겨진 반쪽을 확인하게 되면서 경제예측, 주가예측이 한 단계 성장했다.

이제 운으로 돈을 벌 수 있는 시대는 끝났지만 상승에 가려진 하락시장을 예측할 수 있는 완벽한 예측 기술로 경제성장, 대외변수, 산업발전과 상관없이 시세차익을 위한 최소구간을 예측할 수 있게 되었다. 시장의 움직임을 80~90% 확률로 예측하는 기술이 바로 트레이딩이다.

주식은 공부해도 안 된다고 생각하는 사람들이 많았다. 주가예측은 신의 영역, 아니 신도 모른다는 말이 있었다. 그 이유는 명쾌하다. 목표부터 잘못 정했기 때문이다. 돈과 수익을 목표로 시장을 바라본다면 60% 상승 확률에도 투자하기 마련이다. "돈만 벌면 된다.", "언젠가는 오르겠지." 이런 식이 되는 것이다.

트레이딩의 목표는 철저히 예측확률에 집중하는 것이다. 주가 움직임에 영향을 미치는 다양한 변수를 동시에 고려해 확률을 100% 가까이 최대한 끌어올려야 한다. 드디어 예측확률이 80~90%에 도달하면 트레이딩이라는 기술로 돈을 버는 것이 아니라 돈이 벌리게 되는 것이다.

경제방송과 각종 증권사 리포트에서 "목표는 ○○원입니다. ○○원까지 상승할 가능성이 높습니다."라는 식으로 예측하는 것을 본 적이 있을 것이다. 이제 이런 정보를 신뢰하는 순진한 사람은 없을 것이다. 예측확률은 어떻게 나오는 것인가? 예측에 대한 확신은 데이터 통계가 말해주는 것이다. 일관된 기준과 원칙대로 100번, 1,000번 반복적인 예측 결과를 토대로 작성한 데이터 통계가 진짜 확률을 증명하는 것이다.

손실 난 주식을 여기저기 물어보고 눈이 빠지게 차트를 쳐다보는 것은 실력 향상에 전혀 도움이 안 된다. 공부했다고 노력했다고 착각하지 말라. 진짜 데이터 통계를 내라. 천 번, 만 번의 데이터가 트레이딩이라는 기술의 기본이다.

예측이라는 단어는 데이터 통계를 기반으로 존재하는 것이다. 이렇게 검증된 트레이딩 기술을 알려준다고 해서 여러분이 바로 확률 높은 예측을 할 수 있는 것은 아니다. '기본에 충실하라'는 말처럼 반복 훈련을 통해 무기에 숙달해야 한다.

> "나는 선수생활을 하는 동안 통산 9,000개 이상의 슛을 실패했고 거의 300경기를 졌다. 모두 내가 결승골을 넣을 것으로 믿었지만 그렇게 못해 진 것만 26번이나 된다. 내 삶에서 실패는 항상 반복되었다. 하지만 그 실패들이 나를 성공으로 이끌었다."
>
> _ 마이클 조던

세계적인 농구선수 마이클 조던도 슈팅해 골에 실패할 때가 있다. 그러나 실패 확률보다 성공 확률이 압도적으로 높은 것은 분명하다. 때로는 예측확률이 높지 않을 수도 있지만 결국 성공을 위한 밑거름은 훈련을 통한 실력에 귀결한다는 사실을 잊어선 안 된다.

야구에서 3할 타자는 타격 실력을 인정받는 선수다. 많은 데이터 통계를 통해 실력을 확률로 검증하는 것이다. 3할 타자는 10번의 타석에서 최소 3번의 안타를 칠 수 있는 능력이 있기 때문에 한 타석에서 안타를 못 치더라도 다음 타석에서 칠 수 있다는 자신감을 갖는다.

이것이 검증된 데이터 통계에서 비롯되는 확률의 강점이다. 10번 중 3번 이상은 안타를 칠 수 있는 실력을 가진 선수라는 믿음은 여기서 나오는 것이다. 한 경기 내내 단 한 개의 안타도 치지 못한 선수를 다음 경기에 출전시킬 수 있을까? 잘 해왔으니까 앞으로도 잘 할 것이라는 보장은 없다. 선수의 능력은 매순간 새로운 도전의 연속이며 검증 과정이지만 그 결과가 다시 경력이 되고 선수의 실력을 의미하게 된다.

분명한 목표와 체계적인 훈련 과정, 오랜 시간 반복되는 검증 기간이 없다면 확률은 아무 의미가 없다. 이렇게 확률에 입각한 훈련 과정이 없는 예측은 결코 예측이 아니다. 과연 당신이 지금까지 사용한 예측이 진정한 예측이라고 할 수 있는가?

08

자신만의 평생기술을 가져라

"내가 거장의 경지에 오르기 위해 얼마나 열심히 노력했는지 안다면 사람들은 나를 별로 대단하게 생각하지 않을 것이다." _미켈란젤로

'노력, 열정, 긍정, 목표, 계획, 실행…'

성공하기 위해 필요한, 누구나 다 아는 뻔한 키워드다. 특별하지 않은 것들이지만 성공을 이룬 사람들의 이야기 속에서 더 특별하게 느껴진다. 그것들은 가슴 뜨겁게 우리의 열정을 더하며 우리에게 '할 수 있다'라는 희망을 안겨준다. 그러나 그것들이 우리 삶으로 들어왔을 때 특별함은 온데간데없이 사라지고 만다. 성공은 특별함을 넘어 이질감으로 다가오고 꿈은 꿈꾸는 소리가 된다.

'1만 시간의 법칙'을 들어본 적 있는가? 성공한 사람들의 사례를 통해 성공의 법칙과 전략을 살펴보는 〈1만 시간의 법칙〉에서 자신의 분야에서 업적을 이룬 인물들의 행적과 이야기를 종합해보면 최소한 1만 시간의 연습이 필요하다고 한다. 성공의 전제조건으로 1만 시간을 제시하는 것이다. 안철수, 김연아, 스티브 잡스 등 성공한 인물들의 공통 사례가 이

근거로 등장한다. 하루 3시간, 1주일 20시간씩 10년 동안 훈련하면 채울 수 있는 시간이다. 하루 6시간씩 투자한다면 꼬박 5년이 걸린다. 결코 짧은 시간이 아니라는 사실에 한 번 놀라고 이름만 들어도 알 수 있는 성공한 인물들이 타고난 재능으로 손쉽게 얻은 것이 아니라는 사실에 또 한 번 놀란다. 당신은 성공을 위해 어떤 노력을 기울였는가? 1만 시간의 노력이 없었다면 자신을 되돌아보며 의지와 열정을 불태워야 할 것이다.

그러나 이런 질문을 받는 누군가는 분명히 억울하다고 느낄 것이다. 타고난 지능, 탁월한 재능, 끊임없는 열정과 노력이 정말 성공을 보장하는가? 이것이 정답이 아니라는 것을 말콤 그래드웰의 저서 〈아웃라이어〉가 증명한다.

성공한 사람은 무에서 유를 창조하는 것이 아니라 숨겨진 이점과 특별한 기회요소, 문화적 유산과 역사적 공동체의 혜택을 누려왔다고 주장한다. 1만 시간을 연습하면 뛰어난 음악가가 될 수 있다. 6000시간을 연주하면 일반적으로 잘하는 사람, 4000시간을 연주하면 그저 그런 실력 많은 사람 중 한 명이 된다는 사례로 연습의 중요성을 강조하지만 무조건 노력하면 된다는 식의 주장이 아니다.

잠시 이와 비슷한 사례를 담은 제프 콜빈의 〈재능은 어떻게 단련되는가〉를 살펴보자. 이 책에는 음악 천재 모차르트와 세계적인 골프선수 타이거 우즈 등 이름만 들어도 알 만한 성공한 인물들이 등장하는데 성공은 각고의 노력 끝에 얻는다는 것을 알려준다.

그런데 문제는 열심히 노력했지만 발전이 없는 경우다. 아무리 오랜 시간 노력해도 어느 정도 발전하다가 분명한 한계에 도달하고 그 수준을 뛰어넘지 못하는 경우가 대부분이다. 제프 콜빈은 연습의 개념이 달라야 한다고 주장한다. 연습만 하면 되는 것이 아니라 '신중하고 계획된 연습'이어야 한다는 것이다. 신중하게 계획된 연습은 목표에 집중해 개선할 필요가 있는 특정 부분만 찾아내 집중적으로 훈련하는 것이다. 단지 과거에 해오던 일을 반복하는 것은 이미 도달한 수준을 유지할 뿐이다.

앞에서 예측에 대한 얘기를 했다. 저자는 트레이딩은 하나의 기술이며 훈련을 통해 향상될 수 있다고 주장했다. 통계적 확률에 입각한 주가예측 기술 즉, 트레이딩 실력이 향상되는 과정은 신중하게 계획된 연습과 같은 맥락이다. 여기에 통계적 접근을 통해 한 단계 높은 차원으로 트레이딩의 중요성을 살펴보자.

말콤 그래드웰의 〈아웃라이어〉에서는 성공에 대한 통계적 접근의 결론을 1만 시간의 법칙과 신중하게 계획된 연습과는 다른 차원의 뭔가가 존재한다고 주장한다. 빌 게이츠, 스티브 잡스 등 실리콘밸리에서 신화를 이룬 인물들의 이야기가 등장하는데 이들은 1만 시간의 노력을 퍼부었다.

하지만 당시에 부응하는 정확한 타이밍에 태어난 것을 성공의 핵심요소라고 주장한다. 통계에 따르면 그들의 성공은 컴퓨터가 무섭게 발전하던 1953~1955년 사이에 태어났어야 한다는 전제조건이 필요하다는 것이다. 극단적으로 말해 그들이 컴퓨터를 개발한 것이 아니라 언젠가 누군가는 컴퓨터를 개발했을 것이라는 말이다.

단, 당시 그가 스티브 잡스, 빌 게이츠였을 뿐이라는 것이다. 이와 비슷한 다양한 사례들이 등장한다. 즉, 성공요소에 타이밍과 환경이 중요하다는 통계적 사실이다.

'신중하게 계획된 1만 시간의 노력'으로도 환경과 타이밍이라는 불확실성 요소 때문에 성공 확률이 높지 않다는 결론에 이른다. 아웃라이어는 '표본 중 다른 대상들과 확연히 구분되는 통계적 관측치'라는 뜻이다. 특별한 인물들의 통계 결말이 이럴 수는 없다.

일반적인 통계로 다시 접근해보자. 신중하게 계획된 1만 시간의 노력으로 특별함을 갖는다. 그 특별함은 환경과 타이밍에 적합해야 한다. 즉, '잘하는' 것이 중요하지만 '무엇을' 하는가가 핵심이다.

신중하게 계획된 1만 시간 훈련을 통해 실력을 키우는 것도 중요하지만 김연아, 안철수, 스티브 잡스, 빌 게이츠, 모차르트, 타이거 우즈는 모두 자신만의 무기가 있다. 첫 번째는 기술이고 두 번째는 실력이다. "당신은 성공을 위해 어떤 노력을 기울였는가?" 서두의 이 질문은 이렇게 바뀌어야 한다.

"당신은 성공을 위해 어떤 기술이 있는가?"

사업하면 망한다던 대한민국에 창업 열풍이 불듯이 주식하면 망한다던 대한민국에 트레이딩 열풍이 불어올 것이다. 나는 이 책에서 트레이딩이라는 기술을 소개하겠다. 더 정확히 말하면 월천 트레이딩이다.

월천 트레이딩은 상승과 하락에 상관없이 확률 높은 주가예측 기술을 통해 매달 지속적이고 안정적인 누적수익을 목표로 한다. 월천 트레이딩은 '신중하게 계획된 연습'을 통해 예측확률을 80% 이상으로 끌어올렸다. 당신이 '1만 시간의 법칙'을 통해 확률 높은 예측 능력을 증명한다면 분명히 특별함이 부여될 것이다.

트레이딩은 돈을 벌기 위해 '돈의 움직임을 예측하는 기술'이다. 이제부터 월천 트레이딩의 '신중하게 계획된 연습'을 소개하겠다. 특별함을 위한 '1만 시간의 노력'은 여러분의 손에 달려 있다. 월천 트레이딩의 특별함은 시대적으로 보나 환경적으로 보나 정확한 성공 타이밍을 예측하며 그 특별함은 성공이라는 이름으로 더 빛날 것이다.

> "이 세상에 꿈같은 일은 없다. 단, 평범한 일을 나만의 특별한 꿈으로 만들 뿐이다.
> 가슴을 뛰게 하는 일도 없다. 단, 가슴이 뛸 때까지 일하는 것이다." _ 김미경

1만 시간, 월천 트레이딩에 미쳐보라. 당신의 인생이 바뀔 것이다.

CHAPTER 2

투자가 아니라 트레이딩이다

01

금융문맹 탈출하기

돈 버는 방법이나 가르쳐주지, 금융지식은 어디에 쓰냐고 생각할 수 있다. 돈, 금융이 자본주의 사회를 살고 있는 우리에게 친숙한 것 같지만 사실 그렇지 않다. 곰곰이 생각해보자. 과학기술의 발달로 우리의 삶은 하루가 다르게 변하고 있다. 현대사회는 경제성장과 함께 과거와는 비교할 수 없을 만큼 현대인들에게 풍요로움 속에 안락한 삶을 제공한다. 그러나 우리의 삶은 더 바쁘게 돌아가고 시간이 갈수록 급히 쫓기는 삶을 살아간다는 느낌을 지울 수 없다.

하루가 멀다 하고 뉴스와 신문의 경제면 헤드라인은 위기감과 공포감을 자극한다. 전 세계 모든 정부는 천문학적인 금액의 구제금융과 자금을 시장에 주입하며 경제성장과 시장 안정화에 노력하는 모습이지만 도대체 우리 경제가 언제 좋아진단 말인가?

신용경색, 버블 붕괴, 경제공황

이것은 금융권뿐만 아니라 정부 정책, 문화예술에 이르기까지 우리 생활과 밀접히 연관되어 세상을 온통 혼란스럽게 만들고 있다. 시장은 매일 상승과 하락을 반복하며 마치 양극성 환자처럼 불안하다. 우리가 기댈 곳은 더 이상 은행예금이 아니라는 생각에 알뜰살뜰 모은 돈을 각종 금융상품과 부동산에 넣어 불안한 마음은 더 커져만 간다.

과거에는 우리 집과 옆집의 살림살이가 비슷했고, 돈 걱정은 했지만 열심히 일하면 나아질 것이라는 희망이 있었다. 하지만 지금은 열심히 일하고 싶어도 일자리가 없는 실정이다. 우리가 돈 돈하며 사는 것은 과연 무엇 때문일까?

결론적으로 우리의 잘못만은 아니다. 그러나 누군가 문제를 해결해주고 대책을 마련해 줄 것이라는 희망은 사치다. 가만히 있으면 뒤처질 수밖에 없다.

그렇다면 우리는 무엇을 해야 하는가? 그렇다. 공부를 해야 한다. 세계 각국 정부와 은행은 쉬쉬하지만 통화정책과 금융시스템에는 분명히 문제가 있다. 돈이 태어나는 장면을 본 적 있는가? 한국은행의 윤전기에서 빛의 속도로 종이돈을 찍어내는 장면은 우리의 뇌리에 각인되어 있다. 이것이 우리의 삶에 어떤 영향을 미치는지 아는 것은 불편한 진실이 될 것이다. 그러나 우리가 매일 벌고 쓰는 돈이 진정 무엇인지 깨닫는 것은 내 돈을 지키는데 반드시 필요한 기본 지식이다.

교과서에서도 알려주지 않는 화폐시스템, 금융시스템을 배우고 내 자산을 지켜야만 한다. 나아가 재테크, 돈의 흐름을 예측하고 돈이 내 주머니로 들어오기 까지의 시스템을 소개할 것이다. 사실 재테크 고수가 되기 위해 알아야 할 경제지식은 그리 많지 않다. 주식, 부동산, 환율, 채권 등으로 끊임없이 돈이 움직인다는 사실 그리고 어떻게 돈이 돌고 도는지 이해할 수 있는 정도면 충분하다.

코스피(KOSPI) 지수가 어디까지 오를까요? 삼성전자가 얼마까지 오를까요? 주식하면 대부분 좋은 종목을 물어본다. 삼성전자가 좋은 기업이라는 것은 대부분 알지만 누구는 수익을 내고 누구는 손실을 보고 누구는 쳐다만 본다. 제 아무리 좋은 주식도 어깨에서 사서 무릎에서 팔면 말짱 도루묵이다. '무릎에서 사서 어깨에서 팔라'라는 주식 격언이 생각날 것이다. 돈의 움직임을 예측해 주식을 사고 파는 타이밍이 중요하다는 말이다. 이 타이밍을 어떻게 포착할 것인가? 경기순환, 경기변동 사이클을 이해해야 하고 그러려면 금융시스템을 알아야 한다. 금융은 금전을 융통하는 일이다. 적을 알고 나를 알면 백전백승이다. 따라서 돈에 대해 알아야 할 것이다. 이제부터 돈에 집중하자.

02

Step 1.

돈의 탄생

'닭이 먼저냐 알이 먼저냐'는 굉장히 아이러니한 질문이다. 그렇다면 '돈은 수단일 뿐 목적이 아니다'라는 말에 대해서는 어떻게 생각하는가? '돈이 목적인가, 목적을 이루기 위한 수단으로 돈을 사용하는 것인가'에 대해 생각해보자. 혹시 돈을 사용하는 목적이 돈을 위한 것은 아닐까?

인류는 자급자족에서 벗어나 잉여생산이 가능해지자 그 잉여생산물을 다른 것과 교환하고 싶은 욕구가 생겼다. 하지만 서로 원하는 것이 맞아 떨어지지 않는 경우가 생기고 염소 반 마리를 팔고 소금 한 포대를 사들고 오는 것은 어려움이 많았다. 그래서 이동성과 내구성, 분리성을 가진 물물교환 수단으로 돈이 탄생하게 되었다. 이로써 시장은 커지고 노동의 분업화, 전문화로 생산성이 향상되어 인류는 한 단계 발전했다.

물물교환 수단으로 돈의 역할을 하는 것은 가축, 노예, 직물, 조개, 곡물, 귀금속 등 다양했다. 그러나 시간이 흘러 자연스럽게 금, 은 등의 귀금속으로 좁혀졌다. 휴대와 운반의 편리성을 넘어 시간이 흘러도 인간의 욕망은 변함없이 반짝이는 금과 은을 화폐로 만들었다. 금과 은이 화폐로서 인기가 높아지면서 규격화된 화폐인 동전이 탄생했다. 인류 최초의 돈은 바로 금과 은으로 만든 동전이다.

동전이 시장에 유통되면서 물물교환 수단을 한 단계 뛰어넘는 변화가 생겼다. 로마시대에는 주로 은화가 사용되었는데 제국 건설에 드는 비용 마련을 위해 은화를 마구 생산했고 더욱이 은화에 들어가는 은의 양을 줄이는 위조까지 했다.

동전이 유통되면서 시장이 형성되자 국가권력이 동전 생산량을 마음대로 조절하면서 또 다른 권력을 영위하게 되었다. 즉, 돈이 권력 유지의 수단이 된 것이다. 시간이 갈수록 은화의 가치는 떨어지고 물가는 올라 국가재정이 악화되었고 결국 제국의 멸망을 촉발했다는 역사적 교훈을 얻게 되었다.

정부와 권력은 돈을 찍어내면서 이득을 챙겼고 결국 화폐가치 하락에 따른 피해를 함께 나누는 불합리한 과정은 인류의 역사이며 현재도 진행 중이다.

돈을 발행하는 사람들에게 대중의 부가 전이된다는 사실을 알았다면 오늘날 기축통화인 달러가 구제금융이라는 이름으로 빛의 속도로 무한정 생산되는 세계경제 상황을 당연하게 받아들일 수 없을 것이다. 지금부터 억울한 눈빛으로 달러의 탄생 배경을 살펴보자.

미국이 식민지이던 시절, 대영제국은 금, 은 등의 귀금속을 착취하는 제국주의 유지 방법을 사용했기 때문에 미국에서는 스페인이 만든 금화인 '달러'를 주로 사용했다. 이후 미국은 달러를 공식통화로 인정하고 금본위 제도를 기본으로 하는 금융제도를 확립했다.

금본위제는 19세기 영국을 중심으로 발전했는데 산업혁명으로 경제가 급성장하자 더 이상 희소한 금은 유동성 문제로 화폐의 역할을 하지 못하게 되었다. 영국 중앙은행이 금을 보유하고 있으면서 파운드화를 가져오면 금으로 바꿔주는 금본위제를 실행했고 파운드화는 유럽의 기축통화로 자리잡았다.

기축통화란 국제금융 거래의 기본이 되는 화폐로, 산업혁명 이후 영국의 경제력이 신뢰받았기 때문에 가능했던 것이다.

제1차 세계대전의 전쟁비용을 충당하기 위해 영국 정부도 엄청난 규모의 파운드화를 유통시켰다. 엄청난 금이 해외로 유출되었고 파운드화 가치는 하락해 더 이상 교환해줄 금이 부족해졌다. 결국 제1차 세계대전 이후인 1914년 금본위제를 포기했고 기축통화로서의 파운드화는 운명을 마감했다.

유럽에서 기축통화가 사라지자 각국은 서로 상대국의 화폐를 신뢰하지 못해 교역이 쇠퇴했다. 이때 미국은 전쟁터인 유럽에 전쟁물자를 팔고 막대한 금을 자국으로 가져오며 엄청난 수혜를 입었다. 그러나 기득권에 대한 탐욕으로 찍어낸 돈은 어김없이 후폭풍을 몰고 왔다. 누구나 들어봤을 이름, 모건과 록펠러는 철도와 항만, 원자재 거래를 독점했고 사업 확장을 위해 많은 돈이 필요했다. 그들은 수많은 음모론 중 어느 방법으로 연방준비은행(Federal Reserve Bank; FRB)을 설립했다.

재미있는 것은 한국의 중앙은행처럼 돈을 찍어내는 미국의 FRB는 국책기관이 아닌 민간은행이라는 사실이다. 은행들은 구두닦이에게까지 돈을 빌려주었고 주식, 부동산, 채권 시장은 성장했다. FRB가 생긴 지 불과 17년 후인 1929년, 시장 버블이 터지며 세계적인 대공황으로 확산되었다.

미국 연방정부는 뉴딜(New Deal)과 같은 대규모 경제부흥 정책을 실시했지만 물가는 계속 폭락하고 파산자가 속출하고 부실은행이 늘었다. 은행에서 예금을 인출해 현금이나 금을 소유하려는 현상이 발생했고 1933년 결국 루즈벨트 대통령은 모든 은행의 문을 한시적으로 닫고 달러를 금으로 바꿔주지 못하도록 금지했다.

아직도 당신은 정부가 시민을 위해 통화정책을 조절한다고 생각하는가?

때마침 제2차 세계대전이 발발했다. 그것도 유럽에서. 제2차 세계대전 종전 직후 미국은 슈퍼파워가 되었다. 당시 미국은 전 세계 GDP의 50%와 전 세계 금의 70%를 보유하고 있었다. 뉴욕은 국제금융 중심지로 자리잡았고 더욱이 강력한 군사력도 뒷받침되었다. 1944년 제2차 세계대전이 끝나갈 무렵 승전국과 패전국의 윤곽은 이미 드러나 있었다.

참전했던 44개 연합국 대표들은 전쟁 이후의 세계경제 질서와 국제통화 제도를 논의하기 위해 미국 브레튼우즈에서 회담을 가졌다. 이후 국제금융기관으로서 세계은행(World Bank)과 국제통화기금(IMF)이 설립되었다. 여기서 달러의 가치를 금 1온스 당 35달러로 정하며 미국의 종이돈이 세계 기축통화가 되었다.

달러가 국제화폐가 되기 위해서는 당연히 많은 양의 달러가 세계 각국에 공급되어야 했다. 문제는 금의 공급이 한정되어 있어 달러를 찍어낼수록 돈의 가치가 떨어진다는 것이었다. 그러나 로마시대에 권력 유지를 위해 위조 은화를 찍어냈듯이 미국도 달러를 찍어냈다. 역사적인 교훈으로 위조가 아닌 '부분 지급준비금 제도'라는 세련된 방식으로 돈을 발행했고 그 결말은 로마제국의 멸망이라는 사실을 알았지만 모른 채 눈감았다.

기득권에 대한 욕망 때문에 화폐 발행자들에게 대중의 부가 전이된다는 사실은 중요하지 않았다.(지급준비금 제도의 용어 설명과 함께 돈을 찍어낼수록 어떤 문제가 발생하는지 2장에서 자세히 설명하겠다.) 결국 달러를 찍어냈고 경제에 후폭풍이 몰려왔다. 설상가상 1960년대 말부터 베트남전쟁 등으로 대외원조 및 군사비 지출이 늘며 국제수지가 악화되고 경제력이 떨어지자 달러화 가치가 폭락했다. 미국의 대외신뢰도가 하락하자 달러화 가치를 의심하기 시작한 사람들이 너도나도 달러를 금으로 바꿔달라고 요구했다. 그러나 그만한 금을 보유하지 못했던 미국은 달러를 가져와도 금으로 바꿔줄 수 없다고 선언하게 된다. 1971년 이렇게 종이돈이 금으로부터 자유로워지는 역사적 순간을 맞았다.

달러는 금의 영수증이었는데 바꿔줄 금도 없으면서 달러를 찍어내놓고 이제 와서 나 몰라라 하는 것이었다. 이것은 시작에 불과했다. 1975년 미국과 사우디아라비아가 OPEC(석유수출국 기구)의 지위를 인정하고 국방 혜택을 제공하는 대신 석유대금 결제는 오직 달러로만 지급한다는 밀약을 체결했다. 석유를 구매하기 위해 각국 중앙은행들은 외환보유고에 달러를 넘치도록 쌓아둘 수밖에 없는 상황이 된 것이다. 금본위제 폐지로 달러의 위상이 추락했지만 석유본위제를 밀어붙인 결과, 달러는 다시 기축통화의 패권과 위력을 회복했다.

금으로부터 자유로워진 달러는 언제든지 FRB에서 빛의 속도로 찍어낼 수 있게 되었다. '미국이 재채기를 하면 전 세계가 감기에 걸린다.'라는 말은 사실이다. 자본주의 사회에서 달러가 기축통화이기 때문이다. 이렇게 미국은 세계금융의 패권을 잡았다. 그러나 패권을 잡은 배경은 결코 민주적이지도 않았고 자본주의적이지도 않았다. 이렇게 불합리한 것이 달러의 탄생 배경이며 인류의 역사다.

무한정 찍어낼 수 있는 돈으로 모든 곳에서 버블이 발생했고 2008년 결국 화려한 성장의 버블이 터지고 말았다. 그러나 금융위기의 여파가 연쇄반응을 일으키더라도 달러화는 쉽게 붕괴되지 않을 것이다. 돈의 탄생으로 경제가 성장한 것도 사실이기 때문이다. 이것을 명분으로 돈의 권위를 유지하기 위해 또다시 돈을 찍어내고 각종 금융정책이 복잡다단하게 탄생한다.

앞으로도 금융 연금술은 더 복잡하고 다양하게 계속될 것이다. 지금 이 순간에도 돈의 연금술은 탄생하고 있다.

참고문헌

〈똑똑한 돈〉 한빛비즈

〈이철환의 세계 금융전쟁, 4부〉 머니투데이

기사 〈달러 이야기〉 한스미디어

03

Step 2.
화폐시스템

"여러분의 통장에 있는 돈은 어떻게 생겼나요?"라고 묻는다면 당연히 일해서 벌었다고 말할 것이다. 그럼 당신에게 월급을 주는 사장의 돈은 어디서 생겼을까? 꼬리에 꼬리를 물고 추적해보면 돈의 탄생은 결국 은행이다. 한국은행에서 돈을 찍어낸다는 것을 모르는 사람은 없다. 하지만 그것이 돈을 만드는 방식은 아니다.

눈에 보이는 지폐나 동전이 아니라 눈에 보이지 않는 돈이 은행에 있다. 금이 돈인 세상에서는 돈을 구하려면 광산에 가서 캐면 되었지만 종이돈이 돈이 되어버린 자본주의 사회에서 돈을 구하려면 결국 은행에서 대출받아야 한다. 즉, 돈은 곧 빚이다.

조폐공사에서 100원을 찍어 은행에 준다. 은행은 예의상 10원을 남겨놓고 90원을 A에게 대출한다. A는 그 돈을 다른 은행에 넣어놓고 꺼내 쓰기로 한다. 90원을 받은 은행은 9원을 남겨놓고 81원을 B에게 빌려준다. 은행 10원+A 90원+다른 은행 9원+B 81원=합 190원. 100원이 190원이 되었다. 찍어내지도 않은 90원이 생긴 것이다. 어떻게 90원이 생겼을까? 또 은행은 10원, 다른 은행은 9원을 왜 남겼을까?

'지급준비율'이라는 정부와 은행의 약속 때문이다. 지급준비율을 이해하려면 종이돈이 금 보관증이던 16세기 영국으로 거슬러 올라가야 한다.

물물교환을 위해 금을 가져다니는 것은 불편하고 집에 금을 쌓아두는 것은 도난의 위험이 있었다. 자연스럽게 금화를 보관해주는 곳이 생겼고 금 보관증이 인류 최초의 종이돈 역할을 했다. 보관증은 금화보다 편리하게 물물교환할 수 있고 필요하면 언제든지 금화로 바꿀 수 있지 않은가?

시간이 흘러 사람들은 자연스럽게 보관증으로 거래하기 시작했다. 금화와 보관증이 주객전도되었다. 사람들은 대부분 맡긴 금을 찾아가지 않았고 자연스럽게 금고에 많은 금이 쌓여갔다. 그러자 금을 다른 사람에게 빌려주고 이자를 받기 시작했다. 물론 진짜 금을 빌려준 것이 아니라 보관증을 빌려준 것이다. 이것이 바로 은행의 시초다. 물론 은행은 아무 생각 없이 보관증을 마구 찍어내진 못할 것이다. 여러 명이 동시에 보관증을 들고 찾아와 금으로 바꿔가는 상황에 대비해 보관증을 빌려줄 때 보유한 금의 일부분으로 제한했는데 이것이 지급준비율 제도의 시작이다. 물론 인간의 탐욕으로 생각 없이 보관증을 남발하고 결국 사람들이 동시에 돈을 찾으러 오면서 파산하는 뱅크런(Bank Run)을 역사적으로 반복하게 되었다.

이런 사태를 예방하기 위해 각국은 조금씩 다르지만 은행 지급준비율을 명시하고 있다. 우리나라의 지급준비율은 3.5%다. 예금의 3.5%를 남겨놓고 전액 대출해줄 수 있다는 뜻이다. 지금부터 본격적으로 시중의 돈이 불어나기 시작한다.

100만 원이 시장에서는 1,000만 원 즉, 10배로 불어 돌아다닌다. 이것을 '신용창조'라고 부른다. 금융시스템의 돈은 거의 눈에 보이지 않고 컴퓨터 화면에 입력된 숫자로만 존재한다. 우리가 볼 수 없었던 이 신용창조는 대출해야 돈이 생기고 경제가 성장하는 구조에서 비롯되는 것이다. 즉, 한국은행이 발행한 '돈'과 우리의 '빚'(신용)이 시중은행에서 교환되는 것이다. 신용창조가 진행될수록 '빚'도 점점 커지는 것이 우리의 '화폐시스템'이다.

누군가 돈을 빌리면 이자를 갚아야 한다. 원금에 이자까지 갚으려면 또 다른 누군가가 돈을 빌려야 한다. 그래야 원금과 이자를 갚을 돈이 시중에 돌게 되는 것이다. 이 시스템이 유지되려면 시중에 돈이 점점 더 많이 풀려야 한다. 다시 말해 더 많은 사람들이 돈을 빌려야 한다. 그렇다. 우리는 빚잔치를 하고 있는 것이다.

아파트 가격이 하늘 높은 줄 모르고 올랐던 이유는 무엇일까? 기술발달로 대량생산이 가능해지면서 자연히 물건가격은 내려간다. 그럼에도 불구하고 가격이 오르는 것은 고등학교 경제시간에 배운 수요공급 법칙에 따라 아파트 공급물량이 부족하거나 아파트를 사려는 사람이 많아서가 아니라 돈을 쉽게 빌릴 수 있어서 돈이 많아졌기 때문이다. 양이 많아지면 가치는 떨어진다. 우리가 오랫동안 빚잔치를 하면서 돈의 가치는 계속 떨어졌기 때문에 부동산, 주가, 물가는 끊임없이 상승한 것이다.

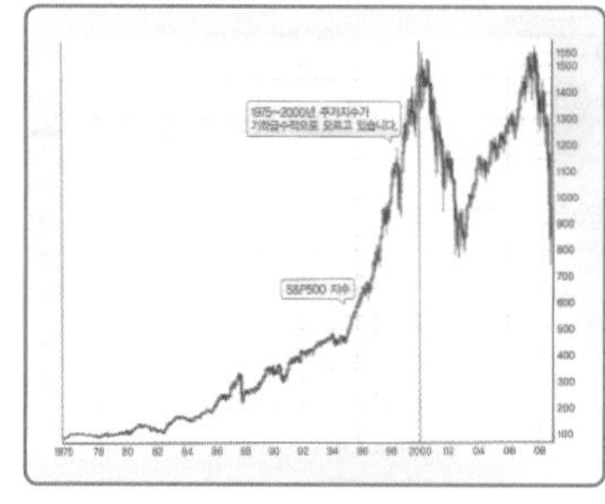

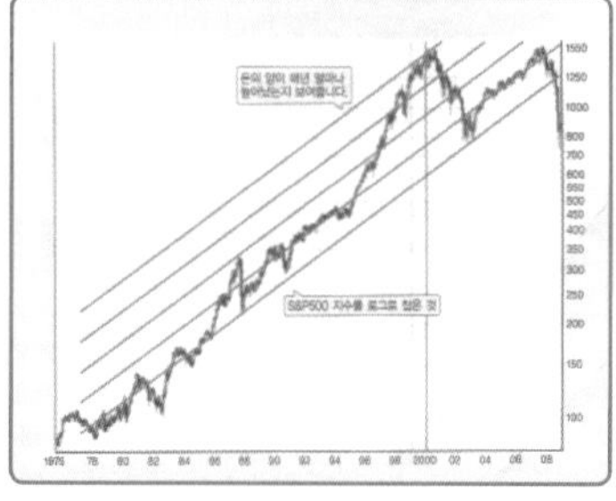

통화량과 주가지수의 상관관계

통화량과 주가지수의 상관관계를 나타낸 그래프다. 매년 가파르게 상승하는 기울기는 늘어난 돈의 양을 나타내는데 찍어낸 돈의 양은 추정할 수 없을 정도다. 주가지수가 가파르게 급락한 모습이 2008년 글로벌 금융위기의 버블이 터진 것이다. 빚으로 쌓아올린 경제는 빚으로 허덕이게 되고 더 이상 빚을 질 수 없게 되면 모두 종이돈을 금으로 바꾸려는 뱅크런처럼 돈과 빚으로 쌓아올린 피라미드 다단계 같은 이 시스템은 붕괴된다.

결론은 간단하다. 통화량이 증가하면 가격이 오르고 통화량이 감소하면 가격이 하락한다. 이것을 각각 '인플레이션'과 '디플레이션'이라고 부른다. 즉, 인플레이션 후에 디플레이션이 오는 것은 당연하다.

FRB 의장 매리너 에클스는 "통화(금융)시스템에 빚이 없다면 돈도 없다."고 말했다. 돈은 신용이다. 즉, 돈은 빚이다. 빚으로 이룬 경제성장은 빚을 갚아야 할 때 침체될 수밖에 없다. 돈을 갚을 여력이 없는 사람들에게도 돈을 빌려주어 성장을 이루어왔고 팽창이 멈추는 순간 추락할 수밖에 없다. 부동산가격이 추락하고 돈을 갚지 못하고 파산하는 기업과 개인이 속출했다. 그렇게 여러 차례 경제위기는 찾아왔다. 그리고 추락하는 경제를 살리기 위해 또 다시 돈을 찍어내고 있다. 결코 민주적인 시스템이 아니다.

이것이 인류가 이룬 눈부신 성장의 이면에 숨겨진 돈의 모순이다. 미국은 2경 6,000조 원, 우리나라 가계 빚은 1,200조 원을 넘었다고 한다. 쉬쉬하는 정부의 보수적인 수치임을 감안하면 국내총생산(GDP)으로 감당할 수 있는 수준이 아니다.

국가와 민족을 위해 우리가 이 빚을 갚아야 할까? 아니면 이대로 세계경제는 무너지고 국가는 파산해야 할까? 화폐시스템의 모순에도 불구하고 정부의 통화정책은 멈추지 않을 것이다. 아니, 멈출 수 없다. 그렇다면 우리는 무엇을 할 수 있을까? 실험과 실패가 반복되는 그들의 금융 연금술을 이해해야 한다. 빚의 굴레에서 벗어나 우리의 자산을 지키는 방법에 역량을 집중해야 한다.

04

Step 3.

금융시스템: 신용창조

이 세상에는 여러 개의 보존 법칙이 있다. 에너지 보존의 법칙, 운동량 보존의 법칙. 현대 금융시스템은 빚 보존의 법칙이 지배하는 시스템이다.

누군가가 빚을 갚으면 누군가는 파산한다. 빚을 갚기 위해서는 돈을 벌어야 하고 그 돈은 누군가가 대출받은 것이다. '돈=빚' 공식에서 비롯된 화폐시스템의 모순 때문이다. 따라서 자본주의 사회는 경쟁이 필연적이다. 이것이 우리가 매일 돈, 돈하고 사는 이유다. 더 이상 뒤처지지 않으려면 돈의 움직임을 주시해야 한다.

주식, 부동산, 물가가 오르내리는 것은 경제가 좋아지고 나빠지기 때문이 아니라 화폐시스템의 핵심인 통화량이 변하기 때문이다. 통화량이 늘면 자연스레 돈 가치가 떨어지고 물가는 상승한다. 금본위제가 폐지되고 달러는 더 이상 금의 보관증이 아닌 종이돈 자체가 되었다. 따라서 종이돈은 금이 아니라 국가의 빚이다. 달러는 미국 정부가 세금을 거둬 갚겠다고 한 국가빚이다. 즉, 우리가 은행에 가서 돈을 빌리는 것은 국가의 빚을 짊어지겠다는 뜻이다.

경제성장, 통화팽창은 국가와 기업, 개인이 빚을 지려는 의지와 이자를 갚을 수 있다는 기대감이 있을 때 발생한다. 이런 의지와 기대감이 사라진다면 돈의 흐름이 멈추고 경제성장에 브레이크가 걸린다. 통화팽창과 통화수축이 주기적으로 반복되고 경기순환 사이클이 발생하는 원인은 바로 이런 의지와 기대감 때문이다.

은행이자가 높으면 돈을 빌려도 이자를 갚을 수 있다는 기대감이 줄어들고 반대로 낮으면 자금조달 비용이 낮아져 더 많은 돈을 빌릴 수 있고 적극적인 투자가 발생하며 시중에 돈이 많이 풀리게 된다. 이렇게 통화량을 조절하는 가장 기본적인 방법은 중앙은행의 기준금리를 통한 것이다.

사실 우리는 통화량을 늘리는 더 쉬운 방법을 알고 있다. 돈을 가져가면 금으로 바꿔준다는 믿음과 신뢰가 있었기 때문에 과거에 종이돈을 마구 찍어낼 수 있었다. 오늘날 돈과 금은 무관한 사이가 되었지만 같은 원리로 금을 대신할 국가자산을 담보로 돈을 찍어낼 수 있다. 그것이 바로 국채다. 국가가 세금을 거둬 갚겠다는 신뢰를 바탕으로 한 국가의 빚이다. 국가가 망하지 않는다면 이번에는 금태환제도 폐지와 같은 사태는 벌어지지 않을 것이다. 그래서 국채를 가장 신뢰하지만 국가가 망하기도 한다. 그래서 국가가 빚을 갚을 능력, 국채의 신뢰도를 평가하는데 이런 신용평가도 통화량에 영향을 미치게 된다.

금을 대체해 믿을 만한 자산은 국채뿐만 아니라 모기지(mortgage), 회사채, 주식, 부동산 등 다양해지고 각 신용평가는 서로 복합적으로 얽혀 있다. 통화량을 조절하고 예측하는 것은 우리 개인들이 끼어들 수 없는 영역이 되었다. 그러나 결코 방관할 수는 없다. 이것은 생존 문제와 직결된다.

통화량이 늘어나 화폐가치가 떨어지고 물가가 상승하는 인플레이션의 시기에 우리는 저축해야 할까 아니면 은행 대출을 받아야 할까?

열심히 일해도 임금인상은 쉽지 않다. 그러나 이보다 더 큰 문제가 있다. 통화량이 증가해 돈 가치가 10% 낮아진다면 알뜰살뜰 저축해 모은 통장 안의 여러분의 돈은 실질적으로 10% 줄어든다. 그러나 빚을 진 사람들은 더욱이 대출한 돈으로 부동산, 주식에 투자한 사람들은 실질적으로 10% 이상의 이득을 누린다.

혹시 여러분이 지고 있는 빚으로 수혜를 기대한다면 큰 착각이다. 비교할 수 없을 만큼 엄청난 빚을 지고 있는 것은 은행, 정부, 기업이다. 인플레이션 시기에 저축은 정답이 아니다. 아무리 열심히 일하고 뛰어봤자 KTX 아니, 날아가는 전투기에서 내려다보면 미래의 답이 없다.

문제는 하나 더 있다. 더 이상 통화량을 늘릴 수 없다는 사실이다. 우리에게 잘된 일이 아니냐고? 절대 아니다. 우리의 미래는커녕 당장 현재의 답도 없어지게 생겼다. 그동안 하루가 멀다하고 금리를 인하했다. 누군가는 돈을 빌리고 이것을 갚기 위해 또 누군가는 돈을 빌리는 화폐시스템에 부스터를 달아준 금융시스템에는 무시할 수 없는 문제가 있다.

결국 돈을 빌리려는 의지가 꺾이고 돈을 갚을 수 있다는 기대감이 사라진다면 어떻게 되는지 역사는 알고 있다. 우리 모두 종이돈을 들고 금으로 바꾸기 위해 은행으로 찾아갈 것이라는 것을!

돈과 빚으로 쌓아올린 피라미드가 무너지고 있다. 돈이 돌아야 하는 시스템인데 시중에서 돈이 사라지고 있다. 인플레이션의 반대로 디플레이션 시기가 온 것이다. 흔히 디플레이션을 주식, 부동산이 하락하므로 무조건 나쁘다고 생각한다.

자산가치 하락에 숨겨진 진짜 의미는 회복이다. 디플레이션은 그동안 무분별한 통화팽창, 신용확대에 따른 잘못된 투자 관행과 비정상적인 경제구조에 거품이 빠지는 자연적인 치유 과정이라고 할 수 있다. 우리는 화폐시스템에서 돈은 곧 빚이라는 모순을 인지했다. 인플레이션 뒤에 디플레이션이 오는 것이 지극히 자연스러운 이치임을 깨달았다면 앞으로 우리는 무엇을 해야 할까?

사실 우리가 할 수 있는 것은 별로 없다. 돈을 찍어낸, 힘 있는 사람들이 초래한 것으로 개인들의 영역이 아니다. 신용불량자에게도 부동산대출을 해줄 정도로 돈을 풀었던 경제 시한폭탄이 마침내 2008년 개인과 은행까지 파산하며 집값이 폭락하고 연쇄적으로 전 세계 금융위기로 확산되고 말았다. 돈을 빌리고 빌려주며 빚잔치를 벌이다가 원금은커녕 더 이상 이자조차 갚을 수 없는 상황에 이른 것이다. 정부는 경기부양책과 구제금융 정책을 펼치며 상상을 초월하는 천문학적인 금액을 시장에 뿌렸다.

그러나 경제위기 여파는 멈추지 않았고 2011년 그리스는 유로존의 신용불량자 신세를 넘어섰다. 이미 상식적으로 사업에 쫄딱 망한 사장님처럼 파산신청을 해야 마땅한 그리스를 유로존 국가들이 어떻게든 힘을 합쳐 살려보겠다고 돈을 아니, 빚을 끌어 모으고 있다. 더 큰 문제는 포르투갈, 스페인, 아일랜드, 이탈리아 등 다른 유로존 국가들의 부채도 엄청나다는 것이다. 신용불량자들이 서로 카드 대출까지 받아 어떻게든 같은 식구를 살려보겠다는 것인데 사실 그리스가 파산하면 유로존은 연쇄적으로 붕괴될 수밖에 없었다.

하지만 결과적으로 그리스는 지금까지 파산하지 않았고 미국, 유럽, 일본, 중국 등 힘 있는 국가들이 자신들의 자본력을 과시하며 여전히 돈으로 빚을 막고 있다. 그렇다. 카드 돌려막기를 하고 있는 것이다. 각종 통화정책, 구제금융 방안을 동원한 금융 연금술로 그리스가 망하더라도 세계경제는 아니, 힘 있는 국가들은 각자 살아남을 대책을 마련하고 있을 것이다. 비이성적이고 무분별한 성장정책에 따른 시장의 경고 메시지를 받았고 그로부터 몇 년이 흘렀다. 세계경제의 버블이 붕괴되고 시장이 회복되는 과정이 어떻게 진행되는지, 얼마나 더 긴 시간이 걸릴지 알 수 없다. 한 가지 분명한 사실은 더 이상 과거와 같은 통화팽창, 신용확대에 따른 시장의 급성장, 경제의 가파른 발전은 불가능하다는 것이다.

세계경제는 디플레이션의 어느 지점에 와 있을까? 모른다. 단지 과거의 실수를 반복하지 않길 기도할 뿐이다. 그러나 지금까지 국가, 정부, 기업들은 돈의 연결고리에서 떨어져 나가지 않기 위해, 자신의 주머니에 더 많은 돈을 넣기 위해 수단과 방법을 가리지 않았다는 사실을 깨달았다. 경제성장의 수혜는 힘 있는 사람들이 얻고 경제위기의 희생은 힘없는 사람들이 당했다.

앙드레 코스톨라니 투자 총서에 이런 말이 있다. "돈에 대한 욕구를 토대로 형성된 자본주의 경제체제가 옳다고 주장하고 싶진 않다. 이것은 사기다. 그러나 너무나도 바람직한 사기라는 것을 고백하지 않을 수 없다. 자본주의와 사회주의의 차이는 한 마디로 쉽게 설명할 수 있다. 크지만 공평하게 나눠지지 않은 케이크(자본주의)와 작지만 공평하게 나눠진 케이크(사회주의). 그러나 공평하게 나눠진 케이크의 조각이 커다란 케이크의 가장 작은 조각보다 작다면 당신은 어느 체제를 선택하겠는가?" 그런데 우리에게 더 중요한 고민이 있다. 점점 커져가던 케이크의 성장이 멈추었다면 앞으로 부의 분배는 어떻게 될까? 지금부터 돈이 어디로 움직이는지 두 눈 크게 뜨고 살펴야 한다.

05

Step 4.

재테크: 돈이 어디로 움직이는가?

금융시스템은 경제성장이라는 맹목적인 목표 아래 예금, 주식, 채권, 부동산, 환율 등의 금융상품을 도구로 금융시장을 활성화시켰다. 정부, 기업, 개인을 주체로 금융기관과 국가 간의 돈의 흐름은 총칼 없는 전쟁터라고 불릴 만큼 치열하다. 아직도 가격이 오른 것을 수요공급 법칙으로만 설명할 것인가? 우리는 미국의 금융 정책과 자본력을 보았다. 금융시스템 아래에서 힘 있는 사람들은 돈의 움직임을 알 수 있고 돈을 움직일 수 있다. 이 사실을 인정해야만 한다. 그리고 이 사실을 이해해야만 돈의 움직임을 예측할 수 있다.

돈의 성장이 멈추고 경쟁은 더욱 치열한 시대가 도래했다. 누구보다 돈의 움직임을 잘 알아야 하고 빠르게 대처해야만 한다. 재테크는 금융시스템 속의 돈의 움직임을 예측하고 내 주머니로 가져오는 기술이다.

거액이 움직이는 즉, 유동성이 큰 대표적인 시장으로 채권, 부동산, 주식시장 등이 있다. 개인들이 사고 팔기 쉬운 즉, 환금성이 높은 대표적인 시장은 바로 주식시장이다. 채권시장은 거래 규모가 워낙 커서 개인자산 1~2억 원 단위는 돈으로 취급도 안한다. 부동산은 이미 한 번 버블이 붕괴된 이후 성장에 따른 규제가 있어 다소 조심스럽다. 무엇보다 사고 파는 기간과 계약서를 써야 하는 번거로움 때문에 환금성이 떨어진다. 하지만 돈이 들어오고 나가는 움직임을 예측할 수 있다면 더할 나위 없는 투자처임은 분명하다.

자, 지금까지 서론이 길었다. 돈의 탄생부터 현재까지 돈의 움직임을 추적해가며 배경 지식을 습득했지만 사실 여러분은 주식 재테크를 배우려는 것이며 유동성과 변동성이 높은 주식시장에서 주가의 움직임을 예측해야 한다는 당연한 소리를 '돈'의 관점에서 다시 한 번 되돌아본 것일 뿐이다. 화폐시스템, 금융시스템을 살펴보았지만 곧 '돈의 움직임'으로 요약되듯이 이것을 바탕으로 앞으로 배울 트레이딩 공학적 관점에서 주식시장을 바라볼 때 결국 앞으로 배울 〈트레이딩 시스템〉으로 요약된다.

"단순함이란 궁극적인 정교함이다."라는 스티브 잡스의 말처럼 복잡한 것은 단순한 것에 귀결한다. 복잡한 경제학 지식과 이론으로 주식시장에서 살아남지 못한다는 것은 이미 입증된 역사적 사실이다. 각종 자격증과 재무회계 지식으로 무장된 증권사 애널리스트들은 절대로 자기 돈으로 투자하지 않는다. 돈의 움직임을 이해할 수 있을지언정 주가를 확률 높게 예측하지 못하는 재테크라면 아무 의미가 없다.

금융시스템에서 돈이 가장 활발히 움직이는 곳은 기업자금 조달을 담당하는 주식시장이다. 그래서 국가, 은행, 기업부터 큰 손이며 개인들까지 주식시장을 다양한 목적과 전략, 시각에서 바라본다. 그러나 사실 싸게 사서 비싸게 파는 것이 재테크의 목적이라면 전혀 복잡할 것이 없다.

'주식 수 × 주식가격 = 시가총액'이다. 즉 주식시장에서 거래되는 돈의 총합을 말한다. 가격이 오르면 돈이 주식시장으로 들어오고 가격이 하락하면 주식시장에서 돈이 빠져나간다. '코스피 지수가 2,000포인트를 돌파한다, 못한다.'라는 얘기를 9시 뉴스에서도 중요하게 다루는 이유는 대한민국 주식시장에 돈이 얼마나 들어오고 빠져나가는지를 나타내기 때문이다.

돈의 탄생부터 지금까지의 역사에서 알 수 있듯이 주식시장에 돈이 늘면 주가는 상승한다. 반대로 주식시장에서 돈이 빠져나가면 주가는 하락한다. 따라서 주식시장의 돈이 어디서 어디로 어떻게 움직이는지 예측할 수 있다면 주가 움직임을 예측할 수 있다. 주가 움직임을 예측하고 매수와 매도를 통해 시세차익을 추구하는 기술이 바로 주식 트레이딩이다.

경제성장이 멈추고 개인의 돈이 줄어드는 시대. 주식, 부동산가격이 하락하는 시장에서도 시세차익을 낼 수 있는 트레이딩 기술은 이 시대 최고의 재테크다. 기술을 습득하려면 오랜 시간의 노력이 필요하며 무엇보다 체계적인 훈련 시스템이 뒷받침되어야 할 것이다. 결코 쉽지 않은 과정이지만 트레이딩 기술을 배우고 훈련한 만큼 힘 있는 자들의 금융 연금술에 대응해 우리의 자산을 지킬 수 있을 것이다.

자본주의 사회에서 빚으로 만든 돈을 사용하는 우리는 돈의 노예, 빚의 노예일 수밖에 없다. 그러나 돈의 원리와 움직임을 이해한다면 자유로운 돈을 찾을 수 있다. 트레이딩 기술이 도와줄 것이다. 여기까지 어렵지 않은 내용이었지만 경제에 무관심한 사람들에게는 쉽지만은 않았을 것이다. 그러나 금융자본주의 사회에서 남들보다 뒤처지지 않기 위한 기본 지식으로 이 정도 이해했다면 충분하다.

지금부터는 남들보다 앞서나가기 위한 과정이다. 트레이딩의 기본 지식과 이론을 배울 것이다. 생소할 수도 있지만 힘들게 이해하고나면 〈트레이딩 시스템〉으로 한 번에 모든 것을 끝낼 수 있다. 이해되지 않는다면 연역법과 귀납법을 병행하며 학습하기 바란다. 여러 번 반복해 읽으라는 의미다. 이 책을 끝까지 읽는다면 분명히 유레카를 외칠 것이다.

문득 책을 덮어버리고 싶은 순간이 있다면 이것을 기억하라. "복잡한 것은 단순한 것에 귀결한다."

지금부터 자유로운 돈을 찾기 위한 기나긴 여정이 여러분을 기다리고 있다.

CHAPTER 3

트레이딩은 평생기술이다

01

주식 트레이딩은 무엇인가?

먼저 '주식 트레이딩'이 무엇인지 개념부터 알아보자. 주식 트레이딩의 시작은 '목표'다.

목표를 설정하라

아무것도 겨냥하지 않으면 아무것도 명중시킬 수 없다. 그렇다. 목표와 목적의 중요성은 누구나 잘 알고 있다. 성공을 향해 달려가는 우리에게 목표는 무엇보다 중요한 첫 번째 요소다. 그러나 주식시장이라는 '돈의 전쟁터'에서 장렬히 전사한 많은 패배자들은 목표부터 완전히 잘못 설정하기 일쑤다.

우리나라의 올림픽 효자종목인 양궁 경기를 본 적 있는가? 선수들은 과녁의 9점, 10점 심지어 정중앙 카메라 앵글까지 뚫어버린다. 바람이 부는 데도 말이다. 그것도 한 번이 아니라 여러 번, 확률 높게 반복적으로 맞힌다.

우리도 과녁 정중앙을 맞힐 수 있을까? 국가대표들의 체계적인 커리큘럼에 따라 훈련한다면 우리도 언젠가는 맞힐 수 있으리라 믿어 의심치 않는다. 목표가 확실하지 않은가? 목표물이 눈에 분명히 보인다. 이 정도 승부욕과 끈기가 있어야 자신만의 평생기술을 가질 수 있다.

트레이딩의 과녁을 확실히 짚는 것이 트레이더의 첫걸음이다. 처음 주식 차트를 봤을 때 어떤 생각을 했는가? "여기 아래에서 사서 위에서 팔면 되는 것 아냐?" 말은 쉽다.

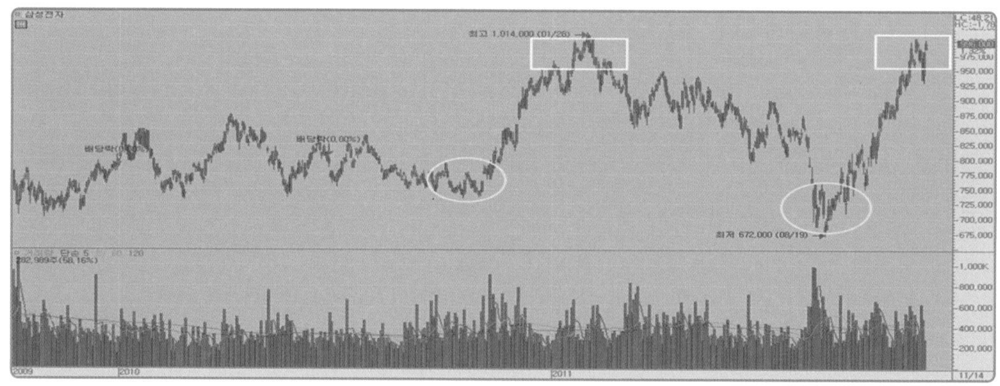

이 차트는 삼성전자의 과거 주가 움직임이다. 아래 원 부근에서 사서 위 네모 부근에서 팔면 수익이다. 그렇다면 이후에 주가는 어떻게 되었을까?

저점에서 사서 고점에서 잘 팔았다고 생각했지만 주가는 더 크게 상승했다. 만약 이 차트가 위아래 반대라면 저점이라고 생각해 샀는데 주가는 더 큰 하락을 하며 소위 반토막이 되는 것이다.

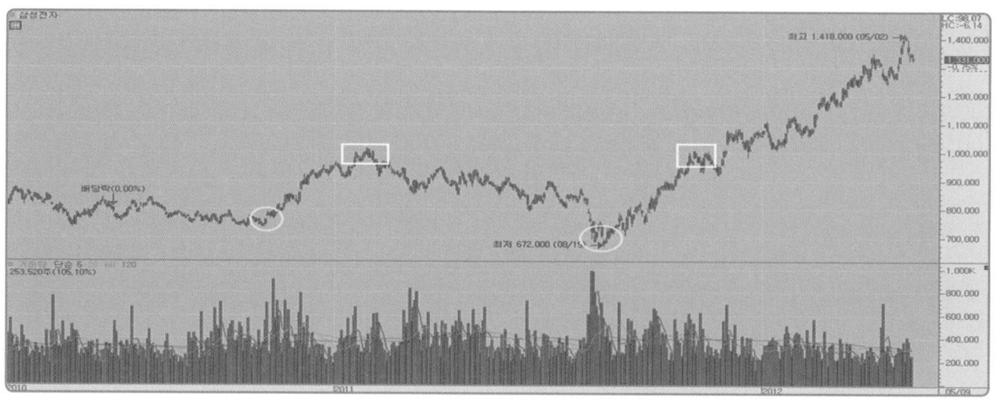

차트를 보고 여기서 매수, 여기서 매도하면 되겠다는 목표는 올바른 주식투자일까? 큰 착각이다. 주식투자를 하는 대부분의 사람들은 목표부터 틀렸다. 그래서 돈을 잃고 때로 초심자의 행운으로 수익을 맛보더라도 결국 운이 다해 돈을 잃을 수밖에 없다. 목적지가 틀렸다면 주식시장에서 퇴출당하는 것은 시간문제다.

투자와 트레이딩의 차이

"싸게 사서 비싸게 판다.", "주식은 타이밍의 싸움이다."

이 두 가지 주식 격언에서 주식시장을 바라보는 접근방식이 다르다는 것을 알겠는가?

차트를 보고 '싸다', '비싸다'를 알 수 없다. 주식이 싸다, 비싸다는 것은 상대적인 의미이며 이것은 주식의 가격과 주식의 기업 가치를 기준으로 비교할 수 있는 것이다. 유럽 증권계의 '위대한 유산'으로 불리는 앙드레 코스톨라니는 저서 〈돈 뜨겁게 사랑하고 차갑게 다루어라〉에서 이렇게 말했다. "주식투자는 과학이 아니라 예술이다"

나는 이렇게 말한다. "주식 트레이딩은 과학이며 나아가 공학이다"

대한민국에서 주식트레이딩은 아직 생소하다. 워런 버핏의 가치투자의 영향력 때문일까? 주식투자는 기업을 분석해 앞으로 50년, 100년 동안 성장할 미래의 기업을 찾는 것이 올바른 방법이라고 생각한다. 이것은 하나만 알고 둘은 모르는 것이다. 투자의 목적과 트레이딩의 목적은 모두 시세차익이다. 우리가 할 수 있는 것은 딱 두 가지, 매수와 매도뿐이다.

매수와 매도의 기준은 무엇일까? '투자'는 '예술의 영역'이며 이것은 '가치'에 귀결하기 때문이다. '트레이딩'은 '과학의 영역'이며 이것은 '확률'에 귀결하기 때문이다. '가치투자'는 현재 주식의 가치(주가)가 기업 가치보다 싸다면 즉 저평가받고 있다면 "시간이 흘러 기업의 가치대로 주가가 오를 것이다"라고 예측하는 것이다. 매수와 매도의 기준은 '가치'에 있다.

'트레이딩'은 주식의 가치(주가)의 움직임을 확률적으로 분석하고 부분적으로 예측하는 것이다. 트레이딩의 매수와 매도 기준은 바로 '확률'이다. 주가의 움직임은 과거의 패턴이 반복된다. 많은 사람이 차트를 보는 이유는 확률을 통해 가격 움직임을 부분적으로 예측할 수 있기 때문이다.

'가치투자'와 '트레이딩'의 목표가 시세차익인 것은 같다. 다만 목표를 위한 매수와 매도의 기준이 다른 것일 뿐 맞고 틀린 것은 없다. 주식시장을 바라보는 관점이 다르고 가진 무기가 다를 뿐이다.

주식은 도박이다?

우리나라에서는 "주식은 도박이다"라는 말이 당연하게 인식되고 있다. 그나마 가치투자는 잃어도 되는 돈으로 소소하게 할 수 있지만 트레이딩은 무조건 위험하고 부정적이라고 생각하는 사람들이 많다. 도대체 잃어도 되는 돈은 어떤 돈인가? 그리고 그것이 과연 주식시장에 뛰어들기 위해 준비해야 할 중요한 쟁점일까?

'가치투자'와 '트레이딩', 주식시장에서 두 개의 무기는 수익을 낼 수 있지만 손실도 발생할 수 있는 양날의 검이다. 분명히 각각 차이는 있지만 매수와 매도를 통해 수익이나 손실이 발생한다는 것은 같은 사실이다. '틀린 것이 아니라 다른 것이다'라는 말처럼 '어떤 무기가 더 좋은가'에 대한 논쟁은 무의미하다. '무기를 얼마나 능숙히 다룰 수 있는가'가 핵심이다.

그렇다면 트레이딩의 본질은 무엇인가? 초등학교 수학시간에 배웠을 만한 문제를 살펴보자. 주머니 속에 빨간색 구슬 8개와 파란색 구슬 2개가 들어 있다. 무작위로 하나를 뽑을 경우, 빨간색 구슬이면 만 원을 받고 파란색 구슬이면 만 원을 잃는다고 가정하자. 이해의 편의를 위한 예시일 뿐이다. 잠시 도박이라는 불법적인 요소를 제외하고 바라보면 기초적인 확률 문제다. 당신은 이런 확률 게임에 베팅할 것인가?

돈을 잃을 수도 있기 때문에 '도박은 무조건 위험하다'라는 식의 생각은 아직 확률을 이해하지 못한 것이다. '위험'이라고 인식하기 전에 고려할 두 가지가 있다. 첫째, 동일한 확률로 여러 번 게임할 수 있다. 둘째, 게임을 여러 번 반복할 충분한 자금이 있다. 이 두 가지 조건만 충족된다면 누구나 돈을 벌 수 밖에 없는 시스템이 된다.

핵심은 '도박'이 아니라 '확률'이다. 카지노 회사 측이 게임에서 승리할 확률은 약 52~65%라고 한다. 안정적이라고 할 수 없는 확률이지만 카지노 업체인 강원랜드는 절대로 망하지 않는다. 하지만 강원랜드에서 게임하는 고객들은 항상 돈을 잃는다. 50% 이하의 무모한 확률에도 지속적으로 이루어지는 게임이 도박이다. 결국 도박은 확률적으로 돈을 잃을 수박에 없는 구조다.

반대로 트레이딩은 돈을 벌 수 밖에 없는 확률 구조를 추구한다. 그러나 트레이딩이 결국 '확률을 통해 돈을 번다'라는 관점에서 도박과 비슷하다는 것은 부정할 수 없다. 그러나 도박, 투자, 트레이딩은 엄연히 다르다. 시세차익을 목표로 확률 높은 기준과 원칙에 따라 매수와 매도를 하는 것이 트레이딩이다.

트레이더는 시세차익을 추구한다는 사실, 주식투자자도 시세차익을 추구한다는 사실, 강원랜드 임직원과 주주들은 많은 고객이 도박으로 돈을 잃기를 간절히 원한다는 사실, 정부는 돈을 찍어내고 기업은 이윤을 추구하고 직장인은 월급을 추구한다는 사실을 어떻게 받아들일 것인가? 그것은 당신의 선택이다.

'인생은 도박이다'라는 말이 있지 않은가? 인생은 매순간 선택의 연속이다. 우리는 자신의 기준과 원칙에 따라 부분적으로 삶에서 선택한다. 자신의 삶을 위해 최선의 선택을 고민하지만 때로는 예상과 전혀 다르게 흘러간다. 선택은 당신 몫이다. 선택하지 않은 것도 선택한 것이다. 주식 트레이딩을 도박처럼 부정적으로 바라본다면 그것도 당신의 선택이며 트레이딩의 확률을 높이고 주식시장의 돈을 당신의 주머니로 가져오겠다는 것도 당신의 선택이다.

"주식은 도박이다?"

이 책은 이렇게 답한다. 주식 트레이딩은 '확률'이다. 그렇다면 어떻게 확률을 높일 수 있을까? 아니 주가의 움직임을 어떻게 예측할 수 있을까?

천재 물리학자 아이작 뉴턴도 주식으로 큰 손실을 입고 이런 말을 남겼다. "천체의 움직임은 계산할 수 있지만 인간의 광기는 도저히 예측할 수 없다." 하지만 시대가 변하고 기술이 발전하듯이 이제는 부분적으로 주가의 움직임을 예측할 수 있다. 과학의 영역에서 자연을 탐구하고 과학을 응용한 공학 기술로 자연의 움직임을 예측해 인간의 편의에 이용하듯이 경제학에서 시장이라는 자연의 영역을 분석한다면 나아가 트레이딩 기술로 자연의 움직임, 시장의 움직임, 주가의 움직임을 부분적으로 예측해 시세차익을 낼 수 있다.

이 모든 것을 한 권에 담아내고 여러분의 효율적인 이해를 돕기 위해 '선 암기, 후 이해'의 방법으로 설명을 이어가려고 한다. 우선 트레이딩의 정의를 암기해야 본격적인 방법론을 이해할 수 있을 것이다.

트레이딩의 정의

트레이딩의 기본이다. 이해하려고 하지 말고 암기해두자.

❶ 주가는 '지지', '저항', '돌파'의 형태로 움직인다.

❷ 트레이딩은 주가의 움직임을 부분적으로 예측해 시세차익을 추구하는 것이다.

❸ 모든 주가의 움직임을 예측하는 것은 불가능하고 모두 예측할 필요도 없다.

트레이딩의 목적은 주가의 예측가능한 '지지', '저항', '돌파'의 최소구간에서 매수와 매도를 통해 승률과 손익비를 높이는 것이다.

02

주가의 움직임을 어떻게 예측할 것인가?

주가가 오르는 이유

주가는 상승하거나 하락한다. 상승 또는 하락의 원인을 대한민국 금융교육에서는 3가지로 분석한다. 경기분석+기본적 분석+기술적 분석. 이런 교육을 받고 실전 현장 종사자들이 주가의 움직임을 예측하는 확률은 얼마나 될까? 그들은 절대로 돈을 벌지 못한다. 주가의 움직임을 예측하기 위한 교육이 아니라 주가의 움직임을 설명하기 위한 교육이기 때문이다.

물론 주가의 움직임을 예측하기 전에 주가의 움직임을 이해해야만 한다. 경기분석+기본적 분석+기술적 분석을 배우는 것은 도움이 될 수 있다. 몰라서 사용하지 못하는 것과 알면서 사용하지 않는 것은 차이가 있기 때문이다. 그래서 실전에서 주가를 예측하기 위한 트레이딩의 목적에 최적화된 접근방식으로 주가의 움직임에 대한 이해를 돕고자 한다.

우선 주가의 움직임을 실전에서 반복되는 사례들로 감을 잡아보자. 실적, 테마, 작전, 윈도드레싱. 주가상승의 대표적인 키워드다. 기업 실적이 개선되면 당연히 기업의 주가는 상승할 것이다. 이상적인 생각이지만 실제로 반드시 그렇게만 움직이진 않는다. 테마주는 정치, 정책, 인맥, 계절, 사회, 유행 등 다양한 변수들이 기업 실적이나 주가에 영향을 미칠 것이라는 가능성과 기대감만으로도 주가가 움직인다. 이것은 시장의 자연적인 현상에 불과하다.

주식 작전 세력에 대해 여러 번 들어봤을 것이다. 자본력과 정보력이 있는 힘 있는 세력들은 주가를 끌어올릴 수 있다. 돈의 힘으로 주식을 대량 매수하는 것이다. 자본력, 돈이 많으면 모든 주식을 사버릴 기세로 비싼 가격에도 불구하고 계속 매수하기 때문에 가격은 오를 수밖에 없다. 여기에 불법 자전거래와 같은 시세조종 매매를 통해 가진 돈의 힘보다 더 쉽게 주가를 끌어올릴 수도 있다.

불법 자전거래는 쉽게 말해 A가 B에게 100원에 팔고 B가 다시 A에게 200원에 되팔고, 또다시 A가 B에게 300원에 파는 방식이다. 주식시장에서 비일비재한 현상이다.

때로는 당당히 시세 조종을 한다. 윈도드레싱은 기관, 외국인 투자자들이 연말결산에 투자실적을 좋게 보여주기 위해 일시적으로 주가를 끌어올리는 현상인데 금융업계에서는 이것을 시장의 관행적인 현상으로 받아들이고 서로 이용한다.

머리가 아플 것이다. 그러나 걱정하지 마라. 애널리스트, 증권전문가들도 어려운 용어들을 동원해 이런 움직임들을 분석하는데 사실 그들의 결론은 애매모호한 예측이 대부분이며 설령 예측을 하더라도 절반은 맞고 절반은 틀린다. 트레이더는 이렇게 복잡하게 접할 필요가 없다. 왜? 우리는 최소한의 지지, 저항, 돌파의 움직임만 예측하기 때문이다. 이것은 수요공급의 법칙으로 충분히 설명할 수 있다.

수요 공급의 법칙

자유경쟁시장에서 수요공급의 법칙에 따른 시장가격의 결정은 진리다. 수요가 공급보다 많으면 수요자들 사이의 경쟁으로 가격이 상승하는데 이와 같은 원리는 주식시장에도 당연히 적용된다.

경매를 생각해보자. 서로 비싼 가격을 불러가며 가격이 올라간다. 같은 원리로 유행을 타면 서로 사려는 사람들이 경쟁하며 가격이 올라간다. 유행은 수요가 많아 가격이 상승하게 되는 원인으로 볼 수 있다. 반대로 공급이 줄어 가격이 상승하는 경우도 있다. 소위 사재기다.

특정세력이 물건을 사 모으면 시중에 물건이 줄어 사려는 사람들이 서로 경쟁하며 가격이 오른다. 쉽게 말해 유행과 사재기의 원리로 주가가 변하는 것이다. 주가의 움직임은 이 두 가지를 통해 모두 설명할 수 있다. '수급'과 '세력'. '수급'은 '유행'을 생각하고 '세력'은 '사재기'를 생각하면 이해하기 쉬울 것이다. 수급과 세력을 통해 주가 움직임의 설명이 불가능한 부분은 우리가 트레이딩할 때 필요없거나 무시하고 예측하지 않으면 된다.

주가의 움직임을 모두 설명하려는 경제학적 접근법을 버리고 최소한의 예측가능한 주가의 움직임을 수급과 세력 기준으로 공략하는 것이다. 설명할 수 없고 예측할 수 없는 부분은 예측하지 않고 트레이딩하지 않으면 그만이다. 잊지 마라. 주식시장은 우리에게 주식을 사라고 강요하지 않는다.

트레이딩 전략

트레이딩의 목표는 주가의 예측가능한 '지지', '저항', '돌파'의 최소구간에서 매수와 매도를 통해 승률과 손익비를 높이는 것이다. 정보력도 자본력도 없는 우리가 주가의 '지지', '저항', '돌파'를 예측하기 위한 트레이딩 전략은 수급과 세력이 들어오는 것을 확인하고 따라 진입해 그들보다 먼저 청산하는 것이다.

다시 경매를 생각해보자. 1만 원, 2만 원 올라가던 경매가에서 누군가가 10만 원을 불렀다. 누군가 구매하겠다는 강력한 의지를 보였다고 하자. 경매에서 가격하락은 없지만 이해의 편의를 위해 경매가격이 하락할 수 있다고 가정해보자. 세력의 10만 원 구매의사를 확인했는데 9만 원, 8만 원으로 가격이 떨어진다면 기회가 될 것이다. 매수할 수만 있다면 싸게 매수해 세력에게 10만 원에 팔면 될 것이다. 단, 세력의 구매의사에 대한 확신이 전제조건이 될 것이다. 여기서 강력한 구매의사를 확인하는 것이 트레이딩에서 수급과 세력이 들어온 기준이 된다.

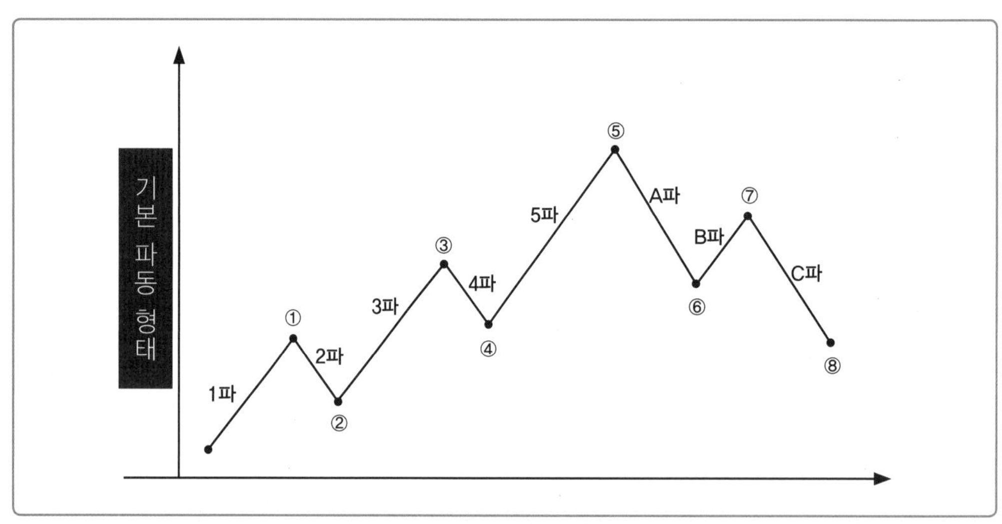

기술적 분석의 가장 기본적인 이론인 엘리어트 파동이다. 조금이라도 주식 공부를 했다면 누구나 알고 있는 엘리어트 파동이론은 다양한 방식으로 시장에 적용된다. 경제학적으로 공부하는 사람들은 1파, 2파, 3파 각 요소의 특징과 장점, 단점을 모두 공부하고 시장에서 설명하려고 한다.

나는 경제학자는커녕 당신보다 엘리어트 파동에 대한 지식이 부족할 수 있다. 트레이더는 매수와 매도를 위한 최소한의 예측가능한 구간만 필요하기 때문이다.

과연 엘리어트 파동에서 트레이더가 집중해야 할 구간은 어디일까? 3파~4파일 것이다. 확률적으로 직관적으로 당연한 사실이다. 트레이더는 이 구간만 공략하면 된다. 이 원리는 "수급과 세력이 들어오는 것을 확인하고 따라 진입해 그들보다 먼저 청산한다"라는 트레이딩의 목적에서 비롯된 것이다.

3파는 수급과 세력이 들어왔다는 기준이 된다. '수급'이 들어왔다는 것은 본격적으로 유행을 타기 시작했다는 것이고 '세력'이 들어왔다는 것은 자본력과 정보력이 있는 누군가가 대량매수를 했다는 것이다. 결론적으로 세력이 대량매수를 했다면 이후 주가가 내리더라도 세력들이 손실을 보지 않기 위해 주가를 다시 끌어올릴 것이다. 이것이 트레이딩의 핵심원리다.

마찬가지로 '수급'이 들어왔다는 것은 유행처럼 너도나도 주식을 사고 싶어 한다는 것이다. 유행을 탄 주가가 내려오면 자연스레 싼 가격에서 더 많은 사람이 사려고 하므로 주가가 다시 오를 확률이 높은 원리다. 게다가 상대적으로 정보 입수가 느리고 유행에 뒤처지는 사람들도 스스로 누구보다 발빠른 정보를 갖고 있다고 판단해 유행을 따라 매수한다.

1파~2파는 대량매수의 기준이 미달되어 세력이 언제든지 매도할 수 있고 유행이 본격적으로 시작되지 않아 매수하려는 사람들의 관심을 충분히 받지 못하는 구간이다. 5파부터는 대량매수를 한 세력들이더라도 큰 상승이 나왔기 때문에 수익구간이다. 즉, 언제든지 매도하며 수익을 실현할 가능성이 높다. 유행도 거품이 많아지고 너도나도 알고, 너도나도 수익인 구간에서 매수할 사람보다 매도할 사람이 많아지는 것은 자연스러운 것이다.

즉, 트레이더는 수급과 세력이 들어왔다는 기준을 설정해 3파를 확인하고 4파라는 눌림목의 기회를 줄 때 매수해 오르면 파는 것이다. 이것이 예측 가능한 확률 높은 구간이다. 예측 가능한 구간이 크지 않다. 그리고 이 기회는 자주 오지도 않는다. 1~2파, 5파 이후의 긴 시간을 기다려야 하기 때문이다. 하지만 분명히 예측 가능한 확률 높은 구간이 존재하며 트레이더는 이곳에서 시세차익을 낼 수 있다. 그렇다면 수급과 세력이 들어왔다는 기준이 궁금할 것이다. 이것이 결국 트레이더가 매수와 매도 단 두 번의 주문 클릭을 위해 앞으로 배워야 할 것이다.

03

트레이더에게 기준과 원칙 그리고 감각이란?

트레이더의 무기

21세기 세계 곳곳에서는 여전히 크고 작은 내전이 벌어지고 있다. 하루아침에 삶의 터전을 잃고 가족을 잃은 사람들은 전쟁과 테러의 고통에서 벗어나지 못하고 있다. 포화와 비명, 분노로 가득 찬 절규 속에서 누군가는 삶을 잃어가고 있다. 그런데 이 잔인한 전쟁만큼 지키려는 자와 빼앗으려는 자의 총칼 없는 전쟁이 바로 금융시장이다. 그 어떤 폭탄보다 강한 파괴력으로 소리 없이 다가와 한순간 개인은 물론 기업과 국가를 침몰시킨다.

1997년 IMF 사태 당시 한국은 휘청거렸다. 2008년 키코(KIKO) 사태로 중소기업들은 눈뜨고 약탈당했다. 이런 과거를 알아야 한다는 것이 중요한 것이 아니라 언제 어떻게 다가올지 모르는 국제 금융시장의 총칼 없는 전쟁에서 마음의 준비라도 하길 바라는 마음이다. 사실 우리가 할 수 있는 것은 많지 않다. 현실적으로 힘이 없다. 그렇다고 두 손 놓고 당할 수만은 없지 않은가? '천리 길도 한 걸음부터'다. 준비해야 한다. 총칼 없는 금융 전쟁터에서 자신을 지킬 무기를 가져야 한다. 대한민국의 저력을 믿는다. 국제사회에서의 정치력도 자본력도 약하지만 트레이딩을 무기로 수많은 금융 전사들이 양성된다면 각국의 금융시장에서 게릴라 공격을 펼칠 날이 올지도 모른다.

거창한 의미를 부여했지만 사실 트레이더는 금융시장에서 살아남기 위해 기생한다고 볼 수 있다. 기생. '서로 다른 종류의 생물이 함께 생활하며 한쪽이 이익을 얻고 다른 쪽이 피해를 입는다'로 정의한다. 살아남기 위해.

생존전략을 살펴보자. 트레이더는 시장을 '지지', '저항', '돌파'의 가격 전쟁터로 볼 수 있다. 가격을 지키려는 세력과 돌파하려는 세력의 싸움. 가격 전쟁터.

얼마 전인 2016년 1월, 원유가격은 30달러가 붕괴되었다. 주요 원인은 미국의 본격적인 원유 수출에 따른 공급과잉으로 볼 수 있다. 유가하락은 산유국과 원유생산 기업들에게는 직격탄이다. 미국과 산유국의 치킨 게임, 이판사판 누가 죽거나 항복할 때까지 양보는 없다. 공급과잉으로 원유값이 물값이 되어가는 상황에서도 아무도 원유생산을 먼저 멈추지 않는다. 여기서 트레이더는 두 가지 선택을 할 수 있다.

유가가 30달러선을 하락돌파하며 떨어지는 상황에서 미국과 산유국이 하락에 편승하는 전략이 첫 번째 선택이다. 또는 유가의 지지선에서 매수에 편승하는 전략이다. 원유 생산단가는 약 25~27달러라는 정보가 있다.(100%는 없으므로 팩트라고 할 수 없고 100% 믿어서도 안 된다.)

'공급과잉에 따른 유가하락돌파력에 베팅' VS '원유 생산단가의 지지력에 베팅'

돌파력과 지지력을 비교 분석하기 위한 방법이 바로 '기법'이다. 기법은 트레이더의 '무기'라고 할 수 있다. 무기도 없이 주식시장에 뛰어든 개미들은 말할 것도 없고 어설픈 무기로 어설프게 따라하다가 시장에서 퇴출당한 사람들은 상상 이상으로 많다. 무기에 대한 이해가 없었기 때문에 당연한 결과인 것이다.

이제부터 가격의 지지력, 저항력, 돌파력을 비교 분석하기 위한 트레이더의 무기에 대해 심층적으로 알아보자.

기준과 원칙 그리고 감각

트레이딩의 정의를 기억하는가? '선 암기, 후 이해'라고 했다.

1. 트레이딩의 목적

주가의 예측 가능한 '지지', '저항', '돌파'의 최소구간에서 매수와 매도를 통해 승률과 손익비를 높이는 것이다.

2. 트레이딩의 전략

수급과 세력이 들어오는 것을 확인하고 따라 진입해 그들보다 먼저 청산하는 것이다.

3. 트레이딩의 의미

트레이딩의 의미를 이해하기 위해 트레이딩의 목적과 전략을 떠올려보자. '지지', '저항', '돌파'의 기준은 무엇인가? 수급과 세력이 들어왔다는 기준은 무엇인가? 또 각자의 기준으로 예측 가능한 구간이 존재한다면 어떻게 매수와 매도를 할 것인가? 즉, 트레이딩은 '지지', '저항', '돌파'의 '기준'과 매수와 매도의 '원칙'이 필요하다.

그렇다면 위아래로 정신없이 출렁이는 주가의 움직임을 '기준'과 '원칙'대로 트레이딩 한다면 승률과 손익비를 높일 수 있을까? 트레이딩의 목적인 승률과 손익비를 높이기 위해서는 무엇을 해야 할까? 주식 트레이딩뿐만 아니라 모든 분야와 기술도 비슷하다.

운동하는 법을 알았다고 해서 몸짱이 되는 것이 아니다. 방법대로 꾸준히 운동할 때 근육이 자란다. 이제 막 운전면허시험을 통과한 사람은 절대로 운전을 잘할 수 없다. 방법만 알았을 뿐 실제로 도로에서 오랜 시간 동안 운전하면서 실력이 향상되지 않았기 때문이다. 마찬가지로 트레이딩의 기준과 원칙을 검증하고 수정, 보완해야 된다.

그렇게 기준과 원칙이 정해졌다면 실전에서 기준과 원칙대로 무수한 반복을 통해 '감각'을 길러야 한다. 감각은 타고나는 요소가 아니다. 오랜 시간 동안 반복 훈련을 통해 길러지는 것이다. 기준과 원칙이 분명할 때 비로소 감각이 존재하는 것이며 기준과 원칙이 없는 감각은 요령을 부리는 것에 불과하다.

기억하라!

- 지지, 저항, 돌파의 '기준'
- 예측 가능한 구간에서의 매수와 매도의 '원칙'
- 기준과 원칙을 통해 승률과 손익비를 맞추는 실전 '감각'

트레이딩의 의미=기준과 원칙 그리고 감각

주식시장이라는 전쟁터에 뛰어들 때 여러분의 무기는 무엇인가? 절대기법을 찾아 여기저기 전문가를 찾아다니고 이 기법 저 기법을 배웠지만 귀에 걸면 귀걸이, 코에 걸면 코걸이가 된다. 트레이더에게 기준과 원칙, 감각의 의미가 무엇인지 다시 한 번 생각해보자. '기준과 원칙'이 아이템이라면 아이템을 사용하는 컨트롤 능력이 '감각'이다.

좋은 아이템도 중요하지만 컨트롤 능력도 중요하다. 여러분이 엄청난 기법을 손에 넣었다고 해서 시장에서 살아남을 수 있을 것이라고 생각하는가? 착각이다. '일 못하는 사람이 연장 탓 한다'라는 말처럼 여러분의 문제는 기법뿐이 아니다. 기법을 다루는 능력도 매우 중요하다. 기준과 원칙 그리고 감각, 어느 것 하나 놓치면 안 된다.

기법의 모순

10년이면 강산이 변한다는데 어느덧 10년의 경력을 쌓아도, 주식관련 서적 100권을 읽어도 고수의 경지에 오르지 못하는 사람들이 많은 곳이 주식시장이다. 이렇게 주식시장에서 살아남기 힘든 이유는 무엇일까? 심리, 욕심 때문일까? 분명히 여러 가지 문제가 있지만 가장 근본적인 문제가 있다.

매수 매도의 근거와 이유, 기준과 원칙이 있다는 것은 최소한 기법이라는 무기는 챙긴 것이라고 볼 수 있다. 그러나 많은 기법들이 존재하는 데도 불구하고 대부분 기법을 알면서도 왜 살아남지 못하는 걸까?

'기법을 어설프게 이해한다.', '기법을 100번, 1,000번 반복해 연습하지 않는다.', '기법을 믿지 못한다.', '절대기법을 찾아다닌다.', '기법대로 실행하지 않는다.' 등등 모두 맞는 말이지만 기법의 모순에 빠져 항상 제자리에서 맴돌기 때문이다.

인생은 매순간 선택의 연속이다. '아는 것이 힘이다', '돌다리도 두들겨보고 건너라', '빛 좋은 개살구', 한 번쯤 들어본 속담일 것이다. 이런 속담과 격언은 선택의 기준이 되기도 한다. 하지만 선택은 결코 쉽지 않다. 고민의 원인을 '기회비용'이라는 경제학 용어로 설명할 수도 있겠지만 우리가 선택을 주저하는 이유다. '모르는 것이 약이다', '쇠뿔도 단김에 빼라', '보기 좋은 떡이 먹기도 좋다' 상반된 속담의 존재는 상승과 하락을 고민하는 주식투자와 닮았다. 그래서 인생철학, 투자철학이라는 말이 있는 것이 아닐까?

트레이더의 철학을 엿볼 수 있는 드라마 속 대사 하나를 소개하겠다.

"검을 겨룰 때 공격과 방어의 판단을 어떻게 하는가?"

라는 질문에 무사는 이렇게 답했다.

공격과 방어는 찰나에 결정해야 한다. 그러나 어떤 결정이 중요한 것이 아니라 그 결정을 믿는 것이 중요하다.

"그 믿음이 틀렸다면 어떻게 하는가?"

다음 질문에 무사는 이렇게 답했다.

"당연히 죽습니다."

공격이든 방어든 확신을 갖고 혼신의 힘을 다해야 한다는 것을 강조하려는 것이 아니다. 중요한 것은 어떻게 이런 확신을 가질 수 있는가에 대한 질문이다. 누군가는 싸다고 생각해 주식을 살 것이고 누군가는 비싸다고 생각해 주식을 팔 것이다.

두 가지 상반된 선택이 주식시장에서 동시에 일어난다. 확신은 어디서 오는가? 주식시장이라는 전쟁터에 스스로 뛰어들어야 하는 트레이더에게 기법만큼 이런 모순에 흔들리면 안 된다.

첫째, 기법은 너무 단순해도 안 되고 너무 복잡해도 안 된다.

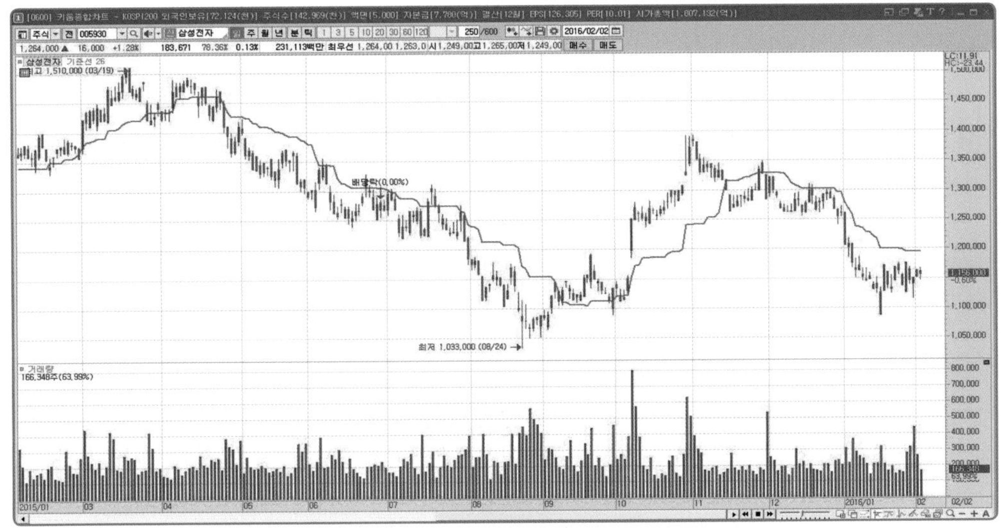

단순한 차트

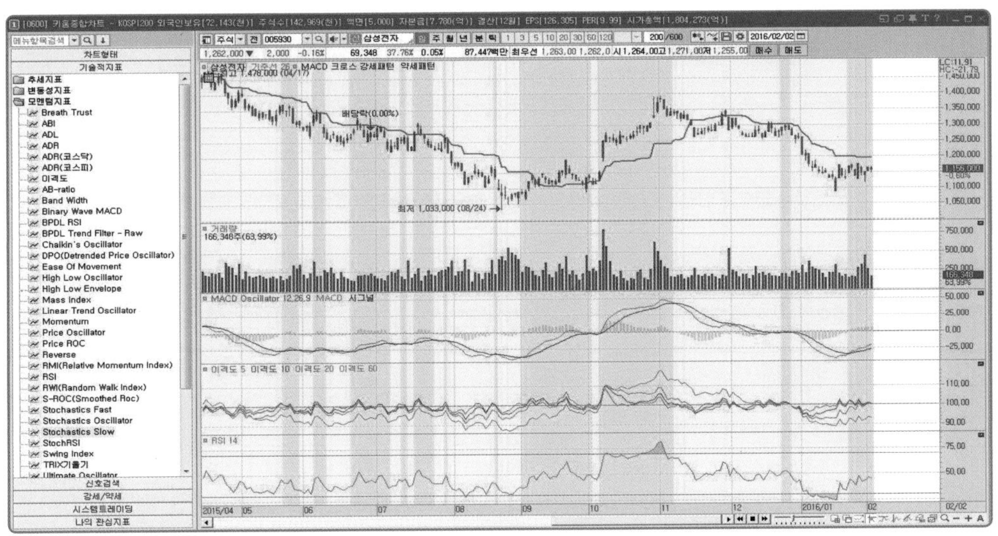

복잡한 차트

주가의 움직임을 예측하기 위한 기준과 원칙은 주가의 움직임에 영향을 미치는 변수들을 고려할 수 있어야 한다. 그러나 너무 복잡하거나 너무 단순하면 예측확률을 충분히 끌어올릴 수 없다.

둘째, 기법은 일관성과 유연성이 있어야 한다.

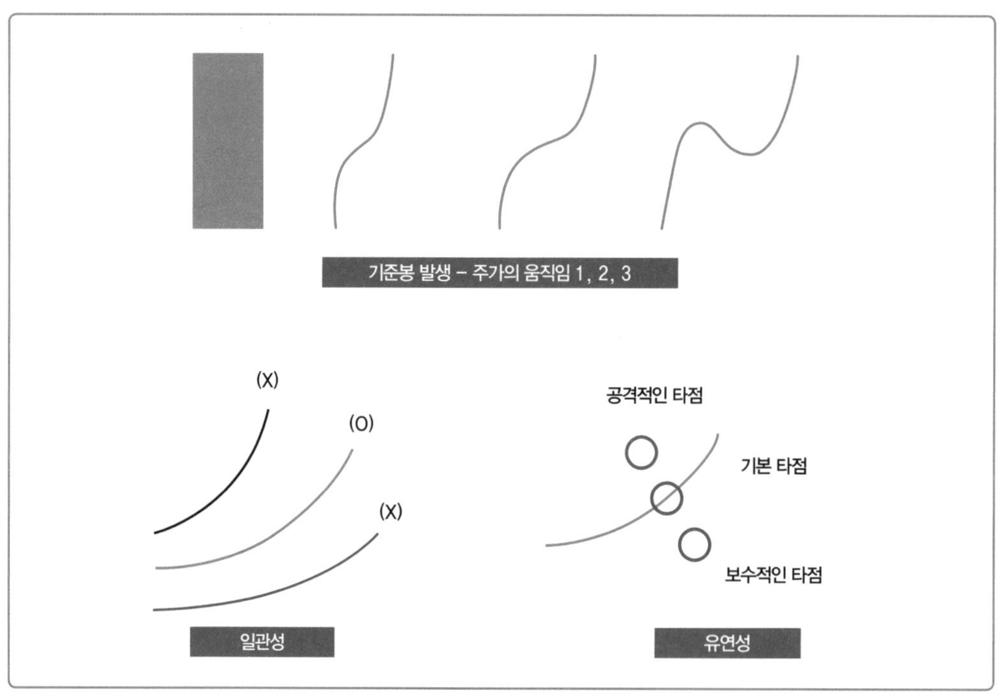

기준과 원칙은 트레이더의 무기로서 일관성이 있어야 한다. 무기 사용 매뉴얼은 분명히 정해져 있어야 한다. 예를 들어, 20일선 눌림목 기법을 사용한다면 20일선을 기준으로 주가가 반등할 것이라는 예측이 가능하다. 그렇다면 항상 20일선이어야 한다. 60일선, 120일선으로 변수가 바뀌면 안 된다.

하지만 문제는 발생한다. 20일선에 닿기도 전에 반등이 나오기도 하고 20일선을 지나치고 반등이 나오기도 한다. 주가에 영향을 미치는 차트 외의 변수들을 고려해 상승확률이 높을 때는 20일선보다 높은 가격에서 매수할 수도 있고 시장 상황이 좋지 않다면 20일선에 내려오더라도 매수하지 않을 수도 있어야 한다. 20일선을 기준으로 변수에 따라 공격적인 매수 타이밍, 때로는 보수적인 매수 타이밍으로 유연한 공략이 필요하다.

일관성이 트레이딩의 분명한 기준과 원칙을 세워주고 유연성이 트레이더의 감각적인 면을 만든다. 일관성과 유연성에 대한 이해는 기법을 사용하기 위한 전제조건이다.

기법의 모순을 이해했다면 확률높은 예측을 위해 어떻게 해야 할까?

최적화

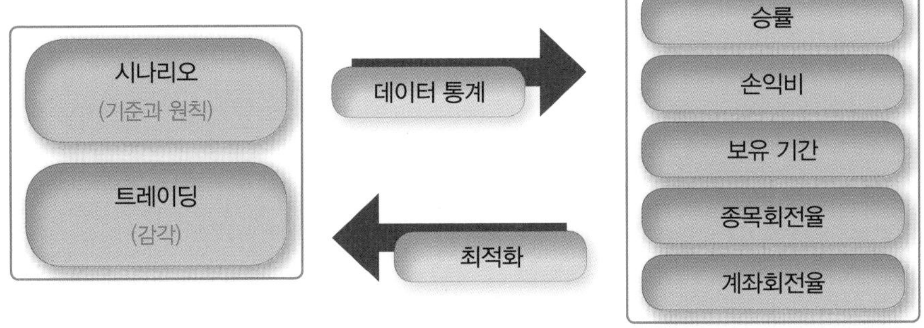

주가의 움직임에 영향을 미치는 변수들이 주가의 지지, 저항, 돌파에 어떻게 영향을 미치는지 '기준'을 세워야 한다. 이것을 토대로 실제 주가의 지지, 저항, 돌파를 예측하고 '원칙'에 따라 매수와 매도를 한다. 이 과정을 같은 기준과 원칙대로 반복했을 때 원하는 결과를 얻을 수 있다.

승률, 손익비, 보유 기간, 회전율

트레이딩의 성패는 결국 승률과 손익비로 결정된다. 주가의 지지, 저항, 돌파를 몇 % 확률로 예측했는지가 핵심이다. 트레이더의 실력과 직결되는 데이터다. 그러나 예측이 틀렸을 경우, 손실률이 중요한 변수다. 수익률과 손실률, 즉 손익비가 비슷해야 한다.

승률이 80%이더라도 수익은 100만 원인데 손실은 마이너스 400만 원이라면 결국 100만 원(×8)-400만 원(×2)=0원으로 수수료를 고려하면 결국 손해다. 수익률과 손실률은 1대1 또는 1대2 안에서 설정하는 것이 적절하다.

주식을 보유한 기간과 주식을 거래한 횟수와 거래대금도 프로 트레이더에게 중요한 데이터이지만 궁극적으로 지속적이고 안정적인 누적수익을 위한 핵심요소는 '승률'과 '손익비'다. '기준'과 '원칙'을 수정, 보완하며 데이터 통계를 통해 '승률'과 '손익비'를 높이는, 검증하는 최적화 과정이 트레이딩의 시작이자 끝이라고 할 수 있다.

시장은 끊임없이 상승과 하락을 반복하며 어설픈 예측을 비웃기라도 하듯이 위아래로 요동친다. 이런 주가의 움직임을 모두 예측하는 것은 불가능하며 트레이더는 그럴 필요도 없다. 트레이딩의 기준과 원칙대로 주가의 지지, 저항, 돌파를 예측 가능한 최소구간에서 매수와 매도를 할 뿐이다. 그리고 승률과 손익비를 끌어올려야 한다.

최적화 과정을 통해 만들어진 기준과 원칙 그리고 감각은 곧 트레이딩 실력을 증명한다. 승률을 80% 이상으로 끌어올려라. 물론 손익비를 놓치면 안 된다.

시장 상황과 상관없이 월 단위로 지속적이고 안정적인 누적수익을 내기 위해서는 기본적으로 높은 승률이 보장되어야 한다. 상승 또는 하락의 50% 확률을 주가의 지지, 저항, 돌파에 영향을 미치는 변수들을 고려한다면 60%, 70% 이상으로 끌어올릴 수 있다. 그러나 60~70% 확률로는 부족하다.

매매수수료도 무시하지 못하며 돌발변수에 마인드가 흔들려 기준과 원칙을 어기는 실수라도 한다면 자칫 손실로 이어질 만큼 불안정하다. 철저히 승률 80% 이상을 목표로 최적화 과정이 이루어져야 한다. 승률 80%는 트레이더의 최소한의 자격이다. 반복해 강조하는 말, 이겨놓고 싸워라. 승률 80%를 뛰어넘는 실력을 갖추었다면 그때 시장에 뛰어들어도 늦지 않다.

승률과 손익비가 뛰어난 트레이더는 돈을 버는 것이 아니라 벌리게 되는 것이다.

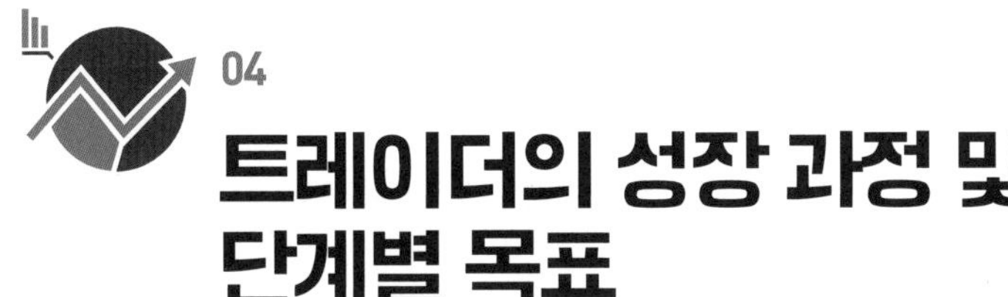

04

트레이더의 성장 과정 및 단계별 목표

성장 과정

월천 트레이더는 시장과 상관없이 지속적이고 안정적으로 월 단위 누적수익 1,000만 원을 목표로 한다. 사실 금액은 결코 중요하지 않다. 100만 원으로 200만 원을 만들지 못하면 1,000만 원으로 2,000만 원을 만들지 못 한다. 금액이 중요한 것이 아니라 트레이딩 실력이 중요하다는 사실은 당연한 말이지만 많은 사람들이 간과한다.

아무리 강조해도 인간의 욕심은 본능적으로 무섭게 다가와 속삭인다. "이 기법은 대박이야. 하루에 1%씩 벌게 된다면…" 조금 실력이 늘었다 싶으면 어느새 머릿속으로 돈을 세고 있는 자신의 모습을 발견한다.

"수익은 목표가 아니다. 승률과 손익비를 목표로 트레이딩 실력을 키우는 데 집중해야 한다." 이 말을 깨닫기 위해 시장과 싸우고 자신과 싸우는 과정은 모든 입문자가 경험해야 하는 통과의례다. 조금이나마 시장에 낭비하는 시간과 돈을 아끼길 바라는 마음에서 월천 트레이딩을 위한 과정을 정리했다. 반드시 숙지하고 실천하기 바란다.

단계별 특징 및 목표

• **입문자:** 주식투자를 시작하겠다고 결심하는 순간부터 마치 경제활동을 하는 사람처럼 느껴지고 설렘과 책임감이 다가온다. 주변의 많은 것이 주식과 직,간접적으로 연관되어 있음을 깨닫고 세상을 보는 눈이 넓어지는 듯하다.

많은 사람들이 주식시장에서 돈을 잃지만 자신은 신중히 매매할 것이라고 다짐하며 막연히 적어도 손실은 보지 않을 것이라고 기대한다. 계좌 만드는 법부터 차트 보는 법, 각종 주식용어를 공부하면서 생소하고 어려운 듯하지만 생각보다 쉽고 새로운 재미를 느낀다. 그러나 일반적으로 주식 입문자들은 대부분 정보매매, 묻지 마 투자로 손실을 경험한다. 돈을 벌었더라도 결국 언젠가 더 크게 잃는 것은 변함없는 진리다. 운과 실력의 차이를 인정하고 주식시장에는 믿을 사람이 없다는 사실과 스스로 살아남기 위해서는 체계적인 훈련이 필요하다는 것을 깨닫는 과정이 필요하다.

실력을 키워야겠다는 확고한 의지와 목표를 설정하는 것이 입문자의 첫 번째 관문이다.

Key Point

1. 배경지식과 기본 이론을 머릿속에 집어넣어야 한다.
2. 모의투자 또는 철저히 소액으로 연습하라.
3. 다양한 기법을 사용해보며 자신만의 스타일과 기법을 찾아라.

• **초보자:** 주식시장이라는 전쟁터에 뛰어들기 위해 총 한 자루는 있어야 한다는 생각으로 서점을 기웃거리며 주식관련 서적을 살펴보거나 여기저기 주식관련 정보를 찾아다닌다. 10명 중 7명은 차트, 3명은 재무제표를 무기로 선택한다. 눈이 빠지도록 차트를 살펴보며 주가 움직임의 패턴을 찾거나 각종 보조지표와 이런저런 차트기법을 주가와 비교해본다.

또는 가치투자에 대한 고민에 빠져 기업 매출액, 영업이익을 분석하거나 미래의 삼성전자를 찾아내기 위해 수백 개 기업들을 살펴보며 상상의 나래를 펼쳐본다. 기술적 분석과 기본적 분석, 시황 분석의 기본 지식을 쌓은 의미 있는 과정이라고 할 수 있다.

하지만 굳이 많은 시간을 낭비할 필요는 없다. 자본력과 정보력이 부족한 개인들이 시장에서 살아남기 위한 선택지는 많지 않기 때문이다. 기업의 내재가치 대 외재가치, 단기 대 중장기, 가치투자 대 트레이딩, 실적주 대 테마주 등 시장에서 일어나는 다양한 현상과 투자자들의 심리적인 영향력을 느끼고 고민하는 과정이 실력으로 연결되지 않는다. 그래서 여기저기 전문가를 찾아다니고 이런저런 요령을 피우기도 하고 자신만의 깨달음을 추구하며 독학하는 등 다양한 접근을 시도하지만 결국 두 가지 결론으로 돌아온다.

하나는 주식시장을 떠나는 것이다. 다른 하나는 트레이딩 실력을 키워야 한다는 깨달음이다. 초보 탈출을 위한 가장 빠른 방법은 이런저런 많은 생각들을 버리고 월천 트레이딩에 집중해야 한다는 것을 하루 빨리 깨닫는 것이다.

Key Point

1. 분명한 기준과 원칙을 세우고 적어라.
2. 기준과 원칙대로 트레이딩할 수 있도록 연습하라.
3. 매매일지를 작성하라.
4. 기준과 원칙을 수정, 보완하며 데이터 통계를 작성하라.

• **중급자:** 이런저런 기법을 비교해보며 자신에게 맞는 트레이딩 스타일을 찾는 것은 결코 쉽지 않다. 많은 시행착오를 거치며 기대와 실망이 반복된다. 사실 승률과 손익비를 눈에 띄게 끌어올릴 수 있는 실력을 갖추기 전까지 항상 기대와 실망의 연속이다. 그래서 여전히 시장에서 돈을 잃을 수밖에 없다. 하지만 분명한 차이가 있다. 초보자와 중급자를 구분하는 기준은 바로 '기준과 원칙'에 있다. 승률과 손익비라는 데이터 통계를 내기 위한 전제조건은 '일관성 있는 기준과 원칙'인데 초보자는 아직 기준과 원칙이 없다.

자신의 스타일에 맞는 기준과 원칙을 찾고 기본적인 틀이 잡히는 단계에 올라서야 비로소 '초보' 단계를 벗어났다고 할 수 있다. 승률과 손익비를 극적으로 끌어올린 고수가 될 때까지 실력이 몇 단계 더 향상되어야 한다. 비약적인 발전, '퀀텀 점프'다. 초보자에서 중급자로 '퀀텀 점프'했다면 앞으로 크게 두 단계의 퀀텀 점프가 필요하다.

승률이 눈에 띄게 좋아지는 것이 첫 번째이고 손익비를 향상시키는 것이 두 번째다. 간단한 미션이지만 이것을 뛰어넘는 사람은 많지 않다. 조금 승률이 오른 것 같으면 세상의 모든 돈을 벌 것 같은 기분에 심취하지만 시간이 흘러 통계의 오류임을 깨닫고 기법에 대한 실망감으로 좌절을 반복한다.

시장을 단편적으로 상승장과 하락장으로 나눈다면 트레이딩의 기준과 원칙은 두 가지 상황을 모두 고려해야 한다. 상승 구간과 하락 구간 그리고 상승도 하락도 아닌 애매한 구간에서도 확률 높은 예측이 가능하려면 경기순환 사이클을 이해하고 모든 구간에서 데이터 통계를 통해 검증해야 한다. 트레이더에게 기준과 원칙은 끊임없는 시행착오 과정에서 탄생하는 것이다.

승률을 높이지 않고 한계에 도달했을 때 많은 사람들은 자신의 기준과 원칙을 버리고 새로운 기법을 찾아다니며 시간을 허비한다. 새로운 기법을 익히고 검증하기 위해서는 앞에서 경험했던 많은 시간과 노력 과정이 똑같이 필요하다. 사실 특별한 기법이나 완벽한 기준과 원칙은 없다. 훈련을 통해 완벽히 만들어가는 것이다.

문제의 원인으로 자신의 마인드, 심리적, 환경적 요소를 탓하지만 착각일 가능성이 높다. 아직 자신의 기법, 트레이딩의 기준과 원칙에 분명한 문제가 있는 단계다. 또한 자신이 세운 기준과 원칙을 실전에서 지키지 못하는 경우가 수없이 발생한다. 손절의 중요성을 알지만 막상 예측과 다르게 움직여 손실을 보게 되면 머리로는 알지만 매도 버튼을 누르지 못하는 자신의 손가락을 원망하곤 한다. 이 모든 것은 기준과 원칙이 분명하지 않고 자신의 기준과 원칙을 믿지 못하며 확신이 없기 때문이다. 인정하라. 기준과 원칙이 미흡함을 인정하고 수정, 보완하며 반드시 실천하려는 습관을 길러야 한다. 데이터 통계를 기반으로 철저히 훈련해야만 한다.

이 기법 저 기법 공부하며 시행착오 과정을 겪다보면 자신의 스타일에 맞는 기준과 원칙이 어느 정도 자리잡는다. 확실히 눈에 띄게 승률이 좋아지는 단계에 오르게 되는데 방심은 금물이다. 10번 수익이 나도 단 1~2번에 그동안 벌어놓은 수익을 모두 토해내야 할 수도 있다. 승률만 믿고 무모한 자신감으로 거액의 투자금을 들고 실전에 뛰어드는 사람들이 많은데 손익비를 극복하지 못한 실력으로는 절대로 살아남지 못한다. 꾸준히 수익이 나는 것 같지만 불과 한두 달도 안 되어 문제점이 여실히 드러나고 만다.

고수의 경지에 오르지 못한 실력으로 거액의 투자금으로 실전에 뛰어드는 행위는 손실은 말할 것도 없고 시간이라는 기회비용도 큰 손실이다. 불분명한 기준과 원칙을 수익과 손실이 오가는 실전에서 과연 지켜낼 수 있을까?

문제가 있는 기준과 원칙이 실전에서 제대로 적용될 리 만무하다. 수익과 손실 앞에서 데이터 통계에 집중하며 기준과 원칙을 수정, 보완한다는 것은 어불성설이다. 결코 실력이 늘지 않으며 금전적 손실, 시간적 손실, 심리적 손실만 남을 뿐이다.

철저히 데이터 통계를 기반으로 승률과 손익비에 집중해 자신만의 확고한 기준과 원칙을 만들어야 한다. 고수의 단계로 퀀텀 점프하는 순간은 데이터 통계가 말해준다. 경제위기와 같은 폭락장이 오거나 큰 실수를 제외하면 확률 높은 예측을 통해 승률과 손익비가 눈에 띄게 좋아지는 단계가 온다.

여기까지는 결코 쉽지 않고 지루할 정도로 길고 실력 향상이 몸으로 느껴지지 않을 정도로 느리고 답답하다. 이것을 버티지 못하고 무리하게 투자금액을 늘려 실전에 뛰어들거나 욕심을 부려 기준과 원칙을 어기며 뇌동매매하거나 자신감이 떨어져 오랜 기간 슬럼프에 빠지기도 한다. 그러나 승률과 손익비를 목표로 데이터 통계에 집중해 분명한 기준과 원칙을 세운다면 반드시 한계를 넘어설 수 있다.

Key Point

1. 기준과 원칙이 크게 바뀌면 안 된다.
2. 기준과 원칙대로 기계적으로 트레이딩하면서 감각을 키운다.
3. 승률과 손익비를 끌어올린다.

• **고수:** 분명한 기준과 원칙을 바탕으로 천 번, 만 번의 데이터 통계에서 검증되었다면 이제 실전이다. 실전에서도 기준과 원칙대로 기계적으로 트레이딩하며 승률과 손익비를 끌어올릴 수 있어야 한다. 수익과 손실에 일희일비하지 않고 돌발변수에 대처하는 능력이

뒷받침되어야 한다. '기준과 원칙'을 데이터 통계로 검증, 확신하는 단계로 예전처럼 근거 없는 자신감이 아닌 계좌가 증명해주는, 근거 있는 자신감을 가질 수 있게 된다. 승률과 손익비, 계좌를 통해 비로소 트레이더의 자질을 갖추게 되는 것이다.

이제부터 진짜 실전다운 실전이다. 투자금액을 세팅하고 시장에 뛰어들어 갈고 닦은 트레이딩 실력을 증명해야 한다. 처음에는 3,000만 원을 넘지 않는 것이 좋다. 정해진 것은 없지만 하루 수익과 손실액이 한 자리 수와 두 자리 수는 차이가 크다. 단 몇 만 원이라도 승률과 손익비를 유지하며 꾸준히 수익이 난다면 어느새 몇 십만 원, 몇 백만 원이 될 수 있는 것이다. 투자금에 0 하나만 더 붙일 뿐 트레이더가 매수와 매도를 하는 방법은 똑같다.

하지만 컴퓨터에 보이는 숫자이더라도 분명히 '돈'이라는 것을 우리는 잘 알고 있다. 그래서 자칫 욕심이 나거나 큰 손실액에 흔들려 기준과 원칙을 어길 수도 있다. 따라서 투자금액을 한 번에 크게 올리면 안 된다. 또한 투자금액의 상향 기간이 필요하다.

데이터 통계는 일관성이 생명이므로 기간의 지속성이 필요하다. 즉, 100% 확률이 아니므로 10번의 거래 또는 한 달 간의 거래에서 승리했다고 해서 투자금액을 올려 곧바로 손절이 발생한다면 손실액이 크게 느껴지고 일관성을 유지하기 힘들다.

따라서 최소한 3개월 이상 계좌관리를 하는 것이 중요하며 한두 번의 슬럼프는 반드시 찾아오기 마련이다. 오기를 부릴 것이 아니라 투자금액을 전 단계로 줄이고 기준과 원칙을 점검해보는 기간이 필요하다. 대부분 기준과 원칙보다 감각적인 측면, 심리적인 측면에서 문제가 발생했을 가능성이 높다.

그래도 이 과정은 재미있다. 주변에는 주식으로 손실과 수익에 일희일비하고 뉴스에서 이러쿵저러쿵 떠들며 주식시장을 혼란스러운 조울증 환자처럼 얘기하지만 트레이더에게는 자신만의 길이 있다. 무엇보다 차근차근 돈이 벌리기 때문이다. 만약 아직도 돈을 잃고 있다면 지금 당장 기준과 원칙부터 정립하는 초보 단계로 내려가야 할 것이다.

트레이더는 돈을 못 벌더라도 잃기도 어려운 것이 정상이다.

• **월천 트레이더:** 특별히 달라진 것은 없다. 평소대로 할 뿐이다. 단, 달라진 것이라곤 지금부터 아마추어의 영역에서 프로의 영역이라는 트레이더의 마음가짐일 것이다. 매달 월 100만 원을 지속적으로 벌 수 있는 트레이더는 이미 고수의 경지에 오른 프로다. 고작 100만 원, 쉬울 것 같은가? 잊지 마라. 월 100만 원을 벌 수 있어야 월 1,000만 원을 버는 트레이더가 될 수 있다.

'기준과 원칙 그리고 감각', '승률과 손익비' 트레이딩 실력을 갖출 때까지 철저한 연습만이 살 길이다.

다음은 주식 계좌로 본 초보부터 고수까지 투자 패턴이다. 나는 현재 어느 상태에 있는지 확인하고, 반복 연습을 통해 월천 트레이더의 경지까지 오르도록 하자.

■ 초보 사례

승률과 손익비가 검증되기 전까지는 반드시 소액으로 충분한 반복 연습해야 한다.

1. 손익비 문제

조회기간 2015/05/01 ~ 2015/05/31

* 실현손익, 수수료, 세금은 추정치이며, 수수료는 체결시 수수료률로 적용됩니다.
* 매입금액, 매도금액, 수수료, 세금은 당일매매일지 화면의 내용과 동일합니다.

총매수	10,639,010	총매도	16,958,600	실현손익	543,283
수수료	4,130	세금합	50,866		

매매일	매수금액	매도금액	실현손익	수수료	세금
2015/05/28	0	1,915,200	24,230	280	5,744
2015/05/21	980,000	996,300	32,686	290	2,988
2015/05/20	959,400	2,021,210	103,218	440	6,062
2015/05/18	0	1,034,000	46,123	150	3,102
2015/05/15	972,550	941,500	35,184	280	2,824
2015/05/14	4,628,900	2,893,950	142,530	1,120	8,680
2015/05/13	0	2,198,200	74,855	320	6,594
2015/05/12	2,115,600	2,059,940	89,487	620	6,178
2015/05/11	982,560	1,060,800	70,235	300	3,182
2015/05/06	0	1,837,500	-75,265	270	5,512

2. 손익비 문제

조회기간 2015/06/01 ~ 2015/06/30

* 실현손익, 수수료, 세금은 추정치이며, 수수료는 체결시 수수료률로 적용됩니다.
* 매입금액, 매도금액, 수수료, 세금은 당일매매일지 화면의 내용과 동일합니다.

총매수	27,127,210	총매도	32,134,890	실현손익	673,153
수수료	8,880	세금합	96,377		

매매일	매수금액	매도금액	실현손익	수수료	세금
2015/06/30	0	0	0	0	0
2015/06/26	4,813,600	3,437,250	83,644	1,230	10,308
2015/06/25	3,459,000	3,831,900	82,313	1,090	11,490
2015/06/24	826,500	3,828,150	37,354	690	11,482
2015/06/19	2,840,300	1,015,300	55,123	570	3,045
2015/06/16	1,934,300	1,973,150	32,352	580	5,918
2015/06/15	0	3,123,200	14,548	460	9,369
2015/06/12	3,097,600	992,800	11,801	610	2,978
2015/06/11	2,993,500	2,000,340	66,047	740	5,998
2015/06/09	1,483,760	4,125,550	153,295	840	12,375
2015/06/05	990,400	2,531,750	52,765	520	7,593
2015/06/04	971,000	2,270,500	-18,497	480	6,808
2015/06/03	0	983,250	44,842	140	2,948

3. 손익비 문제

조회기간 2015/07/01 ~ 2015/07/31

* 실현손익, 수수료, 세금은 추정치이며, 수수료는 체결시 수수료률로 적용됩니다.
* 매입금액, 매도금액, 수수료, 세금은 당일매매일지 화면의 내용과 동일합니다.

총매수	21,364,745	총매도	40,642,965	실현손익	-697,950
수수료	9,300	세금합	121,900		

매매일	매수금액	매도금액	실현손익	수수료	세금
2015/07/31	0	8,490,435	-1,150,529	1,270	25,470
2015/07/22	4,858,175	35,640	674	730	106
2015/07/21	4,733,220	2,904,190	87,914	1,140	8,706
2015/07/20	0	5,651,600	103,124	840	16,954
2015/07/16	1,463,650	5,253,600	111,495	1,000	15,759
2015/07/14	0	6,633,900	25,036	990	19,896
2015/07/08	0	2,023,000	14,632	300	6,067
2015/07/07	3,704,600	1,485,750	8,742	770	4,456
2015/07/06	4,332,100	1,503,500	46,210	870	4,510
[illegible]	[illegible]	[illegible]	[illegible]	[illegible]	[illegible]

4. 승률 문제

조회기간 2015/08/01 ~ 2015/08/31

* 실현손익, 수수료, 세금은 추정치이며, 수수료는 체결시 수수료률로 적용됩니다.
* 매입금액, 매도금액, 수수료, 세금은 당일매매일지 화면의 내용과 동일합니다.

총매수	316,934,721	총매도	344,108,220	실현손익	428,870
수수료	99,150	세금합	1,032,221		

매매일	매수금액	매도금액	실현손익	수수료	세금
2015/08/31	0	0	0	0	0
2015/08/28	24,574,470	40,193,000	208,651	9,710	120,574
2015/08/27	33,393,000	39,307,800	-605,285	10,900	117,921
2015/08/26	3,980,250	5,012,860	-890,919	1,340	15,037
2015/08/25	0	8,525,000	-539,672	1,270	25,575
2015/08/19	16,121,650	2,741,140	-282,931	2,820	8,218
2015/08/18	17,477,889	17,533,800	-8,526	5,250	52,576
2015/08/13	29,862,100	61,159,690	1,018,713	13,650	183,472
2015/08/12	43,109,520	19,912,400	-246,784	9,450	59,737
2015/08/11	29,957,990	43,658,815	996,510	11,040	130,946
2015/08/10	50,011,115	24,008,964	73,219	11,100	72,023
2015/08/07	23,980,237	10,150,311	147,586	5,110	30,448

5. 반드시 소액으로 연습

조회기간 2015/11/01 ~ 2015/11/30

* 실현손익, 수수료, 세금은 추정치이며, 수수료는 체결시 수수료률로 적용됩니다.
* 매입금액, 매도금액, 수수료, 세금은 당일매매일지 화면의 내용과 동일합니다.

총매수	5,031,475	총매도	5,651,005	실현손익	71,700
수수료	1,420	세금합	16,935		

매매일	매수금액	매도금액	실현손익	수수료	세금
2015/11/26	592,100	397,170	18,865	140	1,190
2015/11/25	378,465	1,336,810	-21,796	250	4,006
2015/11/24	279,450	406,640	64,741	100	1,219
2015/11/20	95,700	99,000	2,983	20	297
2015/11/19	383,250	96,500	-209	70	289
2015/11/17	0	1,166,820	-23,459	170	3,499
2015/11/16	503,130	108,885	-346	90	326
2015/11/13	392,200	405,150	11,625	110	1,215
2015/11/09	392,830	200,080	3,010	80	600
2015/11/06	480,165	208,650	11,630	100	625
2015/11/05	0	385,100	11,146	50	1,154

6. 승률과 손익비 검증

조회기간 2015/06/01 ~ 2015/06/30

* 실현손익, 수수료, 세금은 추정치이며, 수수료는 체결시 수수료률로 적용됩니다.
* 매입금액, 매도금액, 수수료, 세금은 당일매매일지 화면의 내용과 동일합니다.

총매수	229,656,325	총매도	245,337,594	실현손익	1,773,857
수수료	71,240	세금합	735,835		

매매일	매수금액	매도금액	실현손익	수수료	세금
2015/06/30	6,310,795	2,419,800	-32,474	1,300	7,254
2015/06/29	4,995,424	3,154,561	114,754	1,220	9,460
2015/06/26	18,305,446	26,916,055	214,231	6,780	80,718
2015/06/25	11,888,170	19,411,810	559,911	4,690	58,224
2015/06/24	9,843,950	9,946,700	194,891	2,960	29,836
2015/06/23	9,095,500	13,265,190	185,128	3,350	39,785
2015/06/22	13,608,600	8,084,450	107,721	3,250	24,244
2015/06/19	18,867,760	14,202,750	411,658	4,960	42,601
2015/06/18	15,680,450	16,120,200	268,929	4,770	48,346
2015/06/17	25,849,520	28,275,730	621,438	8,110	84,818
2015/06/16	7,789,000	12,456,000	40,437	3,030	37,356
2015/06/15	5,016,300	7,831,415	-214,122	1,920	23,492
2015/06/12	17,701,450	15,773,740	-924,230	5,020	47,310
2015/06/11	1,576,800	11,705,210	79,421	1,990	35,112
2015/06/10	17,834,330	9,209,150	231,849	4,050	27,619
2015/06/09	9,928,200	7,661,605	-207,557	2,630	22,982
2015/06/08	7,452,885	8,257,098	179,665	2,350	24,758
2015/06/05	6,000,140	12,042,050	-173,184	2,700	36,120
2015/06/04	4,978,050	5,252,100	108,022	1,530	15,755
2015/06/03	985,800	3,008,050	-95,281	590	9,021
2015/06/02	9,755,750	8,257,280	60,669	2,700	24,766
2015/06/01	6,192,005	2,086,650	41,982	1,240	6,258

||| 조회가 완료되었습니다.

■ 단계별 투자금 상향

1.

[0329] 실현손익 - 일자별 실현손익

당일실현손익상세 | 종목별당일손익 | 종목별실현손익 | 일자별실현손익

계좌번호 조회

조회기간 2014/10/01 ~ 2014/10/31

* 실현손익, 수수료, 세금은 추정치이며, 수수료는 체결시 수수료률로 적용됩니다.
* 매입금액, 매도금액, 수수료, 세금은 당일매매일지 화면의 내용과 동일합니다.

총매수	671,621,495	총매도	699,768,280	실현손익	5,312,332
수수료	205,700	세금합	2,099,069		

매매일	매수금액	매도금액	실현손익	수수료	세금
2014/10/31	46,705,360	45,268,500	926,288	13,790	135,7
2014/10/30	27,537,335	58,379,350	-271,780	12,880	175,1
2014/10/29	24,498,700	13,144,000	297,672	5,640	39,4
2014/10/28	13,326,750	32,515,700	-436,126	6,870	97,5
2014/10/27	34,712,000	23,086,000	69,364	8,660	69,2
2014/10/24	29,617,950	39,788,480	95,704	10,410	119,3
2014/10/23	23,529,480	24,095,000	-89,193	7,140	72,2
2014/10/22	59,531,500	40,775,500	435,033	15,040	122,3
2014/10/21	37,908,000	40,740,000	919,439	11,790	122,2
2014/10/20	33,973,000	26,211,500	758,354	9,020	78,6
2014/10/17	50,843,000	31,821,000	761,616	12,390	95,4
2014/10/16	11,767,360	13,250,000	251,555	3,750	39,7
2014/10/15	6,597,000	10,484,000	261,093	2,560	31,4
2014/10/14	26,950,000	62,464,655	-210,339	13,410	187,3
2014/10/13	57,577,360	46,129,690	716,416	15,550	138,3
2014/10/10	35,922,000	27,966,250	294,280	9,580	83,8
2014/10/08	16,403,100	45,320,140	279,538	9,250	135,9
2014/10/07	38,950,500	47,793,500	584,360	13,010	143,3

2.

[0329] 실현손익 - 일자별 실현손익

당일실현손익상세 | 종목별당일손익 | 종목별실현손익 | 일자별실현손익

계좌번호 조회

조회기간 2014/11/01 ~ 2014/11/29

* 실현손익, 수수료, 세금은 추정치이며, 수수료는 체결시 수수료률로 적용됩니다.
* 매입금액, 매도금액, 수수료, 세금은 당일매매일지 화면의 내용과 동일합니다.

총매수	470,097,846	총매도	484,394,475	실현손익	2,834,998
수수료	143,170	세금합	1,453,018		

매매일	매수금액	매도금액	실현손익	수수료	세금
2014/11/28	23,435,000	32,661,000	-302,936	8,410	97,972
2014/11/27	4,711,500	11,109,000	70,001	2,370	33,321
2014/11/26	17,795,500	10,594,500	433,490	4,250	31,777
2014/11/25	12,814,000	19,885,620	178,337	4,900	59,654
2014/11/24	21,571,020	8,477,500	149,558	4,500	25,432
2014/11/21	8,165,000	32,341,000	48,100	6,070	96,998
2014/11/20	30,249,500	42,818,610	702,118	10,960	128,443
2014/11/19	28,729,500	66,169,000	-71,266	14,230	198,485
2014/11/18	37,190,000	20,686,200	12,982	8,680	62,028
2014/11/17	35,942,000	16,402,500	713,924	7,850	49,205
2014/11/14	57,249,990	36,768,565	-427,399	14,100	110,294
2014/11/13	21,586,000	35,767,820	-2,159	8,600	107,296
2014/11/12	10,110,000	7,082,925	113,312	2,570	21,247
2014/11/10	4,216,266	3,120,000	78,760	1,100	9,360
2014/11/07	0	30,110,795	-71,879	4,510	90,322
2014/11/06	44,222,500	24,293,940	581,163	10,270	72,880
2014/11/05	21,166,500	22,341,000	325,727	6,520	67,020
2014/11/04	43,700,570	33,200,500	-199,086	11,530	99,599

3.

[0329] 실현손익 - 일자별 실현손익

당일실현손익상세 | 종목별당일손익 | 종목별실현손익 | 일자별실현손익

계좌번호 조회

조회기간 2015/01/01 ~ 2015/01/30

* 실현손익, 수수료, 세금은 추정치이며, 수수료는 체결시 수수료률로 적용됩니다.
* 매입금액, 매도금액, 수수료, 세금은 당일매매일지 화면의 내용과 동일합니다.

총매수	520,034,300	총매도	540,405,540	실현손익	7,543,606
수수료	159,060	세금합	1,621,066		

매매일	매수금액	매도금액	실현손익	수수료	세금
2015/01/30	37,594,500	40,067,500	213,398	11,640	120,198
2015/01/29	42,494,000	27,009,000	197,672	10,420	81,026
2015/01/28	2,436,000	17,941,500	132,832	3,050	53,818
2015/01/27	30,798,000	10,713,500	250,702	6,220	32,138
2015/01/23	3,240,000	20,552,500	320,207	3,560	61,654
2015/01/22	42,091,000	28,387,000	410,662	10,570	85,158
2015/01/21	21,726,000	42,725,500	198,578	9,660	128,172
2015/01/20	53,029,000	35,279,485	1,039,269	13,240	105,816
2015/01/16	8,828,000	17,734,455	381,710	3,980	53,201
2015/01/15	35,336,000	34,867,290	746,209	10,530	104,588
2015/01/14	73,780,000	86,440,000	1,038,078	24,030	259,302
2015/01/13	49,092,500	38,970,500	774,541	13,200	116,909
2015/01/12	15,800,000	16,949,000	372,145	4,910	50,845
2015/01/09	13,751,000	21,910,000	188,190	5,340	65,688
2015/01/08	15,359,000	40,639,000	-14,593	8,390	121,910
2015/01/07	30,078,440	17,906,190	603,911	7,190	53,715
2015/01/06	18,588,000	4,410,000	177,480	3,440	13,230
2015/01/05	11,085,360	13,865,620	253,499	3,740	41,590

4. 시장악화 또는 슬럼프에 따른 승률과 손익비 문제

[0329] 실현손익 - 일자별 실현손익

당일실현손익상세 | 종목별당일손익 | 종목별실현손익 | 일자별실현손익

계좌번호 조회

조회기간 2015/02/01 ~ 2015/02/28

* 실현손익, 수수료, 세금은 추정치이며, 수수료는 체결시 수수료률로 적용됩니다.
* 매입금액, 매도금액, 수수료, 세금은 당일매매일지 화면의 내용과 동일합니다.

총매수	416,119,025	총매도	426,433,185	실현손익	1,561,320
수수료	126,380	세금합	1,279,221		

매매일	매수금액	매도금액	실현손익	수수료	세금
2015/02/26	9,400,000	54,150,000	342,882	9,530	162,4
2015/02/25	53,740,000	38,520,000	-1,535,797	13,830	115,5
2015/02/23	0	16,680,000	-390,740	2,500	50,0
2015/02/16	43,586,200	43,918,690	-193,173	13,120	131,7
2015/02/13	4,000,850	4,010,000	-257,173	1,200	12,0
2015/02/12	57,826,300	22,996,500	108,862	12,120	68,9
2015/02/11	2,127,500	19,845,000	-304,321	3,290	59,5
2015/02/10	31,420,000	37,525,980	98,686	10,340	112,5
2015/02/09	74,170,620	24,539,260	102,866	14,800	73,6
2015/02/06	42,823,455	43,620,755	653,490	12,960	130,8
2015/02/05	4,680,000	12,417,000	288,086	2,560	37,2
2015/02/04	912,000	26,835,500	709,277	4,160	80,4
2015/02/03	48,040,600	31,560,500	426,147	11,940	94,6
2015/02/02	32,011,500	43,189,000	1,309,052	11,280	129,5

조회가 완료되었습니다.

(그럼에도 월 결산에서 손실을 제한할 수 있는 실력이 실전 트레이딩에 앞서 필수 조건이다)

5.

[0329] 실현손익 - 일자별 실현손익

당일실현손익상세 | 종목별당일손익 | 종목별실현손익 | 일자별실현손익

계좌번호 조회

조회기간 2015/03/01 ~ 2015/03/31

* 실현손익, 수수료, 세금은 추정치이며, 수수료는 체결시 수수료률로 적용됩니다.
* 매입금액, 매도금액, 수수료, 세금은 당일매매일지 화면의 내용과 동일합니다.

총매수	394,370,805	총매도	420,755,565	실현손익	4,171,109
수수료	122,260	세금합	1,262,060		

매매일	매수금액	매도금액	실현손익	수수료	세금
2015/03/31	8,977,000	21,215,000	10,926	4,520	63,644
2015/03/30	19,465,380	27,843,000	443,756	7,090	83,513
2015/03/27	39,694,000	15,658,000	37,282	8,300	46,956
2015/03/26	21,242,500	28,960,000	255,970	7,530	86,864
2015/03/25	12,703,500	12,706,000	411,857	3,810	38,118
2015/03/24	14,099,000	34,692,500	432,689	7,310	104,034
2015/03/23	30,432,500	24,245,000	594,825	8,200	72,730
2015/03/20	5,308,000	2,580,000	131,520	1,180	7,740
2015/03/19	16,460,125	11,053,000	276,015	4,120	33,158
2015/03/18	14,715,000	10,223,130	278,593	3,740	30,665
2015/03/17	3,630,000	18,461,860	-59,498	3,310	55,369
2015/03/16	8,000,000	13,165,000	416,640	3,170	39,490
2015/03/13	26,177,570	35,096,580	121,948	9,190	105,283
2015/03/12	13,683,000	25,106,090	240,178	5,810	75,316
2015/03/11	31,902,705	30,162,860	124,626	9,300	90,480
2015/03/10	32,525,200	28,860,000	89,258	9,200	86,570
2015/03/06	9,045,600	11,030,000	183,498	3,010	33,090
2015/03/05	27,111,000	24,604,545	7,001	7,750	73,809
2015/03/04	4,400,000	22,386,000	10,244	4,010	67,123
2015/03/03	32,771,725	18,987,000	16,021	7,760	56,948
2015/03/02	22,027,000	3,720,000	147,760	3,860	11,160

6.

[0329] 실현손익 - 일자별 실현손익

당일실현손익상세 | 종목별당일손익 | 종목별실현손익 | 일자별실현손익

계좌번호 조회

조회기간 2015/04/01 ~ 2015/04/30

* 실현손익, 수수료, 세금은 추정치이며, 수수료는 체결시 수수료률로 적용됩니다.
* 매입금액, 매도금액, 수수료, 세금은 당일매매일지 화면의 내용과 동일합니다.

총매수	555,557,370	총매도	555,720,400	실현손익	8,879,890
수수료	176,340	세금합	1,666,955		

매매일	매수금액	매도금액	실현손익	수수료	세금
2015/04/30	22,489,000	13,460,000	-91,409	5,390	40,379
2015/04/29	16,843,000	17,626,500	-162,659	5,170	52,869
2015/04/28	34,001,000	19,572,850	691,644	8,030	58,717
2015/04/27	6,015,000	16,724,500	177,784	3,410	50,165
2015/04/24	13,680,000	11,610,500	-163,139	3,790	34,823
2015/04/23	44,031,300	41,272,880	384,110	12,790	123,806
2015/04/22	53,950,500	63,200,590	626,396	17,570	189,591
2015/04/21	25,792,840	24,563,705	888,410	7,550	73,669
2015/04/20	29,125,000	26,736,500	460,190	8,370	80,192
2015/04/17	15,123,500	26,455,690	675,068	6,230	79,357
2015/04/16	36,844,500	29,160,280	-49,320	9,900	87,472
2015/04/15	24,514,000	37,567,000	366,657	9,310	112,693
2015/04/14	66,309,000	54,397,500	1,154,967	20,470	163,172
2015/04/13	22,052,000	21,008,500	461,631	8,890	63,021
2015/04/10	20,061,500	19,897,500	536,763	10,830	59,691
2015/04/08	9,182,000	5,428,000	168,833	2,190	16,278
2015/04/07	12,270,500	28,693,710	935,603	6,140	86,077
2015/04/06	20,855,500	22,822,000	584,018	6,550	68,465
2015/04/03	21,735,730	44,613,695	382,883	9,950	133,827
2015/04/02	35,816,000	19,523,500	470,940	8,300	58,550
2015/04/01	24,865,500	11,385,000	380,519	5,430	34,141

7.

[0329] 실현손익 - 일자별 실현손익

당일실현손익상세 | 종목별당일손익 | 종목별실현손익 | 일자별실현손익

계좌번호 조회

조회기간 2015/05/01 ~ 2015/05/30

* 실현손익, 수수료, 세금은 추정치이며, 수수료는 체결시 수수료률로 적용됩니다.
* 매입금액, 매도금액, 수수료, 세금은 당일매매일지 화면의 내용과 동일합니다.

총매수	504,124,500	총매도	511,188,370	실현손익	3,826,944
수수료	152,290	세금합	1,533,425		

매매일	매수금액	매도금액	실현손익	수수료	세금
2015/05/29	31,928,000	51,426,000	-703,100	12,500	154,267
2015/05/28	36,888,000	40,571,720	408,744	11,610	121,702
2015/05/27	55,430,000	33,490,000	86,998	13,330	100,468
2015/05/26	35,812,000	26,668,000	-60,585	9,370	80,000
2015/05/22	61,421,500	45,758,500	344,329	16,070	137,262
2015/05/20	0	14,590,250	69,925	2,180	43,767
2015/05/19	21,446,500	35,525,420	565,383	8,540	106,562
2015/05/18	60,597,500	33,396,530	556,208	14,090	100,172
2015/05/15	18,970,000	19,570,000	535,521	5,780	58,709
2015/05/14	2,212,500	25,552,500	-354,355	4,160	76,655
2015/05/13	25,070,000	33,364,000	431,142	8,760	100,077
2015/05/12	34,854,000	3,536,000	32,342	5,750	10,608
2015/05/11	10,120,000	18,185,000	568,984	4,240	54,552
2015/05/08	11,300,000	22,212,250	182,358	5,020	66,634
2015/05/07	53,642,000	63,390,200	744,820	17,550	190,145
2015/05/06	33,032,500	26,415,000	211,059	8,910	79,238
2015/05/04	11,400,000	17,537,000	207,173	4,340	52,607

조회가 완료되었습니다.

8. 압도적인 승률

[0329] 실현손익 - 일자별 실현손익

당일실현손익상세 | 종목별당일손익 | 종목별실현손익 | 일자별실현손익

계좌번호 조회

조회기간 2015/06/01 ~ 2015/06/30

* 실현손익, 수수료, 세금은 추정치이며, 수수료는 체결시 수수료률로 적용됩니다.
* 매입금액, 매도금액, 수수료, 세금은 당일매매일지 화면의 내용과 동일합니다.

총매수	788,661,780	총매도	824,330,200	실현손익	10,549,656
수수료	241,940	세금합	2,472,685		

매매일	매수금액	매도금액	실현손익	수수료	세금
2015/06/30	41,303,500	40,297,315	769,597	12,240	120,778
2015/06/29	16,807,000	66,908,000	57,965	12,550	200,717
2015/06/26	54,860,000	10,290,000	99,070	9,770	30,870
2015/06/25	22,720,000	17,775,000	143,386	6,070	53,324
2015/06/24	10,179,000	16,704,000	265,129	4,030	50,111
2015/06/23	25,578,500	39,274,500	215,573	9,720	117,803
2015/06/22	28,877,500	29,832,500	28,529	8,800	89,497
2015/06/19	37,115,000	19,525,000	73,976	8,490	58,572
2015/06/18	17,538,400	24,741,000	653,624	6,340	74,216
2015/06/17	16,502,000	30,517,000	446,459	7,050	91,542
2015/06/16	62,438,460	65,664,350	1,010,654	19,210	196,983
2015/06/15	31,451,000	22,628,485	398,302	8,110	67,875
2015/06/12	58,422,500	78,567,750	683,957	20,540	235,681
2015/06/11	83,326,980	57,360,590	121,149	21,100	172,070
2015/06/10	29,553,500	35,149,000	680,642	9,700	105,438
2015/06/09	39,850,400	41,549,500	1,296,936	12,200	124,642
2015/06/08	15,092,000	11,122,000	235,079	3,930	33,358
2015/06/05	32,360,000	30,171,500	803,571	9,370	90,505
2015/06/04	20,002,000	42,673,500	721,273	9,400	128,008
2015/06/03	73,853,720	73,331,210	1,490,718	22,070	219,973

9. 수익금은 트레이딩을 통한 승률과 손익비의 결과일 뿐이다.

조회기간 2015/07/01 ~ 2015/07/31

* 실현손익, 수수료, 세금은 추정치이며, 수수료는 체결시 수수료율로 적용됩니다.
* 매입금액, 매도금액, 수수료, 세금은 당일매매일지 화면의 내용과 동일합니다.

총매수	2,417,655,957	총매도	2,516,681,115	실현손익	25,920,157
수수료	740,150	세금합	7,548,986		

매매일	매수금액	매도금액	실현손익	수수료	세금
2015/07/31	30,044,700	81,292,840	790,136	16,700	243,7
2015/07/30	97,333,070	93,951,450	-2,207,912	28,690	281,8
2015/07/29	138,380,850	51,273,500	629,574	28,440	153,8
2015/07/28	172,044,095	208,053,670	1,129,853	57,010	624,0
2015/07/27	233,065,530	190,085,540	3,342,256	63,470	569,9
2015/07/24	65,207,400	76,393,700	774,526	21,240	229,1
2015/07/23	73,658,420	28,866,510	282,159	15,370	86,5
2015/07/22	97,279,645	233,746,720	5,267,608	49,650	701,0
2015/07/21	189,672,492	90,543,920	139,500	42,030	271,5
2015/07/20	135,053,255	161,013,330	-3,296,084	44,400	483,0
2015/07/17	157,404,835	167,656,445	1,756,729	48,750	502,9
2015/07/16	127,522,900	60,771,300	576,888	28,240	182,3
2015/07/15	154,795,520	195,737,770	235,235	52,570	587,1
2015/07/14	142,167,240	172,872,875	692,757	47,250	518,5
2015/07/13	0	39,196,000	2,044,642	5,870	117,5
2015/07/10	55,679,960	15,235,000	32,246	10,630	45,7
2015/07/09	86,831,480	87,101,000	-17,860	26,080	261,3
2015/07/08	135,562,700	138,355,700	2,336,978	41,080	414,9
2015/07/07	137,267,650	231,469,860	6,224,351	55,310	694,3
2015/07/03	64,291,065	111,093,855	4,279,901	26,300	333,2
2015/07/02	63,566,500	54,020,130	515,484	17,630	162,0

조회가 완료되었습니다.

요약 정리

시간을 아끼고 돈을 버는 비법

1. 소액으로 경험하라

월천 트레이더가 되기 위한 과정을 글이나 말로 표현하기에는 턱없이 부족하다. 간접경험을 통해 조금이나마 도움을 주기 위해 노력했지만 스스로 경험해보지 않으면 무용지물이다. 손절의 중요성을 아무리 강조해도 경험하지 않으면 모른다. 결국 기준과 원칙을 어기고 욕심과 공포에 휘둘리는 자신을 느껴야만 한다. '작심삼일'이라는 말은 월천 트레이더가 되기 위한 과정에서도 큰 장애물로 작용한다. 습관은 고치기 힘들고 스스로 세운 기준과 원칙을 지키는 것은 결코 쉽지 않다. 이 험난한 과정을 뛰어넘기 전까지는 시장에서 절대로 살아남을 수 없다. 돈을 잃는 것은 자명하다. 따라서 이 모든 과정을 철저히 모의투자 또는 소액으로 경험해야 한다. 잊지 마라. 계좌가 당신의 실력을 증명해줄 때까지는 절대로 돈을 벌 수 없다. 오직 훈련만이 살 길이다.

2. 이겨놓고 싸워라

한 순간도 트레이딩의 목적을 잊으면 안 된다. 트레이딩의 목적은 주가의 예측 가능한 '지지', '저항', '돌파'의 최소구간에서 매수와 매도를 통해 승률과 손익비를 높이는 것이다. 트레이딩의 목적을 달성하기 위한 실력을 증명하기도 전에 시장에 뛰어드는 것은 명백한 자살행위다. 많은 사람들이 주식시장에 뛰어들어 돈을 뿌리고 장렬히 전사해갔다.

트레이딩이라는 기술을 알게 되고 배움을 선택한 후에도 안타깝지만 자살행위는 멈추지 않는다. 손실을 회복하려는 욕심과 초조함 때문에 자신의 마음을 다스리지 못하고 트레이딩의 목적을 잊어버린다. 승률과 손익비를 끌어올리고 계좌가 당신의 실력을 증명할 때 비로소 전쟁터에 뛰어들 준비가 된 것이다. 맡겨놨던 돈을 찾아올 때가 된 것이다.

때를 기다려라. 기다리는 것도 투자다.

3. 모방하라

"There is nothing new under the sun."(하늘 아래 새로운 것은 없다.)

주식 트레이딩은 결코 새로운 것이 아니다. 경제, 사회, 심리, 과학, 공학적 개념에서 퍼즐 조각들을 찾아와 트레이딩이라는 목적에 맞게 맞춘 것일 뿐이다. 또한 이런 트레이딩 접근방식의 아이디어조차 누군가의 깨달음에서 힌트를 얻었다.

"Good artists copy, Great artists steal."(훌륭한 예술가는 베끼고 위대한 예술가는 훔친다. - 피카소)

이 말은 컴퓨터, mp3, 스마트폰이라는 IT 분야의 혁명을 이끈 스티브 잡스가 제록스의 그래픽 유저 인터페이스를 가져와 맥을 만든 것에 대한 입장을 설명할 때 인용한 문장이다. 즉, 검은색 배경에 흰색 글씨가 깜빡이던 컴퓨터 화면에 화려한 그래픽을 도입해 만든 제품이 시장에서 인정받았다. 하지만 그 아이디어는 스티브 잡스가 '무'에서 '유'를 창조한 것이 아니었다는 사실이다.

"When you ask creative people how they did something, they feel a little guilty because they did not really do it, they just saw something."(만약 당신이 창의적인 사람들에게 어떻게 그런 일을 해냈는지 묻는다면 그들은 약간 죄책감을 느낄 것이다. 그들이 실제로 한 것이 아니라 뭔가를 보았기 때문이다.)

스티브 잡스의 창의력이 모방에서 비롯되었다는 그의 고백은 분야를 막론하고 우리에게 많은 깨달음을 주었다. 주식 트레이딩, 새로운 절대기법을 찾아 시간을 허비하지 말고 이미 증명된 트레이딩 기준과 원칙을 모방하라. 창조는 그 다음이다. 월천 트레이더가 된 후 뭔가를 개발해도 늦지 않다. 단, '모방은 창조의 어머니'라는 말이 빛을 발하기 위해 잊지 말아야 할 한 가지가 있다면 트레이딩의 목적이다. 트레이딩의 목적, 승률과 손익비를 중심으로 모든 것을 모방하라.

4. 필살기는 하나면 충분하다

트레이딩의 목적을 달성하는 방법은 다양하다. 하지만 이것저것 많은 방법을 안다고 해서 더 빨리 하거나 확률을 높일 수 있는 것도 아니다. 선택과 집중, 트레이딩은 오히려 한 가지 방법에 집중할 때 더 높은 성과를 낼 수 있다. 하루가 다르게 변하는 세상에 '한 우물을 파라'는 얘기는 융통성 없게 들릴지도 모른다. 우물을 파다가 아닌 것 같으면 재빨리 다른 구멍을 파보는 것이 현명하다고 생각하는 세상이다. 빠르게 변하는 시대의 흐름을 쫓아가야 할 것 같은 심리는 끊임없이 움직이는 주식시장의 변화를 소신 있게 지켜보는 것을 어렵게 만든다.

'열심히 노력하면 된다'라는 말에 일침을 가하는 일화가 있다. 두 명의 농부가 벼를 베고 있었다. 부지런한 한 농부는 쉬지 않고 열심히 벼를 베고 있었다. 다른 한 명은 한참 동안 쉬다가 벼를 베기 시작했는데 부지런히 일한 농부보다 더 빨리 일을 끝냈다. 쉬면서 낫의 날을 간 것이다. 한 우물만 소신 있게 파는 것이 어리석어 보이는 이야기다.

주식시장에서 낫의 날을 갈아 효율성을 높이는 기법이나 방법을 찾고 있다면 안타깝지만 시간낭비다. 이미 증명된 가장 효율적인 방법이 존재한다. 필살기는 하나면 충분하다. 트레이딩의 목적 아래 한 우물만 죽어라 파라.

5. 매매일지는 전부다

바둑에서 한 번 둔 판을 처음부터 다시 놓아보는 것을 '복기'라고 부른다. 바둑을 잘 모르는 사람들은 그 많은 수들을 어떻게 순서대로 모두 정확히 기억할 수 있는지 의문이 생길 수도 있다. 한 프로 바둑기사는 이렇게 답했다.

"한 수 한 수 고민하고 의미를 부여했을 때는 쉽게 기억이 납니다. 하지만 의미 없이 둔 수는 기억이 잘 나지 않습니다."

주식시장에서 트레이더가 자신의 기준과 원칙에 따라 매수와 매도 버튼을 누르는 순간은 바둑판에서 바둑기사가 한 수 한 수 바둑알을 놓는 것과 비슷하다. "승리한 대국의 복기는 '이기는 습관'을 만들어주고 패배한 대국의 복기는 '이기는 준비'를 만들어준다."라는 이창호 9단의 말처럼 복기는 승패를 떠나 실력향상을 위한 중요한 훈련 과정이다.

한 수 한 수의 바둑돌과 매수 매도 버튼 클릭은 바둑기사와 트레이더가 치밀한 분석을 통해 결정한 선택이다. 그 선택의 결과는 예상을 적중할 수도 있고 빗나갈 수도 있다. 손을 떼는 순간 내 영역을 벗어난다. 온전히 내 선택으로 이루어진 결과를 받아들여야 한다. 안 좋은 결과를 받아들여야 할 때 어떤 심정일까?

"승자는 기쁨에 들떠 있고 패자는 억울함과 분노 등 온갖 감정으로 괴롭다. 그 모든 감정을 억누르고 차분한 마음으로 복기한다는 것은 참으로 힘든 게 사실이다." _바둑기사 조훈현 9단

승부사들은 오히려 그것을 뚫어져라 쳐다본다. 만약 다른 수를 놓았다면 어떠했을지 토론이 오가는 것이 프로기사들의 복기다. 기준과 원칙을 다시 되돌아보며 판단의 근거들을 다각도로 다시 분석하는 과정에서 실력은 향상된다.

실수는 내 안에 그런 어설픔과 미숙함이 존재하기 때문이다. 냉철히 되돌아보며 기준과 원칙을 점검하고 똑같은 실수를 두 번 다시 되풀이하지 않도록 자신을 채찍질해야 한다. 매매일지를 통해 트레이딩을 복기하는 과정이 실력을 향상시키고 프로의 영역에 도달하는 유일한 방법이다.

월천 트레이더가 되기 위한 성장 과정

1	이론공부
2	모의연습매매
3	자신에게 맞는 기법, 매매스타일 찾기
4	기준과 원칙(시나리오) 세우기
5	데이터 통계(매매일지) 작성
6	시나리오 수정/보완
7	(4~6)과정 반복 피드백을 통해 승률과 손익비의 검증(최적화)
8	실전 연습매매
9	3개월 이상 누적수익 검증 & 점증적인 투자금 상향

CHAPTER 4

하루에 끝내는 트레이딩 기본 이론

01 트레이딩학 개론

경제학자 대 도박사

주식시장을 바라보는 눈은 많다. 기업을 운영하는 경영자의 시각, 시장을 연구하는 경제학자의 시각, 투자를 위한 주주의 시각, 투자정보를 제공하기 위한 애널리스트의 시각, 원활한 자금조달을 위한 시장관리자의 시각, 시세차익을 노리는 트레이더의 시각 등 저마다 다른 목적을 가지고 주식시장에 참여한다. 그리고 주가의 움직임을 예측한다.

주가의 움직임을 예측하는 목적에 따라 원하는 정보와 접근방법이 다르다. 장기적인 관점에서 산업변화를 예측하는 방법, 프로젝트를 위해 단기적 관점에서 예측하는 방법, 하루 이틀의 움직임을 예측하는 방법 등 다양하다.

목적에 따라 접근방법이 달라야 하며 교육 커리큘럼도 다를 수밖에 없다. 그러나 각종 주식 교육기관 및 교육자료는 경제학적 용어의 정의와 개념 설명으로 끝난다. '연애를 글로 배운다'는 말처럼 주식교육 자료는 실전과 많은 차이가 있다. 이것은 결과가 증명한다.

많은 경제학자들과 각종 금융기관의 우수한 인재들이 모인 애널리스트 집단은 결국 시장에서 일어나는 일들을 설명하는 일을 할 뿐 주가의 움직임을 예측하지 못한다. 설령 예측이라고 제공하는 리포트와 각종 정보자료들은 두루뭉술하다. "이렇게 되면 상승하고 저렇게 되면 하락할 수 있다."라는 식은 '상승 또는 하락'을 '이렇게 또는 저렇게'라는 사설을 달 뿐 확률은 여전히 50%를 웃돈다. 현실 속의 은행, 증권사, 각종 금융기관에서 전문가라는 타이틀을 가진 사람들은 시장을 예측하지 못한다. 그럼에도 불구하고 금융시스템의 일원으로 묵묵히 일한다. 증권사 직원 중에 "주식하면 망하다"라는 자신의 생각을 고객에게 들키지 않기 위해 애쓰는 사람들이 너무나 많다. 그러나 그들의 문제가 아니라 그들이 배운 교육의 목적이 시장을 설명하는 것, 즉 경제를 분석하는 학문에 그쳤기 때문이다.

경제학자가 아니라 차라리 도박사가 되어야 한다. 승리하기 위해, 확률 높은 곳에 베팅하기 위해 소위 '밑장 빼기'라는 스킬이라도 배워야 할 것이다. 작전세력은 물론 각종 정보력과 자본력이 총동원되는 총성 없는 전쟁터에서 기업 총수와 정부의 정책 입안자들까지 각자의 이익을 위해 각종 수단과 방법을 동원한다. '밑장 빼기'라는 비윤리적이고 불법적인 행태를 정당화하는 것은 아니다. 잘못되었다고 비판하거나 앞장서 바꾸려고 노력한다고 해서 쉽게 바뀔 수 있는 것도 아니다. '적을 알고 나를 알아야 백전불패'라고 했듯이 시장을 예측하겠다는 분명한 목적이 있다면 시장을 움직이는 사람들과 그들이 사용하는 스킬을 알아야 할 것이다. 또한 시장에서 살아남기 위한 트레이딩 스킬도 배워야 한다.

금융투자협회에서 제공하는 〈증권투자상담사〉 자격시험에는 주가예측 방법을 다음과 같이 정의하고 각 분석법을 설명한다.

기본적인 주가 예측 방법 = 경기 분석 + 기본적 분석 + 기술적 분석

이론 분량은 한 뼘만큼 두꺼운 책 두께를 자랑한다. 그러나 이론과 현실은 다르다. 주가는 이론적으로 기업 가치에 의해 결정된다. 기업 가치는 자산가치, 실적가치, 성장가치로 나눌 수 있다.

흔히 사용하는 '몸값'이라는 표현으로 기업을 사람과 비교해보자. 연봉이 높을수록 실적가치가 높다. 비록 연봉 없는 백수지만 빌딩을 소유한 사람은 자산가치가 높다. 수입도 자산도 없지만 열심히 능력을 키워 미래의 슈퍼스타, 성공한 CEO가 될 수 있는 성장가치도 사람의 몸값에 포함된다.

그러나 '주가는 기업 가치로 귀결된다'라는 격언은 명제일 뿐 그 이상도 그 이하도 아니다. '현재의 주가는 모든 것을 반영한다.' 현실은 이 모든 것이 반영된 시장에서의 가격이 시장참여자들의 수요와 공급에 의해 결정된다는 것이다. 수요와 공급을 분석하기 위해 여러 가지 방법이 존재한다. 이런 방법이 '이론과 현실의 차이'를 좁히는 것이다. 물론 방법은 다양할 수 있다. 그러나 정답(答)은 없을지라도 정도(道)는 있다.

트레이딩의 목표와 전략에 대한 정의를 다시 한 번 상기하자. 트레이더는 주가의 지지, 저항, 돌파를 예측해 시세차익을 내기 위해 수급과 세력의 움직임에 주목해야 한다. 트레이더의 주요 예측 방법은 차트를 통해 수급과 세력을 분석하는 것이다. 물론 기업분석과 시장분석뿐만 아니라 각종 뉴스와 정부 정책도 참고하지만 예측 방법의 뼈대는 차트에 있다. 차트를 중심으로 주가를 예측하는 트레이더를 '차티스트'라고 부른다. 지금부터 차티스트가 어떻게 이론과 현실의 차이를 좁히는지에 집중하라.

트레이딩 공학

트레이딩 공학, 트레이딩학 개론이 웬 말인가? 여러분의 심정을 충분히 이해한다. 하지만 너그럽게 이해해주기 바란다. 트레이딩의 목적과 전략의 정의가 어떻게 탄생했고 이것을 토대로 어떤 방법과 공식으로 주식시장에 접근하는지 설명하고 이해를 도우려는 저자의 욕심이다. 이렇게 욕심을 부리는 것은 이런 통찰력과 깊은 이해가 뒷받침되어야 도박이라는 오명과 단지 차트기법으로 돈만 밝히는, 생산가치 없는 기술이라는 선입견으로부터 자신을 정당화하고 자부심을 가지며 나아가 트레이더의 위상을 높일 수 있기 때문이다.

한때 금융공학, 주식시스템의 도입으로 많은 기대와 우려의 목소리가 있었다. 그러나 어느덧 관심은 실망감으로 바뀌어 사라져버렸다. '공학'과 '시스템'을 '수학적 데이터'와 빠른 '컴퓨터 계산'이라는 특징에 집중했기 때문에 어떤 프로그램도 주가 예측이라는 목표를 달성하지 못한 것이다.

첫 번째 함정은 사람의 마음을 수치로 표현할 수 없다는 것이다. 주가변화의 가장 근본적인 원인은 수요와 공급이며 이것은 투자심리의 영향력이 절대적이다. 투자심리를 수치로 표현할 수 없고 결국 계산할 수 없다. 두 번째 함정은 다양한 변수들이 주가에 미치는 영향력이 객관적이지 않기 때문에 현재의 컴퓨터 기술로 계산할 수 없다는 것이다. 예를 들어, 기업의 실적발표가 주가에 어떻게 영향을 미칠 것인가에 대한 공식은 유추하기 어렵다. 게다가 이 정보는 회사 내부에서부터 점차적으로 공개되는데 정보의 불균형을 어떻게 반영하고 계산할 것인가?

결론적으로 다양한 변수를 '수치화할 수 없는 한계'와 '공식화할 수 없는 한계' 때문에 절대로 주가를 예측할 수 없다. '이론과 현실은 다르다'는 것을 다시 한 번 실감하게 된다. 그러나 "문제는 문제가 아니다. 문제의 원인을 모르는 것이 문제다."라는 말이 있다. 주가 예측을 위한 공학과 시스템의 문제점을 알고 있으므로 해결책을 찾을 수 있을 것이다. 여기서 질문이 있다. 과학과 공학의 차이점은 무엇일까? 자연현상 속에 숨겨진 '이론'을 발견하는 것이 과학이라면 공학은 발견한 이론을 바탕으로 자연현상을 이해하고 나아가 인간의 필요에 따라 응용해 '기술'을 개발하는 것이다.

저자는 기계공학을 전공했고 신재생에너지 개발을 위한 조류발전기 연구 과정을 어깨너머로 배운 경험이 있다. 흐르는 물이 터빈을 돌려 전기를 생산하는 조류발전기를 만들기 위해서는 먼저 물의 움직임을 계산해야 한다. 여기에 필요한 기초학문이 바로 공대생들의 머리를 쥐어뜯게 만드는 '유체역학'이다. 유체의 파동, 쉽게 말해 파도의 움직임을 계산하는 것이다. 물의 파동과 주가의 파동은 자연과학과 사회과학의 관점에서 바라볼 수 있었다. 여기서 유체역학의 공학적 접근이 주가의 움직임을 예측하는 트레이딩과 매우 비슷하다는 것을 깨달았다. 지금부터 공학적 접근방법을 트레이딩에 적용할 것이다.

공학적으로 과학에 접근하는 사례를 살펴보자. 선박을 건조할 때 구조물을 튼튼히 만들어야 할 것이다. 그러나 안전상 선박의 철판을 무작정 두껍게 만들 수는 없다. 튼튼하지만 빠른 속도를 낼 수 있도록 설계해야 되기 때문이다. 이것은 앞에서 배운 기법이 일관성이 있지만 유연성도 있어야 하고 단순하지 않으면서 복잡하지도 않아야 하는 모순적인 상황과도 비슷하다.

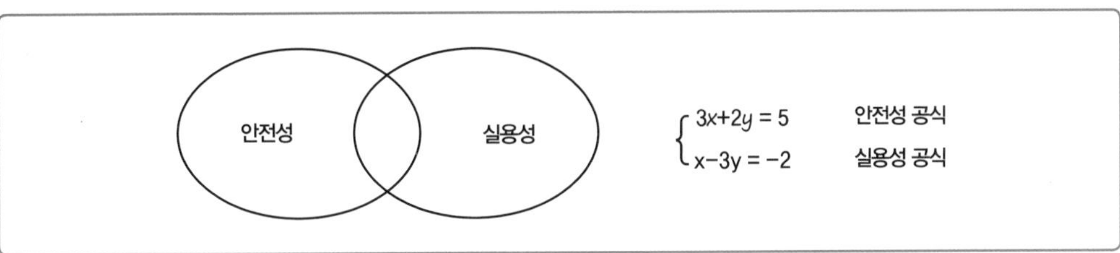

따라서 'F=MA'라는 물리학적 공식으로부터 발전한 유체역학 공식을 통해 힘을 계산, 비교해 적절한 철판 두께를 설계한다. 파도의 힘과 선박의 무게(힘)를 버틸 수 있는 철판의 힘을 계산하는 것이다. 여기서 우리가 주목할 핵심이 있다. F(파도)+F(무게) 〈 F(철판). 힘의 공식을 충족시켜야 하지만 동시에 속도를 고려하는 공식도 함께 계산해 철판 두께를 결정해야 한다. 이것이 최적화 개념이다.

공학적 접근방법은 'F(파도)+F(무게) 〈 F(철판)' 공식처럼 충분한 허용한계(〈)를 두어 철판의 두께를 설정한다. 이런 접근법은 파도의 힘을 완벽히 계산할 필요가 없어진다. 마찬가지로 모든 주가의 움직임을 계산하는 것은 불가능하며 그럴 필요도 없다. 적당한 오차는 허용한계(〈)를 통해 설계할 수 있듯이 주가의 움직임을 예측할 때도 허용한계(〈)의 개념을 통해 최소한의 지지, 저항, 돌파의 예측구간만 고려하면 되는 것이다. 또한 차트뿐만 아니라 주가에 영향을 미치는 다른 변수들을 동시에 고려하는 최적화 개념이 도입된다면 시세차익을 위한 최소한의 예측구간을 확률 높게 찾을 수 있을 것이다. 지금부터 주가의 움직임에 영향을 미치는 요소들을 과학적, 공학적으로 분석해보자.

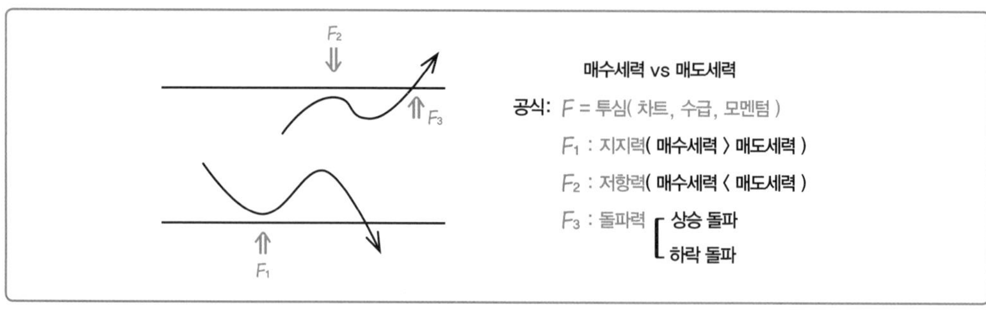

F2
F3
F1
매수세력 vs 매도세력
공식: F = 투심(차트, 수급, 모멘텀)
F1 : 지지력(매수세력 > 매도세력)
F2 : 저항력(매수세력 < 매도세력)
F3 : 돌파력
상승 돌파
하락 돌파

'F=MA'라는 물리학 공식처럼 주가의 움직임에 작용하는 힘을 공식으로 이해해보자. 주가에 영향을 미치는 것을 크게 3가지로 분류했다. 앞에서 배웠듯이 모든 영향력을 통제하는 것은 불가능하며 그럴 필요도 없다. 통제할 수 있는, 확률 높은 변수들을 '허용한계'와 '최적화'의 개념으로 주가의 움직임을 더욱 확률 높게 예측하면 되는 것이다.

주가를 움직이는 3가지 요소는 차트, 수급, 모멘텀으로 분류하며 각각 힘을 가진다. 궁극적으로 힘은 투자자들의 매수 또는 매도 심리를 반영하므로 이것을 투심이라고 정의하자. 이 3가지 힘이 동시에 투심으로 작용해 주가의 지지력, 저항력, 돌파력을 만들어낸다. 이것이 과학적으로 주가의 움직임을 분석한 이론이자 공식이다. 지금부터 차트와 수급, 모멘텀에 대한 자세한 이론과 공식을 본격적으로 배울 것이다.

여기서 잊지 말아야 할 것은 '이론과 현실은 다르다'라는 사실이다. 그래서 이론과 공식을 배우는 것에서 멈추면 안 된다. 이것을 바탕으로 공학적인 접근방식을 적용해야 한다. 주가의 움직임을 예측하기 위해 탄생한 트레이딩 공학적 기술이 바로 5장에서 배울 트레이딩 시스템이다. 지지세력, 저항세력, 돌파세력의 가격 전쟁터에서 어느 한쪽의 일방적인 승리를 포착하기 위한 기준, 'F=투심(차트, 수급, 모멘텀)' 공식으로부터 하나씩 정리한 기준을 바탕으로 '승률과 손익비'라는 목표를 두고 최적화했다. 트레이딩 시스템을 배우고 반복 연습해 자신만의 기술로 습득한다면 이론과 현실의 차이를 극복하는 유레카를 경험하게 될 것이다. 사람들은 주식을 과학, 심리학, 예술, 심지어 도박이라고 부른다. 그러나 트레이딩은 기술이자 공학이다.

F = 투심(차트, 수급, 모멘텀)

힘의 공식(F=MA)을 주식시장에서 주가 공식으로 새롭게 정의했다.

- F = 투심(차트, 수급, 모멘텀)

차트에서 지지력, 저항력, 돌파력을 확인할 수 있다. 하지만 차트는 매수와 매도의 결과를 나타내는 그래프에 불과하다. 과거의 반복적인 패턴이 미래에도 반복될 것이라는 접근 방식은 확률적인 한계가 있다. 분명히 지지, 저항, 돌파를 예측할 수 있는 확률 높은 패턴이 존재하지만 차트만으로는 충분하지 않다. 이것을 뒷받침하는 지지세력, 저항세력, 돌파세력을 눈으로 확인할 수 있다면 확률은 더 높아질 것이다. 이것은 선택이 아닌 필수다. 차트에서 확률 높은 지지 패턴이 발생했더라도 실제 지지가격에서 강하게 매수하고 있는 세력이 어떤 세력인지, 주식을 얼마나 매수하는지 수급을 확인할 수 있다면 확률은 더 높아질 것이다. 여기에 지지력이 발생하는 이유까지 설명된다면 차트, 수급, 모멘텀 3박자가 모두 맞아 떨어진다.

주가의 상승과 하락의 이유는 곧 모멘텀 분석을 통해 판단한다. 모멘텀은 운동량 또는 가속도를 말하는 물리학 용어이지만 증권용어에서는 주가의 상승이나 하락 움직임을 측정하는 지표다. 구체적으로 정해진 지표는 없고 워낙 방대해 일반적으로 주가변화의 근거나 재료를 모멘텀이라고 부른다. 차트에서 지지 패턴이 발생하고 실제로 대량 매수하는 수급 주체가 확인되었다면 지지력은 확인되었다고 볼 수 있다. 여기에 기업실적 향상, 흑자 전환, 자사주 매입, 대규모 수주 등 상승 모멘텀까지 확인된다면 지지력에 의한 주가 반등을 충분히 예측할 수 있을 것이다. 즉, 주가를 움직이는 힘은 차트와 수급, 모멘텀의 영향력으로 발생하는 투심에 비례한다는 것을 'F = 투심(차트, 수급, 모멘텀)' 공식으로 설명할 수 있다.

기준봉

투자가 예술의 영역이라면 '가치'에 귀결하기 때문이고 트레이딩이 과학의 영역이라면 '확률'에 귀결하기 때문이다. 투자와 트레이딩의 차이를 앞에서 배웠다. 가치투자는 기업의 가치를 분석하고 주가와 비교해 저평가되면 사서 적정평가 또는 고평가되면 판다. 트레이딩은 차트를 통해 확률적으로 수급과 세력이 들어오면 사서 그들보다 먼저 판다. 가치투자와 트레이딩은 매수와 매도의 기준과 원칙이 다른 것일 뿐, 맞고 틀리는 문제가 아니다. 그런데 왜 많은 사람들이 주식시장에서 성공하지 못하는 걸까? 그것은 가치투자도 트레이딩도 아닌 매수와 매도의 기준과 원칙이 없기 때문이다. 왜 매수하고 매도하는지에 대한 구체적인 기준과 원칙이 없거나 기준과 원칙의 목표가 잘못 설정되어 있기 때문에 그 기준과 원칙은 의미가 없다. 앞에서 암기했던 트레이딩의 정의와 전략에 대해 조금 더 깊게 생각해보자.

■ 트레이딩의 정의

트레이딩의 정의

- 트레이더는 주가의 움직임을 예측하여 시세차익을 추구한다.
- 모든 주가의 움직임을 예측하는 것은 불가능하고, 그럴 필요도 없다.
- 저지, 저항, 돌파의 가격전쟁터에서 트레이딩의 기준과 원칙으로 예측 가능한 최소구간만이 필요할 뿐이다.
- 즉, 트레이딩의 목적은 주가의 지지, 저항, 돌파의 예측 가능한 최소구간에서 매수와 매도를 통해 적중률 80%, 20%에 대한 손익비를 맞추는 것이다.

가치투자 또는 트레이딩을 할 때 사람들은 본능적으로 다음 분기 또는 내년도의 기업실적이 향상될 종목이나 수급과 세력이 들어오는 종목을 찾으려고 애쓴다. 이것이 개인들이 빠지는 함정이다. 이렇게 예측한 확률은 절대로 70~80%에 도달할 수 없다. 그래서 돈을 벌지 못하고 매수와 매도를 반복할수록 계좌잔고가 줄어드는 것이다.

■ 트레이딩 전략

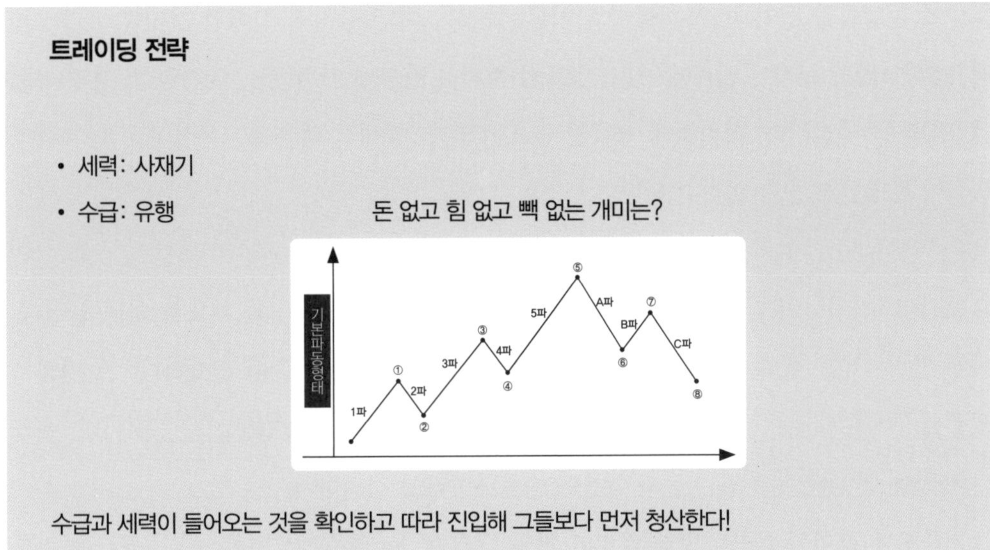

주가를 움직일 자본력도 없고 남들보다 빠른 정보력도 없다면 자본력과 정보력을 가진 사람들에게 집중해야 한다. 실적이 향상될 기업을 예측하고 먼저 사는 것은 확률이 낮다. 공식적인 실적발표에서 눈에 띄게 실적이 향상되어 시장의 관심을 받은 기업을 확인하고 실적이 왜 증가했는지 확인해 지속성이 있다고 판단되면 내려오는 주가는 매수 기회가 될 것이다.

쉽게 말해 자본력과 정보력을 가진 수급과 세력이 1만 원 부근에서 대량으로 주식을 매수했다면 수급과 세력의 이탈 없이 일시적으로 1만 원 근처까지 내려오는 주가는 매수 기회가 되는 것이다.

'눌림목'이라고도 부르는데 1만 원을 돌파하겠다는 세력의 의지가 확실할수록 눌림목은 확률 높은 매수 기회가 된다. '달리는 말에 올라타라'라는 유명한 주식 격언과 같은 원리다. 주가를 확률 높게 예측하는 정답은 여기에 있다.

빨간 장대양봉을 예측하고 큰 수익률을 목표로 하는 것이 아니다. 실적이 향상된 기업, 수급과 세력이 들어온 기업의 주가는 장대양봉이 발생한다. 우리는 장대양봉을 확인하고 눌림목이라는 기회를 줄 때 저 꼬리만큼의 구간을 예측할 수 있는 것이다.

장대양봉의 의미는 주가의 '돌파'를 의미한다. 즉 어떤 큰 변화가 발생한 것이다. 잔잔한 호수에 돌덩이를 던져 물결 파동이 일어난 것이다. 어떤 충격이 가해진 것이다. 변화, 돌파, 충격이라면 실적이 될 수도 있고 글로벌 경기나 원자재 가격변동, 금리인상, 전쟁과 테러, 질병 등 다양하다. 복잡하게 생각할 필요는 없다. 앞에서 배운 'F=투심(차트, 수급, 모멘텀)' 공식이 분명한 기준과 원칙이 된다.

주가의 '지지', '저항', '돌파'가 예측 가능한 최소구간에서 매수와 매도를 하면 끝이다. 이때 지지, 저항, 돌파라는 의미 있는 변화를 판단하기 위한 기준이 필요하다. 그 변화의 기준이 'F=투심(차트, 수급, 모멘텀)' 공식에서 탄생한 의미 있는 장대양봉, '기준봉'이다. 수급과 세력을 동반한 이유 있는 돌파 양봉을 기준봉이라고 정의하자.

기준봉에 포함된 트레이딩의 정의와 전략 그리고 'F=투심(차트, 수급, 모멘텀)' 공식을 반드시 이해해야 할 것이다. 끊임없이 변하는 수많은 캔들 중에 의미 있는 기준봉을 선정하는 것은 트레이딩의 핵심이다.

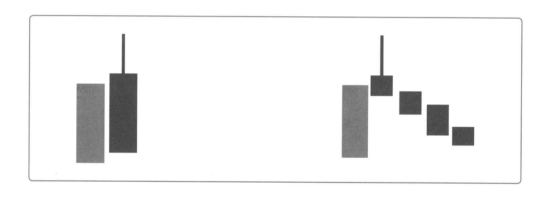

장대양봉이 떴다고 해서 모두 같은 기준봉은 아니다. 위의 그림처럼 수급과 세력이 이탈하지 못할 정도의 대량 매수의 기준을 분명히 세워야 할 것이다. 상승한 이유가 지속적으로 유지될 수 있는 모멘텀에 대한 기준 설정도 뒷받침되어야 한다. 차트와 수급, 모멘텀 3박자를 모두 충족시키는 돌파에 대한 확신이 아래 꼬리라는 예측구간을 만들어준다. 예측구간에 대한 확신이 기준봉에서 비롯되는 것이다. 기준봉은 트레이더의 필살기와 같다. 지금부터 기준봉에 대해 본격적으로 배워보자.

02

기준봉의 원리

F = 투심(차트, 수급, 모멘텀)

'F=투심(차트, 수급, 모멘텀)' 공식에서 차트의 영향력은 절대적이다. 그런데 차트를 어디까지 알아야 할까? 차트 안에 모든 것이 있다고 생각하는 사람들이 많다. 그래서 프로게이머가 밥 먹고 게임만 하듯이, 농구선수가 슛 연습만 하듯이 주식꾼들은 죽기살기로 차트만 본다.

차트를 통해 많은 것을 알 수 있지만 결국 사고 파는 것은 주식이다. 차트 위에서 움직이는 주식가격도 중요하지만 주식의 근본은 기업의 가치에 있다는 것을 망각하면 안 된다. 주식이라고 해서 다 같은 주식이 아니듯이 차트라고 해서 다 같은 차트가 아니다.

기법차트에서 과거의 반복적인 패턴이 앞으로도 반복될 것이라는 전제조건은 차트상의 주가 움직임뿐만 아니라 기업 가치에도 적용되어야 한다. 아무리 확률 높은 기법차트도 하룻밤새 상장폐지되거나 대형사고로 기업이 큰 피해를 입는 것처럼 기업 가치에 큰 변화가 생긴다면 주가의 움직임은 차트의 영향력에서 벗어날 것이다. 그런데 기업 가치의 큰 변화를 미리 예측하거나 누구보다 빨리 알 수 있는 사람들이 있다. 바로 수급과 세력이다.

그들의 움직임이 주가에 반영되어 차트가 형성되므로 많은 사람이 차트에 집중하는 것이다. 'F=투심(차트, 수급, 모멘텀)' 공식처럼 차트와 수급, 모멘텀은 서로 연관되어 있고 차트를 통해 수급과 모멘텀을 부분적으로 예측할 수도 있다.

하지만 여기서 문제가 발생한다. 사실 모르는 것은 큰 문제가 아니다. 확신이 없다면 매수하지 않으므로 손실이 발생하지 않는다. 그러나 알고 있다는 확신이 틀렸을 때 문제가 발생한다. 차트를 통해 수급과 모멘텀을 부분적으로 예측할 수 있지만 수급과 모멘텀의 영향력을 놓치는 부분이 발생하기 마련이다. 차트로 수급과 모멘텀을 짐작하는 것은 말 그대로 짐작일 뿐 확신할 수 없다.

차트에서 주가의 돌파가 나온다면 수급과 세력이 대량 매수에 가담한 것이고 그들이 매수하는 이유는 기업실적 향상과 같은 모멘텀이 내포되어 있을 가능성이 높다. 기법차트를 통해 주가의 돌파 패턴을 따라 매수했는데 실제로 주가가 다시 상승하며 실적 급증 뉴스나 외국인의 대량 매수 소식이 뒤이어 나오기도 한다. 그러나 이런 차트의 예측성만으로는 끌어올릴 수 있는 확률의 한계가 존재한다. 차트의 주가 패턴을 수급과 세력이 역이용하거나 누구나 인터넷으로 확인할 수 있는 악재가 있음에도 불구하도 주가의 돌파 패턴이 발생한다. 결국 차트만으로 예측한 돌파의 성공 확률은 50~70% 남짓으로 돌파에 실패하는 경우도 비일비재하다.

차트의 영향력이 가장 크다고 말할 수 있지만 수급과 모멘텀을 빼놓곤 최적화된 트레이딩을 할 수 없다는 것이 핵심이다. 차트와 수급, 모멘텀은 투심과 연관되어 있지만 각각 따로 분석하고 다시 복합, 분석하는 과정이 필요하다. 앞으로 'F=투심(차트, 수급, 모멘텀)' 공식에서 차트와 수급, 모멘텀의 영향력을 공부할 것이다. 그리고 5장에서 트레이딩 시스템을 통해 차트와 수급, 모멘텀을 최적화하는 과정을 터득할 것이다. 이 원리를 인지한 상태에서 차트의 5개 요소에 대해 간단히 짚고 넘어가자.

사실 차트 공부는 이론적으로 배워야 할 것은 많지 않다. 차트는 거래량, 가격, 시간, 속도, 이격으로 그려진다고 할 수 있다. 이 5가지 요소에서 추세선, 이동평균선, 보조지표와 각종 기법들이 파생되는 것이다. 차트의 5가지 요소를 바탕으로 지금부터 배울 기준봉의 원리에 포함되어 있는 것들이 차트의 전부라고 할 수 있다. 이것을 토대로 무수히 반복해 감각적인 면을 기르는 훈련 과정이 중요한 것이다.

지금까지 서론이 길었다. 고작 차트에 대한 설명으로 차트의 5가지 요소를 알려주는 것으로 끝났다. 하지만 노파심에 한 번 더 얘기한다. 2~3년 동안 차트를 죽어라 공부한 사람들이 수익을 못 내는 것은 앞에서 말한 수급과 모멘텀의 측면을 이해하지 못하고 각종 보조지표나 기법을 여기저기 찾아다니는 함정에 빠지기 때문이다. 트레이딩의 정의와 'F=투심(차트, 수급, 모멘텀)' 공식 그리고 기준봉의 원리를 이해하고 트레이딩 시스템을 습득한다면 트레이더로서 알아야 할 기본 이론을 충분히 습득한 것이다.

차트의 5요소: 거래량, 가격, 시간, 속도, 이격

F = 투심(차트, 수급, 모멘텀)

정보력도 자본력도 없는 우리가 주가의 '지지', '저항', '돌파'를 예측하기 위한 트레이딩 전략은 수급과 세력이 들어오는 것을 확인하고 따라 진입해 그들보다 먼저 청산하는 것이다. 그런데 수급과 세력은 정확히 무엇일까? 'F=투심(차트, 수급, 모멘텀)' 공식에서 수급의 영향력은 어떻게 작용하는 것일까? 이것을 이해하는 것이 기준봉을 선정하기 위한 핵심이다. '수급=유행', '세력=사재기' 공식만 기억하라. 지지, 저항, 돌파의 기준을 수급과 세력으로 쉽게 이해할 수 있을 것이다.

■ '수급=유행' 공식

17세기 네덜란드에서 튤립이 유행한 적이 있다. 유행이라기보다 튤립 버블, 튤립 투기라는 표현으로 전해진다. 역사상 최초의 자본주의적 투기다. 당시 귀족과 신흥부호를 비롯해 일반인들 사이에서도 튤립 수요가 대폭발하면서 튤립가격이 한 달 새 50배나 뛰었다. 그러나 곧 '가격은 형성되어 있는데 거래는 없다'라는 인식이 증가했고 법원에서 튤립의 재산적 가치를 인정할 수 없다는 판결이 나오면서 버블은 붕괴되었다. 이후 정보기술(IT), 부동산 버블 등의 버블 형성은 경제의 일부분가 되었다.

주식시장에서도 이 버블은 반복된다. 여기서 버블의 선악을 토론하는 것은 무의미하다. 시장에는 버블이 형성되었다가 붕괴되며 지속적으로 반복된다는 사실이 중요하다. 돈은 돌고 돌며 주식시장으로 들어왔다가 빠져나가기를 반복한다. 이때 주식시장으로 들어오는 돈이 특정 업종이나 특정 종목으로 몰리는 현상이 발생한다. 집단적인 군중심리가 작용하는 것이다. 이것이 주식시장의 유행이다. 크게 두 가지로 나눌 수 있다. '주도주'와 '테마주'

주도주는 네이버 지식백과에서 이렇게 정의한다. '주식시장에서 전반적인 주가를 이끌어가는 주 업종이나 인기주 집단을 말한다.' 상대적으로 기업 실적이 크게 호전되는 업종이나 종목이 주도주로 등장하는 경향이 있는데 주식시장으로 들어오는 돈이 잘나가는 기업과 업종으로 쏠리는 것은 자연스럽다. 하락장, 즉 주식시장에서 돈이 빠져나갈 때도 실적이 안 좋은 종목이나 업종에서 먼저 이탈할 것이며 주도주로 몰린 돈은 상대적으로 뒤늦게 이탈하며 주도주라는 타이틀을 반납하게 된다.

1975~1978년	건설주	2004~2005년	IT, 벤처기업
1985~1986년	대형 우량주	2006~2007년	조선, 철강, 화학, 건설, 증권
1986~1988년	금융, 건설, 무역	2008~2009년	IT주(반도체, LCD, 자동차, 금융주)
1991~1992년	저평가주	2010~2011년	자동차, 화학, 정유
1993~1994년	블루칩	2012~2014년	스마트폰 관련주, 소비주(화장품, 여행)
1999~2000년	IT, 벤처기업	2015년~	증권, 건설, 화학, 정유
2003~2004년 초	블루칩		

국내 증시를 주도해온 주도주

테마주는 네이버 지식백과에서 이렇게 정의한다. '새로운 사건이나 현상이 발생하는 경우, 갑자기 사람들의 관심이 그쪽으로 집중되는 경향이 있는데 이와 마찬가지로 주식시장에서도 증권시장에 영향을 미치는 대형 이슈가 생기면서 투자자들의 관심이 특정 재료에 집중되어 그 재료와 관련된 종목이 관심주가 되어 상승세를 타게 되는 종목군을 말한다.

'테마주는 적게는 3~4개 많게는 10개 이상의 종목이 집단을 이루며 주가가 실적과 무관하게 재료만으로 움직인다. 정치, 경제, 사회, 문화는 물론이고 날씨, 선거, 유행 등 다양한 현상에 의해 형성된다.

2001년	디지털방송 관련주, 구제역 관련주, 911테러 관련주, 게임 엔터테인먼트 관련주
2002년	월드컵 수혜주, 금광개발 관련주, 이라크전쟁 관련주, 무선인터넷 관련주, 전자상거래 관련주
2003년	사스 관련주, 중국관련 수혜주, M&A 관련주, 신행정수도 관련주, 온라인교육 수혜주
2004년	조류독감/광우병 수혜주, M&A 관련주, 원화 강세 수혜주, 쓰나미 관련주, 고유가 수혜주
2005년	줄기세포 관련주, 제약 바이오주, DMB/무선인터넷 관련주, IT부품 관련주, 엔터테인먼트 관련주, 온라인교육 관련주
2006년	지주회사, 조선기자재, 자원개발 관련주, 와이브로 관련주
2007년	한미 FTA 관련주, 사주회사, 바이오디젤, 2차전지 관련주
2009년	자전거, 음원/음반, 2차전지, 인터넷 포털, TFT-LCD 부품, 스마트폰 부품/카메라 모듈, 전기차, 게임, 원자력발전
2010년	항공, 애니메이션, 화장품, 태양광에너지, 핵융합에너지, 반도체장비/LED 장비
2011년	제대혈, 슈퍼박테리아, 출산장려 정책, 캐릭터 상품, 헬스케어, 의료기기, 모바일게임, 정치인 테마주
2012년	PCB, 화장품, 신약, 전자결제, 휴대폰 부품, GPS, 전자파, 무선충전 기술, K팝 테마주
2013년	공기청정기, 황사, 산악
2014년	화장품, 모바일게임, 리모델링/인테리어, 테마파크, 신종플루, 줄기세포, 치아치료, SNS, 사물인터넷
2015년	화장품, 아이핀(I-PIN), 바이오 시밀러, 제대혈, 줄기세포, 리모델링/테마파크, 사물인터넷

국내 증시를 주도해 온 주요 테마주

쉽게 정리하면 주도주는 실적과 직접적으로 관련된 업종이나 종목군이고, 테마주는 실적에 간접적인 기대감을 불러일으키는 재료에 의해 움직이는 종목군을 말한다.

■ '세력=사재기'

자본력과 정보력을 가진 힘 있는 사람들은 주가를 움직이거나 큰 폭의 움직임을 미리 예측할 수도 있다. 이들을 통틀어 세력이라고 부르자. 대표적인 세력으로는 외국인, 기관을 꼽을 수 있다. 외국인과 기관의 매수, 매도는 모든 투자자가 모든 증권사의 HTS 프로그램으로 간단히 확인할 수 있는 정보다.

모든 거래를 실시간으로 제공해주는 것은 아니지만 부분적으로 공개하는 외국인과 기관의 매수, 매도 정보는 많은 사람이 참고하므로 그 영향력이 절대적이다. 무엇보다 외국인과 기관 투자자들은 자본력과 정보력을 확보하고 있으며 결과적으로 손실을 보지 않는 검증된 세력이다.

외국인과 기관이 대량으로 매수하는 종목은 가방끈 긴 전문가집단, 애널리스트들이 밤새 분석하고 수익을 내기 위해 투자한 검증된 것이다. 우리가 열심히 재무제표를 공부하고 워런 버핏의 가치투자를 배운들, 외국인과 기관투자자들의 브레인들이 선택한 종목을 이길 수는 없을 것이다. 뛰어난 투자자들이 모인 집단 '투신'과 국민노후를 보장해야 하는 연기금이 사재기하는 종목만 매수하겠다는 기준이 탄생했다.

축하한다. 5장 트레이딩 시스템에서 수없이 강조하겠지만 종목 선정 기준에 외국인과 기관 세력의 사재기를 포함했다는 것만으로도 천군만마를 얻게 된 것이다.

1 [0780] 투자자별 매매동향 - 투자자별매매종합

투자자별매매종합 | 시간대별투자자 | 당일추이 | 일별동향/차트 | 순매수추이 | 업종별투자자순매수 | 당일매매현황 | 투자자별누적순매수 | 투자자별일별매매 | 종목별투자자

주 금액(억원) 선 금액(억원) 옵 금액(억원) 조회 투자자구분 안내

시장구분		개인	외국인	기관계	금융투자	보험	투신	기타금융	은행	연기금등	사모펀드	국가	기타법인
코스피	매도	19,443	4,548	2,586	911	246	416	100	52	522	246	92	190
	매수	20,789	3,779	1,784	802	124	300	13	27	295	148	73	420
	순매수	+1,346	-770	-802	-109	-122	-116	-88	-25	-227	-98	-18	+231
코스닥	매도	14,674	893	321	136	20	71	7	7	35	37	8	107
	매수	14,932	751	234	109	11	51	1	3	32	17	10	74
	순매수	+258	-142	-87	-27	-9	-20	-6	-4	-3	-19	+2	-33
선 물	매도	16,507	52,698	6,622	6,146	26	377	7	66	0	0		530
	매수	17,028	48,794	10,217	8,941	30	1,015	13	96	122	0		318
	순매수	+521	-3,905	+3,595	+2,795	+4	+638	+6	+30	+122	0		-212
콜옵션	매도	260	504	90	89	0	1	0	0	0	0		21
	매수	250	513	98	97	0	0	0	1	0	0		14
	순매수	-10	+9	+8	+8	0	0	0	+1	0	0		-7
풋옵션	매도	395	868	93	93	0	0	0	0	0	0		16
	매수	388	878	92	92	0	0	0	0	0	0		15
	순매수	-7	+10	-1	-1	0	0	0	0	0	0		-1
주식선물	매도	958	626	531	516	0	14	0	0	0	0		31
	매수	976	625	514	497	0	12	0	0	5	0		30
	순매수	+18	-1	-16	-19	0	-2	0	0	+5	0		0
달러선물	매도	2,173	2,422	3,399	2,812	6	34	121	24	0	0		403
	매수	2,167	3,158	2,669	2,045	1	104	156	24	0	0		339
	순매수	-6	+736	-730	-767	-5	+70	+35	0	0	0		-63

외국인과 기관투자자에 대한 기초적인 정보는 책 〈주식투자 무작정 따라하기〉를 참조할 것을 권한다. '외국인 따라잡기'라는 수급 기법이 있을 정도로 영향력이 절대적이다.

외국인은 외국계 투자은행과 같은 기관투자자, 뮤추얼 펀드, 연기금, 헤지펀드, 자산운

용사 등이 있다. 외국인으로 집계되는 수급 중에 검은머리 외국인이 많아 정확도를 떨어뜨린다는 점에서 이것을 구분하는 안목이 필요하다. 중소형주에서 기관 수급 없이 개별적으로 들어오는 외국인은 신뢰도가 떨어지는 경향이 있다. 보통 모건, 골드만, CS증권, 메리츠, 유안타, 도이치, UBS, 신한 창구에서 외국인 수급이 들어오는 경향이 높다.

[0796] 투자자별 매매동향 - 종목별투자자

투자자별매매종합 | 시간대별투자자 | 당일추이 | 일별동향/차트 | 순매수추이 | 업종별투자자순매수 | 당일매매현황 | 투자자별누적순매수 | 투자자별일별매매 | 종목별투자자

005930 삼성전자 2016/02/02 ◉금액 ○수량 ○추정평균가 ◉순매수 ○매수 ○매도 ◉천주 ○단주 ◉전일비 ○등락률 투자자안내 단위:백만원,천주 조회 다음 차트

2016/04/18 ~ 2016/05/18

일자	현재가	전일비	거래량	개인	외국인	기관계	금융투자	보험	투신	기타금융	은행	연기금등	사모펀드	국가	기타법인	내외국인
누적순매수				-23,533	+212,243	-507,544	-158,183	-41,137	-113,423	-3,518	+884	-203,133	+5,121	+5,845	+337,023	-591
16/02/02	1,156,000	▼ 7,000	166,348	-18,203	+1,588	-31,639	-9,797	-2,170	-11,124	+35	-528	-6,913	-1,904	+763	+48,351	-98
16/02/01	1,163,000	▲ 13,000	259,979	-18,167	+65,145	-69,673	-23,915	-16,113	-5,108	-1,862	-3,847	-6,631	-3,735	-8,461	+23,470	-774
16/01/29	1,150,000	▲ 5,000	436,983	+4,212	-29,778	-21,049	-8,274	-7,545	+5,914	-652	-2,240	-2,889	-6,462	+1,099	+46,620	-5
16/01/28	1,145,000	▼ 30,000	315,912	+62,356	+31,025	-93,307	-3,979	-9,019	-27,949	+2,087	+2,860	-46,105	-10,116	-1,085	+27	-101
16/01/27	1,175,000	▲ 38,000	276,237	-13,613	-29,961	+43,912	+71,229	+10,292	-4,965	+680	-2,482	-44,293	+12,670	+781	-183	-155
16/01/26	1,137,000	▼ 25,000	152,399	+20,625	-20,795	+2,354	+20,123	-1,613	+1,365	+8	+578	-20,072	+2,219	-255	-1,728	-456
16/01/25	1,162,000	▼ 6,000	159,913	+10,633	-46,872	+36,007	+19,683	+1,930	+10,628	+521	+441	-2,723	+4,714	+812	+172	+61
16/01/22	1,168,000	▲ 37,000	147,528	-27,675	-22,484	+47,003	+35,969	+7,460	+3,180	-605	-481	-5,756	+7,242	-6	+3,263	-108
16/01/21	1,131,000	▼ 7,000	190,352	+5,134	-63,733	+58,876	+32,786	+2,236	+14,761	+78	+210	-562	+10,967	-1,601	-326	+49
16/01/20	1,138,000	▼ 33,000	167,052	+20,666	-30,146	+9,046	+3,012	+2,929	+5,265	+18	+2,286	-4,825	+4,598	-4,237	+424	+10
16/01/19	1,171,000	▲ 45,000	207,242	-28,610	+52,975	-23,179	-32,296	+5,611	+9,353	+1,414	-1,360	-10,665	+4,015	+748	-1,238	+51
16/01/18	1,126,000	▼ 6,000	320,214	+10,884	-45,027	+34,641	+9,264	+3,077	+21,723	-229	+1,348	-7,137	+7,808	-1,214	-805	+308
16/01/15	1,132,000	▼ 6,000	209,464	+11,164	-10,391	+1,498	-8,911	+2,994	+6,711	+17	-130	-3,270	+4,744	-658	-2,273	+2
16/01/14	1,138,000	▼ 10,000	209,022	+13,985	-36,618	+18,724	-1,046	-742	+9,226	-258	+929	+1,213	+8,094	+1,307	+3,795	+115
16/01/13	1,148,000	▲ 2,000	143,316	+4,779	-14,807	+9,701	+7,260	-149	+9,234	+459	-346	-9,657	+1,934	+967	+379	-53
16/01/12	1,146,000	▼ 6,000	206,283	+20,165	-45,688	-13,244	-7,080	-1,275	-7,060	+393	-26	+668	+1,673	-538	+38,709	+59
16/01/11	1,152,000	▼ 19,000	241,277	+7,925	-78,097	+31,351	+3,522	-533	+16,655	+1,129	+1,310	+1,782	+8,363	-877	+38,915	-94
16/01/08	1,171,000	▲ 8,000	257,763	+7,416	-55,879	+18,556	+4,172	+4,447	+8,533	+1,214	+1,883	-5,479	+1,339	+2,447	+29,898	+9
16/01/07	1,163,000	▼ 12,000	282,388	+39,855	-67,690	-15,574	-271	-5,734	+44	+156	-135	+67	-12,058	+2,358	+37,587	+5,822
16/01/06	1,175,000	▼ 33,000	366,752	+67,538	-80,589	-25,882	-25,883	-20,371	+15,634	+184	+1,325	-6,333	+11,099	-1,538	+39,181	-247

[0251] 증권사별 매매동향 - 종목별증권사순위

종목매매동향 | 종목별증권사순위 | 증권사별매매상위 | 전증권사동향 | 당일주요거래원 | 거래원순간거래량 | 거래원매물대분석

005930 삼성전자 기간거래량 426,327 기간 기간입력 2016/02/01 ~ 2016/02/02 누적별 매수 조회 유의

순위	거래원	매수량	매도량	순매수	순위	거래원	매수량	매도량	순매수
기간별 누적		326,198	186,968	+139,230	기간별 누적		100,129	239,359	-139,230
1	모건스탠리	79,739	31,660	+48,079	1	신한금융투	15,941	43,374	-27,433
2	교 보	44,184	3,186	+40,998	2	한국투자증	5,698	21,283	-15,585
3	삼 성	27,049	17,059	+9,990	3	대 우	5,806	14,786	-8,980
4	메릴린치	96,570	89,297	+7,273	4	유비에스증	14,007	22,965	-8,958
5	골드만삭스	15,919	9,365	+6,554	5	NH투자증권	9,274	17,464	-8,190
6	JP모간서울	12,635	6,303	+6,332	6	도이치코리	4,142	10,686	-6,544
7	SG증권	6,995	898	+6,097	7	키움증권	8,217	14,488	-6,271
8	CS 증권	12,818	7,115	+5,703	8	현 대	1,721	7,743	-6,022
9	CIMB	2,378	0	+2,378	9	하나금융투	2,525	8,462	-5,937
10	씨티그룹	12,503	10,355	+2,148	10	유안타	1,377	6,591	-5,214
11	맥쿼리증권	6,898	5,107	+1,791	11	C.L.S.A 증	918	5,905	-4,987
12	리딩투자	1,609	846	+763	12	KB투자증권	3,178	6,578	-3,400
13	다이와	2,500	2,062	+438	13	미래에셋	7,640	10,670	-3,030

기관투자자는 자산운용사, 증권사, 은행, 보험사 같은 금융기관과 연기금으로 크게 구분된다. 투신과 연기금의 수급은 신뢰도가 매우 높다. 단, 하루 1~2억 원 미만의 매수대금은 사재기라는 표현이 무색하다.

종목의 시가총액에 따라 기준이 달라지겠지만 기본적으로 시가총액 대비 0.5%의 금액을 하루에 매수한다면 충분한 세력이 들어온 것으로 볼 수 있다.

1 [0778] 프로그램매매 - 종목일별 프로그램매매추이

프로그램매매추이차 주식프로그램/투자 차익잔고추이 차익잔고현황 일별차익잔고차트 프로그램매매누적추이

005930 신 20% 삼성전자 ○시간대별 ◉일자별 ◉금액 ○수량 2016/02/02 조회 다음 수+차

일자	현재가	전일대비	등락률	거래량	프로그램매매 (단위:주,백만원)			
					매도금액	매수금액	순매수금액	순매수증감
2016/02/02	1,156,000	▼ 7,000	-0.60	166,348	60,293	95,901	35,608	-31,544
2016/02/01	1,163,000	▲ 13,000	+1.13	259,979	71,388	138,540	67,152	110,278
2016/01/29	1,150,000	▲ 5,000	+0.44	436,983	212,856	169,730	-43,126	-52,563
2016/01/28	1,145,000	▼ 30,000	-2.55	315,912	131,801	141,238	9,437	-11,529
2016/01/27	1,175,000	▲ 38,000	+3.34	276,237	119,643	140,609	20,966	23,737
2016/01/26	1,137,000	▼ 25,000	-2.15	152,399	69,435	66,664	-2,771	-36,666
2016/01/25	1,162,000	▼ 6,000	-0.51	159,913	75,582	109,477	33,895	6,301
2016/01/22	1,168,000	▲ 37,000	+3.27	147,528	68,516	96,110	27,594	34,729
2016/01/21	1,131,000	▼ 7,000	-0.62	190,352	106,088	98,953	-7,135	36,819
2016/01/20	1,138,000	▼ 33,000	-2.82	167,052	96,924	52,970	-43,954	-67,414
2016/01/19	1,171,000	▲ 45,000	+4.00	207,242	83,297	106,757	23,460	89,533
2016/01/18	1,126,000	▼ 6,000	-0.53	320,214	212,043	145,970	-66,073	-28,820
2016/01/15	1,132,000	▼ 6,000	-0.53	209,464	119,073	81,820	-37,253	36,832
2016/01/14	1,138,000	▼ 10,000	-0.87	209,022	117,184	43,099	-74,085	-47,878
2016/01/13	1,148,000	▲ 2,000	+0.17	143,316	74,763	48,556	-26,207	35,937
2016/01/12	1,146,000	▼ 6,000	-0.52	206,283	98,863	36,719	-62,144	-7,626
2016/01/11	1,152,000	▼ 19,000	-1.62	241,277	132,782	78,264	-54,518	-81,036
2016/01/08	1,171,000	▲ 8,000	+0.69	257,763	102,318	128,836	26,518	47,856

프로그램 매수와 체결창을 통해 당일 수급을 확인하는 스킬도 있다. 실제로 저자가 사용하고 있고 여러분이 앞으로 사용해야 할 세부 스킬은 〈트레이딩 시스템〉에서 자세히 다루자.

F=투심(차트, 수급, 모멘텀)

모멘텀은 운동량 또는 가속도를 의미하는 물리학 용어이지만 증권용어로는 주가의 상승이나 하락 움직임을 측정하는 지표다. 구체적으로 정해진 지표는 없고 워낙 방대하므로 일반적으로 주가변화의 근거나 재료를 모멘텀이라고 부른다. 쉽게 말해 주가의 상승 또는 하락의 이유다. 그러나 증권사의 각종 보고서나 뉴스를 보면 주가와 뉴스의 관계가 재미있다.

국제 원유가격이 30달러선이 붕괴되면서 유가는 세계경제의 헤드라인 뉴스가 되었다. 2016년 2월 11일 각종 뉴스와 증권방송, 리포트는 유가하락에 대해 이렇게 분석했다.

공급과잉 우려에 국제유가 급락…장기화 조짐
한국경제TV | 2일 전 | 네이버뉴스
국제에너지기구, IEA는 최근에 낸 보고서에서 "**유가 급락**에도 불구하고 하루 28만 배럴의 원유가 초과 공급되고 있다"며 "중국과 브라질, 러시아 등의 경기 둔화로 원유 수요 증가도 기대하기 어렵다"고 내다봤습니다....

공급과잉에 따른 유가하락은 수요공급의 법칙에 따라 논리적인 인과관계로 생각할 수 있다. 그런데 이틀 후인 2월 13일 유가는 상승했고 각종 뉴스와 증권방송들은 이렇게 분석했다.

국제유가 감산 기대에 급등, 하루만에 12.3%↑
동아일보 | 6시간 전 | 네이버뉴스
국제**유가** 감산 기대에 급등, 하루만에 12.3%↑ 산유국들이 원유 감산에 합의할 것이라는 기대로 국제**유가**가 하루만에 12.3% 급등했다. 12일(현지시간) 뉴욕상업거래소에서 서부텍사스산 원유 3월 인도분은 전날보다 12....

유가가 7년 만에 가장 뜨겁게 뛰어 오른 4가지 이유
뉴스1 | 10시간 전 | 네이버뉴스
© AFP=News1 (서울=뉴스1) 정혜민 기자,온다예 기자,이정호 기자 = 국제**유가**가 12일(현지시간) 급등했다. 서부텍사스원유(WTI)는 12.3%나 올라 7년만에 가장 높은 상승률을 기록했다. 이러한 폭발적인 **유가** 움직임...

원유를 감산한다면 당연히 공급이 줄어들어 유가가 상승할 것이라고 논리적으로 예측할 수 있다. 그러나 이런 직관적인 헤드라인 뉴스의 근거를 토대로 주가를 예측할 수 있을까? 이런 논리로 주가를 예측하고 투자한다면 아무 생각 없이 투자하는 것과 같다. 공급과잉

'우려'에 급락, 감산 '기대'에 급등. 어제와 오늘의 기대와 우려에 따라 유가는 하락하고 상승했다는 뉴스를 어떻게 받아들여야 할까? "닭이 먼저냐, 달걀이 먼저냐?"와 같은 식이다.

금융위기 때문에 주식시장이 폭락했는지, 주식시장이 폭락해 금융위기가 발생한 것인지 밝히는 것은 중요하지 않다. 여러 이유 때문에 가격은 상승하거나 하락한다.

즉, 'F=투심(차트, 수급, 모멘텀)' 공식대로 모멘텀이 투심에 영향을 미친다는 것을 이해하는 것으로 주가를 움직이는 힘을 느낄 수 있을 것이다. 이제 주가를 움직이는 힘을 느끼는 데 그칠 것이 아니라 눈으로 살펴보자.

지지, 저항, 돌파

자본력과 정보력을 가진 힘 있는 사람은 가격을 움직일 수 있다. 힘 있는 자들은 '세력=사재기' 공식대로 사재기를 통해 가격을 의도적으로 상승시키거나 유행을 인위적으로 불러일으킬 수 있다. 사실이다. 주식시장에서 일어나는 직접적인 사례를 살펴보자.

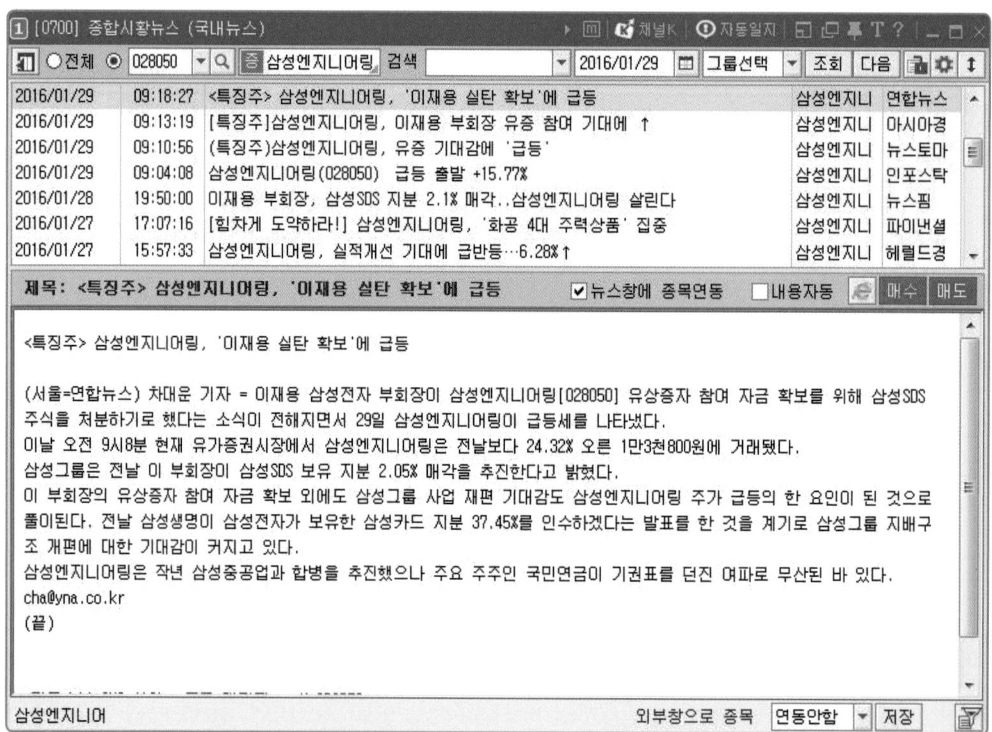

[0700] 종합시황뉴스 (국내뉴스)

○전체 ◉ 028050 삼성엔지니어링 검색 2016/01/29 그룹선택 조회 다음

2016/01/29	09:18:27	<특징주> 삼성엔지니어링, '이재용 실탄 확보'에 급등	삼성엔지니	연합뉴스
2016/01/29	09:13:19	[특징주]삼성엔지니어링, 이재용 부회장 유증 참여 기대에 ↑	삼성엔지니	아시아경
2016/01/29	09:10:56	(특징주)삼성엔지니어링, 유증 기대감에 '급등'	삼성엔지니	뉴스토마
2016/01/29	09:04:08	삼성엔지니어링(028050) 급등 출발 +15.77%	삼성엔지니	인포스탁
2016/01/28	19:50:00	이재용 부회장, 삼성SDS 지분 2.1% 매각..삼성엔지니어링 살린다	삼성엔지니	뉴스핌
2016/01/27	17:07:16	[힘차게 도약하라!] 삼성엔지니어링, '화공 4대 주력상품' 집중	삼성엔지니	파이낸셜
2016/01/27	15:57:33	삼성엔지니어링, 실적개선 기대에 급반등…6.28%↑	삼성엔지니	헤럴드경

제목: <특징주> 삼성엔지니어링, '이재용 실탄 확보'에 급등 ☑뉴스창에 종목연동 ☐내용자동 매수 매도

<특징주> 삼성엔지니어링, '이재용 실탄 확보'에 급등

(서울=연합뉴스) 차대운 기자 = 이재용 삼성전자 부회장이 삼성엔지니어링[028050] 유상증자 참여 자금 확보를 위해 삼성SDS 주식을 처분하기로 했다는 소식이 전해지면서 29일 삼성엔지니어링이 급등세를 나타냈다.
이날 오전 9시8분 현재 유가증권시장에서 삼성엔지니어링은 전날보다 24.32% 오른 1만3천800원에 거래됐다.
삼성그룹은 전날 이 부회장이 삼성SDS 보유 지분 2.05% 매각을 추진한다고 밝혔다.
이 부회장의 유상증자 참여 자금 확보 외에도 삼성그룹 사업 재편 기대감도 삼성엔지니어링 주가 급등의 한 요인이 된 것으로 풀이된다. 전날 삼성생명이 삼성전자가 보유한 삼성카드 지분 37.45%를 인수하겠다는 발표를 한 것을 계기로 삼성그룹 지배구조 개편에 대한 기대감이 커지고 있다.
삼성엔지니어링은 작년 삼성중공업과 합병을 추진했으나 주요 주주인 국민연금이 기권표를 던진 여파로 무산된 바 있다.
cha@yna.co.kr
(끝)

삼성엔지니어 외부창으로 종목 연동안함 저장

최근의 기사다. 원고를 쓰기 위해 컴퓨터 앞에 앉아 있는 순간에도 이런 사례는 비일비재하게 일어난다. 삼성엔지니어링은 대규모 적자로 주가가 바닥으로 곤두박질치고 있다. 그런데 삼성전자 이재용 부회장이 주식을 대량 매수하겠다고 공지하면서 주가는 급등했다. 주가바닥이 나타나는 순간이다.

지지력이 느껴지는가? 삼성전자 부회장이 1만 원 부근에서 대량 매수했는데 과연 당분간 그 이하로 주가가 떨어질 수 있을까? 자본력으로 주가하락을 방어하고 대중의 투자심리를 회복시키는 뉴스를 통해 주가는 반등했다.

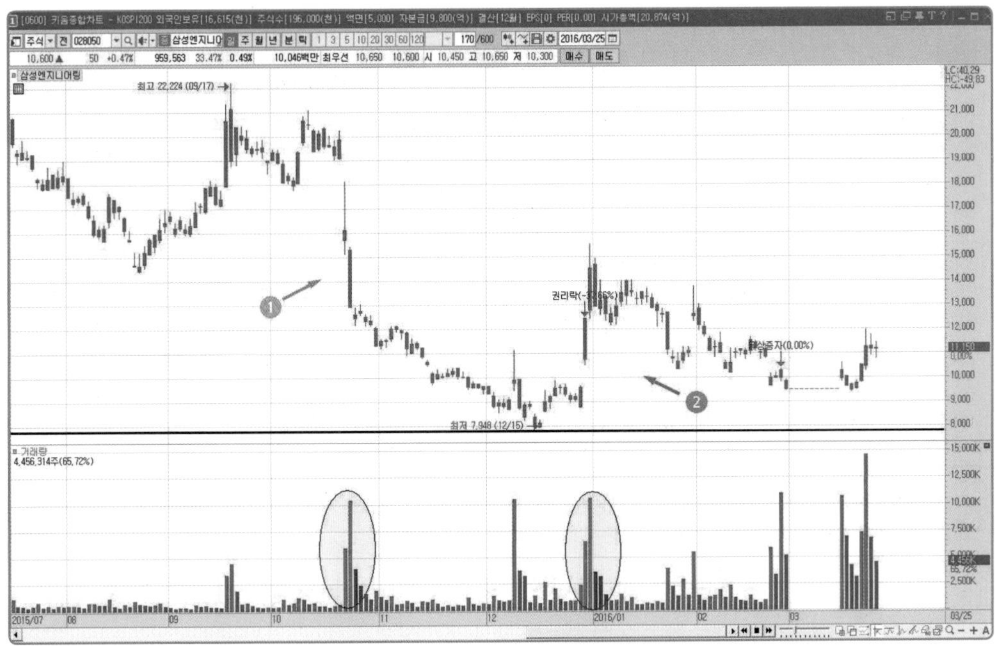

❶ 대규모 적자 소식에 급락 ❷ 자본력과 정보력에 따른 급등

여기서 주의할 것이 있다. 지지력이 발생했다고 해서 반드시 상승을 의미하는 것은 아니다. 지지력의 영향력은 1만 원 이하에서 강력 매수하겠다는 의지를 나타내는 것이지 그 이상으로 주가를 계속 끌어올리며 매수하겠다는, 즉 돌파력을 의미하는 것은 아니다. 지지력을 발휘할 수 있는 동안만큼만 주가의 저점을 확인할 수 있다는 것이 'F=투심(차트, 수급, 모멘텀)' 공식에 따른 주가 움직임의 원리다.

1만 원 부근에서 대량 매수한 삼성전자 부회장의 강력한 수급은 1만 원 부근에서 당분간 강력한 지지력으로 작용해 주가가 내려오면 풍부한 대기 매수세로 반등이 나온다는 것, 당분간 저점을 이탈하지 못한다는 것을 확인할 수 있다. 지지력의 반대 개념으로 매수세력을 매도세력으로 'F=투심(차트, 수급, 모멘텀)' 공식에 접근한다면 똑같이 저항력을 이해할 수 있다.

이번에는 돌파력에 대해 알아보자. '수급=유행' 공식대로 주식에도 유행이 있다. 유행의 종류는 다양하지만 결국 너도나도 모두 사고 싶어해 가격이 상승한다는 것이다. 처음에는 조금 당황스럽지만 현실에서 자주 일어나는 현상이다. 아니 어쩌면 자연스러운 일이다.

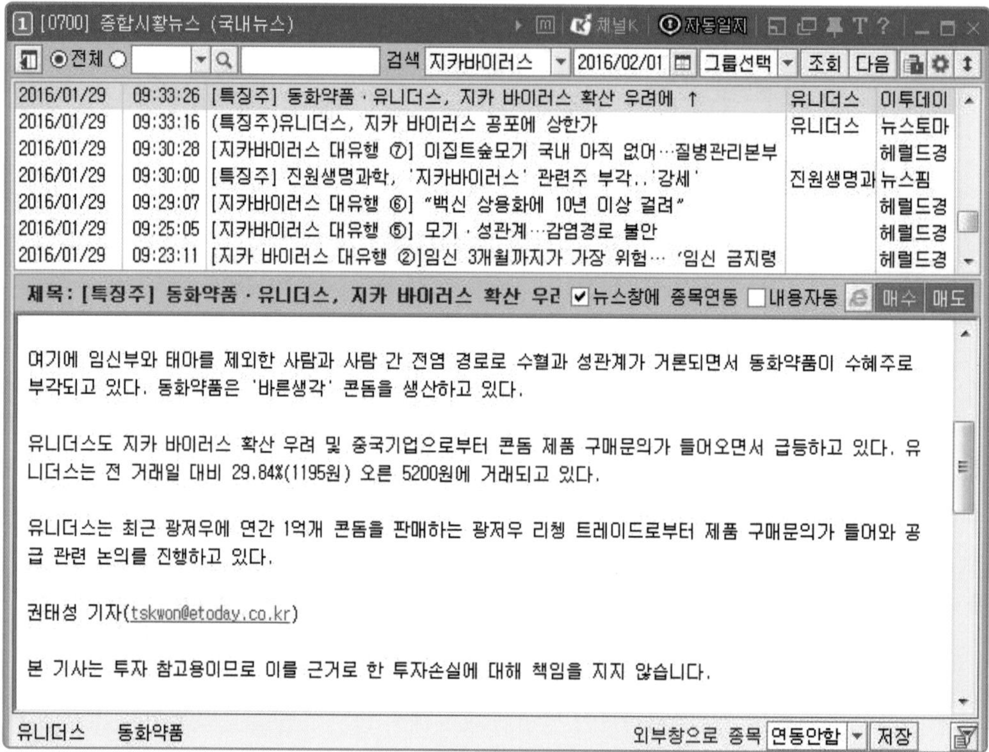

[0700] 종합시황뉴스 (국내뉴스)

2016/01/29	09:33:26	[특징주] 동화약품 · 유니더스, 지카 바이러스 확산 우려에 ↑	유니더스	이투데이
2016/01/29	09:33:16	(특징주)유니더스, 지카 바이러스 공포에 상한가	유니더스	뉴스토마
2016/01/29	09:30:28	[지카바이러스 대유행 ⑦] 이집트숲모기 국내 아직 없어…질병관리본부		헤럴드경
2016/01/29	09:30:00	[특징주] 진원생명과학, '지카바이러스' 관련주 부각..'강세'	진원생명과	뉴스핌
2016/01/29	09:29:07	[지카바이러스 대유행 ⑥] "백신 상용화에 10년 이상 걸려"		헤럴드경
2016/01/29	09:25:05	[지카바이러스 대유행 ⑤] 모기 · 성관계…감염경로 불안		헤럴드경
2016/01/29	09:23:11	[지카 바이러스 대유행 ②]임신 3개월까지가 가장 위험… '임신 금지령		헤럴드경

제목: [특징주] 동화약품 · 유니더스, 지카 바이러스 확산 우려

여기에 임신부와 태아를 제외한 사람과 사람 간 전염 경로로 수혈과 성관계가 거론되면서 동화약품이 수혜주로 부각되고 있다. 동화약품은 '바른생각' 콘돔을 생산하고 있다.

유니더스도 지카 바이러스 확산 우려 및 중국기업으로부터 콘돔 제품 구매문의가 들어오면서 급등하고 있다. 유니더스는 전 거래일 대비 29.84%(1195원) 오른 5200원에 거래되고 있다.

유니더스는 최근 광저우에 연간 1억개 콘돔을 판매하는 광저우 리췽 트레이드로부터 제품 구매문의가 들어와 공급 관련 논의를 진행하고 있다.

권태성 기자(tskwon@etoday.co.kr)

본 기사는 투자 참고용이므로 이를 근거로 한 투자손실에 대해 책임을 지지 않습니다.

유니더스 동화약품

마찬가지로 최근의 기사다. 지카 바이러스가 전 세계적으로 퍼지면서 백신개발에 따른 제약관련 기업들의 매출이 상승할 수 있다는 기대감으로 관련기업들의 주가가 급등한다. 사스[SARS], 메르스[MERS]가 발생했던 과거에도 이런 현상이 발생했다. "시장에 새로운 것은 없다."라는 주식투자자 제시 리버모어의 말처럼 이런 현상은 계속 반복된다.

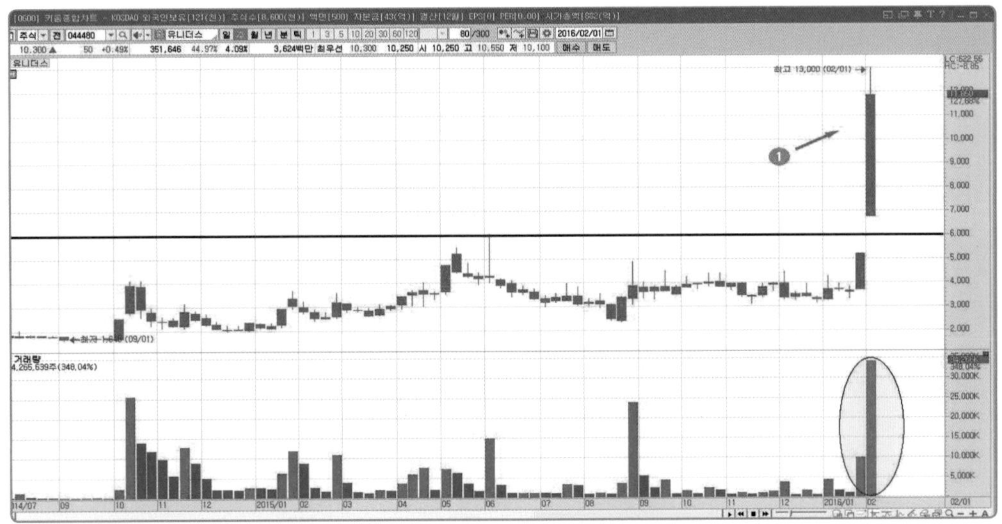

잔잔한 호수에 큰 돌덩이를 던지듯이 강력한 돌파력이 발생했다. 위 차트의 유니더스는 콘돔 생산업체다. 크고 작은 상승과 하락을 무시하듯 주가급등이 연출되었다. 즉, 주가돌파가 발생했다. 돌파의 이유는 무엇일까? 지카 바이러스가 성관계를 통해 전염될 가능성이 있다고 알려지면서 유니더스의 주가가 제약주들과 함께 급등한 것이다. 강력한 모멘텀이 'F=투심(차트, 수급, 모멘텀)' 공식에서 주가의 돌파력으로 작용한 것이다.

재미있지 않은가? 항상 논리적이고 이성적으로 돌아갈 수 없는 시장의 움직임을 주가원리로 받아들이고 우리만의 기준과 원칙으로 이해해야 한다. 물론 이 사례는 재미로만 이해하고 넘어가길 바란다. 온전히 원리의 이해를 돕기 위한 것이지 수익을 내기 위한 방법론이 절대로 아니라는 점에 주의하자.

작은 욕조 속에 조약돌을 던지면 파동 물결이 생길 것이다. 넓은 바닷가에 던진 큰 돌덩이가 만드는 물결은 작은 파동에 불과할 것이다. 어쩌면 물결이라고도 할 수 없다. 이렇듯 상대적 개념을 이해해야 한다. 작은 조약돌과 큰 돌덩이는 주식시장에서 크고 작은 충격(힘)이다. 결과적으로 발생하는 물결은 주가 파동과도 같다. 잔잔한 호수에 큰 물결을 일으키는 돌덩이처럼 주가돌파가 일어나기 위해서는 상응하는 힘이 필요하다.

지지력, 저항력, 돌파력은 힘(力)의 개념으로 이해할 수 있다. 자본력, 정보력, 기업의 존재력, 대중의 기대력 … 표현이 이상하면 어떤가? 의미를 이해하기 바란다. 시장에 존재하는 모든 힘을 정의할 수는 없지만 우리가 주가의 움직임을 예측하기 위해 통제할 수 있는 요소들은 5장 트레이딩 시스템에서 깔끔이 정리했다.

중요한 것은 이 힘 싸움에 의해 주가의 지지, 저항, 돌파를 이해할 수 있다는 사실이다. 주가를 움직이는 힘을 분석하고 지지, 저항, 돌파의 최소구간을 예측하기 위해 앞으로 캔들, 거래량, 수급과 세력, 추세선, 이동평균선, 파동에 대해 배울 것이다. 그리고 궁극적으로 8가지 기준봉을 무기로 얻게 될 것이다.

캔들

지금까지 주가상승의 원리를 수요공급의 법칙으로 이해했다. 이제 경제학에서 물리학으로 넘어가보자. 물리학이라고 긴장할 필요 없다. 무척 쉬운 개념이고, 쉽게 설명하겠다.

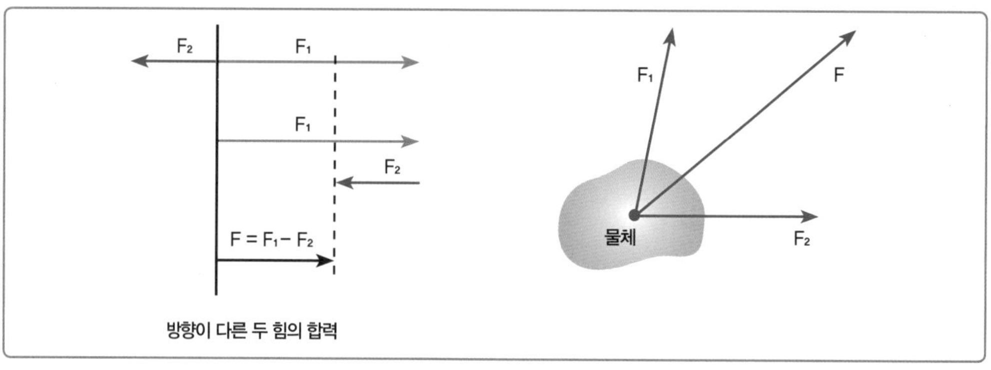

방향이 다른 두 힘의 합력

지지, 저항, 돌파의 가격 전쟁터에서는 매수세력과 매도세력의 치열한 전투가 벌어진다. 세력(力)의 전투를 간단히 정의하고 넘어가자. 매수세력이 매도세력을 이기면 주가의 '지지' 또는 '상승돌파'가 발생한다.

마찬가지로 매도세력이 매수세력을 이기면 주가의 '저항' 또는 저점을 깨고 내려가는 '하락돌파'가 일어날 것이다. 이것을 구분하기 위해 '지지세력'과 '저항세력' 그리고 상승돌파와 하락돌파는 구분 없이 '돌파세력'이라고 명명하겠다.

지지세력과 저항세력 그리고 돌파세력의 전세, 다시 말해 전투 분위기를 투자자들의 심리, '투심'이라고 하자. 정리하면 지지세력, 저항세력, 돌파세력, 투심 딱 4가지만 정의했다.

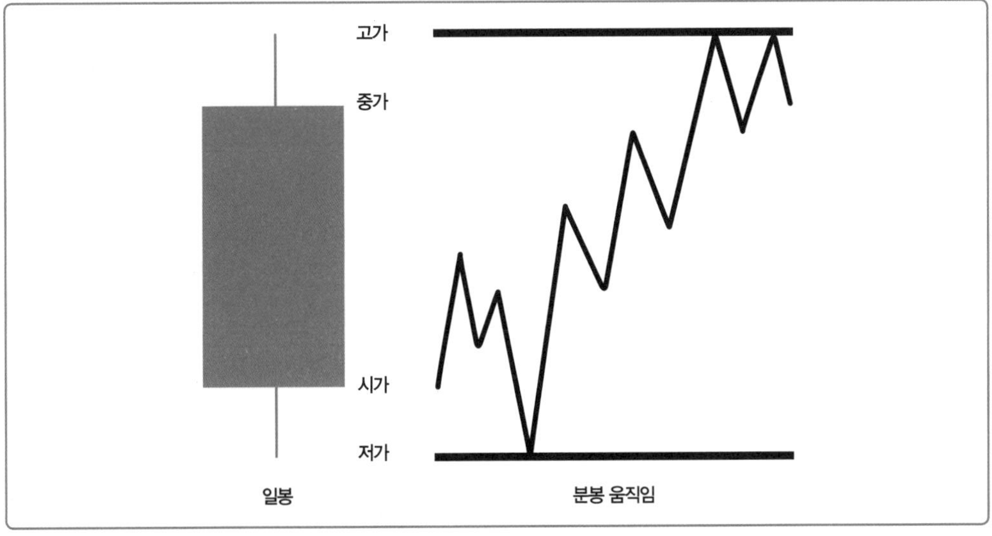

- 시가: 전투의 시작으로 의미 있는 투심의 가격 라인
- 고가: 저항 세력과 돌파 세력의 가격전쟁에서 저항 세력이 승리한 가격 라인
- 저가: 지지 세력과 돌파 세력의 가격전쟁에서 지지 세력이 승리한 가격 라인
- 종가: 투심의 끝이자 의미 있는 투심의 가격 라인으로 다음 전투(캔들)에 영향을 미친다.

☞ 몸통이 길수록 '돌파 세력'의 힘이 강하다.
☞ 위 꼬리가 길수록 고점 '저항 세력'의 힘이 강하다.
☞ 아래 꼬리가 길수록 저점 '지지 세력'의 힘이 강하다.

거래량

세력의 힘을 분석하고 투심을 읽기 위해 주가의 지지, 저항, 돌파의 기준을 분명히 세워야 한다. 지지, 저항, 돌파의 기준은 무엇인가? "지지력이 발생했다.", "돌파력이 발생했다."를 앞에서 호수의 돌멩이와 비교하면 "큰 물결의 파동이 발생했다"로 표현할 수 있다.

잔잔한 호수에 물결을 일으키는 것이 '작은 돌멩이냐 큰 돌멩이냐'라는 것의 기준이 중요한 것이다.

돌멩이의 크기는 곧 주가의 변화를 일으키는 힘의 크기다. 힘의 크기는 거래량, 거래대금이다. 차트에는 무수히 많은 캔들이 존재하지만 지나간 가격의 움직임을 표현하는 그래프에 불과하다. 그러나 단순한 캔들의 배열은 거래량을 만나면서 의미를 갖게 된다. 거래량이 늘었다는 것은 평소와 달리 많은 주식을 사고 팔았다는 것이다. 즉, 평소와 다른 변화가 일어난 것이다. 잔잔한 호수에 돌멩이를 던진 것처럼 말이다. 다시 말해 거래량이 급증한 것은 주가의 움직임에 큰 변화가 발생한 것이다.

주가의 지지, 저항, 돌파가 일어나기 위해서는 상응하는 힘이 필요하다. 즉, 주가를 움직이는 힘의 전제조건은 거래량이다. 주가의 지지, 저항, 돌파라는 의미를 부여하기 위해서는 평소보다 많은 거래량의 급증이 동반되어야 한다.

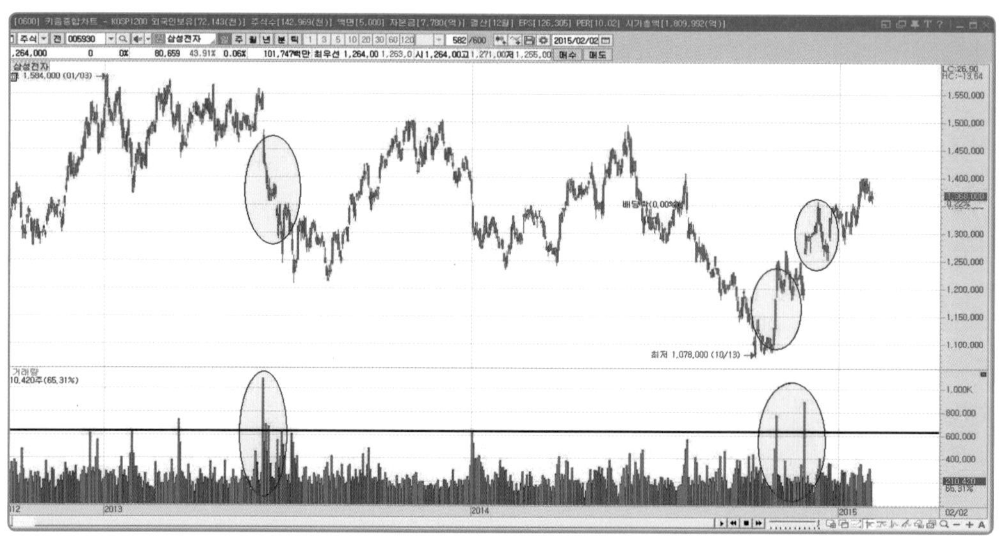

☞ 대량 거래량: 주가에 '영향'을 미치는 어떤 큰 '변화'

☞ 영향=지지, 저항, 돌파

☞ 변화=수급과 세력

거래량은 변화의 힘이다. 호수에 던진 큰 돌멩이는 물결 파동을 만든다.

추세선

지지력, 저항력, 돌파력을 이해하기 위해 기초적인 물리학 개념을 공부해보자. 매우 쉬운 내용이니 겁먹지 말자. 자, 여기서 물리학 상식 퀴즈. 뉴턴의 제1법칙은 무엇일까? 힌트는 아래 그림에 있다.

물체가 자신의 운동 상태를 계속 유지하려는 성질, 즉 물체에 힘을 가하지 않으면 정지한 물체는 계속 정지해 있고 운동하는 물체는 계속 그 상태로 운동한다는 관성의 법칙이다. 앞에서 주가를 움직이는 3가지 요소를 차트, 수급, 모멘텀으로 정의했다. 이 3가지 요소에는 투자자들의 심리와 우리가 통제할 수 없는 영향력이 포함되어 있다. 따라서 이 모든 영향력을 '투심'이라고 정의했다.

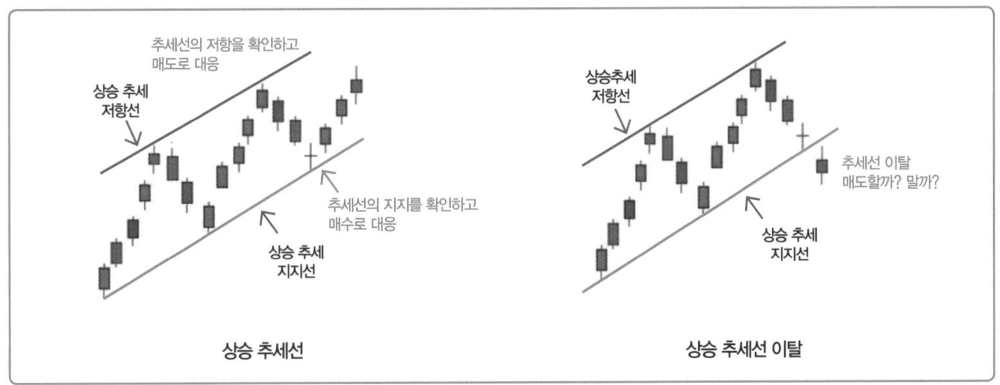

■ 상승 추세

1. 저점이 높아진다.(오를 때는 많이 오르고 떨어질 때는 조금 떨어진다.)
2. 매수세력이 강하다.
3. 대기 매수세가 풍부하다.(투심)

추세 개념은 이 정도만 알면 된다. 추세선을 아무리 잘 분석하더라도 보조지표의 역할일 뿐 절대로 궁극적인 승률과 손익비를 충족시키는 기법은 될 수 없다.

대부분의 차티스트들이 고수의 문턱을 넘지 못하고 실력이 정체되는 가장 큰 이유는 차트에서 모든 것을 해결하려고 하기 때문이다. 차트 공부는 1~2년이면 충분하다. 종일 차트만 보는 것보다는 확률을 높이려는 노력을 하는 편이 훨씬 낫다.

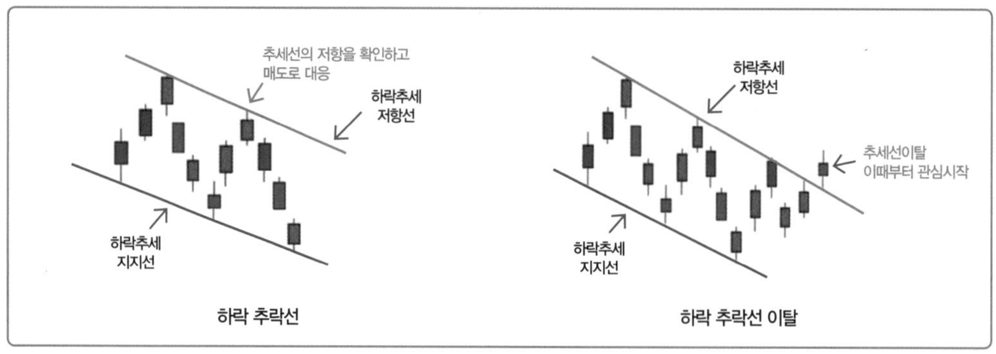

■ 하락 추세

1. 고점이 낮아진다.(오를 때는 조금 오르고 떨어질 때는 많이 떨어진다.)
2. 매도세력이 강하다.
3. 대기 매수세가 부족하다.(투자의 심리)

상승 추세와 마찬가지로 하락 추세는 지속적으로 매도세력의 힘이 강하다. 하락하는 관성력이 지속적으로 작용하는 것이다. 그러나 관성의 법칙에는 물체에 '힘을 가하지 않으면'이라는 전제 조건이 있다. 즉, 외부의 힘이 가해지면 운동 상태가 변한다.

하락하는 주가에 허용한계치를 뛰어넘는 지지력이 발생한다면 하락 추세는 멈추게 된다. 여기서 지지력은 'F=투심(차트, 수급, 모멘텀)' 공식으로 이해할 수 있다.

허용한계치를 뛰어넘는 지지력을 어떤 기준으로 측정할 것인가? 위의 그림에서 추세선 이탈(지금부터 관심 시작)이라는 차트 패턴이 1차적인 기준이 될 수 있다. 이 기준을 구체적으로 설정하는 과정을 다음 장에서 기준봉으로 이해하게 될 것이다.

중요한 것은 지지력, 저항력, 돌파력이 주가 추세에 어떻게 영향을 미치는지 이해하는 것이다. 여기까지 이해하는 것은 어렵지 않다.

그렇다면, 하락 추세의 끝은 상승을 의미하는가?

매도세력이 강해 지속적으로 하락하던 주가가 허용한계치를 뛰어넘는 지지력을 받았다. 그렇다면 하락을 멈출 것이다. 주의할 점은 강한 매수세력의 등장으로 매도세력과 싸움이 벌어지는 하락 추세의 끝에서 매수세력이 이기고 상승할 것이라는 오류를 범한다는 것이다.

지지력이 발생했다면 하락이 멈추는 것은 맞지만 이후 추가적인 힘 싸움이 주가의 방향을 결정한다. 추세의 시작은 매수세력과 매도세력 간의 싸움에서 한쪽의 일방적인 승리로 시작된다. 이것을 '추세=관성력' 공식으로 정의하면 '매수세력 〉 매도세력'은 상승 추세, '매도세력 〉 매수세력'은 하락 추세가 된다. 추세의 끝은 관성력에 버금가는 반대 세력의 반격으로 멈추게 된다. 추세의 시작과 끝의 기준은 기술적 분석이 아닌 관성력에 있다.

이동평균선

주가를 움직이는 힘은 'F=투심(차트, 수급, 모멘텀)' 공식으로 정의했다. 차트와 수급, 모멘텀에는 각 투자자들의 심리적 요소가 들어 있다. 차트의 대표적인 심리적 요소가 바로 이동평균선이다. 모든 증권사 HTS의 차트에 기본적으로 초기 설정되어 있는 지표가 이동평균선이다. 이동평균선은 너도나도 참고하는 주가의 평균가격이므로 지지세력, 저항세력, 돌파세력의 영향력이 크다. 즉, 투심이 반영되어 있는 것이다.

이제 차트에 어떤 힘이 작용하고 있는지 느껴지는가? 초보자들이 흔히 착각하는 것이 신기할 정도로 잘 맞아 떨어지는 이동평균선을 보고 마치 실제로 어떤 가격받침대가 있는 것처럼 절대기법으로 생각한다. 20일선에서 매수하고 주가가 떨어지면 60일선에서 추가 매수 그래도 주가가 떨어지면 120일선… 이후 주봉 차트, 월봉 차트로 넘어가며 받침대 역할을 할 이동평균선을 찾는다. 기준도 없고 원칙도 없는 매매를 하는 것이다. 과장이라고 생각하는가?

모든 개미들의 필독 영화, 〈작전〉에 이런 대사가 있다.

"문제는 사고 파는 타이밍 아니겠냐. 답은 차트에 나와 있어요."

몇 년 동안 차트 공부에만 매달려 있는 사람들이 부지기수다. 그런데도 손절하지 못해 이동평균선에 의지하는 사람이 10명 중 9명이다.

'F=투심(차트, 수급, 모멘텀)' 공식을 잊지 말라. 주가를 움직이는 힘을 차트로만 분석하려는 것은 확률을 높이지 못하고 결국 여러 번 거래할수록 돈을 잃을 확률이 100%에 가까워지는 것이다.

코에 걸면 코걸이, 귀에 걸면 귀걸이에 불과한 이동평균선의 특징을 마치 대단한 기법처럼 큰 의미를 부여하고 돈을 벌 수 있는 절대무기로 여겨선 안 된다.

차트에 나타나는 힘, 이동평균선의 지지력은 단지 많은 시장참여자들이 너도 나도 참고하는 가격의 평균적인 투심을 반영해 발생하는 영향력이다. 즉, 주가의 지지, 저항, 돌파를 직접적으로 예측하기보다 '기법'의 확률을 보조적으로 높이는 보조지표로 이해해야 한다.

본격적으로 이동평균선에 작용하는 투심의 특징을 알아보자. 과거의 반복적인 패턴과 평균적인 주가의 움직임을 바탕으로 정리한 기준이다. 앞으로 배울 기준봉을 이해하기 위해 차트를 바라보는 '기준' 그 이상 그 이하도 아니다. 잊지 말라. 트레이딩은 기준과 원칙 그리고 감각이다.

위 차트는 기본 설정 5-10-20-60-120일 이동평균선이다. 이동평균선이 투심에 영향을 미치는 변수는 시간(기간), 이격(기울기), 배열, 골든/데드크로스다.

■ 이동평균선의 시간

1. 5일선: 1주일 동안의 '주가의 변화'를 나타내는 이동평균선이다.(단기이평선)

단기적인 주가의 움직임과 밀접한 관계가 있다.(변동성이 가장 큰 이동평균선)

수급과 세력이 들어올 때(주가의 돌파) 5일선을 타고 올라가는 경향이 큰 것이 특징이다.(급등주 지지선)

2. 10일선: 5일선보다 상대적으로 변화가 느리다. 10일선이 기울기를 가지려면 주가의 돌파력이 5일선보다 커야 한다. 상대적으로 의미가 적어 다른 이동평균선의 보조적 역할을 한다.

3. 20일선: 1개월 동안의 주가의 움직임을 나타내는 이동평균선이다. 주가의 '생명선'이라고 부를 만큼 각 차트에서 영향력이 크다. '20일선 눌림목 기법'이 널리 알려진 만큼 지지력과 저항력이 강하다. 20일선이 기울기를 가지면 일반적인 차트의 '추세' 시작의 기준

이 된다.

4. 60일선: 3개월 동안의 주가의 움직임을 나타내는 이동평균선이다.(중기 이평선)

분기별로 주가에 영향을 미치는 계절의 변화, 기업실적, 산업지표 변수들이 내포되어 기업과 산업의 투심을 반영한다.(분기별 실적 발표) 일정 크기 이상의 기울기를 가져야 중기적인 추세의 의미를 가진다.

5. 120일선: 각 차트에서 가장 오랜 기간의 주가의 움직임을 나태는 이동평균선이다.(장기 이평선)

경기 변동, 기업의 장기 전망이 내포되어 주가의 총체적인 투심을 반영한다. 오랜 기간의 투심을 반영하므로 지지력과 저항력도 크고 돌파가 발생하려면 강한 힘이 뒷받침되어야 한다.(F=수급과 모멘텀)

120일선 이상의 기간을 설정해 200일선, 360일선 등의 이동평균선을 사용하는 사례도 있지만 대중적이지 않으며 무엇보다 주봉, 월봉 차트의 기본 이동평균선으로 분석할 수 있다. 주봉 차트의 5일선은 일봉 차트의 20일선과 비슷하다는 점을 비교해보라.

이해가 안 된다면 잠시 건너뛰자. 뒤에서 뷰차트, 기법차트, 신호차트에 대해 공부하면서 자연스럽게 알게 될 것이다.

■ 골든/데드크로스

1. 골든크로스: 단기 이동평균선이 중 · 장기 이동평균선을 '상승돌파'하는 경우

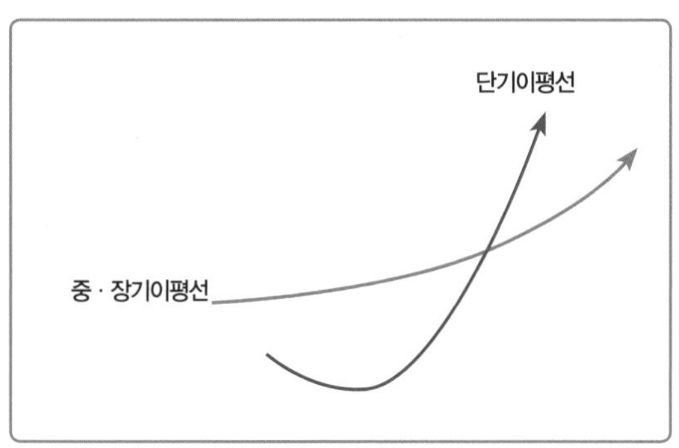

2. 데드크로스: 단기 이동평균선이 중 · 장기 이동평균선을 '하락돌파'하는 경우

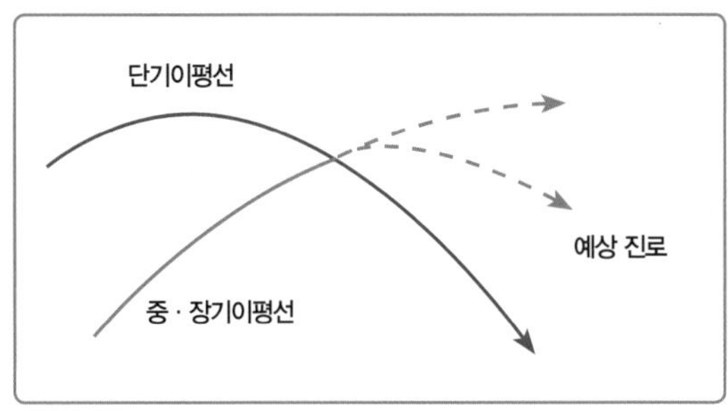

이동평균선은 많은 시장참여자들의 투심을 반영한 지지선 또는 저항선의 역할을 한다. 주가(단기 이동평균선)가 중 · 장기 이동평균선 즉, 저항선을 돌파하는 경우, 수급과 세력의 등장을 의미할 수 있다.

물론 매수세력이 매도세력을 이겼더라도 기준봉보다 돌파 확률이 떨어진다. 단, 골든크로스만으로 주가의 돌파 또는 추세를 확신할 수는 없다. 데드크로스는 골든크로스와 반대로 주가(단기 이동평균선)가 지지선을 하락돌파하는 경우로 매도세력이 매수세력을 일시적으로 이기는 모습을 보인다.

■ 이동평균선의 배열

정배열: 단기 · 중기 · 장기 이동평균선 순으로 상승돌파하는 모습

역배열: 단기 · 중기 · 장기 이동평균선 순으로 하락돌파하는 모습

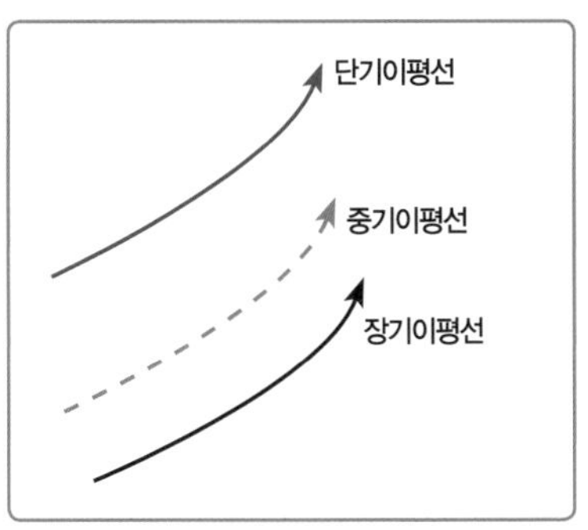

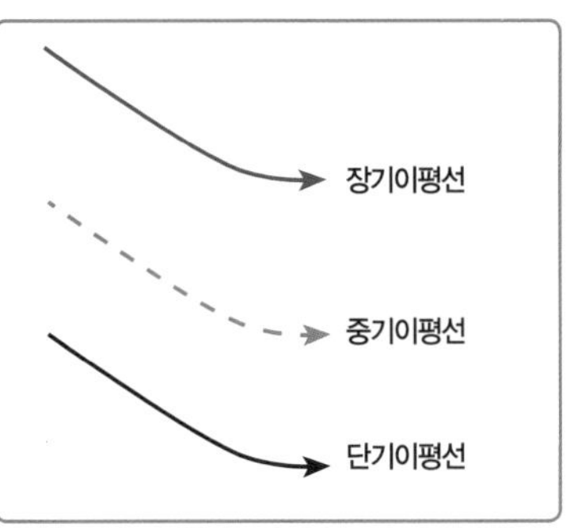

정배열의 경우, 주가가 저항선들을 차례로 돌파하고 상승하는 모습으로 상승 추세를 의미한다. 저항선을 돌파한 수급과 세력은 주가 상승을 예측하거나 자본력으로 주가를 끌어올리려는 의도를 내포한다.

따라서 이후 주가는 쉽게 떨어지지 않는데 이것을 '대기 매수세가 풍부하다'라고 이해할 수 있다. 또는 '저항선을 돌파하면 지지선으로 바뀐다'라고 설명할 수 있다. 즉, 정배열의 경우, 이동평균선들은 지지선으로 작용하며 대기 매수세가 풍부한 상승 추세로 볼 수 있지만 주가의 방향성은 50~70%를 상회하는 수준에 불과하다.

반대로 역배열의 경우, 주가가 지지선들을 차례로 하락돌파하는 모습으로 하락 추세를 의미한다. 이동평균선들은 저항선으로 작용하며 주가는 쉽게 상승하지 못한다. 대기 매도세가 풍부해 강한 모멘텀과 수급을 동반한 매수세력이 등장하기 전까지 매도세력이 우세한 흐름이다. 그러나 역배열이므로 주가가 하락할 것이라는 예측은 50~70%를 상회하는 수준에 불과하다.

매수와 매도를 결정할 수 없는 확률임을 절대로 잊으면 안 된다.

'저항선을 상향 돌파하면 지지선으로 바뀐다'
'지지선을 하향 돌파하면 저항선으로 바뀐다'

■ 이동평균선의 이격

이동평균선은 비교적 주가보다 위아래로 완만히 움직이는데 마치 파동처럼 보인다. 파도나 물결처럼 자연스런 흐름을 나타내는 파동은 시장의 자연적인 가격흐름을 나타내는 주가 파동과 비슷하다.

다음 장에서 본격적으로 주가 파동을 물 위의 파동처럼 이해하고 공학적으로 분석할 것이다. 파동 분석 전에 파동의 가장 기본적인 특징을 나타내는 이격의 개념에 대해 알아보자.

이격도는 이동평균선과 비교해 상대적인 주가의 위치를 비교, 분석하는 보조지표다.

이격률=(주가 ÷ n일 이동평균선) × 100
20일 이격률=(주가 ÷ 20일 이동평균선) × 100

복잡한 공식과 다양한 보조지표들은 중요하지 않다. 주가의 움직임을 이해하기 위한 보조적 개념으로 차트에 나타나는 지지력과 저항력을 직관적으로 이해할 수 있다면 충분하다.

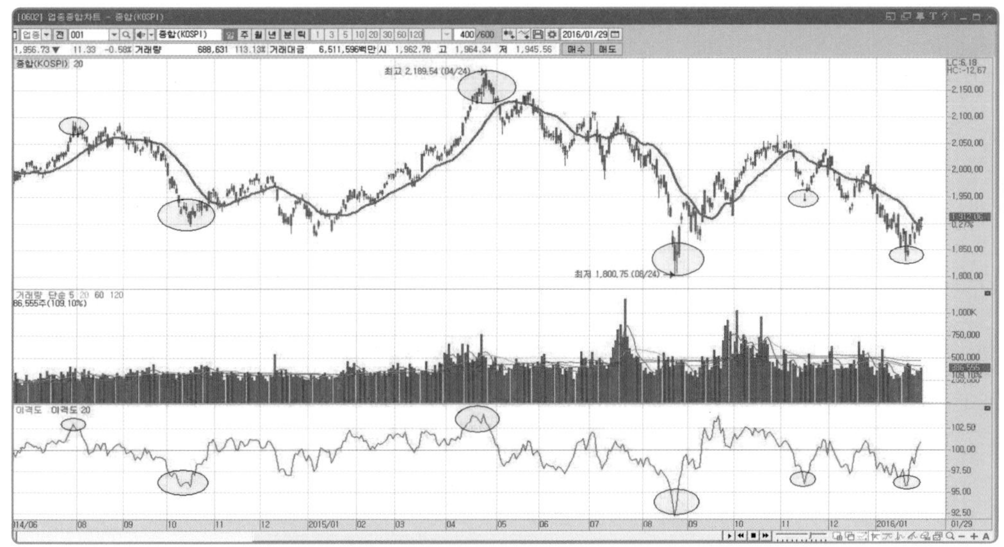

파동의 가장 큰 특징은 이격의 개념으로 한 눈에 알 수 있다.

위의 차트는 20일 이동평균선과 20일 이격률을 나타낸 것이다. 주가가 20일 이동평균선과 멀어질수록 이격도는 벌어지지만 다시 원점으로 회귀하는 것을 알 수 있다. 이격이 무한대로 커질 수는 없으므로 간격이 반복적으로 늘어나거나 줄어들면서 파동을 그리는 것이다. 이동평균선이 주가를 따라가는 것인지 주가가 이동평균선을 따라가는 것인지 주객이 전도되는 오묘한 파동의 이격은 지극히 당연하고 자연스러운 주가 현상이다.

이동평균선, 골든/데드크로스, 정배열/역배열, 이격 이렇게 4가지 특징을 이해하게 되면 차트의 80%를 배우는 것이다. 다음으로 파동 원리만 익히면 트레이딩에 필요한 차트 개념과 원리는 마스터한 것과 다름없다.

지금까지 배운 것으로 지지, 저항, 돌파의 최소구간을 예측하기 위한 차트 기준들을 모두 설명할 수 있다. 따라서 그 이상 차트를 공부하기 위해 눈 빠지게 모니터 앞에 있는 것은 절대로 효율적인 훈련 과정이 아니다. 많은 사람들이 빠지는 함정이다.

나는 열심히 해도 안 된다고 생각하지만 결국 착각이다. 차트를 100% 이해하더라도 목표 승률까지 높일 수는 없다. 차트만으로 시장을 완전히 통제할 수 없기 때문이다. 확률을 끌어올리기 위해서는 'F=투심(차트, 수급, 모멘텀)' 공식에 따라 차트 외의 변수들이 반드시 뒷받침되어야 한다.

파동

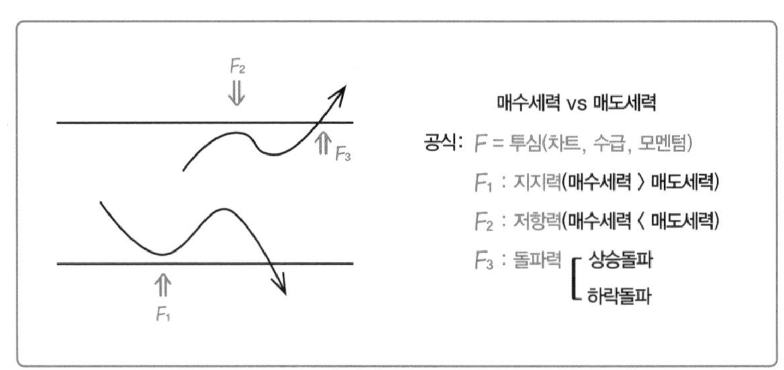

잔잔한 호수에 던진 돌멩이가 만든 물결 파동처럼 주가에도 충격이 가해지면 파동 변화가 일어난다. 자연스러운 주가 파동일 수도 있지만 파동이라고 보기에 애매한 움직임일 수도 있다. 여기서 트레이딩 공학적으로 주식시장을 바라보자. 파동처럼 움직이지 않는 주가의 움직임을 철저히 무시해야 한다. 허용한계의 개념으로 모든 주가의 움직임을 통제하는 것이 아니라 파동이라는 기준 내에서 통제되는 주가의 움직임을 예측하는 것이다.

'F=투심(차트, 수급, 모멘텀)' 공식에서 강력한 모멘텀을 가지고 수급과 세력을 동반한 강력한 돌파력이 발생했다면 즉, 기준봉이 발생했다면 이후 주가는 파동의 형태로 움직일 것이라고 예측하는 것이다.

'경기변동 사이클'과 '다우 추세 이론' 그리고 이름만 특이한 '콘트라티예프 파동', '주글라 파동', '키친 파동', 즉 장기, 중기, 단기 파동에 대해 기본적인 이해만 한다면 배경지식으로 충분하다. 여기에 '엘리어트 파동'을 기준봉에 적용할 수 있다면 드디어 기본 이론이 완성된다. 트레이더라면 키워드 검색 정도는 할 수 있어야 한다. 매우 쉬운 내용이므로 파동에 대한 이해가 부족하다면 스스로 검색해보자.

엘리어트 파동 이론은 장기적인 주가흐름이 상승 5파와 하락 3파로 움직이며 각 파동은 다시 상승 5파와 하락 3파로 구성된다는 것이다.

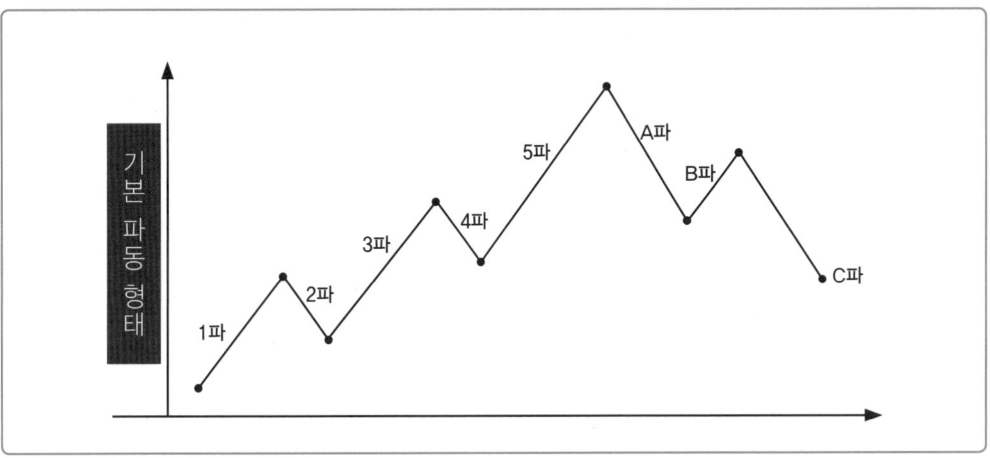

기준봉은 엘리어트 파동에서 몇 번에 해당할까? 앞에서 트레이딩의 정의와 전략을 먼저 암기한 내용과 같은 원리다. 'F=투심(차트, 수급, 모멘텀)' 공식의 돌파력이 발생했다면 즉, 기준봉이 발생했다면 바로 엘리어트 파동의 3파에서 발생할 가능성이 매우 높다.

1파는 수급과 세력이 들어왔다는 기준에 미달하거나 모멘텀이 약해 돌파를 시도하지만 성공할 가능성이 부족하다. 5파에서는 수급과 세력이 들어왔지만 수익구간이므로 언제든지 이탈할 가능성이 있고 모멘텀 측면에서도 기업 실적이 개선되었다면 이미 1파, 3파에 비해 어느 정도 주가에 기대감이 반영되었다고 볼 수 있으므로 추가적인 돌파를 확신하기에는 확률이 낮다.

즉, 엘리어트 파동의 3파에서 기준봉이 발생할 가능성이 가장 높으며 이 구간의 움직임과 패턴에 대한 분석과 분명한 기준 설정이 필요하다.

여기까지 잘 따라왔다면 이제 어려운 기본 원리 공부는 끝났다. 지금부터는 8가지 기준봉과 〈트레이딩 시스템〉을 암기하고 그대로 실전에 적용해보는 단계가 남았다. 쉽게 말해 재미없는 이론 부분은 끝났고 지금부터는 실전 스킬을 배우는 것이다. 지금부터는 저자도 실전에서 사용하는 것들이며 여러분이 앞으로 반복 훈련해야 할 부분이다.

연습문제. 기준봉을 찾아라

■ 사례 1

- 대량 거래량을 동반하며 장대음봉 발생(6월 7일)
- 지지선을 깨고 저점을 돌파하는 모습
- 저점의 지지세력과 하락돌파 세력의 가격 전쟁에서 돌파세력이 승리한 모습

〈수급 확인〉

[0796] 투자자별 매매동향 - 종목별투자자

005930 삼성전자 2013/06/11 ⊙금액 ○수량 ○추정평균가 ⊙순매수 ○매수 ○매도 ⊙천주 ○단주 ⊙전일비 ○등락률 투자자안내 단위:백만원,천주

일자	현재가	전일비	거래량	개인	외국인	기관계	금융투자	보험	투신	기타금융	은행	연기금등	사모펀드	국가	기타법인	내외국인
2016/04/18 - 2016/05/18			누적순매수	-33,199	+232,245	-549,532	-189,574	-44,353	-115,942	-3,234	+812	-209,264	+7,239	+4,785	+351,076	-591
13/06/11	1,389,000	▼ 36,000	692,260	+246,944	-328,247	+79,653	+7,307	-10,769	+94,039	+5,123	-4,125	-11,683	+355	-594	-986	+2,635
13/06/10	1,425,000	▼ 2,000	533,554	+199,168	-232,754	+32,022	-3,238	+1,053	+45,658	+88	+1,848	-18,150	+2,569	+2,196	-1,647	+3,210
13/06/07	1,427,000	▼ 94,000	1,085,816	+578,105	-665,211	+59,299	+56,329	+9,875	+25,187	-2,124	-3,411	+24,264	-51,462	+641	+24,880	+2,928
13/06/05	1,521,000	▼ 19,000	271,813	-22,213	-20,626	+50,831	-19,319	+10,230	+29,329	-755	-387	+30,833	+36	+863	-7,844	-149
13/06/04	1,540,000	▲ 8,000	169,932	-2,891	+18,657	-15,874	-4,503	+1,852	-30,089	+66	+2,065	+18,886	-3,406	-745	-121	+230
13/06/03	1,532,000	▼ 6,000	206,189	-33,651	+33,759	-346	+9,247	+6,726	-27,592	+62	-1,032	+4,385	+6,851	+1,007	-591	+829
13/05/31	1,538,000	▼ 6,000	360,501	-119,378	+74,824	+46,557	+10,642	-8,196	+10,306	-108	-2,827	+34,096	+1,912	+734	-1,413	-590
13/05/30	1,544,000	▲ 32,000	455,560	-286,532	+202,362	+88,022	-8,427	+26,357	+12,621	+122	-1,926	+42,223	+6,041	+11,012	-1,086	-2,766
13/05/29	1,512,000	▲ 28,000	295,211	-133,451	+98,782	+41,353	-6,381	+15,840	-4,387	+1,018	+3,302	+9,599	+19,382	+2,980	-3,298	-3,387
13/05/28	1,484,000	▼ 5,000	231,761	+5,324	-46,524	+41,227	+3,568	-119	+388	-297	-1,094	+40,410	-1,850	+221	-28	+1
13/05/27	1,489,000	▲ 3,000	122,928	-20,896	-6,606	+27,616	+302	+4,081	+5,938	-82	+827	+20,232	-1,808	-1,873	+66	-181
13/05/24	1,486,000	▲ 2,000	203,812	+70,850	-64,400	-7,146	-4,209	+4,278	-2,183	+304	+1,858	-5,502	-349	-1,343	+467	+228
13/05/23	1,484,000	▼ 25,000	239,883	+70,562	-87,432	+15,752	-8,860	+3,124	+8,059		-1,128	+14,618	+616	-677	+1,007	+111
13/05/22	1,509,000	▲ 17,000	198,462	-50,106	+30,227	+27,715	+17,922	-8,566	+10,064	-3,051	-1,245	+14,115	+22	-1,546	-7,973	+137
13/05/21	1,492,000	▼ 5,000	232,008	+36,266	-16,134	-20,286	+9,627	-3,635	-24,791		+239	+9,880	-12,696	+1,091	-783	+937
13/05/20	1,497,000	▼ 11,000	245,777	+11,197	+50	-11,932	-21,584	+6,797	-6,672	+83	+334	+9,732	-182	-440	+1,037	-352
13/05/16	1,508,000	▲ 8,000	293,151	-94,417	+57,476	+47,093	+16,697	+9,816	-3,017	+945	-4,093	+20,066	+6,936	-256	-9,542	-610
13/05/15	1,500,000	0	211,896	-2,709	+39,263	-35,666	-13,113	-3,203	-1,421	+28	+18	-13,914	-3,474	-588	-1,121	+233
13/05/14	1,500,000	▲ 23,000	180,053	-74,421	+70,647	+654	-5,288	+711	+1,166	-75	-389	+4,152	+1,706	-1,330	+2,296	+824

- 6월 7일 장대음봉 당일 외국인 '하락돌파 세력'
- 6,652억 원의 압도적인 매도물량 출회
- 이후 매도세력의 힘이 지속적으로 강하게 작용해 저점을 깨고 하락하는 모습

기준봉의 해제

트레이딩의 전략에 대해 생각해보자. 수급과 세력이 들어오는 것을 확인하고 따라 진입해 그들보다 먼저 청산한다. 그런데 수급과 세력이 이탈한다면? 기준봉은 더 이상 기준봉이 아니다. 기준봉이 의미를 상실하며 주가의 움직임을 예측할 수 없다. 따라서 주식을 매수할 이유가 없으며 주식을 보유하고 있다면 더 이상 들고 있을 이유가 없다. 아니, 50~60% 남짓한 확률에 기대어 주식을 들고 있는 것은 트레이딩의 기준과 원칙에 어긋나므로 당장 주식을 팔아야 한다.

기준봉이 의미를 상실하는 '기준봉의 해제'는 뒤에서 배울 '트레이딩 시스템'에서 매도 신호가 될 것이다. '기준봉의 해제'를 의미하는 수급과 세력의 이탈 가능성을 살펴보자.

■ 거래량

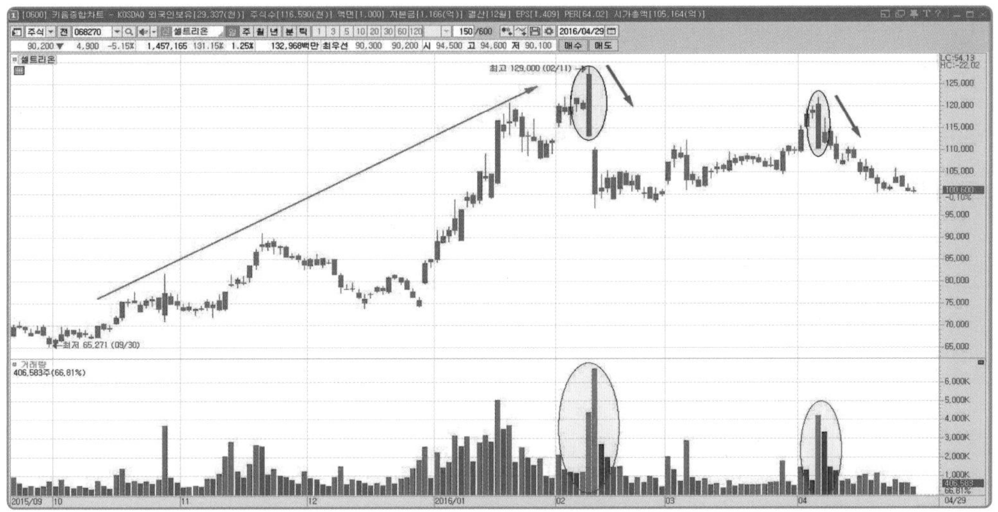

거래량을 동반한 장대음봉의 출현은 수급과 세력의 이탈 가능성으로 볼 수 있다.

물론 장대음봉의 거래량이 수급과 세력의 이탈이라고 확신할 수는 없다. 하지만 많은 거래량이 곧 수급과 세력이 보유한 주식을 대량으로 처분한 것이라면 주가는 상승할 확률이 급격히 줄어든다.

■ 수급

[0796] 투자자별 매매동향 - 종목별투자자

투자자별매매종합 시간대별투자자 당일추이 일별동향/차트 순매수추이 업종별투자자순매수 당일매매현황 투자자별누적순매수 투자자별일별매매 종목별투자자

068270 셀트리온 2016/04/18 ◉금액 ○수량 ○추정평균가 ◉순매수 ○매수 ○매도 ◉천주 ○단주 ◉전일비 ○등락률 투자자안내 단위:백만원,천주 조회 다음 차트

2016/04/18 ~ 2016/05/18			누적순매수	+216,051	-122,483	-96,381	-4,000	-10,745	-19,964	-39,858	-595	-19,074	-584	-1,561	+2,397	+416
일자	현재가	전일비	거래량	개인	외국인	기관계	금융투자	보험	투신	기타금융	은행	연기금등	사모펀드	국가	기타법인	내외국인
16/04/18	104,900	▼ 3,300	974,865	+13,510	-9,065	-4,648	+798	-1,081	-2,222	-3	-8	-1,169	-309	-655	+71	+132
16/04/15	108,200	▼ 1,800	564,693	+10,062	-2,441	-7,209	+852	-750	-3,763	-1,357	-60	-1,926	-189	-15	-448	+35
16/04/14	110,000	▲ 2,600	806,266	-10,027	+7,873	+2,229	+6,156	-4,149	+2,493	-1,006	-9	-1,847	+604	-14	-59	-16
16/04/12	107,400	▼ 500	729,130	-3,845	+7,371	-2,664	+496	-907	-1,308	+211		-1,155			-985	+123
16/04/11	107,900	▼ 3,000	1,286,216	+14,364	+2,794	-17,505	+385	-4,306	-4,382	-1,443	-647	-3,721	-2,220	-1,173	+419	-72
16/04/08	110,900	▼ 3,000	1,482,539	+4,783	+3,233	-7,672	+1,570	-5,391	-36		-667	-2,306	-846	+5	-360	+15
16/04/07	113,900	▲ 3,600	3,333,438	-4,199	+12,945	-7,677	+19	-447	-3,912	-9	-1,344	-1,220	-560	-203	-868	-202
16/04/06	110,300	▼ 8,700	4,202,105	+42,384	-8,972	-33,135	-9,115	-3,137	-10,364	-902	-1,381	-972	-6,773	-491	-777	+500
16/04/05	119,000	▲ 1,000	735,885	+5,923	-1,641	-3,451	-460	-375	-2,146		+77	+401	-948		-887	+55
16/04/04	118,000	▲ 3,600	1,312,278	-429	-7,618	+8,820	-1,389	+692	+2,118		-196	+3,817	+3,685	+94	-624	-149
16/04/01	114,400	▲ 4,600	1,451,954	-19,540	+5,029	+14,417	+2,896	+362	+540	+189	+2,557	+5,338	+2,341	+195	+225	-130
16/03/31	109,800	▲ 100	480,123	+2,675	-2,674	+88	+2,269	-84	-978		+8	-798	-497	+168	-58	-32
16/03/30	109,700	▲ 200	670,836	-1,111	+4,958	-3,800	-2,054	-107	-1,714	-217	+188	+33	+71		-67	+21
16/03/29	109,500	▲ 4,000	1,798,799	-25,729	+19,363	+9,489	+2,869	+1,419	+6,292		-10	-316	-765		-4,146	+1,022
16/03/28	105,500	▼ 1,000	683,594	-2,368	+1,728	+649	+1,443	+303	+25	+61	+6		-1,189		-154	+145
16/03/25	106,500	▲ 300	651,049	-1,701	+1,943	+1,742	-844	-703	+2,943		+109	+145	+86	+7	+479	-2,465
16/03/24	106,200	▼ 1,000	570,725	+3,655	+2,609	-5,443	-1,359	-24	+106		-1	-4,197	+32		-477	-343
16/03/23	107,200	▼ 700	525,018	+4,452	+2,397	-6,515	-458	-202	-187		+297	-6,064	+99		+3	-337
16/03/22	107,900	0	516,931	-5,581	+5,040	+505	+123	-25	+102			-31	+336		+35	+1
16/03/21	107,900	▼ 500	516,261	+5,084	+4,033	-9,148	-2,228	-2,975	-838		+7	-3,109	-5		-51	+82

3월부터 이어온 외국인의 매수물량으로 보아 외국인을 매수세력으로 볼 수 있다. 그러나 이것을 압도하는 매도세력이 등장했다. 4월 6일 대량 거래량이 터지면서 출현한 장대음봉에서 외국인 89억 원, 기관 330억 원가량의 매도물량이 확인되었다. 이후 투신과 연기금의 지속적인 매도물량이 출현하며 외국인의 매수세에도 불구하고 주가가 하락하는 모습을 확인할 수 있다.

물론 또 다시 압도적인 새로운 매수세력이 등장할 수도 있다. 소위 '손 바뀜'인데 거래량을 동반한 강력한 매도세력이 출현한 경우, 그 확률은 매우 낮다. 즉, 강력한 매도세력의 등장으로 돌파력이 꺾인 상태에서 주식을 매수하거나 보유할 이유는 없다.

■ 모멘텀

'F=투심(차트, 수급, 모멘텀)' 공식에 따라 강력한 돌파력이 발생했을 경우, 투심은 쉽게 꺾이지 않는다. 그런데 대량 거래량을 동반한 수급과 세력의 이탈 가능성은 돌파력을 상쇄한다. 돌파력을 뒷받침하는 상승 이유가 사라졌기 때문인데 차트와 수급보다 강력한 것이 바로 모멘텀이다.

상승할 이유가 소멸하거나 돌발악재가 출현한다면 주가의 돌파력은 한순간 사라지고 반대로 매도세력이 압도할 가능성이 높아진다. 따라서 상승 모멘텀의 지속성 여부와 영향력을 엄격히 분석해야 하며 언제든지 발생할 수 있는 돌발악재의 출현 가능성을 종목 선정

때부터 까다롭게 선별해야 한다.

장대양봉이라고 해서 다 같은 기준봉이 아니다. 2천여 개 종목 중에서 압축하고 압축하고 또 압축해 2~10개 종목, 많아도 20개 종목 내외로 까다롭게 기준봉을 선정해야 한다.

관심 종목의 수가 정해진 것은 아니다. 평균적인 데이터로 시장에 돈이 들어오는 상승장에서는 기준봉이 많이 출현하고 반대로 돈이 빠져나가는 하락장에서는 기준봉의 출현이 줄어드는 경향이 있다. 시장을 바라보는 트레이더의 눈은 기준봉이라고 해도 과언이 아니다. 트레이딩은 기준봉으로 시작해 기준봉으로 끝난다.

■ 보조지표: 볼린저 밴드 및 엔벨로프

현재의 주가는 모든 것을 반영한다. 투자심리와 세계경제, 경기 등 여러 영향들이 실시간으로 반영되며 주가는 끊임없이 요동친다. 그러나 결국 주가는 기업의 내재가치에 귀결한다.

- **내재가치=자산가치+실적가치+성장가치**

  내재가치란, 기업의 수익성이나 배당 능력 등 '내부적 요인'을 반영한 가치다.
- **기업의 가치=내재가치**

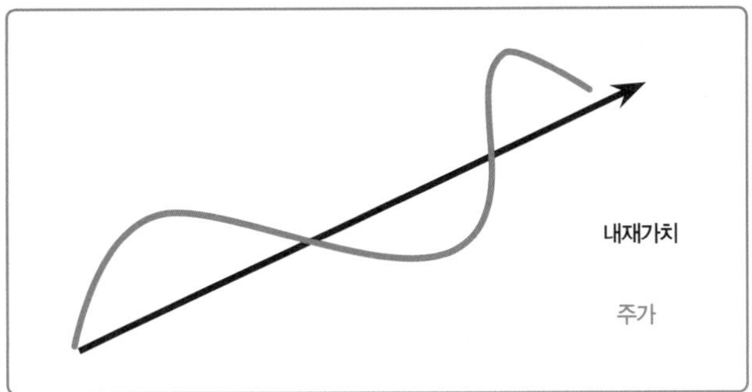

기업 실적이 증가해 내재가치가 상승한다면 기업 가치는 오르고 주가도 오른다. 하지만 주가는 내재가치와 똑같이 움직일 수 없다. 기업의 내재가치는 실시간으로 정해지는 데이터로 평가할 수 없는 영역이므로 다소 애매모호하다. 그래서 주가는 때로는 내재가치와 상관없이 움직이고 다른 변수들의 영향을 받고 위아래로 요동치기도 한다.

■ 주가=내재가치+외재가치

외재가치란 시황, 수급, 모멘텀(심리) 등 기업의 외부적 요인을 반영한 가치다.

주가는 기업의 내재가치를 따라가지만 외부적 요인에 따라 끊임없이 변동한다. 주가에 영향을 미치는 외부적 요인은 매우 다양하다. 주식시장에서 돈이 빠져나가는 하락장에서는 우량한 기업들의 주가도 일제히 빠지는 현상이 비일비재하다. 투심이 악화되고 수급이 이탈하면 기업 실적이 증가했더라도 주가는 상승하기 어렵다.

시황, 수급, 모멘텀 등 다양한 외부적 요인이 주가에 작용하는 영향을 확인할 수 있지만 더 중요한 것은 결국 주가는 내재가치에서 완전히 벗어날 수 없다는 사실이다. 주가는 한없이 오를 수만은 없다. 마찬가지로 한없이 내려갈 수도 없다. 투자심리가 수직상승, 하락하는 주가를 그냥 지켜보지 못한다. 급락하는 주식을 보면 사람들은 자연스럽게 바닥을 예측한다. 그리고 언젠가는 지지력이 약해도 매도세력에 대항하는 힘이 일시적으로 발생한다. 이것이 이격의 개념이다.

이격은 주가가 일시적으로 내재가치를 벗어날 수 있지만 결국 다시 내재가치로 회귀하는 주가 원리를 나타낸다. 주가의 중요한 특성이지만 이격의 원리가 'F=투심(차트, 수급, 모멘텀)' 기준봉의 원리를 이길 수는 없다. 주가의 지지, 저항, 돌파를 예측하기 위한 기준봉을 바탕으로 이격의 개념을 추가하는 접근법이 유효하다.

결론적으로 'F=투심(차트, 수급, 모멘텀)' 공식의 힘을 되돌리려는 이격의 힘은 주가 예측을 위한 보조 역할을 담당한다. 지지, 저항, 돌파력을 확인하기 위한 기준봉을 선정할 때 주가를 되돌리려는 이격의 힘은 약해야 한다.

주가의 돌파가 내재가치로 돌아가려는 이격의 힘을 이기지 못한다면 아무 의미가 없다. 따라서 이격의 힘을 이겨낸 확률 높은 기준봉을 선정하기 위해 이격을 살피는 엔벨로프, 볼린저 밴드와 같은 보조지표를 참고할 수 있다.

볼린저 밴드, 엔벨로프는 외재가치의 이격을 표시하는 보조지표로 이해하고 말 그대로 확률 높은 기준봉을 선정하기 위해 사용한다. 매우 쉬운 보조지표이므로 자세한 설명은 생략하고 이해를 돕기 위한 간단한 설명을 첨부한다.

1. 볼린저 밴드

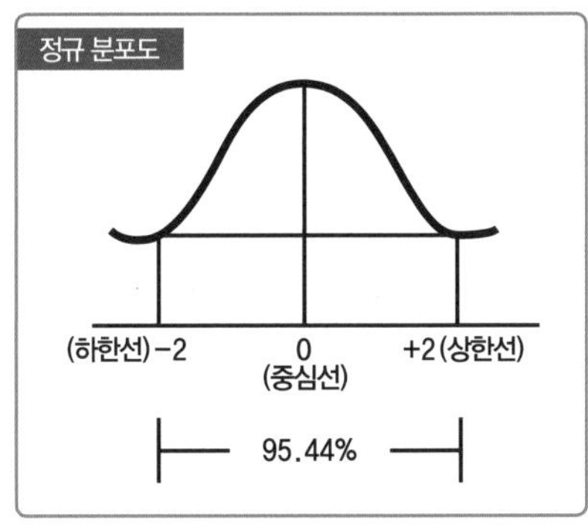

볼린저 밴드의 구성(출처:http://www.bollingerbands.com

- '20일 이동평균선' 중심선
- 중심선에서 '표준편차×2'를 더한 상한선
- 중심선에서 '표준편차×2'를 뺀 하한선

주가는 90% 이상 볼린저 밴드 내에서 수렴과 발산을 반복하며 움직이게 된다. 주가가 볼린저 밴드 내에서 존재할 확률이 90% 이상인 경우, 이격이 클수록 지지력과 저항력은 크게 작용한다. 즉, 변곡 기준봉은 이격이 클수록 확률이 높다. 반대로 볼린저 밴드를 벗어날 확률이 10% 이하일 경우, 강력한 돌파력을 의미한다. 즉, 돌파 기준봉은 이격이 작을수록 확률이 높다.

2. 다이버전스

RSI, MACD, 스토캐스틱 등 다양한 보조지표들이 있다. 하지만 말 그대로 보조지표로서 확률을 조금 더 높여주는 역할만 할 뿐이다. 게다가 보조지표의 원리도 주가의 움직임에서 파생되었으므로 기준봉만 이해해도 보조지표의 역할을 충분히 소화할 수 있다. 직설적으로 말하면 캔들과 거래량, 이동평균선, 수급, 모멘텀과 같은 기준봉의 개념을 이해한다면 보조지표는 쓸모없다.

지지력, 저항력, 돌파력에 대한 다이버전스의 개념 설명으로 복잡한 보조지표는 모두 없애겠다. 다이버전스는 주가의 변곡을 나타내는 패턴이다.

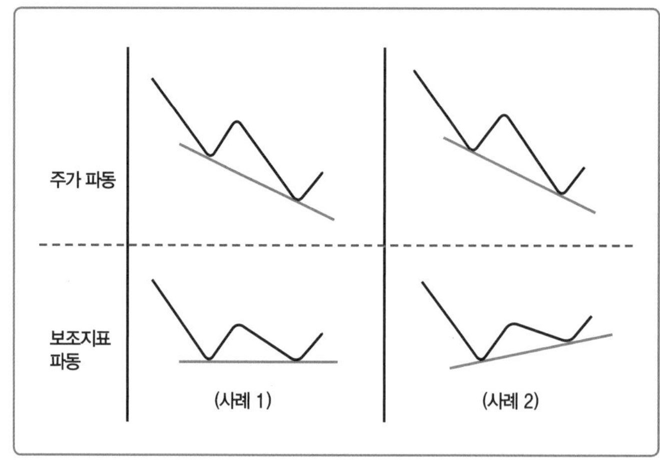

상승 다이버전스

주가의 지지력이 붕괴되고 강한 매도세력이 승리해 주가가 하락하는 추세다. 하락 추세의 끝은 어떤 모습일까? 매도세력을 압도적으로 이겨내고 강한 매수세력이 등장하기 전까지는 섣불리 변곡을 예측할 수 없다.

물론 주가가 하락할수록 매수세력도 추가적으로 등장하겠지만 한 번 강력 발생한 하락 추세의 매도세력을 꺾는 것은 쉽지 않다. 하지만 언제까지 하락할 수만 없는 것이 주가의 자연스러운 이치다. 하락 추세의 끝은 있기 마련이며 변곡이 발생하는 시점에는 항상 비슷한 패턴이 발생한다. 그리고 이 패턴의 원리는 같다.

매도세력을 위협하는 강한 매수세력이 등장한 것이다. 보통 변곡 부근에서는 'F=투심(차트, 수급, 모멘텀)' 공식에 따른 매수세력과 매도세력의 공방전이 치열하다. 따라서 주가의 하락이 둔화된다.

꼭짓점이 발생하고 주가는 반등하는 것 같지만 여전히 강한 매도세력 때문에 곧 다시 하락한다. 그런데 만만치 않은 매수세력의 반격으로 꼭짓점이 발생하고 하락 기울기가 완만해지는 것을 하방경직성이라고 부르는데 이것은 강한 지지력을 의미한다.

각종 보조지표는 이런 하방경직성을 의미하는 꼭짓점을 포착하기 위한 과매도, 과매수 구간을 나타낸다. 그러나 첫 번째 꼭짓점의 과매도, 과매수 구간은 신뢰도가 없다. 하지만 두 번 이상의 꼭짓점 다이버전스는 신뢰도가 높아진다. 바로 그 이유가 변곡의 핵심이다.

다이버전스의 원리는 지지 세력의 등장으로 하방경직성 즉, 강력한 지지력이 매도세력을 1차적으로 꺾을 때를 의미한다.

매수세력이 매도세력을 강력히 압도한다면 V자 패턴의 반등이 나올 것이며 끈질기게 싸워 승리한다면 둥근 접시형 패턴, 치열한 공방전이 펼쳐진다면 쌍바닥 패턴, 쓰리바닥 패턴이 발생할 것이다.

여기서 '다이버전스'와 '변곡 기준봉'의 차이점을 구분해야 한다. '다이버전스'는 변곡점이 발생하기 직전에 출현하는 지지 패턴을 의미하지만 매수세력이 매도세력을 이겼다는 의미는 아니다. 수급과 세력이 들어올 가능성이 높다는 것이지 '변곡 기준봉'처럼 수급과 세력이 들어왔다는 기준을 통과한 것은 아니다.

결론적으로 다이버전스는 변곡 기준봉보다 지지력의 예측 확률이 낮다. 다이버전스는 매수세력의 최초 등장을 나타내며 이후 지속적으로 매수세력이 들어온다면 결국 변곡 기준봉이 발생한다. 즉, 다이버전스는 변곡 기준봉의 보조 역할을 하는 것이다. 매수세력이 매도세력을 이기는 순간을 포착하는 기준(변곡 기준봉)은 다음 장에서 상세히 배워보자.

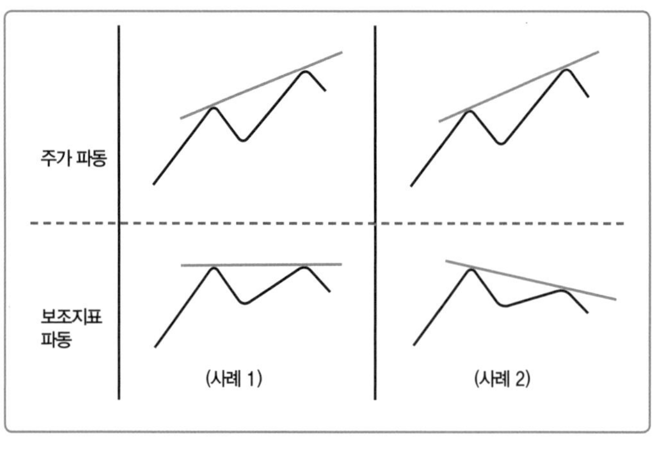

하락 다이버전스

- 다이버전스=변곡신호=반대세력의 등장
- 변곡기준봉=반대세력의 압도적인 승리

하락 추세에서 발생하는 지지력과 마찬가지로 상승 추세에서 발생하는 저항력의 다이버전스 원리는 같다. 다이버전스는 반대 세력의 등장으로 변곡의 가능성을 알리는 '변곡 신호'를 의미하고 반대 세력이 승리하는 순간을 알리는 것은 '변곡 기준봉'이다.

RSI, MACD, 스토캐스틱, 이격도 등 보조지표가 없어도 지지력, 저항력, 돌파력을 나타내는 주가의 패턴을 알 수 있다. 주가의 패턴을 'F=투심(차트, 수급, 모멘텀)' 공식에 적용시켜 이해한다면 변곡 신호를 충분히 포착할 수 있다.

03

4가지 기준봉

1. 추세 기준봉　2. 변곡 기준봉　3. 역추세 기준봉　4. 박스권 기준봉

추세 기준봉(돌파, 눌림)

주가흐름은 매수세력과 매도세력의 끊임없는 싸움으로 상승과 하락을 반복한다. 지지, 저항, 돌파의 가격 전쟁터라는 표현을 실감하는가?

지나간 주가의 흔적에서 지지력, 저항력, 돌파력을 찾는 것이 아니라 주가의 미래 움직임을 예측해야 한다. 이것을 위해 매수세력과 매도세력의 치열한 공방이 벌어지는 어느 순간, 한쪽 세력의 일방적적인 승리의 순간을 포착해야 한다. 'F=투심(차트, 수급, 모멘텀)' 공식을 통해 한쪽의 힘이 허용한계를 뛰어넘어 지지력, 돌파력, 저항력이 발생하는 것을 확인하는 것이다.

주가가 특정 가격선에서 '지지력이 발생했다', '돌파력이 발생했다'라는 기준을 바로 지금까지 배운 기준봉을 통해 판단할 수 있다. 강력한 모멘텀을 가지고 수급과 세력을 동반한 강한 돌파력이 발생했다면 즉, 기준봉이 발생했다면 이후 주가는 파동 형태로 움직일 것이라는 전제조건을 상기하자.

지금부터 기준봉을 통해 움직이는 주가의 상승과 하락을 부분적으로 설명하고 예측할 수 있다. 4개의 기준봉을 머릿속에 사진찍어 놓고 앞으로 주가의 다양한 움직임을 기준봉의 시각에서 설명하고 나아가 예측하는 훈련을 하자.

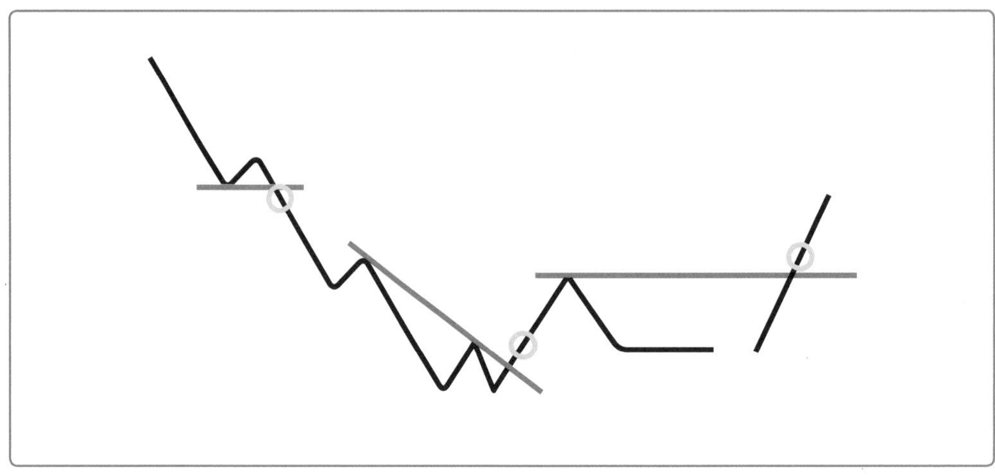

먼저 추세 기준봉에 대해 알아보자. 가장 '기준봉다운 기준봉'이다. 예측 확률이 매우 높고 주가의 움직임을 가장 직관적으로 설명할 수 있다.

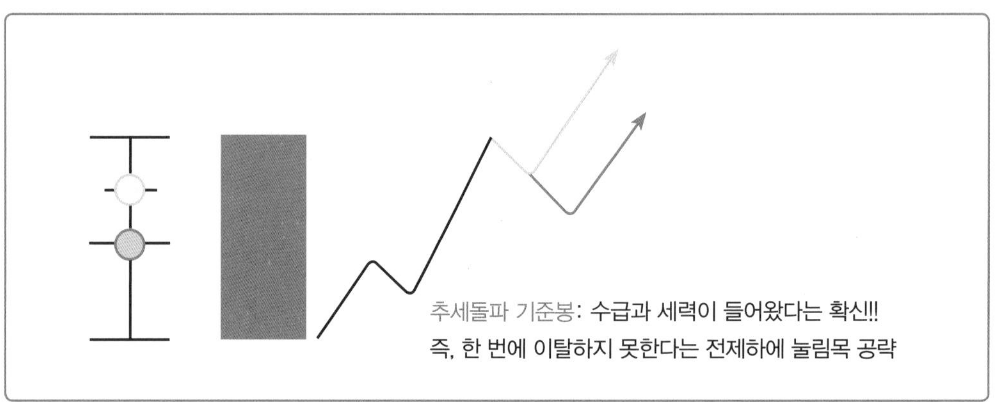

추세돌파 기준봉: 수급과 세력이 들어왔다는 확신!!
즉, 한 번에 이탈하지 못한다는 전제하에 눌림목 공략

☞ 지지선 또는 저항선을 돌파한 기준이 된다.

☞ 'F=투심(차트, 수급, 모멘텀)' 공식으로 돌파력 발생

☞ 차트=얇고 긴 박스권일수록 돌파 확률이 높아진다.

(일봉상 3~6개월 이상, 진폭 20~50% 이하의 박스권)

☞ 반드시 대량 거래량을 동반해야 한다.(평균거래량 대비 100% 이상 급증)

☞ 대량 수급과 세력이 포착되어야 한다.

(하루에 유입된 수급 거래대금 〉 시가총액 대비 1% 이상)

☞ 돌파력이 발생한 이유(모멘텀)가 충분해야 한다.

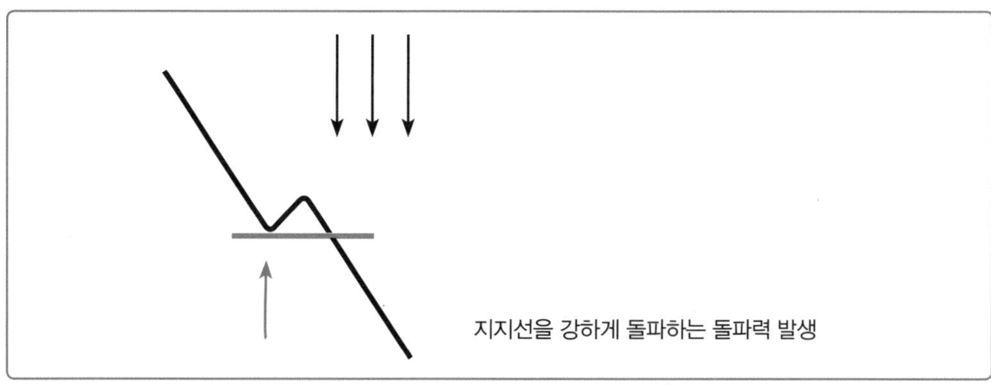

지지선을 하락돌파하며 저점을 이탈하는 모습이다. 'F=투심(차트, 수급, 모멘텀)' 공식을 충족시키는 강한 돌파력이 발생했다면 즉, 추세 돌파 기준봉이 발생했다면 주가는 지속적으로 하방압력을 받을 확률이 높다.

쉽게 말해 기준봉이라는 확신이 있다면 이 캔들을 음봉이라고 확신하게 되는 것이다. 주가를 부분적으로 예측한 것이다. 돌파력이 꺾일 때까지 하방압력을 받으며 주가는 하락할 가능성이 높지만 시간이 지나고 주가가 하락할수록 언제 힘이 소모되거나 다른 지지 세력이 등장할지 모른다. 그래서 그렇게 넓은 구간과 시간 간격을 예측할 수 있는 것이 아니다. 사실 예측 가능한 구간은 매우 짧다.

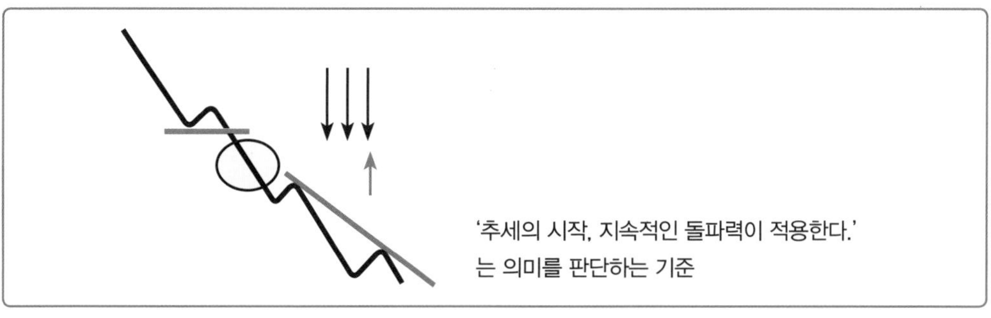

'추세의 시작, 지속적인 돌파력이 적용한다.'
는 의미를 판단하는 기준

두 번째 그림을 보자. 이후 주가는 크게 하락했는데 이것은 사실 의미가 없다. 빨간색 선은 추세선으로 볼 수 있지만 추세선이 저항으로 작용해 주가가 하락할 것이라는 확률은 50%를 조금 상회하는 수준이다. 하락을 예측하거나 예측에 대한 확신을 가질 수 없다. 이것이 기존의 수많은 주식관련 서적들과 증권사 보고서들의 예측 확률이 낮은 본질적인 이유다.

우리가 추세 기준봉으로 예측 가능한 구간은 그림 속 노란색 동그라미의 짧은 하락구간뿐이다.

몇 시간, 며칠, 몇 달 만에 발생할까 말까한 기준봉을 'F=투심(차트, 수급, 모멘텀)' 공식으로 엄격히 선정했는데 여기서 예측 가능한 구간이 고작 이 정도뿐이라는 사실이 충격적이지 않은가? 그렇다. 지금까지 여러분이 해온 예측이라는 행위는 동전 뒤집기에 불과했다는 사실을 비로소 깨닫게 된 것이다.

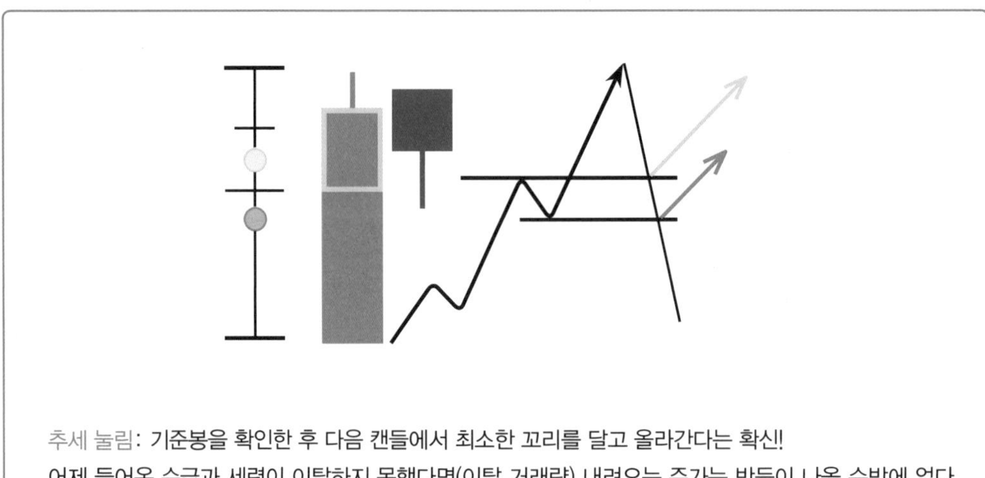

추세 눌림: 기준봉을 확인한 후 다음 캔들에서 최소한 꼬리를 달고 올라간다는 확신!
어제 들어온 수급과 세력이 이탈하지 못했다면(이탈 거래량) 내려오는 주가는 반등이 나올 수밖에 없다.

추세 기준봉이라고 확신했다면 우리가 예측할 수 있는 것은 이 캔들이 반드시 양봉으로 완성될 것이라는 확신이다. 장대양봉이 발생했지만 돌파력을 유지하지 못하고 위 꼬리를 달고 내려온다면 더욱이 시가를 깨고 내려와 음봉이 되어 버린다면 기준봉 선정이 완전히 실패한 것이다.

돌파력이 강하지 못한 것은 'F=투심(차트, 수급, 모멘텀)' 공식으로 볼 때 차트나 수급 또는 모멘텀이 기준을 충족시키지 못했기 때문이다. 강한 모멘텀과 수급을 동반해 박스권을 돌파하는 장대양봉을 추세 돌파 기준봉이라고 하자.

추세 돌파 기준봉이 발생했다면 이후 주가는 어떻게 움직일까? 자연스러운 주가 파동은 위의 그림과도 같을 것이다. 중요한 것은 추세 돌파 기준봉 다음에 발생한 캔들이 장대음봉이 되는 것은 부자연스럽다는 사실이다.

수급과 세력이 대량으로 들어왔는데 장대음봉이 발생한다는 것은 수급과 세력이 대량으로 이탈했다는 의미다. 그런데 자본력과 정보력이 풍부한 세력이 오늘 사서 손실을 보면서 내일 팔려고 할까?

당연히 이런 일이 벌어질 확률은 매우 낮다. 수급과 세력이 한 번에 이탈하지 못할 정도로 강한 수급과 모멘텀을 가진 추세 돌파 기준봉이라면 다음 캔들은 주가가 내리더라도 추가적인 매수세력이 발생할 것이다. 이것을 '대기 매수세가 풍부하다'라고 표현할 수 있다. 추세 돌파 기준봉이 다음 캔들은 내려오더라도 반드시 아래 꼬리를 달고 올라갈 것이라는 기준이 정리되었다. 이것을 '추세 눌림 기준봉'이라고 명명하겠다.

변곡 기준봉(돌파, 눌림)

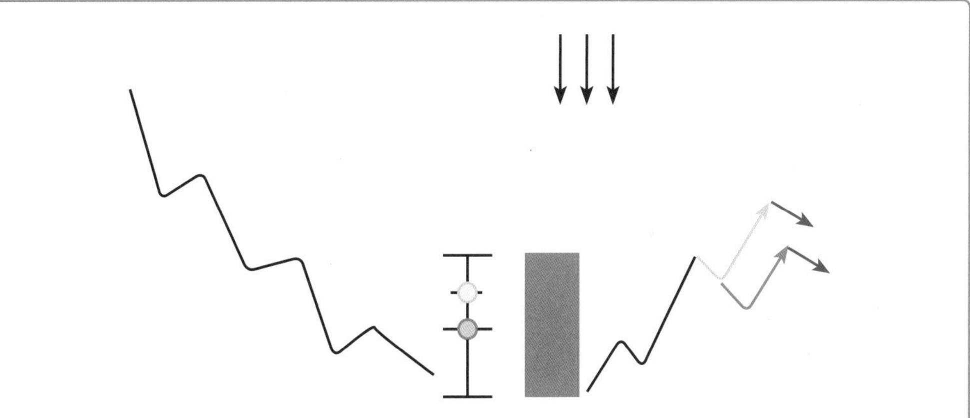

- 변곡 돌파 기준봉: 하락 추세를 이어오다가 큰 변화가 일어났다. 수급과 세력이 들어왔다는 확신. 따라서, 기준봉의 저점을 수급과 세력들이 지지할 것이다. (저점 이탈하면 반드시 손절, 기준봉 선택 실패)
- 기본적으로 하락 추세는 저항 매물이 많아 추세 돌파보다 확률이 떨어진다. 확률을 80%까지 끌어올리기 위해 엘리어트 파동, 3단 하락 및 뷰차트+수급+모멘텀+지수를 동시에 고려해 지지력을 확신해야 한다.
- 상승 파동이 아닌, 횡보 파동 또는 하락 파동으로 생각하고 반등구간을 목표로 잡아야 한다.

☞ 강력한 지지선을 판단하는 기준이 된다.

☞ 'F=투심(차트, 수급, 모멘텀)' 공식으로 지지력 발생

☞ 차트=강력한 지지선(엘리어트 5파 이상의 충분한 하락 또는 지지 패턴)

☞ 반드시 대량 거래량을 동반해야 한다.(평균거래량 대비 100% 이상 급증)

☞ 대량 수급과 세력이 포착되어야 한다.

(하루에 유입된 수급 거래대금 〉 시가총액 대비 1% 이상)

☞ 돌파력이 발생한 이유(모멘텀)가 충분해야 한다.

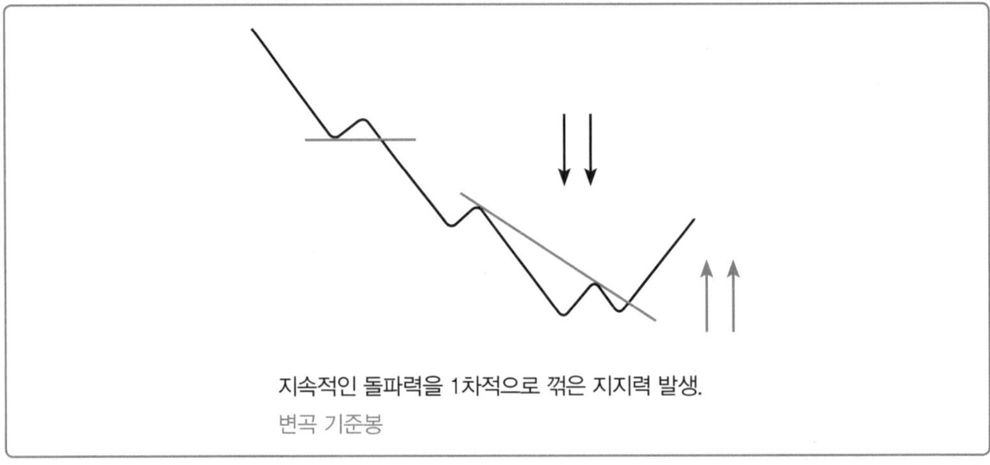

지속적인 돌파력을 1차적으로 꺾은 지지력 발생.
변곡 기준봉

저점을 돌파하는 추세 기준봉이 발생해 주가는 하락하고 있다. 이런 하락 추세에서 변곡 기준봉이 발생하기 전까지는 주가가 어디까지 하락할지 예측할 수 없다. 하락 확률이 50% 이상이더라도 60~70% 남짓한 예측구간은 트레이더에게 아무 의미가 없다. 즉, 지지선을 선불리 예측할 수 없으며 주가흐름을 흘러가는 물처럼 쳐다볼 수밖에 없다. 언제까지? 변곡 기준봉이 발생할 때까지.

강력한 지지력이 발생하며 매수세력과 매도세력이 치열한 공방전을 벌이고 지지력이 승리하는 순간을 판단하는 기준이 변곡 기준봉이다. 변곡 기준봉이 발생하면 강력한 지지선으로 판단할 수 있고 추세의 끝이라는 의미를 부여할 수 있다. 따라서 당분간 저점(지지선)을 이탈하기는 쉽지 않을 것이다. 즉, 지지선 부근에 풍부한 대기 매수세가 변곡을 의미하는 것이다.

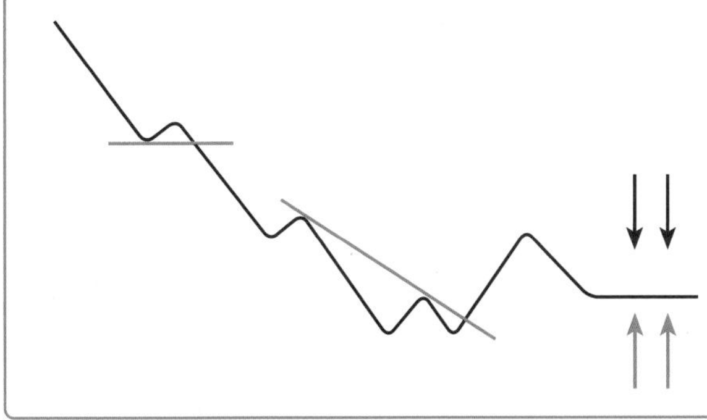

'추세의 끝. 강한 지지선이 발생했다'라는 의미를 판단하는 기준
단, 저점(지지력)이 확인되었다고 해서 다시 상승 추세가 발생한다고 볼 수 없다.

중요한 것은 하락 추세의 끝이라고 해서 이후 반드시 상승할 것이라는 생각은 착각이라는 것이다. 저점(지지력)이 확인되었다고 해서 매수세력이 계속 매도세력을 이기고 상승할 만큼 강한 힘을 가졌다는 보장은 없다.

지지선 부근에서 상승할수록 매수세력은 매도세력과 치열한 공방전을 벌이게 된다. 특정 가격선 이하에서는 강력한 매수세력이 등장하며 지지력을 형성한다. 그러나 매도세력이 없어진 것이 아니다. 특정 가격선 이상에서는 여전히 매도세력이 존재하며 이후 주가의 움직임은 확률적으로 예측의 의미가 없다.

결론적으로 변곡 기준봉이 출현하면 저점 부근에서 강력한 매수세력이 주가를 끌어올릴 것이라는 예측이 가능하다. 그러나 특정 가격선 이상에서는 더 이상 매수세력의 힘을 신뢰할 수 없다.

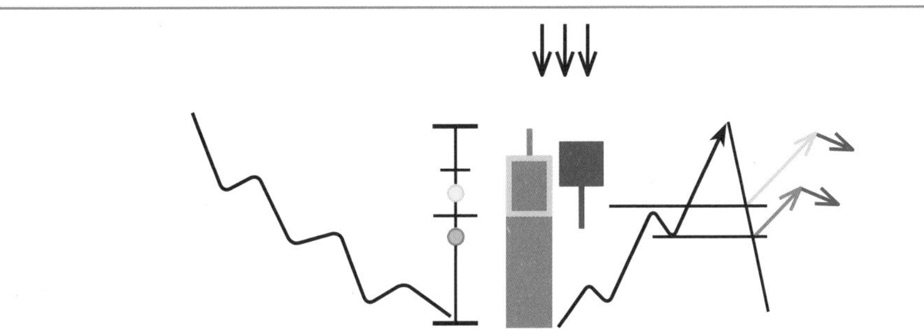

- 변곡 눌림: 하락 추세를 이어오다가 큰 변화가 일어났다. 대량 수급과 세력을 확인(대량 거래량을 동반한 기준봉)
- 어제 들어온 수급과 세력이 이탈하지 못했다면(거래량) 내려오는 주가는 반등이 나올 수밖에 없다.
- 단, 변곡이 발생했다고 해서 상승 추세가 나오는 것이 것이 아니다.(V자 반등이 나올 수도, 박스권 횡보할 수도. 지지하는 듯하다가 수급과 세력이 이탈해 다시 하락할 수도 있다)
- 상승 파동이 아닌, 횡보 파동 또는 하락 파동으로 생각하고 반등구간을 목표로 잡아야 한다.

변곡 기준봉은 앞에서 '추세 돌파 기준봉'과 마찬가지로 양봉 캔들이 발생할 것이라는 확신이다. 매도세력을 이기지 못하고 긴 꼬리를 달고 내려오거나 시가를 깨고 음봉으로 전환한다면 변곡 기준봉이 아니다.

강한 모멘텀과 강한 수급을 동반한 강력한 지지력으로 저점(지지선)을 형성하는 장대양봉을 변곡 돌파 기준봉이라고 하자. 변곡 돌파 기준봉이 발생했다면 이후 주가는 어떻게 움직일까?

추세 눌림 기준봉을 생각해보자. 기준봉은 모두 같은 원리로 비슷한 주가 파동을 그리며 움직일 것이다. 따라서 '변곡 돌파 기준봉 다음에 발생한 캔들은 내려온다면 반드시 아래 꼬리를 달고 올라갈 것이다'라는 기준을 세울 수 있다.

이것을 '변곡 눌림 기준봉'이라고 명명하겠다. 추세 눌림 기준봉과 변곡 눌림 기준봉의 원리는 똑같다. 그런데 이해해야 할 중요한 차이점이 있다.

'F=투심(차트, 수급, 모멘텀)' 공식을 다시 한 번 상기해보자. 추세와 변곡 기준봉 모두 강한 매수세로 발생하는 것은 같다. 그러나 매도세는 조금 다르다. 수급과 모멘텀이 같다는 가정하에 차트 관점에서 바라보면 추세 기준봉보다 변곡 기준봉의 하방압력이 크다.

변곡의 출현으로 하락 추세가 멈추었다고 해서 하락 관성력이 완전히 사라지는 것은 아니다. 변곡 기준봉은 매물대의 존재를 생각해야 한다. 따라서 변곡 돌파 기준봉은 추세 돌파 기준봉보다 더 강한 수급과 모멘텀이 필요하다. 또한 변곡 눌림 기준봉은 추세 눌림 기준봉보다 상대적으로 예측구간이 짧고 상승 확률도 낮다는 것을 알아야 한다.

역추세 기준봉(돌파, 눌림)

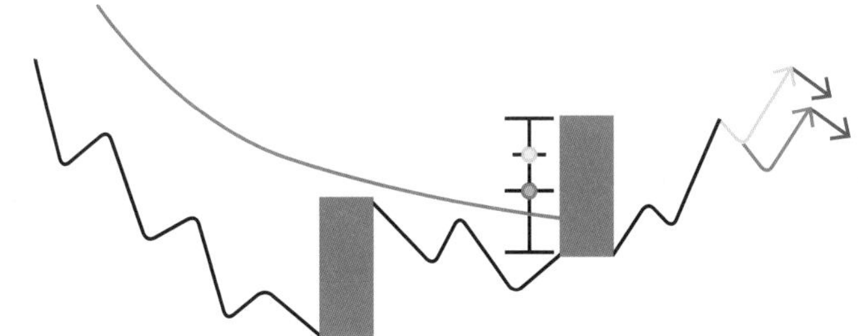

- 역추세 돌파 기준봉: 지지력을 확인하고 다시 수급과 세력을 동반한 상승돌파(20일선 골든크로스)
- 20일선을 올라타며 거래량을 동반한 양봉이 뜬다. 대량 수급과 세력이 포착된다면, 무조건 양봉이라는 확신(기준봉)
- 기본적으로 저항매물이 존재하므로 추세돌파보다 확률이 떨어진다. 확률을 80%까지 끌어올리기 위해, 저항매물이 적은 뷰차트+수급+모멘텀+지수를 동시에 고려해 돌파력을 확신해야 한다.
- 상승 파동이 아닌, 횡보 파동 또는 하락 파동으로 생각하고 반등구간을 목표로 잡아야 한다.

☞ 지지선을 확인하고 다시 돌파를 판단하는 기준이 된다.

☞' F=투심(차트, 수급, 모멘텀)' 공식으로 돌파력 발생

☞ 차트=지지력을 바탕으로 에너지를 응집하고 돌파 시도(변곡 기준봉 발생 후 20일선 골든크로스)

☞ 반드시 대량 거래량을 동반해야 한다.(평균거래량 대비 100% 이상 급증)

☞ 대량 수급과 세력이 포착되어야 한다.(하루에 유입된 수급 거래대금 〉 시가총액 대비 1% 이상)

☞ 돌파력이 발생한 이유(모멘텀)가 충분해야 한다.

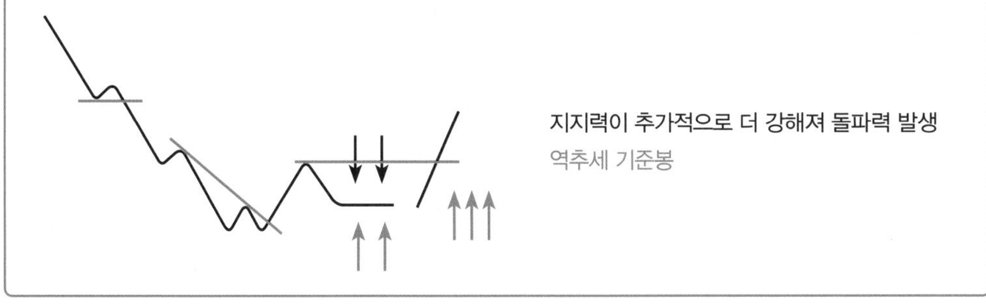

지지력이 추가적으로 더 강해져 돌파력 발생

역추세 기준봉

변곡 기준봉이 발생해 하락 추세를 멈추고 강력한 지지선이 형성되었다. 그러나 매수세력과 매도세력의 치열한 공방전으로 방향을 예측하지 못하던 주가에 또 한 번 변화가 일어났다. 지지력 이후 추가적인 힘이 동반되어 돌파력이 발생한 것이다.

'F=투심(차트, 수급, 모멘텀)' 공식에 따르면 지지 세력과 더불어 강한 매수세력이 추가로 등장한다. 이것은 하락 추세를 멈추고 다시 상승 추세로 반전시키는 돌파력의 발생으로 주가 흐름을 해석할 수 있다. 흑자전환, 악재 해소와 같은 강력한 모멘텀을 동반해 수급과 세력을 동반한 돌파력이 발생한 것이다.

변곡점이 발생하고 이후 역추세의 시작을 알리는 돌파의 기준이 역추세 기준봉이다.

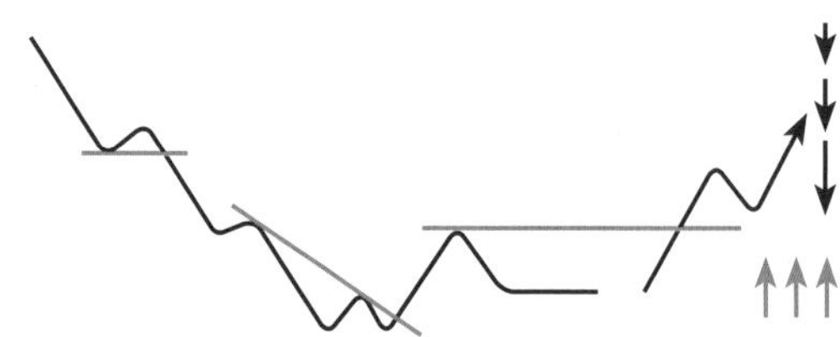

- '역추세의 시작. 지지력이 저항력을 이겼다'라는 의미를 판단하는 기준
- 역배열이므로 저항매물이 많이 존재한다: 추세의 끝(변곡)이 발생하더라도 잔존한 추세의 영향력이 존재한다)
- 돌파 성공률: 추세 기준봉 〉 역추세 기준봉

하락 추세의 관성력이 남아 있으므로 역추세 기준봉은 상대적으로 강한 돌파력이 필요하다. 'F=투심(차트, 수급, 모멘텀)' 공식에서 수급과 모멘텀을 추세 기준봉보다 엄격히 분석하고 상승구간을 짧게 예측하는 전략을 이해해야 한다. 차트 관점에서 역추세 기준봉을 선정할 때 참고할 부분은 무엇일까?

하락 추세를 멈춘 변곡 기준봉의 지지력을 판단하는 것이 중요하다. 지지력이 강하다는 것을 차트 관점에서 바라보는 방법은 지지선에서 얼마나 높은 저항선까지 올라오는지 확인하는 것이다. 공을 바닥에 떨어뜨렸을 때 튀어 오르는 반동처럼 주가가 바닥의 강력한 지지력을 받을수록 높이 튀어 오르는 것과 같은 원리다. 또한 저항매물을 충분히 소화하기 위한 기간이 필요하다. 하락 추세의 원인을 해소하고 매도세력의 투심을 잠재우기 위한 시간으로 횡보구간이 길수록 역추세 돌파의 성공 확률이 높아진다.

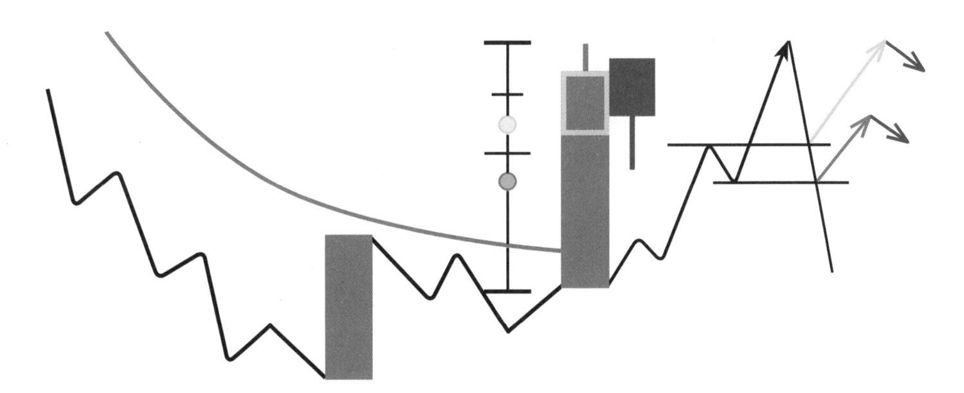

- 역추세 눌림 : 기법의 자리에서 대량 수급과 세력을 동반한 기준봉 확인. 어제 들어온 수급과 세력이 이탈하지 못했다면(거래량) 내려오는 주가는 반등이 나올 수밖에 없다.
- 기본적으로 저항 매물이 존재하므로 추세돌파보다 확률이 떨어진다.
- 상승 파동이 아닌, 횡보 파동 또는 하락 파동으로 생각하고 반등구간을 목표로 잡아야 한다.

역추세 기준봉은 앞에서 배운 2가지 추세 기준봉, 변곡 기준봉과 마찬가지로 돌파력을 가진 장대양봉에 대한 확신으로 역추세 돌파 기준봉과 아래 꼬리를 달고 올라갈 것이라는 역추세 눌림 기준봉을 이해할 수 있다.

이로써 추세의 시작과 끝을 확인하고 추세가 반전하는 주가의 움직임을 구분할 수 있게 되었다. 그러나 추세 기준봉과 변곡 기준봉 그리고 역추세 기준봉으로 확인되지 않은 불규칙한 주가의 움직임이 대부분이다. 따라서 우리는 기준봉이라는 안경으로 주가의 지지, 저항, 돌파를 철저히 부분적으로 예측하는 시각을 추구한다. 그렇기 때문에 모든 주가의 움직임을 통제할 수 없을 뿐만 아니라 그럴 필요도 없다.

3가지 기준봉으로도 트레이딩에 필요한 예측구간을 충분히 통제할 수 있다. 그럼에도 불구하고 주가 파동의 한 바퀴 사이클을 이해하는 것이 끊임없이 순환하는 주식시장에서 살아가는 트레이더의 교양이라고 생각한다. 따라서 다른 기준봉보다 상대적으로 확률이 높지는 않지만 주가 순환을 이해하기 위한 박스권 기준봉에 대해 알아두자.

박스권 기준봉(돌파, 눌림)

주가흐름을 방향성이 존재하는 상승 추세, 하락 추세, 횡보 추세(박스권)로 크게 구분하고 방향성을 알 수 없는 비추세 구간으로 구분할 수 있다. 비추세 구간은 매수세력과 매도세력의 싸움에서 한쪽의 일방적인 승리를 알 수 없어 방향성을 예측할 수 없다. 상승 또는 하락이 확률적으로 50%라고 본다면 이해하기 편하다.

추세 구간은 한쪽 세력의 강한 힘으로 방향성이 결정되는데 사실 추세 방향으로 움직일 확률은 60~70%에 불과하다. 주가흐름을 공학적으로 구분한다면 기준봉이 발생한 구간을 제외하고 비추세 구간으로 봐도 무방하다. 주가의 지지, 저항, 돌파를 예측할 수 있는 최소 구간 즉, 80% 이상의 기준봉이 발생한 구간이 아니라면 그 어느 구간에서도 매수와 매도 주문 버튼 클릭은 생각조차 할 수 없다.

트레이더는 80% 이상 확률에서 예측이라는 단어를 사용할 수 있다.

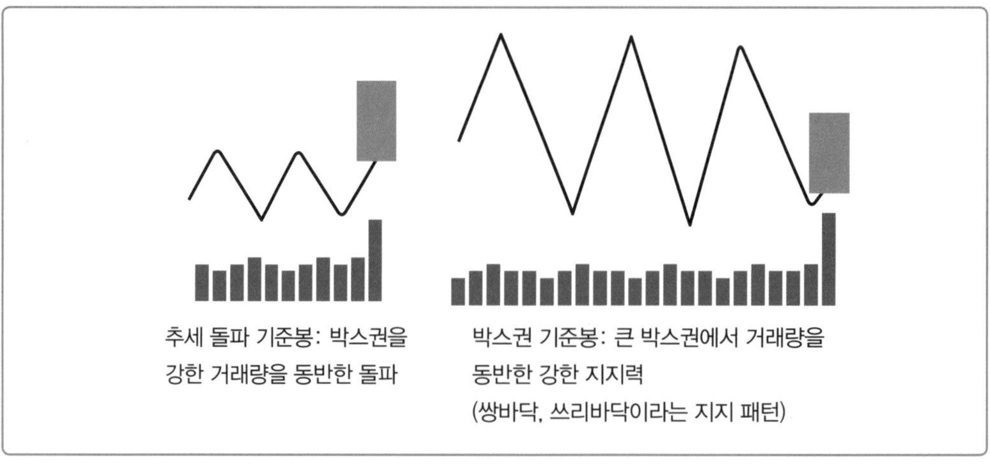

추세 돌파 기준봉: 박스권을
강한 거래량을 동반한 돌파
박스권 기준봉: 큰 박스권에서 거래량을
동반한 강한 지지력
(쌍바닥, 쓰리바닥이라는 지지 패턴)

☞강력한 지지선을 판단하는 기준이 된다.

☞'F=투심(차트, 수급, 모멘텀)' 공식으로 지지력 발생

☞차트=강력한 지지선(50% 이상의 박스권 또는 지지 패턴)

☞반드시 대량 거래량을 동반해야 한다.(평균거래량 대비 100% 이상 급증)

☞대량 수급과 세력이 포착되어야 한다.(하루에 유입된 수급 거래대금 > 시가총액 대비 1% 이상)

☞돌파력이 발생한 이유(모멘텀)가 충분해야 한다.

박스권 안에서 움직이는 주가의 특징은 방향성을 잃고 상승 또는 하락 확률 50%로 움직인다. 그런데 일정한 가격 아래로 내려오면 매도세력이 약해지고 매수세력이 강해지면서 지지력을 형성한다. 또 일정한 가격 위로 상승하면 매도세력이 강해지고 매수세력이 약해지면서 저항력을 형성한다. 지지선과 저항선을 돌파하는 힘이 발생하지 않는다면 무의미한 상승과 하락을 반복하며 박스권 안에서 머물 수밖에 없다.

지지선과 저항선의 간격이 좁다면 지지선 또는 저항선을 쉽게 돌파할 수 있다. 하지만 박스권이 넓다면 저점에서 고점으로 상승하는 동안 차익실현 매물이 쏟아지며 돌파력이 소모된다. 그래서 고점을 돌파하기 위해서는 더 강력한 돌파력이 필요하다. 앞에서 추세 기준봉이 발생하기 위한 조건과 박스권 기준봉의 조건을 비교해보면 이해하는 데 도움이 될 것이다.

- 추세 기준봉 차트=얇고 긴 박스권일수록 돌파 확률이 높아진다.
  (일봉상 3~6개월 이상, 진폭 20~50% 이하의 박스권)
- 박스권 기준봉 차트=강력한 지지선(50% 이상의 박스권 또는 지지 패턴)

지지선 또는 저항선에서 발생하는 매수세력과 매도세력 간의 싸움에는 일정한 패턴이 있다. 돌파에 성공할 때와 돌파를 시도하지만 결국 실패할 때로 구분할 수 있는데 이런 패턴은 돌파력과 지지 · 저항력을 보여준다. 과거의 주가흐름을 통해 검증된 패턴으로 수많은 주식관련 서적들의 기술적 분석에서 빠지지 않고 다루는 내용이다.

이런 패턴은 〈주식투자 무작정 따라 하기〉를 참고하면 도움이 될 것이다. 지지력과 저항력, 돌파력이 발생하는 매수세력과 매도세력의 힘겨루기를 생각하며 공부하자.

지지 · 저항력에는 2중바닥형, 3중바닥형(역헤드 앤 숄더), 원형, V자형 패턴 등이 있고 돌파력에는 삼각형, 고가놀이형 패턴 등이 있다. 하지만 여러 번 강조하듯이 이런 패턴은 예측 확률 80% 이상을 충족시키지 못한다.

우리는 이 패턴을 바탕으로 여기에 기준봉을 추가로 적용할 때 예상되는 주가의 움직임을 감히 예측이라고 말할 수 있다.

04
뷰-기법-신호차트

차트의 한계

주가의 움직임을 예측하기 위해 'F=투심(차트, 수급, 모멘텀)' 공식을 사용하고, 지지력, 저항력, 돌파력을 비교하고 기준봉을 선정했다.

확률 높은 예측을 위해서는 차트뿐만 아니라 수급과 모멘텀이 필요충분 조건처럼 반드시 동시에 뒷받침되어야 한다. 많은 투자자들이 주가에 영향을 미치는 여러 변수를 동시에 고려하는 최적화 과정을 놓친다. 차트를 맹신하는 투자자들조차 사실 기술적 분석 하나도 확률을 충분히 끌어올리지 못한다. 차트 기법의 한계에 대해 알아보자.

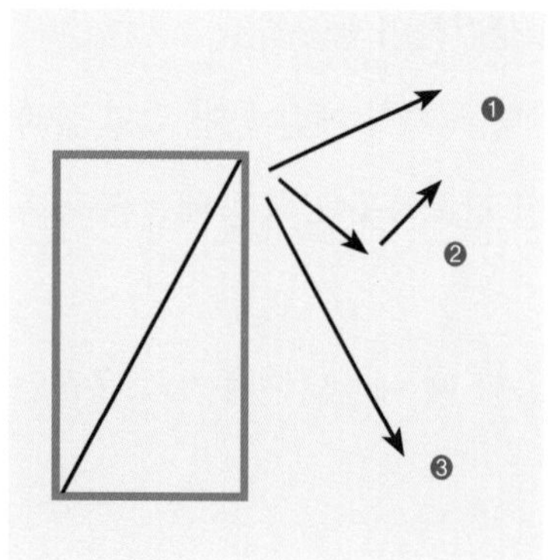

■ 돌파기법

수급과 세력을 동반한 돌파 기준봉 발생

1. 강한 기준봉
2. 보통 기준봉
3. 기준봉 없음(기준봉 선정을 위한 차트적 관점)

*상대적으로 더 큰 차트를 통해 전체적인 흐름을 분석해야 한다.

수급과 세력을 동반한 돌파 기준봉이 발생했다. 이후 주가는 ①번, ②번, ③번 경우의 수에 따라 움직일 것이다. 돌파력이 강하다면 주가는 ①번처럼 움직일 가능성이 높고 상대적으로 돌파력이 약하다면 ③번의 주가 움직임을 보일 것이다.

돌파력을 분석하기 위해서는 'F=투심(차트, 수급, 모멘텀)' 공식으로 접근해야 한다는 것을 배웠지만 이번에는 다른 변수들은 모두 같다는 가정 하에 차트만 살펴보자.

■ 같은 조건의 기준봉이라 가정했을 때, 기법 확률이 더 높은 것은?

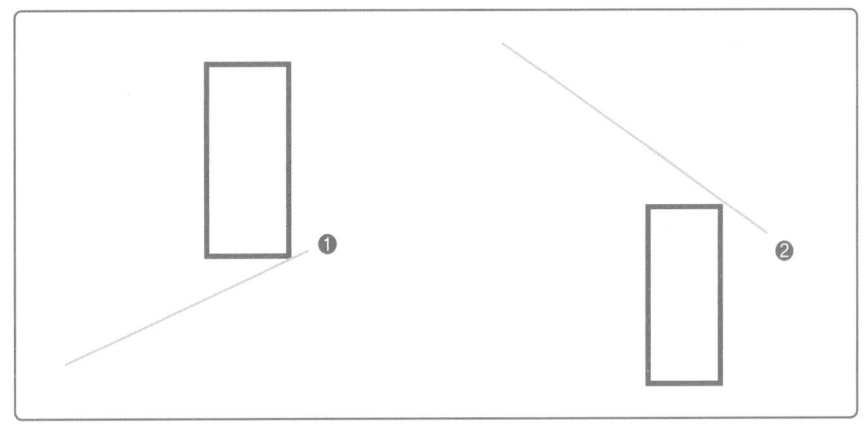

(노란 선: 20일 또는 60일 이동평균선이라 가정)
이동평균선은 20~60개 캔들의 주가흐름이 영향력을 미친다.
1. 지지력 확인하고 기준봉 발생
2. 저항력이 존재(1번과 비교하여 상대적으로 확률이 떨어진다)

확률적인 접근의 이해를 돕기 위해 극명한 비교 사례를 제시했지만 실전에서 많은 투자자들이 의식하지 못하고 확률을 떨어뜨리는 문제점을 정확히 지적하고 있다. 기술적 분석(차트)만으로 확률을 조금 더 끌어올리기 위한 접근법으로 이해할 수 있다.

①번 기준봉의 경우, 이동평균선이 아래쪽에서 우상향하는 모습이다. 주가의 움직임이 점진적으로 상승하는 추세에서 발생한 기준봉으로 이해해도 무방하다. 반대로 ②번 기준봉의 경우, 이동평균선이 우하향하는 모습이다. 주가가 높은 가격에서 내려온 흔적을 보이는데 상대적으로 매물이 존재하는 경우로 볼 수 있다. 기술적 분석으로 ①번 기준봉과 비

교할 때 상대적으로 ②번 기준봉의 저항력이 크다. 결과적으로 ①번 기준봉이 ②번 기준봉보다 돌파에 성공할 확률이 높다.

이번에는 지지력으로 비교해보자.

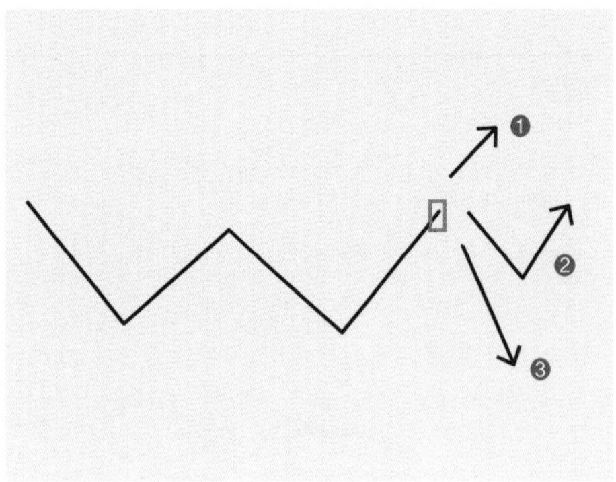

■ 쌍바닥, 쓰리바닥 기법

수급과 세력의 매수세로 지지력이 발생할 때 자주 나타나는 패턴

1. 강한 지지력
2. 보통 지지력
3. 지지력 붕괴

*1, 2, 3번의 지지력 차이를 분석하는 기준은 무엇인가?

쌍바닥, 쓰리바닥 패턴은 지지력을 나타내는 대표적인 기술적 분석기법이다. 이후 주가는 ①번, ②번, ③번 경우의 수에 따라 움직일 것이다. 지지력이 강하다면 주가는 ①번처럼 움직일 가능성이 높고 상대적으로 지지력이 약하다면 ③번의 주가 움직임을 보일 것이다.

■ 지지력의 강도를 파악하기 위해서는 상대적으로 더 큰 차트를 통해 주가의 전체적인 흐름을 분석해야 한다.

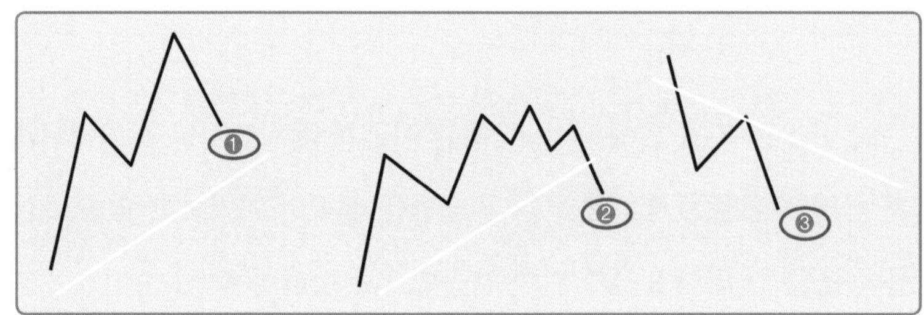

1. 지지력이 높은 부근에서 쌍바닥 패턴 발생
2. 지지라인이 뚫려 상승추세가 약해진 부근에서 쌍바닥 패턴 발생
3. 하락추세에서 쌍바닥 패턴 발생

기술적 분석에서 같은 쌍바닥 기법이지만 ①번, ②번, ③번의 발생 위치에 따라 확률은 달라진다. 차트는 주가의 흔적을 기록한 과거의 발자취에 불과하지만 때로는 수급과 세력,

모멘텀의 투심을 엿볼 수 있다. ①번은 상대적으로 강한 모멘텀을 동반해 수급과 세력이 강하게 들어오며 강한 상승흐름을 보여주고 있다. ②번은 ①번보다 상대적으로 약한 투심으로 상승 추세의 기울기가 낮다. 결과적으로 돌파력이 강한 상승 추세 흐름을 보이는 ①번의 위치에서 발생한 쌍바닥 기법이 강한 지지력을 받을 확률이 높다.

③번은 수급과 세력이 이탈하고 하락 모멘텀이 작용하는 주가흐름으로 쌍바닥 기법이 발생했더라도 상대적으로 매우 약한 지지력이 작용할 것이다. 쉽게 말해 같은 쌍바닥 기법이지만 ①번, ②번과 비교해 ③번의 위치에서는 주가의 하락 추세에 브레이크가 걸리기 어렵다.

차트 기법은 많은 개인투자자들의 무기이며 치열한 가격전쟁이 벌어지는 주식시장에서 한 줄기 희망이다. 그러나 차트의 한계를 깨닫지 못하고 많은 투자자들은 실망하고 힘들어 한다.

"나무를 보지 말고 숲을 보라."

'나무'가 잘 자라기 위해서는 '숲'이라는 좋은 환경이 중요하듯이 '기법'을 적용하기 위해서는 기법이 잘 통하는 '환경 조건'이 중요하다. 착각하면 안 된다. 기법이 첫 번째이고 환경조건은 두 번째다. 나아가 수급과 모멘텀을 함께 분석하며 지지, 저항, 돌파의 투심을 예측하는 것이 핵심이다. 제발 60% 확률에 의미를 부여하지 말라. 60% 확률기법 여러 개를 분석하는 것보다 복잡하고 어렵지만 여러 개의 변수를 동시에 고려해 80~90% 확률로 최적화하는 것이 트레이딩의 핵심이다.

"나무도 보고 숲도 보라."

확률 높은 기법과 기법의 확률을 높이기 위한 환경 조건 둘 다 중요하다. 기술적 분석의 확률을 한 단계 끌어올리기 위한 접근법이 바로 차트의 '숲'이라는 환경 조건에 있다. 우리는 기법을 확인하는 차트를 '기법차트', 그보다 더 넓은 '숲'과 같은 차트를 '뷰차트'라고 명명하겠다. 지금부터 뷰차트와 기법차트, 신호차트에 대해 심층적으로 알아보자.

뷰차트, 기법차트, 신호차트

기법차트라고 해서 모두 같은 확률은 아니라는 것을 이해했다. 뷰차트를 통해 확률 높은 기법차트를 선별했다면 이제 한 단계 더 선택과 집중을 해보자. 기법차트를 통해 기준봉을 선정했다면 이제 예측 가능한 구간이 존재한다. 수급과 세력이 들어왔다는 확신을 바탕으로 주가가 흘러내린다면, 다시 주가반등이 나온다는 확률을 이해했다면, 이제는 손익비를 적용할 차례다. 예측 가능한 구간에서 승률을 높이기 위해 '뷰차트'로 접근했다면 손익비를 높이기 위해 '신호차트'로 접근한다.

■ 기법 - 1. 추세돌파

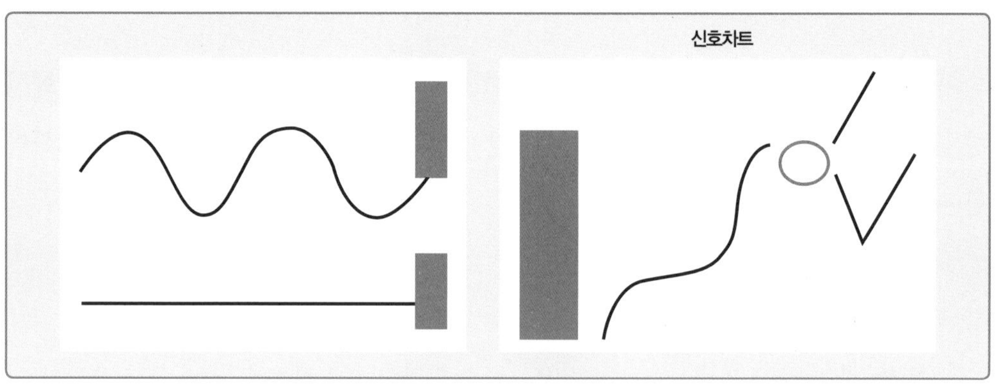

추세 돌파 기준봉이 발생했다. 수급과 세력을 동반한 돌파력으로 상승 파동을 그리며 상승 추세를 이어가는 모습이다. 이후 수급과 세력의 이탈이 없다면 주가는 상승을 멈추고 하락하더라도 파동을 그리며 최소한의 반등구간을 연출할 수밖에 없다. 상승 파동을 이어갈지 하락 파동을 이어갈지는 두 번째 쟁점이다. 주가가 파동을 그리며 움직인다는 것이 기준봉의 핵심이다. 그렇다면 하락 파동이라도 최소한의 예측 가능한 반등구간이 존재하는데 매수와 매도의 정확한 타이밍은 어떻게 포착할 것인가?

물론 매수와 매도의 타이밍을 판단하는 기준도 'F=투심(차트, 수급, 모멘텀)' 공식에 따라 수급과 모멘텀을 고려해야 하지만 다음 장에서 다루기로 하고 오직 차트 관점에서만 접근하자.

기법차트의 확률을 높이기 위해 뷰가 넓은 차트를 도입했다면 반대로 기법차트보다 주가의 움직임을 더 작고 세밀히 분석하기 위해 뷰(View)가 좁은 차트 바로 '신호차트'가 등장한다.

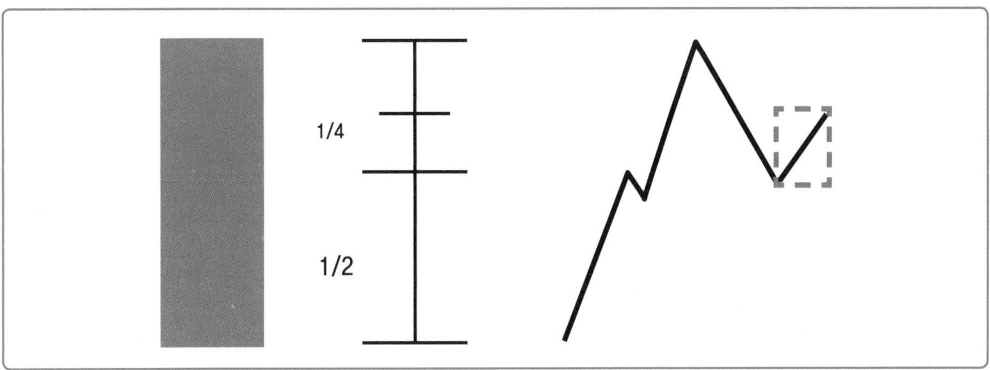

기준봉의 상승을 파동으로 확인할 수 있는 차트를 '신호차트'라고 명명하자. 신호차트를 통해 매수와 매도를 위한 세부 타이밍을 포착할 것이다. 세부 타이밍을 포착하기 위해 수급과 모멘텀 등 다양한 변수들을 고려해야 하지만 기술적 분석 관점에서는 파동으로 설명할 수 있다. 다양한 기법과 보조지표 등 다양한 기술적 도구들이 있지만 모두 파동에서 파생되었고 원리는 같다.

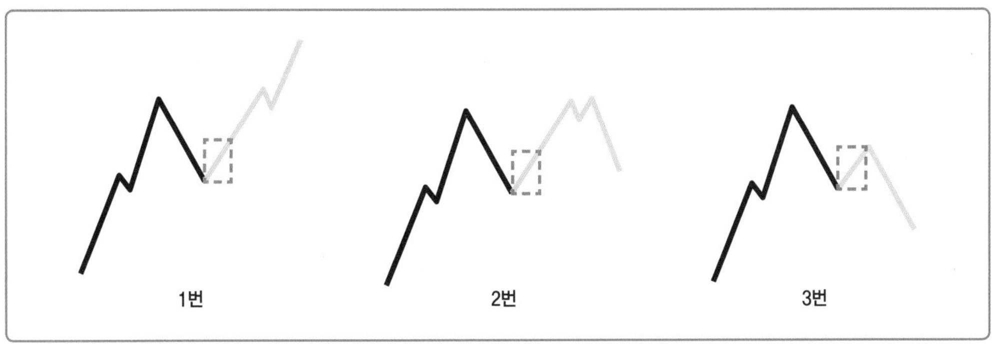

기준봉 출현 이후 주가의 파동은 크게 3가지 흐름의 가능성이 존재한다. 트레이딩의 목적과 전략에서 정의했듯이 우리가 예측하는 데 필요하고 의미를 두는 구간은 빨간색 네모 구간이다. 파동의 $\frac{1}{4}$ 크기, 이것을 '기본 반등'이라고 명명하겠다. 보수적인 관점에서 주가의 움직임을 예측하더라도 최소한 기본 반등이 나올 것이라는 확신, 트레이딩의 기준에 부합하는 확률 높은 구간이 존재한다는 사실은 트레이더에게 엄청난 '유레카'다. 기준봉의 '기본 반등' 개념은 트레이딩의 핵심이다.

1번 파동은 강력한 수급과 모멘텀을 동반한 돌파력으로 상승 추세를 이어가는 모습으로 기본 파동의 2~3배 이상으로 움직인다. 전고점을 돌파하며 엘리어트 파동의 5파를 이어가는 모습이라고 볼 수도 있다. 즉, 강한 상승 파동을 이어가는 모습이다.

2번 파동은 우선적으로 전고점의 저항 부근에서 상승이 멈추는 것을 확인할 수 있다. 돌파력이 강하다면 1번 파동처럼 움직이겠지만 저항에 부딪혀 치열한 싸움이 벌어지는 모습이다. 돌파력이 강하다면 기본 파동의 2배 진폭까지 상승하며 다시 돌파를 시도하겠지만 돌파력이 약하다면 거꾸로 된 쌍바닥 패턴이 출현하며 강력한 저항선이 형성되는 것을 알 수 있다. 즉, 상승 파동이 멈추고 횡보 파동을 이어가는 모습이다.

3번 파동은 수급과 세력을 동반한 돌파력이 갑자기 멈추고 상승 추세가 하락 파동으로 꺾이는 모습이다. 돌파력이 약한 모습이지만 주가가 하락하더라도 시세차익을 노릴 수 있는 상승구간이 존재하는 것을 확인할 수 있다. 즉, 하락 파동을 이어가는 모습이지만 최소한 기본 반등 구간이 존재한다.

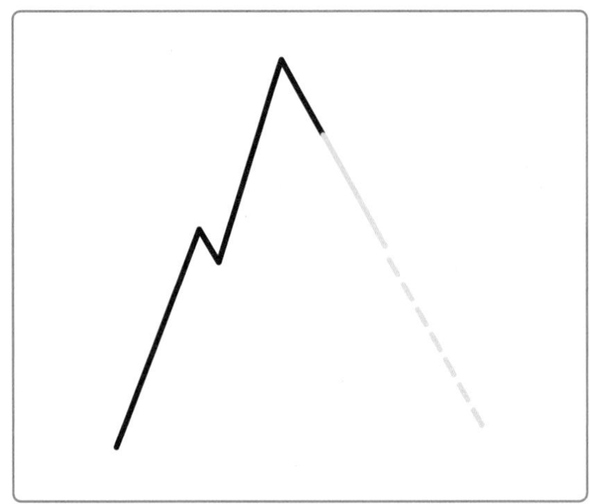

수급과 세력을 동반한 강한 돌파력으로 상승 파동을 이어오던 주가가 상승 · 횡보 · 하락 파동을 이어갈 것이라는 것이 기준봉의 전제조건이다. 그런데 앞의 그림처럼 수급과 세력이 한 번에 대량 매도하고 완전히 이탈해버린다면 주가는 기본 반등 없이 단숨에 수직 하락할 우려가 있다.

이것은 파동을 이어가는 것이 아니라 강력한 매도세력의 등장으로 상승돌파력을 압도하는 새로운 하락돌파력이 발생한 것이다. 파동을 이어가는 것이 아니라 기준봉이 해제되면서 완전히 새로운 파동이 출현한 것이다. 즉, 이것은 기준봉 선정에 완전히 실패한 경우다.

따라서 철저히 한 번에 이탈할 수 없을 만큼 대량의 수급과 세력, 모멘텀을 동반한 기준봉을 선정해야 한다. 올바른 기준봉을 선정했다면 이후 주가의 움직임은 1번, 2번, 3번 각각 33.3333%의 확률이다. 물론 0.001% '기본 반등'조차 없이 하락할 가능성이 존재하므로 손절 대응원칙은 선택이 아닌 필수다.

■ 기법차트

- 지지, 저항, 돌파를 확인하는 기법의 기준: '기준봉'
- 4가지 기준봉(즉, 기법차트는 4개)
- 기법차트에서 단 하나의 '캔들'(기준봉)을 자신 있게 예측할 수 있어야 한다.

데이터 통계를 통해 정해진 기법과 패턴을 '예측'이 아닌 지지, 저항, 돌파를 '확인'하는 관점에서 적용한다.

■ 뷰차트

- 상위 차트로 기법(지지, 저항, 돌파)의 확률을 높여주는 전제조건
- 뷰차트가 기법차트(기법의 확률)에 영향을 미친다.
- 뷰차트의 예측 확률이 낮거나 확신이 없고 애매하다면 기준봉을 적용하지 않는다.

■ 신호차트

- 하위 차트로 신호차트의 20개 이상의 캔들이 기법차트 1개의 캔들을 구성한다.

- '뷰차트', '기법차트'에서 예측한 구간 안에서 실질적으로 매수와 매도를 체크한다.
- 확률과 손익비를 높이기 위해 매수와 매도의 정확한 가격과 시간을 체크한다.
- 이격과 속도에 따라 타이밍의 유연성을 허용하는 차트다.
- 손절선을 통해 손익비를 확인하고 진입 후 예상과 다르게 흘러갈 경우의 시나리오를 모두 고려해야 한다.

5장에서 배울 〈시나리오 트레이딩 시스템〉의 '신호' 파트에서 'F=투심(차트 · 수급 · 모멘텀)' 공식대로 파동을 통한 차트 분석뿐만 아니라 지수, 수급, 호가창, 모멘텀을 함께 고려해 정밀 타이밍을 잡는다.

스켈핑, 단타, 스윙, 중장기

상한가 30% 시대가 열렸다. 그러나 여전히 많은 사람들이 상한가 두세 방을 맞으며 급등하는 주식을 원한다. 하지만 이것은 모두 지난 과거 이야기일 뿐이며 금융자본주의 사회에서 부끄러운 현상일 뿐이다. 거품이 거품의 거품을 만들어 급등하던 주가는 실체가 없다는 사실이 밝혀지는 순간 붕괴한다. 이때 상투를 잡고 막대한 손실을 입는 사람들은 자본력도 정보력도 없는 개인투자자들이다.

주가를 예측할 수 있는 구간이 크면 클수록 좋을까? 10년 전 50만 원을 상회하던 삼성전자 주가는 시간이 흘러 150만 원을 넘었다. 설령 기업의 성장가치를 예측하고 150만 원을 목표가로 정하고 투자했다고 가정하자. 주가의 300% 구간을 예측했지만 아래위로 움직이는 주가의 움직임을 보고 있으면 10년이라는 시간을 버텨내는 것은 거의 불가능에 가깝다.

중간에 수익을 실현하고 싶은 유혹이 들고 2011년 100만 원까지 올랐던 주식이 70만 원까지 떨어지는 것을 보았다면 고점에서 팔지 못한 후회가 밀려오기도 한다. 이후 다시 100만 원을 넘어 130만 원까지 올랐을 때 매도하고 싶은 마음은 극한으로 치솟을 것이다.

이 오랜 시간과 주가의 변동성을 버텨내고 300% 구간을 예측한 결과, 과연 얼마나 큰돈을 벌 수 있을까? 1천만 원을 투자했다면 10년 후 3천만 원이 되었다. 경이로운 예측에도 불구하고 10년 동안 투자한 결과가 고작 2천만 원 수익이라면 이번 생에 부자가 되기는 어려울 것이다.

예측 가능한 구간(수익률)도 중요하지만 트레이더의 주가 예측에는 보유 기간, 출현 빈도 수 등이 반드시 고려되어야 한다. 기업 가치를 분석해 저평가되었을 때 매수해 적정평가 또는 고평가되었을 때 매도하는 가치투자는 시간 변수를 고려하지 않는다.

과거에는 국가 경제성장률을 감안해 세계경제와 기업 가치는 결국 크게 성장할 것이라는 분석 하에 망하지 않을 우량한 기업을 매수해 막연히 오르기만 기다리는 것이 결과적으로 최고의 투자법이었다. 그러나 과거는 과거일 뿐이다. 이제 경제성장이 멈추고 인플레이션 시대에서 디플레이션 시대로 접어들었다. 우량한 기업의 주식은 언젠가 반드시 상승할 것이라는 믿음이 통했던 투자황금기는 지나갔다. 이제는 우량한 기업의 주식이 몇 년이고 끊임없이 하락하기도 한다.

좋은 주식이란 무엇일까? 내게 수익을 주는 주식이다. 수익은 좋은 타이밍을 통해 얻을 수 있다. 쉽게 말해 좋은 기업보다 주가 예측이 가능한 주식이 좋은 것이다. 물론 경제위기에도 빛을 발하는 기업은 존재하며 보란 듯이 급등하는 주식이 존재한다. 그러나 분명히 정교하고 체계적인 주가 예측이 필요한 시점이다.

사실 'F=투심(차트, 수급, 모멘텀)' 공식에 따르면 가치투자의 대가 워런 버핏은 주가의 돌파력을 예측했다고 볼 수 있다. 월봉 또는 연봉 차트에서 장대양봉을 예측한 것이다.

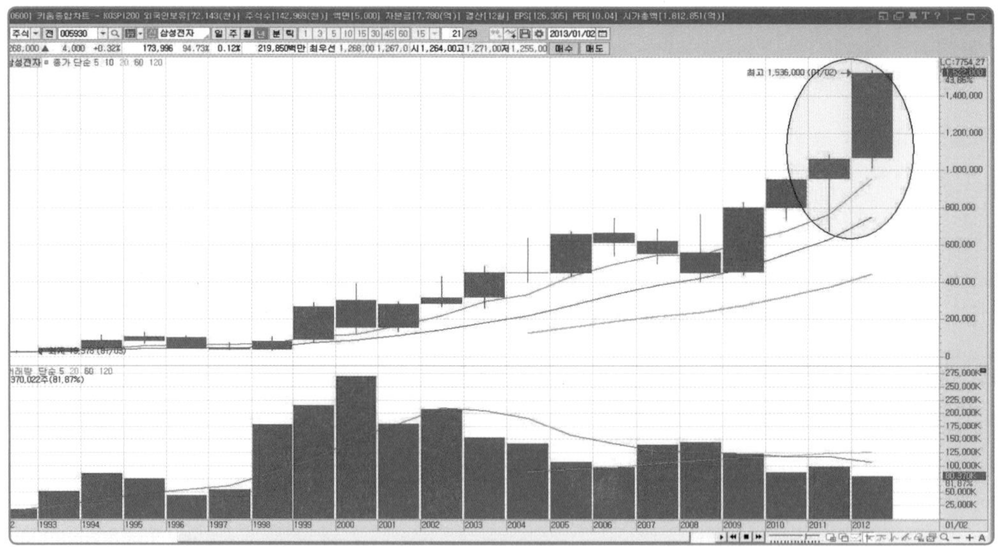

워런 버핏은 기업 가치를 예측하고 자본력을 동원해 주가를 끌어올렸다. 그가 보유한 주식은 대중의 투자심리를 부추기기에 충분하며 자연스레 수급이 개선되고 경제성장이 뒷받침되면서 주가의 돌파 예측은 완벽히 맞아 떨어졌다. 결과적으로 월봉과 연봉 차트에서 장대양봉이 출현했다. 그러나 자본력과 정보력이 떨어지는 개인투자자들은 어떻게 장대양봉을 예측할 수 있을까?

연봉 차트에서 장대양봉을 예측하기 위해서는 기업 실적, 대규모 투자 유치, 미래기술 개발, 각국의 경제성장률과 같은 정보를 남들보다 빨리 입수해야 한다. 또는 기업 주주총회에 참여해 경영권을 위협할 만큼 대량의 주식을 사들일 자본력이 필요하다.

이런 자본력과 정보력이 없다면 우리가 예측할 수 있는 구간의 한계를 인정하고 트레이딩 전략에 철저히 집중해야 한다. 수급과 세력이 들어오는 것을 확인하고 따라 진입해 그들보다 먼저 청산한다. 결론적으로 우리가 예측할 수 있는 캔들과 구간은 크지 않다. 연봉 차트의 장대양봉을 예측할 수 없다면 월봉 차트, 주봉 차트, 일봉 차트의 장대양봉 정도는 예측할 수 있지 않을까?

월봉 차트와 일봉 차트 중에서 추세 기준봉의 출현 빈도수는 어느 쪽이 높을까? 시간을 고려하면 당연히 일봉 차트에서 기준봉이 출현할 빈도수가 직관적으로 많다는 것을 알 수 있다. 'F=투심(차트, 수급, 모멘텀)' 공식에 따르면 수급과 모멘텀의 변수에서도 돌파 기준을 충족시킬 만큼의 변화가 발생할 빈도수는 일봉 차트에서 높다는 것을 알 수 있다.

시나리오 트레이딩	(뷰차트)	기법차트	신호차트
스켈핑	(주봉)	일봉	3분
단타	(월봉)	주봉	15분
스윙	( )	월봉	일봉

일봉 차트에서 기준봉을 예측하는 것을 '스켈핑', 주봉 차트에서 기준봉을 예측하는 것을 '단타', 월봉 차트에서 기준봉을 예측하는 것을 '스윙' 트레이딩이라고 명명하자. 이것은 주가의 움직임을 이해하기 위해 우리의 '기준'을 정하고 약속하는 것이다.

기법차트에서 단 하나의 캔들(기준봉)을 예측하고 뷰차트에서 확률 높은 기준봉을 까다롭게 선정했다면 신호차트에서 정밀한 매수와 매도 타이밍을 잡아내 승률과 손익비를 높이는 것이 우리가 할 수 있는 트레이딩의 전부다.

'F=투심(차트, 수급, 모멘텀)' 공식을 통해 단 하나의 캔들, 기준봉을 선정하는 것이 트레이딩의 시작이다. '시작이 반'이라는 말처럼 기준봉을 정하는 것의 중요성은 아무리 강조해도 지나치지 않다.

일봉 차트에서 단 하나의 캔들을 예측할 수 있는 종목의 출현 빈도수를 하루 약 10개라고 가정한다면 뷰차트와 신호차트 나아가 수급과 모멘텀을 고려해 하루에 공략 가능한 스켈핑은 약 2~3개라고 볼 수 있다. 또한 3분 차트에서 발생하는 '기본 반등' 폭은 3% 남짓으로 신호차트를 통해 예측 가능한 구간을 가늠할 수 있다.

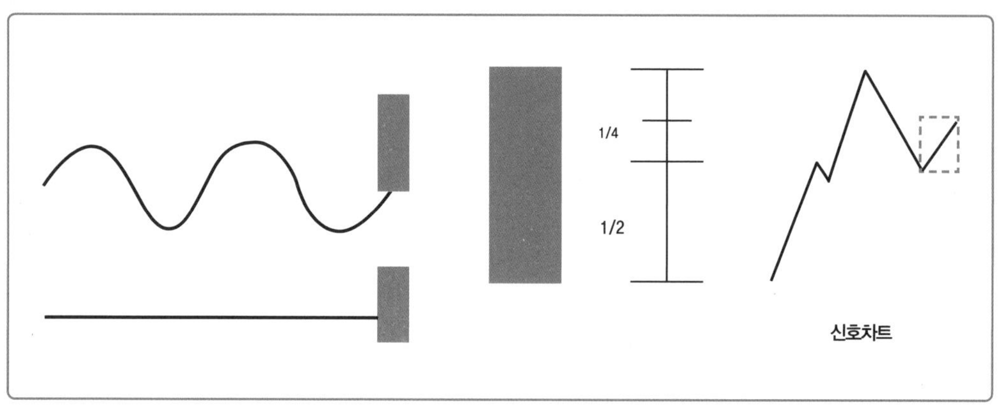

월봉 차트에서 기준봉의 출현 빈도수는 하루가 아니라 2~3개월에 10개라고 할 수 있을 것이다. 분기 실적의 급증과 같은 스켈핑보다 커 모멘텀이나 이슈를 동반한 돌파가 발생해야 하고 기관과 외국인의 대량 수급이 필요하다.

'스켈핑 트레이딩'을 위한 돌파는 10억~100억 원의 대금이 대량 거래일 수 있지만 '스윙 트레이딩'을 위한 돌파는 윈도우 드레싱처럼 상대적으로 큰 수천억 원 단위의 거래대금이 필요하다. 스켈핑, 단타, 스윙은 사실 '시간' 변수에 따라 주가의 움직임을 분석하는 기준이 다를 뿐 'F=투심(차트, 수급, 모멘텀)' 공식에 따라 지지력, 저항력, 돌파력을 분석하는 원리는 같다.

다음 장에서 본격적으로 매수와 매도, 단 두 번의 클릭을 위해 고려해야 하는 것들을 알아보자. 주가의 움직임에 영향을 미치는 다양한 변수들을 최적화해 데이터 통계를 통해 이미 검증된 트레이딩 시스템의 6가지 매뉴얼을 소개하겠다.

이해의 편의를 위해 스윙 트레이딩 즉, 월봉 차트에서 단 하나의 캔들을 예측하기 위한 기준으로 트레이딩 시스템을 설명했다. 스켈핑, 단타, 스윙 트레이딩 모두 'F=투심(차트, 수급, 모멘텀)' 공식의 같은 원리를 따르며 시간과 허용한계의 수치만 다를 뿐 체크하는 변수들은 같다.

CHAPTER 5

트레이딩 시스템 6단계

들어가기 전에

시나리오 트레이딩 시스템이란?

트레이딩의 목적 달성을 위해 지금까지 배운 기본 이론을 실전에 적용할 것이다. 트레이딩 시스템은 실전 이론으로 기법은 물론 트레이딩 스킬과 실전 노하우를 반영하고 있다. 고수들은 남다른 노하우와 경험이 있다. 사실 이런 것들을 배우기는 쉽지 않다. 눈에 보이지도 않고 말로 설명하기에도 애매하고 추상적이기 때문에 지식이나 기술을 전수하는 과정에서 많은 노력이 필요하다.

주가를 예측하는 트레이딩이라는 기술은 다양한 관점과 방법론이 존재하므로 난이도가 더 높다. 또한 많은 실전 경험이 필요한데 트레이딩 경험은 무엇보다 오랜 시간을 필요로 한다. 간접경험으로 시간을 단축시킬 수 있더라도 언젠가는 직접 경험해봐야 자신의 것으로 만들 수 있는 것이다.

이런 어려움을 경험해봤기 때문에 제시할 수 있는 솔루션이 바로 트레이딩 시스템이다. 트레이딩이라는 고난도 기술을 스스로 터득할 수 있도록 만든 매뉴얼이다. 앞에서 배운 트레이딩의 기본 이론을 바탕으로 진행되는 실전교육으로 당장 내일의 주가를 예측할 수 있을 만큼 구체적이다.

사실 시스템이라는 단어 때문에 컴퓨터 시스템 같은 프로그램으로 오해할 수도 있다. 하지만 트레이딩 시스템은 프로그램이 아니라 프로그램처럼 어떤 목적을 달성하기 위해 다양한 변수와 명령어들이 수행하는 방법, 절차, 처리 과정, 프로세스를 의미한다. 우리가 컴퓨터처럼 6가지 변수를 분석해 기계적으로 트레이딩하는 것이다. 트레이딩 시스템을 통해 체계적인 훈련 과정을 따른다면 월천 트레이더가 갖추어야 할 노하우와 경험을 충분히 습득할 수 있을 것이다.

■ 트레이딩의 정의

- 주가는 '지지', '저항', '돌파'의 형태로 움직인다.
- 트레이딩은 주가의 움직임을 부분적으로 예측해 시세차익을 추구한다.
- 주가의 모든 움직임을 모두 예측하는 것은 불가능하고, 그럴 필요도 없다.

■ 트레이딩의 목적

주가의 예측 가능한 '지지', '저항', '돌파'의 최소구간에서 매수와 매도를 통해 승률과 손익비를 높이는 것이다.

■ 트레이딩의 전략

트레이딩의 목적을 달성하기 위해 수급과 세력이 들어오는 것을 확인하고 따라 진입해 먼저 청산한다.

■ 트레이딩의 의미

- 지지, 저항, 돌파의 '기준'
- 예측 가능한 구간에서의 매수와 매도 '원칙'
- 기준과 원칙을 통해 승률과 손익비를 맞추는 실전 '감각'

즉, 트레이딩은 기준과 원칙 그리고 감각이 핵심이다.

■ 트레이딩 시스템의 정의

- 목적: 승률과 손익비

- 시장 → 기준과 원칙 → 지지, 저항, 돌파
- 지지, 저항, 돌파를 예측하기 위한 '기준'
- 예측구간에서 매수와 매도를 하기 위한 '원칙'

즉, 트레이딩 시스템은 트레이딩의 목적을 달성하기 위해 트레이딩 전략을 반영한 최적화된 기준과 원칙이다.

트레이딩 시스템의 목적은 우리가 트레이딩의 목적을 달성할 수 있도록 도와주는 것이다. 기준과 원칙이 욕심, 불안, 공포와 같은 심리적 요인에 흔들리지 않고 컴퓨터처럼 기계적으로 수행할 수 있도록 도와주는 머릿속의 프로그램인 셈이다.

트레이딩 시스템의 목적은 철저히 승률과 손익비에 있다. 모든 것은 결과로 말하며 결과는 곧 데이터 통계에 따른 승률과 손익비가 전부다.

시장의 움직임을 트레이더의 눈으로 바라보면 제멋대로인 주가의 움직임을 단 3가지로 표현할 수 있다. 지지, 저항, 돌파. 이것을 예측하고 매수와 매도를 하는 기준과 원칙이 트레이딩 시스템이다. 트레이더는 트레이딩 시스템을 통해 주가를 예측하고 주가의 움직임에 따라 대응한다.

■ 트레이딩 시스템의 6가지 요소

1. 시황
2. 종목
3. 기법
4. 신호
5. 비중 조절 및 계좌관리
6. 마인드 컨트롤

승률과 손익비를 목적으로 트레이딩하기 위해 6가지 요소를 단계별로 분석하는 과정이 앞으로 우리가 배울 '시나리오 트레이딩 시스템'이다.

시나리오란?

전쟁을 하기 전, 치밀한 전략을 세워야 하듯이 트레이더는 트레이딩하기 전, 트레이딩 시스템의 모든 변수를 고려해 단 하나도 빠짐없이 반영된 트레이딩 전략을 세워야 한다. 그리고 철저히 트레이딩 전략대로 기계적인 트레이딩을 해야 한다. 그러나 '작심삼일'이라는 말처럼 계획을 실천하기는 쉽지 않다. 하지만 트레이더에게 작심삼일은 절대 용납할 수 없는 실책이다. 트레이더는 기준과 원칙을 어기는 순간 이미 싸움에서 진 것이다.

트레이딩 전략은 절대로 신중히 고민해야 한다. 이길 수 있다는 확신이 없다면 트레이딩 전략은 아무 의미가 없다. 또한 모든 시장을 통제하겠다는 생각으로 주도면밀하게 세워야 한다. 주가에 영향을 미치는 모든 변수를 다각도로 고려하고 모든 경우의 수를 고려해야 한다. 또한 트레이딩 전략의 모든 경우의 수에는 최악의 상황까지 고려해 치밀하게 계획해야 한다. 그리고 세워진 전략은 반드시 실천해야 한다.

이렇게 트레이딩하기 위해 세우는 트레이딩 전략을 '시나리오'라고 부른다.

트레이딩 전략을 세우기 위해서는 6가지 요소를 반드시 분석해야 한다. 즉 6가지 요소를 동시에 충족시키는 시나리오가 트레이딩의 목적 달성을 위해 가장 중요한 것이다. 한두 번의 실수는 용납할지라도 치명적인 실수나 서너 번의 반복되는 실수는 승률과 손익비에 치명타를 입히고 계좌에 큰 손실을 초래한다.

■ 시나리오 트레이딩 시스템 훈련 방법

1. 시나리오 트레이딩 시스템의 목적을 이해한다.
2. 시나리오 트레이딩 시스템의 6가지 항목의 역할과 필요성을 이해한다.
3. 시나리오 트레이딩 시스템의 6가지 항목의 체크포인트를 분석한다.
4. 6가지 항목을 충족시키는 '시나리오'를 쓴다.
5. '시나리오'대로 기계적으로 트레이딩한다.
6. 매매일지를 쓰면서 시나리오를 피드백한다.
7. 승률과 손익비가 나올 때까지 4~6 번 과정을 반복 훈련한다.

01 시황

시황 분석

시나리오 트레이딩 시스템에서 시황 분석의 첫 번째 임무는 정찰이다. '지지', '저항', '돌파'의 가격 전쟁터에서 매수세력과 매도세력 중 어느 쪽이 유리한지 전세를 살피는 전략이다.

하늘을 날아다니는 새와 땅에서 사는 동물의 싸움 틈바구니에서 이쪽저쪽 유리한 편을 드는 배신자 이야기에 등장하는 박쥐처럼 내게 유리한 곳이 어딘지 민첩하게 살펴야 한다. 물론 불나방처럼 이리저리 옮겨 다니면 안 된다. 중립적인 위치를 고수하며 매수세력과 매도세력 사이의 전세를 살피다가 한쪽으로 전세가 급격히 기울 때 유리한 쪽으로 포지션을 구축해야 한다. 비겁한 것이 아니라 단지 시장의 돈이 몰리는 곳으로 물 흐르듯이 따라가는 전략인 것이다.

이 전략의 핵심은 기다림이다. 시장은 절대로 주식을 사라고 강요하지 않는다. 내가 유리할 때까지 계속 기다려도 아무 상관이 없다. 즉, 시장으로 돈이 들어오는 상승장에 주식을 보유하고 돈이 빠져나가는 하락장에는 주식을 팔고 현금을 보유하는 지극히 간단한 전략이지만 기다림으로 얻은 확신은 강력한 무기가 된다.

매수세력과 매도세력 사이의 전세를 파악하고 시장으로 들어오고 나가는 돈의 흐름을 분석하는 것이 시황 분석이다.

돈의 흐름

뉴스에서 코스피 지수의 2,000포인트 돌파 여부를 헤드라인으로 다루고 매일 오르내리는 주가지수의 움직임을 언급하는 것은 주식시장이 상승장인지 하락장인지 체크하기 위해서다. 이것이 중요한 이유는 돈의 움직임 때문이다.

주식시장은 주식에 국한되는 것이 아니라 환율, 국채, 부동산, 원자재 등 많은 자산들과 복잡하게 얽혀 있다. 또한 세계 각국의 주식시장은 세계경제의 자본을 지탱하며 기업과 정부, 국가 간에는 돈의 흐름이 긴밀히 연결되어 있다. 주식시장에서 돈의 밀물과 썰물이 반복되는 것은 돈의 흐름에 따라 세계경제가 함께 움직이는 것과 다름없다. 따라서 주식시장을 분석하기 위해서는 주가지수의 상승과 하락을 나타내는 수치가 아니라 돈의 움직임을 이해하는 것이 중요하다.

돈의 흐름을 주시하며 상승장과 하락장에 대한 기준과 장세에 따른 트레이딩 원칙을 정립해야 한다. 앞으로 배울 시황 분석의 기준과 원칙은 시장 분위기, 장세를 파악하기 위한 것으로 시장을 상승장, 하락장, 횡보장, 비추세장으로 구분한다.

■ 상승장: 돈이 들어오는 장세

매수세력 〉 매도세력. 상승은 크고 하락은 작다.

■ 하락장: 돈이 빠져나가는 장세

매수세력 〈 매도세력. 상승은 작고 하락은 크다.

■ 횡보장: 돈이 크게 증감하지 않는 장세

매수세력 ≒ 매도세력. 강력한 지지선과 저항선 사이의 박스권 구간

시장의 투자심리

돈의 밀물과 썰물은 '지지', '저항', '돌파'의 가격 전쟁터의 전세를 의미한다. 전세는 투자심리에 절대적인 영향을 미친다. 투자심리는 'F=투심(차트, 수급, 모멘텀)' 공식에 따라 지지, 저항, 돌파세력의 힘을 나타내는데 이해의 편의상 '매수세력의 힘'으로 표현하자. 쉽게 투심을 '대기 매수세'라고 이해할 수 있다. 즉, 돈의 밀물과 썰물, 상승장과 하락장에 따라 투심이 다르다. (정의: 투심=대기 매수세)

따라서 장세에 따라 동일한 종목, 동일한 기법 자리를 공략하더라도 트레이딩 원칙이 달라져야 한다. 상승장과 하락장은 주도하는 매수세력과 매도세력이 다르고 시장의 돈의 흐름이 다르기 때문에 동일한 트레이딩 전략이라도 시황에 따라 확률은 달라지기 마련이다. 즉, 시황 분석의 목적은 장세를 구분하는 것이며 시나리오 전략의 서론이라고 할 수 있다.

〈장세에 따른 투자심리〉

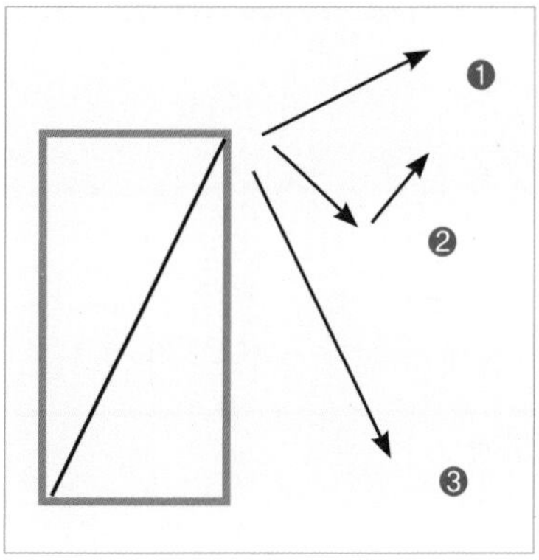

❶

❷

❸

• **상승장:** 상승 종목들이 많고 돌파력이 강하다. 대기 매수세가 풍부해 ①번, ②번 확률이 높다. 돌파기법이 많이 발생하고 매수 타이밍을 공격적으로 적용한다. 지지, 반등 확률이 높기 때문에 분할매수 전략이 유효하다.

• **횡보장:** 상승장에 비해 상대적으로 돌파력이 약하다. 상대적으로 ①번 확률이 줄어든다. 돈이 들어오는 힘이 약하거나 돈이 들어오면 빠져나가는 힘이 강하다.

• **하락장:** "시장을 이기는 종목은 없다"라는 말이 있을 정도로 기법 확률이 매우 낮아진다. 저항매물의 출현으로 ②~③번 확률이 높기 때문에 반등구간이 짧다. 매수 타이밍을 낮게, 분할매수가 아닌 손절대응 전략이 유효하다. 기법 자리가 오더라도 관망하고 보수적

인 전략이 필요하다.

• **비추세장**: 예측이 불가능한 장세다.(큰 박스권 장세 또는 불규칙한 장세) 비중을 줄이고 방향성이 나올 때까지 소극적인 매매 전략이 유효하다.

장세에 따라 '지지력', '저항력', '돌파력', 즉 투자심리가 달라지므로 예측 가능한 구간이 달라진다. 그럼에도 불구하고 승률과 손익비를 높게 유지하기 위해서는 장세에 따라 종목 선정, 기법이나 매수 매도 타이밍(신호), 무엇보다 투자 비중과 계좌관리의 변화가 필요하다. 즉, 시나리오를 상승장, 하락장, 횡보장에 따라 다른 원칙으로 적용해야 한다. 따라서 시나리오 전략을 세우기 전에 돈의 흐름과 투자심리의 관점에서 시황을 분석해야 한다.

시황 분석은 지수, 업종, 모멘텀 3가지 관점에서 분석한다. 지수 분석을 통해 주식시장으로 들어오고 빠져나가는 돈의 흐름을 파악할 수 있다. 다음으로 업종 분석에서는 주식시장으로 들어오는 돈이 어디로 분배되는지 파악하는 과정이며 이런 돈의 움직임에 어떤 힘이 영향을 미치는지, 돈의 흐름의 원인이 무엇인지 분석하는 요소가 모멘텀이다.

지수, 업종, 모멘텀 분석을 통해 돈의 흐름과 투자심리를 파악하고 장세에 적합한 시나리오 전략을 세울 수 있도록 하자.

지수

주가지수는 시가총액에 대한 간단한 공식만 이해하면 된다.(시가총액=주식 수×주가)

뉴스에서 매일 알려주는 코스피, 코스닥 지수는 코스피, 코스닥 시장에 상장된 모든 주식의 시가총액으로 산출된다. 쉽게 말해 주식시장의 '돈'의 합계로 이해할 수 있다.

- 코스피 지수가 상승한다=코스피 시장으로 돈이 들어온다.
- 코스피 지수가 하락한다=코스피 시장에서 돈이 빠져나간다.

국내 시장에 코스피와 코스닥 지수가 있듯이 미국에는 다우지수, S&P500지수, 나스닥 지수가 있다. 시황 분석에서 전반적인 돈의 흐름을 이해하기 위해서는 국내지수뿐만 아니라 미국과 중국 지수를 살펴봐야 한다. 조금 더 자세한 시황을 분석하기 위해 유럽과 일본 지수도 참고하기도 하는데 기타 신흥국 지수가 투자심리에 미치는 영향력은 미미하다.

혹시 시나리오 전략에 영향을 미칠 가능성이 있다면 분명히 뉴스와 각종 언론 헤드라인에서 돈의 움직임이나 기타 특징에 대해 언급할 것이다. 따라서 코스피, 코스닥 지수 외에 미국, 중국, 유럽 지수를 참조한다면 전 세계 주요 시장의 돈의 움직임을 이해하고 시나리오 전략을 세우는 데 충분하다.

돈은 끊임없이 돌고 돈다. 주식시장, 채권시장, 외환시장, 원자재시장, 부동산시장 등 국가별로 끊임없이 움직이는 돈의 흐름을 쫓는 것은 쉽지 않다. 그러나 많은 것을 안다고 해서 시장을 완벽히 통제할 수 있는 것도 아니고 아는 만큼 확률이 비례해 상승하는 것도 아니다. 시나리오 전략에 필요한 체크포인트는 지금부터 설명할 지수 분석에 있는 것으로 충분하다. 물론 시장을 이해하기에 부족한 부분, 응용적인 부분이 있겠지만 이 점은 1.3) 모멘텀 분석에서 보완하는 전략으로 그 노하우를 전수하겠다.

종합주가지수의 함정

'파레토의 법칙'을 아는가? '80대20 법칙'으로도 불리는 이 법칙은 이탈리아 국민의 20%가 이탈리아 국부의 80%를 차지하고 있다는 내용으로 경제사회에 다양하게 적용된다. 20%의 핵심인력이 전체 업무의 80%를 차지하고 20%의 핵심고객이 매출의 80%를 소비하는 현상을 말하는데 시가총액 상위 20% 종목이 주가지수의 80%를 움직인다고 이해할 수 있다.

삼성전자 한 종목의 시가총액이 800개가 넘는 코스피 시장 시가총액의 15% 이상을 차지한다. 즉, 삼성전자가 오르면 코스피 지수가 오른다고 생각할 수도 있는 것이다. 코스피 지수가 오른다는 것은 시장으로 돈이 들어온다고 생각할 수 있지만 사실 삼성전자 한 종목으로 돈이 몰리고 중소형주 수백 개 종목은 하락할 수도 있다는 것이다. 이 시가총액과 지수의 관계를 이해할 수 있어야 시장의 움직임을 더 현실적으로 파악할 수 있다.

대한민국 주식시장을 이끄는 시가총액 상위 종목이자 업종대표 종목을 알고 있는 것은 시황 분석에 간접적으로 도움이 될 것이다.

- **코스피**: 삼성전자, 한국전력, 현대차, 삼성물산, 삼성생명, 아모레퍼시픽, LG화학, NAVER
- **코스닥**: 셀트리온, 카카오, CJ E&M, 메디톡스, 바이로메드, 로엔, 컴투스

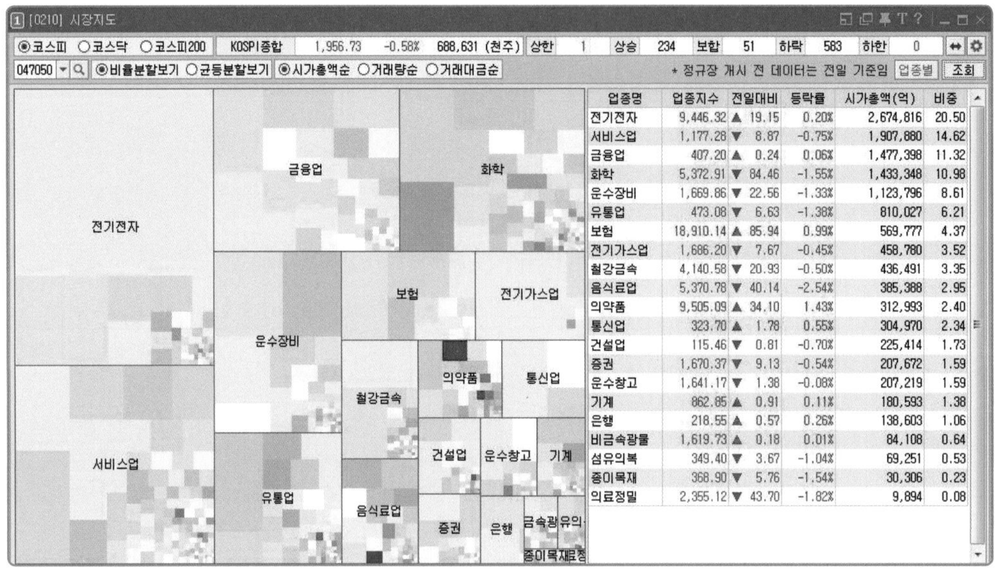

업종명	업종지수	전일대비	등락률	시가총액(억)	비중
전기전자	9,446.32	▲ 19.15	0.20%	2,674,816	20.50
서비스업	1,177.28	▼ 8.87	-0.75%	1,907,880	14.62
금융업	407.20	▲ 0.24	0.06%	1,477,398	11.32
화학	5,372.91	▼ 84.46	-1.55%	1,433,348	10.98
운수장비	1,669.86	▼ 22.56	-1.33%	1,123,796	8.61
유통업	473.08	▼ 6.63	-1.38%	810,027	6.21
보험	18,910.14	▲ 85.94	0.99%	569,777	4.37
전기가스업	1,686.20	▼ 7.67	-0.45%	458,780	3.52
철강금속	4,140.58	▼ 20.93	-0.50%	436,491	3.35
음식료업	5,370.78	▼ 40.14	-2.54%	385,388	2.95
의약품	9,505.09	▲ 34.10	1.43%	312,993	2.40
통신업	323.70	▲ 1.78	0.55%	304,970	2.34
건설업	115.46	▼ 0.81	-0.70%	225,414	1.73
증권	1,670.37	▼ 9.13	-0.54%	207,672	1.59
운수창고	1,641.17	▼ 1.38	-0.08%	207,219	1.59
기계	862.85	▲ 0.91	0.11%	180,593	1.38
은행	218.55	▲ 0.57	0.26%	138,603	1.06
비금속광물	1,619.73	▲ 0.18	0.01%	84,108	0.64
섬유의복	349.40	▼ 3.67	-1.04%	69,251	0.53
종이목재	368.90	▼ 5.76	-1.54%	30,306	0.23
의료정밀	2,355.12	▼ 43.70	-1.82%	9,894	0.08

시가총액 대비 등락률을 확인할 수 있고 상승, 하락 종목을 체크할 수 있는 HTS 기능이다. 시장의 돈의 움직임을 한 눈에 파악할 수 있어 지수 분석, 업종 분석에 참고하면 도움이 될 것이다.

■ 지수 차트

- 코스피, 코스닥 지수
- 코스피200 선물
- 해외 지수(다우지수, S&P500 지수, 나스닥 지수, 상해 종합지수, 니케이 지수)
- 환율(원/달러, 엔, 파운드)
- 원자재(원유, 금)

■ 선물 옵션 – 파생시장의 함정

선물옵션이라는 파생상품은 주식시장(현물)의 리스크를 줄이기 위한 헤징(hedging)을 목적으로 탄생했다. 그러나 파생시장의 규모가 급격히 커지면서 주객이 전도되었다. 이제는 주식시장을 움직여 파생시장에서 큰 수익을 노리는 자본력과 정보력을 가진 세력들의 움직임이 일반적인 현상이 되었다. 이것은 대표적인 사례로 이처럼 시장의 돈이 주식시장과 파생시장을 넘나들며 상호작용하는데 상호 간의 영향력을 주시한다면 시황 분석에 도움이 될 수 있다.

■ 지지 – 저항 – 돌파

시나리오 전략과 시황 분석에서 가장 기본적이고 필수적인 역할을 하는 것이 지수 차트의 지지, 저항, 돌파 분석이다. 차트 분석은 이미 기준봉의 원리에 대한 기본 이론 편에서 충분히 배웠다. 지수 차트 분석에서도 기준봉의 원리를 똑같이 적용한다.

지수 차트의 지지, 저항, 돌파를 예측하기 위해 'F=투심(차트, 수급, 모멘텀)' 공식을 그대로 적용한다. 차트 분석에는 캔들, 이동평균선 2가지 기준으로 그 역할을 충분히 할 수 있다. 그 이상의 보조지표는 여러분의 선택이지만 사실 차트 분석으로 예측할 수 있는 한계점은 변함없을 것이다.

1. 캔들

기준봉과 비슷한 개념으로 생각할 수 있다. 앞에서 배운 '추세 기준봉', '변곡 기준봉'과 비교했을 때 지수 차트의 캔들은 상대적으로 신뢰도가 부족하다.

수많은 종목과 차트들 중에서 선택한 기준봉에 비해 하나의 지수 차트에서 시시각각 변하는 움직임 중에서 선택한 캔들에는 한계가 있다. 그럼에도 불구하고 지수 분석을 위해 수많은 캔들 중에서 의미 있는 캔들을 예측해야 한다. 의미 있는 지지, 저항, 돌파 부근에서 장대양봉, 장대음봉, 긴 꼬리를 단 캔들 등.

지지, 저항, 돌파를 부분적으로 예측할 수 있는 캔들, 수급과 세력의 방향성이 일치하며 강하게 만들어진 캔들 즉, 기준봉의 원리를 보수적으로 적용해 확률 높은 지지력, 저항력, 돌파력을 찾아내야 한다.

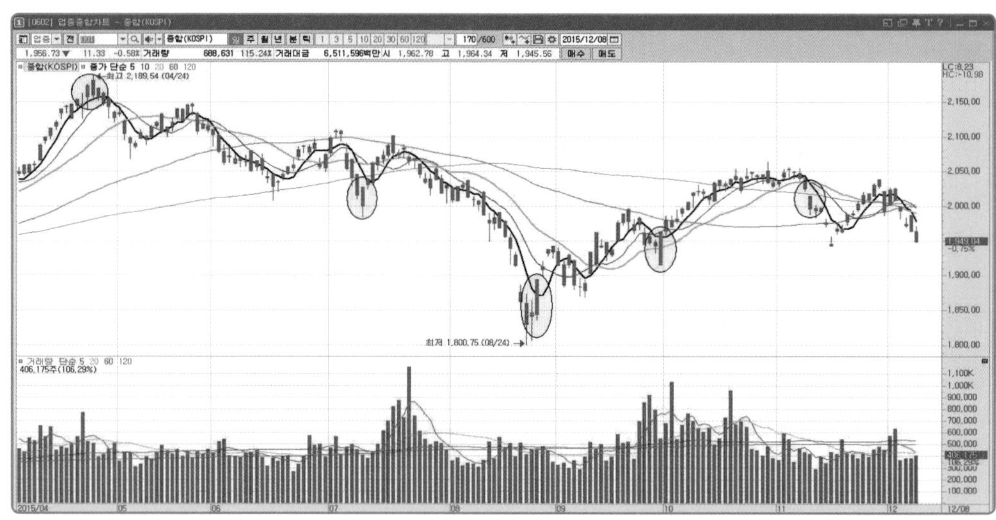

동그라미로 표시된 캔들은 장대 캔들로 주가의 방향을 급격히 꺾거나 하루 종일 한 방향으로 강하게 움직인 모습이다. 즉, 개인이 아닌 수급과 세력이 만들 수 있는 의미 있는 기준봉일 가능성이 높다.

- 변곡 기준봉 → 강한 지지력 또는 저항력이 발생해 최소 2~3일 동안 기준봉을 훼손하지 못한다.
- 돌파 기준봉 → 강한 돌파력이 발생해 최소 2~3일 동안 기준봉을 훼손하지 못한다.

지수 차트의 기준봉은 지수의 방향성과 지지, 저항선의 기본적인 예측 확률을 높여준다. 그러나 지속성이 매우 짧아 예측구간이 짧고 확률도 50%를 약간 상회하는 수준에 불과하다. 따라서 단독적인 시황 분석은 아무 의미가 없다.

시나리오 트레이딩 시스템에서 시황 분석은 시나리오의 서론 부분이자 전쟁터의 분위기를 파악하는 정찰 역할을 담당한다고 설명했다. 서론이 있기 때문에 본론으로 넘어갈 수 있으며 정찰을 통해 전세의 유리한 쪽을 파악했기 때문에 유리한 전략을 세울 수 있는 것이다.

시황 분석을 통해 돈의 움직임을 파악하고 상승 또는 하락 장세를 판단해 시나리오 전략을 공격적, 중립적, 보수적 3가지 관점으로 구분해 세울 수 있다. 시나리오 전략의 3가지 관점은 〈시나리오 트레이딩 시스템〉의 요약에서 다시 정리하도록 하자. 중요한 것은 시황 분석에서 지수의 상승 또는 하락을 예측하는 것은 무의미하다는 것이다. 예측구간과 예측 확률이 미흡하므로 항상 보수적인 관점에서 접근해야 한다.

2. 이동평균선

기술적 분석이 주가에 영향을 미치는 이유는 대부분의 투자자들이 차트를 참조하기 때문이다. 이동평균선이 실제로 어떤 힘이 있기 때문에 주가를 받쳐주는 것이 아니라 차트를 보는 시장참여자들의 투자심리가 반영되어 있기 때문에 차트의 영향력이 존재하는 것이다. 이런 관점에서 지수의 일봉 차트는 그 영향력이 절대적이다.

일봉 차트와 마찬가지로 주봉, 월봉 또는 분봉 차트를 분석하는 원리도 같다. 하지만 지지, 저항, 돌파의 영향력이 일봉 차트에서 압도적인 것은 그만큼 시장참여자들의 지대한 관심을 받기 때문이다.

지금부터 일봉 차트를 분석하는 기준에 대해 알아보자. 앞에서 배운 기준봉의 원리와 같으며 주봉, 월봉, 분봉 차트를 분석하는 기준도 똑같이 적용한다. 물론 시장의 절대적인 기준은 아니다. 기술적 분석에는 정해진 정답이 없다. '틀린 것이 아니라 다른 것이다'라는 말처럼 시장참여자들은 각자 차트를 바라보는 기준이 다르기 때문이다.

기본적으로 수십 년 동안 지수 차트에서 반복되는 패턴을 기준으로 설정한다. 그 다음 단계가 중요한데 앞에서 배운 허용한계 개념을 적용해야 한다. 이것이 평범한 기준을 특별하게 사용하는 시나리오의 비결이다. 즉, 확률을 압도적으로 높이기 위해 제약조건을 추가로 설정한다. 또는 예측 범위를 넓게 보수적으로 분석한다. 보수적인 시황 분석으로 시나리오 전략의 초안을 그린다면 훌륭한 작품의 밑거름이 될 것이다.

■ 5일선

5일선은 주가의 단기적인 방향성을 예측하는 기준이 된다. 주가가 급등, 급락할 때 일반적으로 5일선의 지지력, 저항력을 받으면서 움직이는 두드러진 특징이 있다. 기울기가 45° 이상으로 가파르게 움직이는 5일선은 방향성이 강하므로 주식시장의 전반적인 투자심리가 반영된다.

5일선이 가파르게 우상향할 때는 주식시장으로 돈이 들어오며 많은 종목들이 상승하는 상승장이다. 반대로 가파르게 우하향할 때는 투자심리가 악화되어 우려감, 공포감으로 주식을 매도해 쉽게 투매가 발생한다. 따라서 주가가 5일선을 골든/데드크로스하기 전까지는 5일선의 추세가 살아 있으므로 섣불리 저점이나 고점을 예측하면 안 된다.

5일선을 강한 장대양봉, 장대음봉, 긴 꼬리의 캔들로 뚫기 전까지는 5일선의 방향을 신뢰한다. 5일선을 의미 있는 캔들로 골든/데드크로스하는 모습을 '변곡 신호'라고 명명하겠다. '변곡 신호'는 거래량의 급증이 강력한 증거지만 지수 차트 거래량은 변화가 크지 않으므로 수급과 모멘텀뿐만 아니라 시가총액이 큰 대형주들을 함께 참조해 확률을 높일 수 있어야 한다.

☞ 주가는 5일선을 발판으로 상승 또는 하락한다.

☞ 5일선은 졸졸 주가를 따라다닌다.

☞ 주가의 단기적인 방향성 예측 확률이 높다.

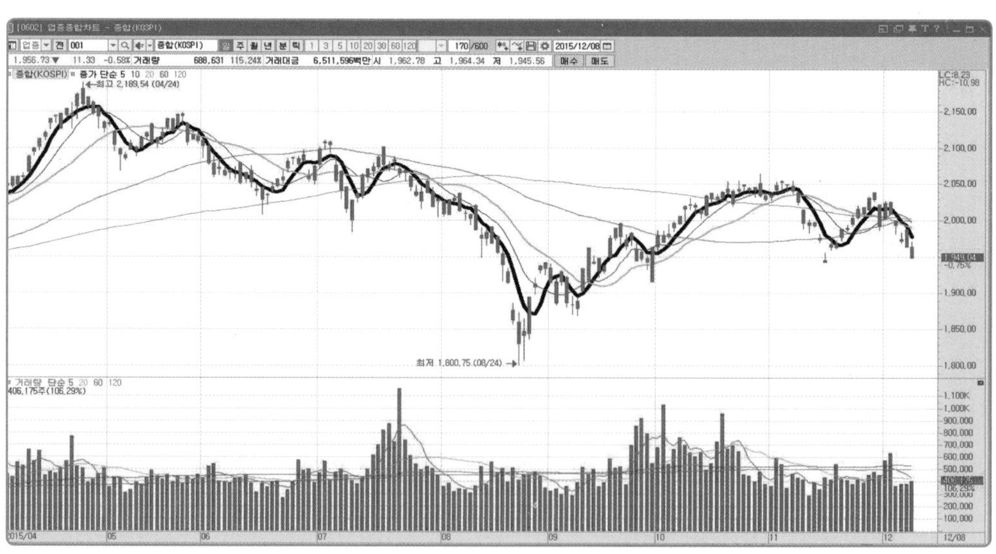

상승: 5일선이 우상향(시장으로 돈이 들어오고 많은 종목들이 상승한다.)

하락: 5일선이 우하향(투자심리가 악화되어 쉽게 투매가 발생한다.)

☞ 5일선을 골든/데드크로스 하는 '변곡 신호'가 발생하기 전까지는 5일선의 방향을 신뢰한다.

☞ 첫 번째 '변곡 신호'보다 두 번째 '변곡 신호'의 확률이 높으며 일반적으로 세 번째 '변곡 신호'는 저점 또는 고점일 확률이 압도적으로 높다.

■ 20일선

20일선은 5일선보다 완만해 중기적인 추세를 예측하는 기준이 된다. 20일선은 때로는 주가를 끌어당기는 파동의 중심 역할을 하지만 20일선을 지지하고 기준봉을 동반한 돌파력이 발생한 경우, 강한 상승 추세를 견인한다. 반대로 큰 이격이 발생한 구간에서 20일선의 골든/데드크로스가 발생한 경우, 중장기적 관점에서 변곡점이 되기도 한다.

지수 차트 분석에서 5일선이 나무를 보는 것이라면 20일선은 숲을 보는 것이다. 20일선을 기준으로 추세와 변곡 두드러진 2가지 특징을 이해할 수 있다. 그러나 강한 상승 추세와 강한 변곡점 사이에서 방향성이 애매모호한 구간이 대부분을 차지한다.

20일선을 중심으로 상승 또는 하락하며 20일선으로부터 멀어졌다가 다시 회귀하는 주가의 특징으로 볼 때 20일선은 주가지수의 실질적인 가치를 반영하는 가격선이라는 의미를 부여할 수 있을 것이다.

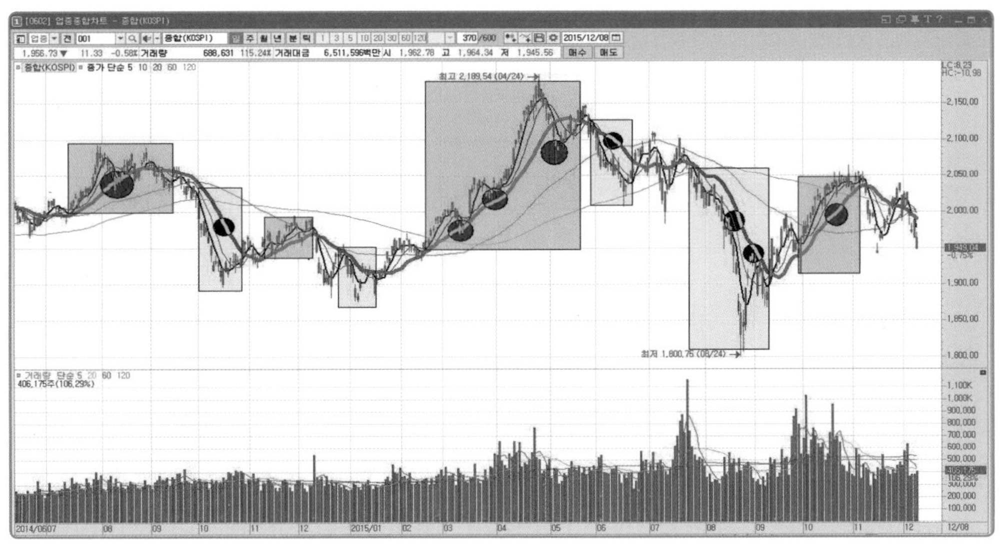

☞ 주가의 중기적인 방향성을 예측하는 기준이 된다.

☞ 20일선을 중심으로 이격이 발생하며 파동이 발생한다.

☞ 이격에 따라 추세구간, 변곡구간, 비추세구간으로 구분할 수 있다.

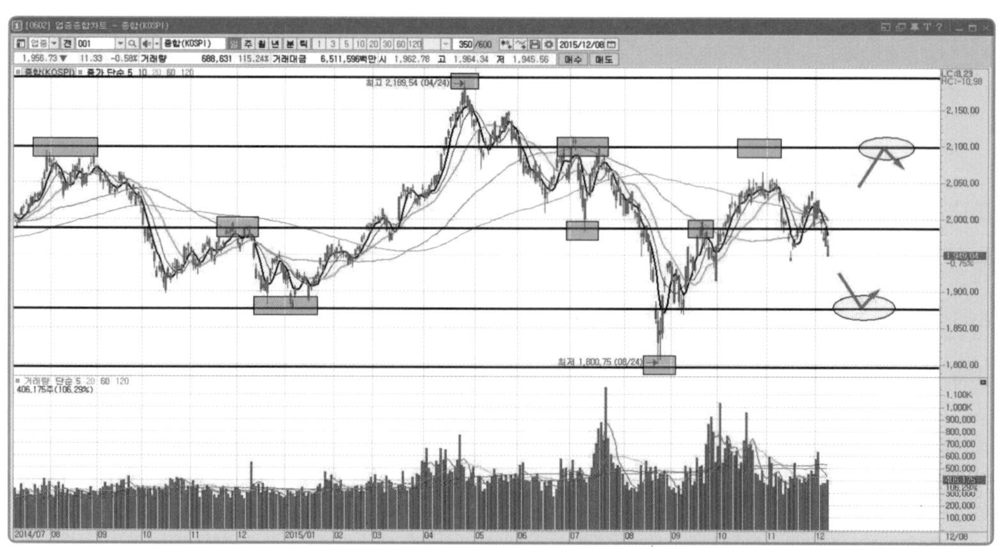

지수 일봉 차트에서 60일선, 120일선은 이격이 벌어졌을 경우, 지지력 또는 저항력이 발생하지만 신뢰도는 높지 못하다. 1차, 2차 지지선, 저항선을 설정해 지수 차트의 전반적인 흐름을 주시하고 큰 이격을 동반한 지지력, 저항력 또는 강력한 돌파력이 발생하는 기회의 순간을 기다리자. 보수적인 관점에서 시황을 분석한다면 확률 높은 시나리오 전략의 서론이 될 것이다.

시황 분석의 하이라이트는 기회의 순간을 포착하기 위한 기다림이다. 강력한 지지력이 발생할 수 있는 구간까지 하락하지 않는 주가지수가 예상치 못하게 내려와준다면 강력한 매수 기회가 될 것이다. 또한 섣불리 돌파를 예측하는 것이 아니라 강력한 돌파력이 발생하고 5일선, 20일선이 우상향하는 기회를 기다린다면 계좌 수익률이 가파르게 상승할 기회의 시나리오 전략을 세울 수 있을 것이다.

물론 반대로 5일선, 20일선이 우하향하는 하락장이 발생한다면 아무리 좋은 주식도 하락하며 주식시장에서 돈이 급속히 빠져나간다. 마찬가지로 강력한 저항선까지 주가지수가

과도하게 상승한다면 버블 붕괴를 우려해 현금을 보유하는 전략만이 계좌를 지키는 유일한 방법임을 항상 인지해야 한다.

■ 데일리 지수 유형

오전 9시에 개장해 오후 3시까지 하루 거래시간 동안 주가지수는 끊임없이 움직인다. 결국 주식시장의 방향성은 하루의 지수 움직임이 모여 결정된다. 수많은 전투에서 승리와 패배를 반복해 마침내 전쟁의 승패가 결정되듯이 주식시장의 가격 전쟁터에서 하루의 전투는 특별한 의미가 있다.

1987년 10월 19일 뉴욕증권시장에서 개장 초부터 하루 종일 대량 매도 주문이 쏟아져 주가지수가 22.6% 하락, 즉 주식시장의 $\frac{1}{4}$에 가까운 자금이 증발해버렸다. 하루의 주가지수가 미치는 영향력이 시장을 공포로 몰아넣었고 이날 시장은 '검은 월요일(Black Monday)'이라는 이름이 붙었다.

주식시장에는 앞으로 '검은 월요일'과 같은 날이 또 다시 발생하지 않는다는 보장이 없다. 따라서 시나리오 전략에는 예상치 못한 이런 최악의 상황을 항상 고려해야 한다. 확률 80%를 추구하는 트레이더에게 이런 특별한 움직임은 갑자기 발생하는 돌발변수다. 물론 어떤 돌발변수가 발생할지 예측하는 것은 불가능하다. 그러나 예상치 못한 20%에 대한 최악의 상황에 대처하기 위한 대응 원칙이 시나리오 전략에 반드시 포함되어야 한다.

대표적인 방법이 손절이다. 매수할 때처럼 다양한 변수를 분석하고 시나리오 전략을 세우는 것이 아니다. 손절하는 이유나 근거는 단지 예측과 다르게 움직였기 때문이다. 시장에 문제가 있는 것이 아니라 시나리오에 문제가 있는 것이다. 검은 월요일은 언제든지 또 다시 발생할 수 있으므로 시장의 문제가 아니다. 또한 트레이더의 시나리오는 예측확률이 100%가 아니기 때문에 예측과 다르게 움직인다고 해서 문제라고 말할 수는 없다. 하지만 예측과 다르게 움직일 경우, 손절 또는 헤징 등의 대응 원칙을 세우는 것은 선택이 아닌 필수사항이다.

20%의 특별한 경우를 제외하고 일반적인 하루의 지수 움직임은 4가지로 구분할 수 있

다. 시나리오 전략을 세우기 위해 기본적인 지수 패턴은 숙지하는 것이 유리할 것이다.

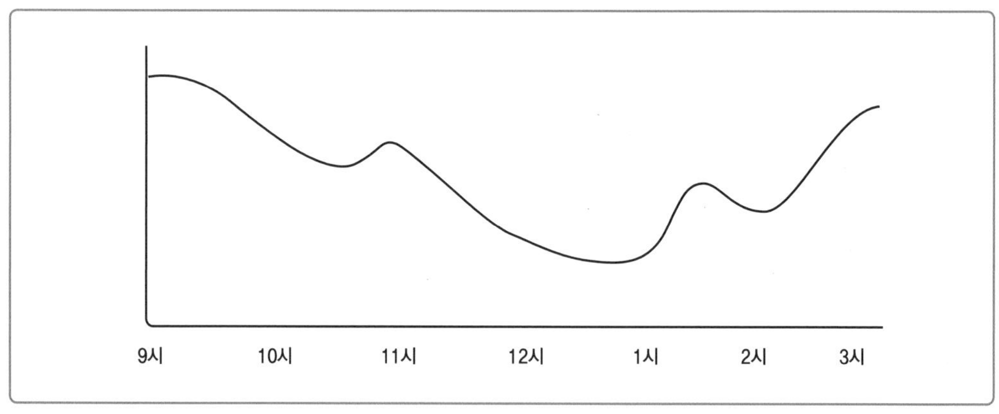

위 그래프는 하루의 주식시장 거래의 특징으로, 거래량에 큰 변화가 있다. 9시 개장과 동시에 가장 많은 주식거래가 활발히 이루어진다. 가장 두드러진 상승 또는 하락이 발생하며 장 초반부터 치열한 가격 공방전이 벌어진다.

시초가는 세력이 개입해 형성된다는 면에서 가격 지지, 저항에 중요한 의미가 있다. 시가와 거래량이 터지는 전반전에 큰 방향성이 결정되지만 점심시간 전까지 크고 작은 전투가 벌어지기도 한다. 점심시간 전후로는 거래량이 급감하는 일반적인 특징이 있는데 거래량과 함께 변동성도 줄어 옆으로 횡보하는 경향이 높다.

물론 급등락이 나타나기도 하는데 기본적으로 거래량이 줄었다는 것은 시장 참여자들의 투자심리가 온전히 반영되지 않은 것일 수도 있다는 점에서 시세왜곡 현상에 주의해야 한다. 방향성이 결정되는 큰 변화에는 반드시 거래량이 동반된다는 점을 이해한다면 하루의 의미 있는 몇 차례 전투가 어떻게 진행되었는지 분석함으로써 지수흐름을 충분히 파악할 수 있다. 하루의 지수 움직임은 크게 4가지로 구분할 수 있다.

'전강후약', '전약후강', '전약후약', '전강후강'

물론 상승 또는 하락을 시간대별로 구분할수록 경우의 수는 늘어나지만 복잡해질 뿐 큰 의미는 없다. 점심시간을 전후로 전반전, 후반전 두 차례의 큰 방향성을 염두에 두고 세력들의 의도를 반영하는 시가와 종가 부근의 방향성에 주목한다면 유리한 시나리오 전략을 수립하기에 부족함이 없을 것이다.

〈일일 수급〉

코스피

[0784] 투자자별 매매동향 - 일별동향/차트

투자자별매매종합 | 시간대별투자자 | 당일추이 | 일별동향/차트 | 순매수추이 | 업종별투자자순매수 | 당일매매현황 | 투자자별누적순매수 | 투자자별일별매매 | 종목별

2015/12/31 | 001 | 종합(KOSPI) | ◉KOSPI ○KOSDAQ ○선물 ○콜옵션 ○풋옵션 ○주식선물 ○미니선물 | ◉금액 ○수량 | 조회 | 다음 | 차트

일자	종합지수	전일비	거래대금	순 매 수 동 향 (금액:억원, 수량:천주)											
				개인	외국인	기관계	금융투자	보험	투신	기타금융	은행	연기금등	사모펀드	국가	기타법인
2015/12/30	1,961.31	▼ 5.00	37,066	+2,297	-382	-2,821	-2,896	+200	-73	+74	-55	+265	-352	+17	+890
2015/12/29	1,966.31	▲ 2.25	37,982	+2,643	-928	-2,775	-2,447	-345	-680	+83	-86	+718	-82	+65	+1,064
2015/12/28	1,964.06	▼ 26.59	38,405	-1,952	-304	+1,497	+1,606	+296	-745	-10	-151	+358	+139	+3	+778
2015/12/24	1,990.65	▼ 8.57	36,173	-3,624	-36	+3,510	+3,023	+733	-281	-252	-50	+488	-127	-24	+185
2015/12/23	1,999.22	▲ 6.66	43,457	-4,810	-63	+4,404	+3,133	+469	-188	-23	-33	+684	+281	+82	+468
2015/12/22	1,992.56	▲ 11.37	41,811	-2,716	-66	+2,166	-6	+50	+102	+26	-53	+2,123	-88	+12	+622
2015/12/21	1,981.19	▲ 5.87	35,946	-1,420	-1,141	+2,256	+1,745	+266	+85	+44	-21	+179	-40	-1	+372
2015/12/18	1,975.32	▼ 2.64	42,180	-663	-1,430	+1,758	+810	+415	+31	-17	+20	+509	-53	+43	+324
2015/12/17	1,977.96	▲ 8.56	39,238	-1,761	-655	+1,779	+413	+376	+79	+17	+78	+499	+210	+107	+633
2015/12/16	1,969.40	▲ 36.43	43,060	-3,954	-1,591	+5,341	+3,463	+670	+359	+43	+66	+53	+652	+35	+225
2015/12/15	1,932.97	▲ 5.15	36,437	-92	-3,527	+2,750	+2,189	+487	+122	+37	-54	-169	+137	+1	+904
2015/12/14	1,927.82	▼ 20.80	42,722	-1,478	-2,622	+3,438	+2,251	+662	+808	+54	-103	+23	-269	+12	+1,000
2015/12/11	1,948.62	▼ 3.45	41,265	-321	-2,312	+1,178	+436	+126	+371	-174	-37	+363	+100	-8	+1,449
2015/12/10	1,952.07	▲ 3.83	46,994	+165	-3,568	+2,304	-87	+594	+935	+31	-4	+322	+424	+91	+1,097
2015/12/09	1,948.24	▼ 0.80	36,905	-132	-2,429	+1,490	+600	+376	+322	+25	-42	+377	-180	+12	+1,086
2015/12/08	1,949.04	▼ 14.63	36,327	+598	-1,830	+251	-138	+84	+278	+5	-12	+93	-93	+33	+966
2015/12/07	1,963.67	▼ 10.73	33,967	+703	-1,474	-479	-58	-23	+120	-20	-68	-89	-342	+1	+1,255
2015/12/04	1,974.40	▼ 19.67	32,975	+1,542	-3,648	+652	-417	+154	+287	+16	-1	+571	+34	+9	+1,441
2015/12/03	1,994.07	▼ 15.22	35,153	+2,111	-2,548	-805	-788	+350	-22	+33	+18	+48	-431	-13	+1,250
2015/12/02	2,009.29	▼ 14.64	44,159	+1,221	-3,029	+75	-266	+379	-108	-36	+40	+215	-184	+34	+1,745

선물

[0784] 투자자별 매매동향 - 일별동향/차트

투자자별매매종합 | 시간대별투자자 | 당일추이 | 일별동향/차트 | 순매수추이 | 업종별투자자순매수 | 당일매매현황 | 투자자별누적순매수 | 투자자별일별매매 | 종목별

2015/12/31 | 001 | ○KOSPI ○KOSDAQ ◉선물 ○콜옵션 ○풋옵션 ○주식선물 ○미니선물 | ◉금액 ○수량 | 조회 | 다음 | 차트

일자	최근월물	전일비	거래대금	순 매 수 동 향 (금액:억원, 수량:계약)										
				개인	외국인	기관계	금융투자	보험	투신	기타금융	은행	연기금등	사모펀드	기타법인
2015/12/30	241.40	▼ 1.90	504	+304	-4,678	+3,787	+2,406	+105	+1,114	0	+26	+138	0	+587
2015/12/29	243.30	▲ 2.60	422	-3,116	+1,327	+2,376	-492	-112	+2,900	0	+11	+69	0	-587
2015/12/28	240.70	▼ 2.80	634	+1,471	-3,167	+1,612	+2,500	-483	-355	+75	-60	-64	0	+84
2015/12/24	243.50	▼ 1.75	485	+1,158	+4,081	-5,019	-1,905	-416	-2,652	0	+3	-50	0	-220
2015/12/23	245.25	▲ 2.10	372	-1,108	+11,292	-9,874	-7,024	+103	-2,823	-38	-17	-75	0	-310
2015/12/22	243.15	▲ 0.65	226	-2,806	+1,407	+1,276	+823	+147	+354	-5	-75	+32	0	+123
2015/12/21	242.50	▲ 0.40	294	+3,445	-2,455	-1,131	-740	+70	-449	-39	+70	-44	0	+140
2015/12/18	242.10	▲ 0.30	331	-3,013	+4,613	-1,047	-1,498	+193	+115	0	+162	-18	0	-554
2015/12/17	241.80	▼ 0.60	338	-378	-2,650	+3,031	+4,069	+383	-1,431	-38	+50	-2	0	-2
2015/12/16	242.40	▲ 4.70	526	-2,839	+7,377	-4,803	-6,484	-96	+1,819	-50	+61	-53	0	+265
2015/12/15	237.70	▲ 0.60	190	+1,474	-109	-1,555	-2,012	-259	+688	0	-4	+33	0	+190
2015/12/14	237.10	▼ 1.90	426	-1,857	+1,751	+294	-795	-68	+1,405	0	-234	-14	0	-187
2015/12/11	239.00	0	173	-307	-1,795	+1,708	+1,452	+25	+289	0	-54	-4	0	+394
2015/12/10	239.00	▲ 0.80	91	-306	-796	+1,614	-652	+127	+2,262	+5	-252	+124	0	-511
2015/12/09	238.20	0	27	+1,526	-36	-1,517	-1,261	-608	+511	0	-25	-135	0	+28
2015/12/08	238.20	▼ 1.30	49	+1,433	-2,260	+897	+1,353	-790	+156	+37	+224	-83	0	-70
2015/12/07	239.50	▼ 0.75	16	+1,126	-1,024	-168	+272	-585	+35	0	+125	-15	0	+65
2015/12/04	240.25	▼ 2.75	19	+1,395	-5,094	+3,254	+1,353	-651	+2,418	+75	+29	+31	0	+445
2015/12/03	243.00	▼ 3.10	15	+2,003	-6,961	+5,005	+3,909	+135	+925	0	+10	+25	0	-47
2015/12/02	246.10	▼ 0.90	6	+192	-2,297	+2,218	+2,834	+104	-857	0	+174	-36	0	-113

- 선물지수

파생시장은 현물시장과 밀접한 관련이 있다. 주식시장의 돈의 움직임을 정교하게 파악하려면 파생시장의 돈의 흐름을 부분적으로 이해해야 한다. 헤징의 개념과 파생상품의 선

물, 옵션에 대한 기본적인 이해를 바탕으로 자본력과 정보력을 가진 수급과 세력의 수익구조를 생각해보자.

〈일일 수급〉

시간	개인	외국인	기관계	금융투자	보험	투신	기타금융	은행	연기금등	사모펀드	국가	기타법인
매 도	43,329	12,920	8,776	3,125	770	1,453	169	177	2,108	658	316	387
매 수	44,587	13,211	6,876	1,967	609	1,275	60	170	1,939	528	328	747
순매수	+1,259	+291	-1,900	-1,158	-161	-178	-109	-7	-169	-130	+12	+360
증감	0	0	-1	0	-10	+1	0	-6	-12	-1	0	0
17:42:00	+1,259	+291	-1,900	-1,158	-161	-178	-109	-7	-169	-130	+12	+360
17:41:00	+1,259	+291	-1,900	-1,158	-161	-178	-109	-7	-169	-130	+12	+360
17:40:00	+1,259	+291	-1,900	-1,158	-161	-178	-109	-7	-169	-130	+12	+360
17:39:00	+1,259	+291	-1,900	-1,158	-161	-178	-109	-7	-169	-130	+12	+360
17:38:00	+1,259	+291	-1,900	-1,158	-161	-178	-109	-7	-169	-130	+12	+360
17:37:00	+1,259	+291	-1,900	-1,158	-161	-178	-109	-7	-169	-130	+12	+360
17:36:00	+1,259	+291	-1,900	-1,158	-161	-178	-109	-7	-169	-130	+12	+360
17:35:00	+1,259	+291	-1,900	-1,158	-161	-178	-109	-7	-169	-130	+12	+360
17:34:00	+1,259	+291	-1,900	-1,158	-161	-178	-109	-7	-169	-130	+12	+360
17:33:00	+1,259	+291	-1,900	-1,158	-161	-178	-109	-7	-169	-130	+12	+360
17:32:00	+1,259	+291	-1,900	-1,158	-161	-178	-109	-7	-169	-130	+12	+360
17:31:00	+1,259	+291	-1,900	-1,158	-161	-178	-109	-7	-169	-130	+12	+360
17:30:00	+1,259	+291	-1,900	-1,158	-161	-178	-109	-7	-169	-130	+12	+360
17:29:00	+1,259	+291	-1,900	-1,158	-161	-178	-109	-7	-169	-130	+12	+360
17:28:00	+1,259	+291	-1,900	-1,158	-161	-178	-109	-7	-169	-130	+12	+360
17:27:00	+1,259	+291	-1,900	-1,158	-161	-178	-109	-7	-169	-130	+12	+360
17:26:00	+1,259	+291	-1,900	-1,158	-161	-178	-109	-7	-169	-130	+12	+360
17:25:00	+1,259	+291	-1,900	-1,158	-161	-178	-109	-7	-169	-130	+12	+360
17:24:00	+1,259	+291	-1,900	-1,158	-161	-178	-109	-7	-169	-130	+12	+360
17:23:00	+1,259	+291	-1,900	-1,158	-161	-178	-109	-7	-169	-130	+12	+360

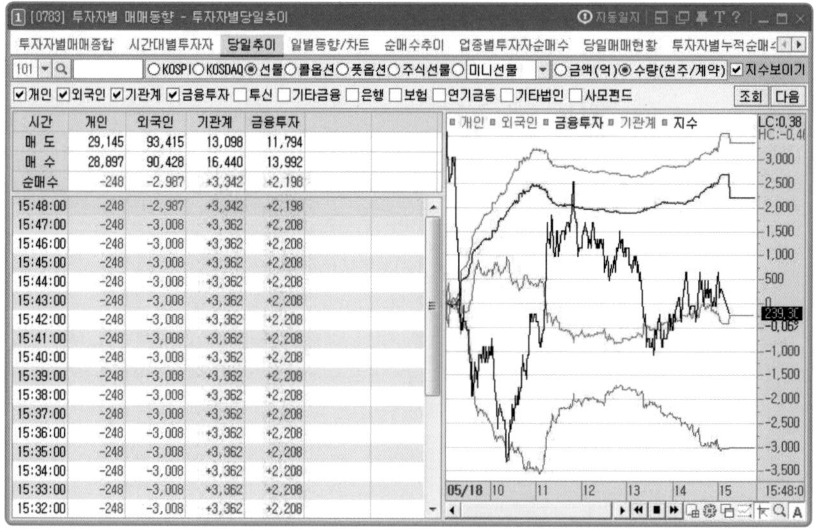

시간	개인	외국인	기관계	금융투자
매 도	29,145	93,415	13,098	11,794
매 수	28,897	90,428	16,440	13,992
순매수	-248	-2,987	+3,342	+2,198
15:48:00	-248	-2,987	+3,342	+2,198
15:47:00	-248	-3,008	+3,362	+2,208
15:46:00	-248	-3,008	+3,362	+2,208
15:45:00	-248	-3,008	+3,362	+2,208
15:44:00	-248	-3,008	+3,362	+2,208
15:43:00	-248	-3,008	+3,362	+2,208
15:42:00	-248	-3,008	+3,362	+2,208
15:41:00	-248	-3,008	+3,362	+2,208
15:40:00	-248	-3,008	+3,362	+2,208
15:39:00	-248	-3,008	+3,362	+2,208
15:38:00	-248	-3,008	+3,362	+2,208
15:37:00	-248	-3,008	+3,362	+2,208
15:36:00	-248	-3,008	+3,362	+2,208
15:35:00	-248	-3,008	+3,362	+2,208
15:34:00	-248	-3,008	+3,362	+2,208
15:33:00	-248	-3,008	+3,362	+2,208
15:32:00	-248	-3,008	+3,362	+2,208

차트를 통해 지수의 움직임이 예측 가능한 구간은 매우 짧을 뿐만 아니라 확률도 50~60%를 약간 상회하는 수준에 불과하다. 그럼에도 불구하고 반드시 지수 분석이 필요한 이유는 많은 시장참여자들이 지수 차트를 참조하기 때문으로 시장으로 돈이 들어오고

나가는 움직임은 투자심리에 직결된다.

시나리오 전략을 세우기 위해 돈의 흐름을 주시하고 지지, 저항, 돌파의 가격선을 통한 투자심리를 이해하는 것은 선택이 아닌 필수사항이다. 추가로 지수 분석의 영향력을 조금 더 높이려면 차트와 함께 수급을 참조하는 것이 유리하다.

실시간으로 변하는 주가의 움직임이 모여 하루의 캔들이 되고 하루의 캔들이 모여 1개월, 1년의 움직임이 결정된다. HTS를 통해 실시간 수급 변화를 체크할 수도 있고 일일 수급 변화를 확인할 수 있다. 기준 설정이 조금 더 분명하면 좋겠다고 생각할 수 있다. 하지만 개인 역량으로 시장의 움직임을 완벽히 통제하는 것은 불가능하다는 것을 인정해야 한다. 따라서 지수 분석으로 예측하고 통제할 수 있는 것들에 집중해야 한다. 이것을 위해 설정한 몇 가지 단순한 기준들을 충분히 습득하고 시장에 적용하기 위한 훈련이 필요하다.

기준과 원칙의 한계를 극복하고 급변하는 시장을 정교하게 예측하기 위해서는 말로 설명하기 힘든 감각적인 요소가 수반되어야 한다. 강력한 지지, 저항, 돌파의 가격선을 설정하고 돈의 움직임을 파악하기 위해서는 차트와 수급뿐만 아니라 업종 분석과 모멘텀 분석이 반드시 필요하다. 이제부터 감각적인 요소를 한층 정교하게 다루기 위한 업종 분석과 모멘텀 분석에 대해 알아보자.

업종

지수 분석을 통해 주식시장으로 들어오고 나가는 돈의 움직임을 판단했다. 그렇다면 다음으로 주식시장 안에서 구체적으로 돈이 어디서 어디로 움직이는지 돈의 흐름을 분석해야 한다. 업종 분석이 중요한 이유는 주식시장에서 움직이는 돈의 흐름에 몇 가지 중요한 특징이 나타나기 때문이다.

트레이딩 전략을 이해했다면 돈의 흐름에 나타나는 중요한 특징을 파악할 수 있을 것이다. '수급=유행' 공식으로 살펴보자. 주식시장에도 유행이 존재한다. 어떤 이유로 주가 상승에 대한 투자심리가 집중된다면 유행을 타고 돈은 자연스레 몰리게 된다. 상승의 원인은 다양하지만 유행이 가장 큰 유행의 원인이 되는 것이다.

'세력=사재기' 공식의 접근도 같다. 기관, 외국인, 큰 손들이 자본력과 정보력을 바탕으로 주가를 끌어올리는 종목은 자연스레 시장의 돈이 몰리기 마련이다. 이런 주식시장의 특징으로 주도 업종, 주도 테마의 존재를 이해할 수 있다.

시장으로 돈이 들어오며 주가지수가 상승하는 가장 큰 원인은 특정 업종이나 테마(유행)에 돈이 몰리는 현상 때문이다. 따라서 시장을 상승 견인하는 주도 업종, 주도 테마를 파악하는 것은 시황 분석의 중요한 쟁점이다. 앞에서 파레토의 법칙, 80대20의 법칙이 주도 업종, 주도 테마에도 적용되는 것이다.

시장으로 들어오는 돈의 대부분은 주도 업종, 주도 테마로 들어온다. 즉, 주도 업종, 주도 테마 종목들이 단체로 상승하며 주가지수를 상승 견인하는 것이다.

돈이 몰리는 업종은 투자심리가 좋을 때는 더 크게 상승하고 투자심리가 나쁠 때는 적게 빠진다. 주식시장으로 밀물처럼 들어오는 돈을 해변의 파도라고 생각해보자. 파도는 물이 들어왔다가 나가지만 곧 다시 파도치며 점점 해변으로 물이 찬다. 시장을 상승 견인하는 주도 업종은 돈의 밀물처럼 빠질 때는 적게 빠지고 들어올 때는 많이 들어온다.

썰물이 찾아오면 주식시장에는 어떤 현상이 벌어질까? 주도 업종에서 돈이 빠져나가며 본격적으로 시장의 하락이 시작된다. 그러나 마지막까지 시장의 돈을 잡아둔 것은 주도 업종이다. 다른 종목들은 주도 업종이 하락하기도 전에 돈이 빠져나가기 마련이다. 심지어 시장이 하락하기도 전에 최전방에서 시장의 하락을 주도하기도 한다. 상승장이든 하락장이든 시장의 관심은 항상 좋은 종목에 쏠려 있다.

시장에서 좋은 종목은 무엇일까? 상승할 때 크게 상승하고 하락할 때 적게 하락하는 종목이다. 주도 업종으로 돈이 몰리는 현상을 이해했다면 돈이 몰리는 업종을 포착하고 주도 업종으로 선정해 공략해야 한다는 결론에 이른다.

주식시장으로 들어오고 나가는 돈의 흐름을 파악하기 위해 2천 개가 넘는 종목들을 개별적으로 분석하는 것은 무의미하다. 따라서 종목들을 몇 가지 기준으로 구분하고 주도 업종, 주도 테마로 시장의 특징을 이해한다면 유리한 시나리오 전략을 세울 수 있을 것이다.

〈업종별 분류〉

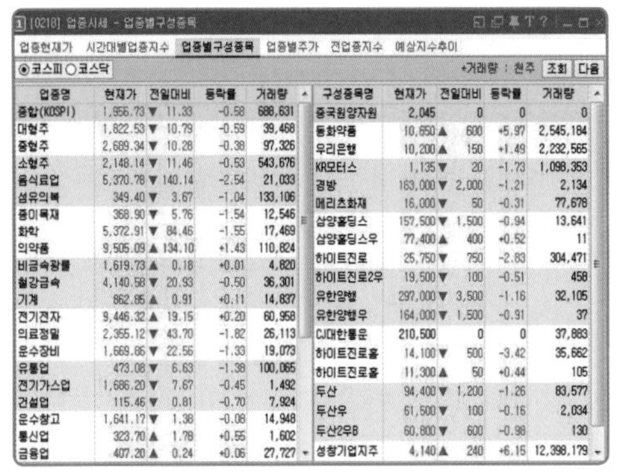

[0218] 업종시세 - 업종별구성종목

업종현재가 시간대별업종지수 업종별구성종목 업종별주가 전업종지수 예상지수추이

⊙코스피 ○코스닥 •거래량 : 천주 조회 다음

업종명	현재가	전일대비	등락률	거래량	구성종목명	현재가	전일대비	등락률	거래량
종합(KOSPI)	1,956.73	▼ 11.33	-0.58	688,631	중국원양자원	2,045	0	0	0
대형주	1,822.53	▼ 10.79	-0.59	39,468	동화약품	10,650	▲ 600	+5.97	2,545,184
중형주	2,689.34	▼ 10.28	-0.38	97,326	우리은행	10,200	▲ 150	+1.49	2,232,565
소형주	2,148.14	▼ 11.46	-0.53	543,676	KR모터스	1,135	▼ 20	-1.73	1,098,353
음식료업	5,370.78	▼ 140.14	-2.54	21,033	경방	163,000	▼ 2,000	-1.21	2,134
섬유의복	349.40	▼ 3.67	-1.04	133,106	메리츠화재	16,000	▼ 50	-0.31	77,678
종이목재	368.90	▼ 5.76	-1.54	12,546	삼양홀딩스	157,500	▼ 1,500	-0.94	13,641
화학	5,372.91	▼ 84.46	-1.55	17,469	삼양홀딩스우	77,400	▲ 400	+0.52	11
의약품	9,505.09	▲ 134.10	+1.43	110,824	하이트진로	25,750	▼ 750	-2.83	304,471
비금속광물	1,619.73	▲ 0.18	+0.01	4,820	하이트진로2우	19,500	▼ 100	-0.51	458
철강금속	4,140.58	▼ 20.93	-0.50	36,301	유한양행	297,000	▼ 3,500	-1.16	32,105
기계	862.85	▲ 0.91	+0.11	14,837	유한양행우	164,000	▼ 1,500	-0.91	37
전기전자	9,446.32	▲ 19.15	+0.20	60,958	CJ대한통운	210,500	0	0	37,883
의료정밀	2,355.12	▼ 43.70	-1.82	26,113	하이트진로홀	14,100	▼ 500	-3.42	35,662
운수장비	1,669.86	▼ 22.56	-1.33	19,073	하이트진로홀	11,300	▲ 50	+0.44	105
유통업	473.08	▼ 6.63	-1.38	100,065	두산	94,400	▼ 1,200	-1.26	83,577
전기가스업	1,686.20	▼ 7.67	-0.45	1,492	두산우	61,500	▼ 100	-0.16	2,034
건설업	115.46	▼ 0.81	-0.70	7,924	두산2우B	60,800	▼ 600	-0.98	130
운수창고	1,641.17	▼ 1.38	-0.08	14,948	성창기업지주	4,140	▲ 240	+6.15	12,398,179
통신업	323.70	▲ 1.78	+0.55	1,602					
금융업	407.20	▲ 0.24	+0.06	27,727					

[0218] 업종시세 - 업종별구성종목

업종현재가 시간대별업종지수 업종별구성종목 업종별주가 전업종지수 예상지수추이

○코스피 ⊙코스닥 •거래량 : 천주 조회 다음

업종명	현재가	전일대비	등락률	거래량	구성종목명	현재가	전일대비	등락률	거래량
종합(KOSDAQ)	683.87	▼ 12.08	-1.74	669,342	차이나하오란	1,510	▼ 30	-1.95	383,504
기타서비스	2,285.29	▼ 29.53	-1.28	13,674	에스앤씨엔진	1,480	▼ 55	-3.58	632,799
코스닥IT종합	856.39	▼ 13.75	-1.58	246,471	이스트아시아	1,140	▼ 10	-0.87	297,725
제조	2,167.06	▼ 45.61	-2.06	288,602	웨이포트	813	▼ 22	-2.63	372,694
건설	90.66	▼ 1.04	-1.13	21,370	완리	1,710	▼ 40	-2.29	724,742
유통	538.87	▼ 5.26	-0.97	41,971	삼천당제약	9,070	▼ 190	-2.05	177,798
운송	5,468.15	▲ 63.73	+1.18	20,208	중앙에너비스	29,100	▼ 50	-0.17	1,199
금융	784.41	▼ 1.30	-0.17	15,903	신라섬유	2,840	▼ 110	-3.73	301,316
통신방송서비스	1,693.41	▼ 12.99	-0.76	51,483	안국약품	18,600	▲ 900	+5.08	487,485
IT S/W & SVC	1,916.60	▼ 27.29	-1.40	67,724	무림SP	3,180	▼ 60	-1.85	56,468
IT H/W	400.43	▼ 7.65	-1.87	127,264	이화공영	2,825	▼ 40	-1.40	90,398
음식료/담배	11,179.19	▼ 80.13	-0.71	17,704	피에스텍	6,010	▼ 140	-2.28	85,308
섬유/의류	677.49	▼ 0.94	-0.14	15,259	삼일기업공사	4,255	▲ 155	+3.78	1,436,774
종이/목재	6,784.59	▼ 144.65	-2.09	1,479	한탑	1,975	▲ 60	+3.13	62,319
출판/매체복제	4,404.95	▼ 123.30	-2.72	5,881	선광	18,000	▼ 200	-1.10	9,576
화학	2,580.85	▼ 55.30	-2.10	45,523	대주산업	1,350	▲ 15	+1.12	7,059,965
제약	6,716.61	▼ 179.26	-2.60	28,588	포스코켐텍	11,200	▼ 300	-2.61	93,536
비금속	31,412.05	▼ 726.88	-2.26	14,679	에이스침대	171,300	▲ 5,500	+3.32	4,654
금속	2,295.71	▼ 78.98	-3.33	49,451	한국가구	40,400	▼ 2,500	-5.83	15,753
기계/장비	513.89	▼ 10.78	-2.05	28,804					
일반전기전자	654.30	▼ 19.59	-2.91	19,544					

기본적으로 코스피, 코스닥 시장으로 분류할 수 있다. 다음으로 대표 업종을 크게 5가지 제조, 금융, 유통, 수주, 서비스 업종으로 구분할 수 있다. 환율, 원자재가격, 금리 등 가격 변동이나 정부 정책에 따라 동일한 시장요소가 수혜 업종과 피해 업종으로 극명한 영향력을 미친다. 환율상승은 수출기업의 이익에는 긍정적이지만 내수기업의 실적에는 부정적이다. 마찬가지로 저유가시대가 장기화되면서 실적 나아가 주가에서 업종별 희비가 나타나고 있다.

	해당 산업	대표 기업
금융	은행, 증권, 보험, 카드, 리스	외환은행, 키움증권, 삼성생명
제조	자동차, 정보기술, 철강금속 정유, 의류, 제약, 음식료	삼성전자, 현대자동차, POSCO
수주	조선, 건설, 기계, 항공기 제조	현대중공업, GS건설
유통	백화점, 해운, 항만, 항공, 운송, 택배	현대백화점, 신세계
서비스	교육, 게임,의료, 관광, 방송, 콘텐츠	엔씨소프트, 메가스터디

테마에는 다양한 종류가 있는데 앞 4장에서 이미 설명했다. 이런 테마군이 형성되는 이

유는 무엇일까? 주가에 가장 직접적인 영향을 미치는 것은 실적이다. 그 다음으로 정부 정책, 신기술 개발, 업종 호황, 사건 사고 등이 있고 가장 대표적인 테마는 5년마다 찾아오는 대선 테마를 꼽을 수 있다. 대선을 앞두고 정책주, 인맥주로 분류되어 많은 종목들이 예상 출마자들의 지지율에 따라 기대감과 우려감으로 상승과 하락이 반복된다.

다음 페이지의 뉴스 기사를 보자. 뉴스를 통해 알 수 있듯이 유력 정치인의 차기 대선후보 지지율에 따라 주가가 상승과 하락을 반복한다는 것은 매우 확률 높은 시장의 현상이다. 정치 테마주는 허상에 불과하다고 말하지만 시장은 그렇게 반응하고 있지 않다.

수급과 세력의 수요와 공급에 따라 움직이는 대선 테마주는 금감원의 특별한 제도적 제한장치가 생기지 않는다면 앞으로도 시장에서 자연스럽게 반응할 것이다.

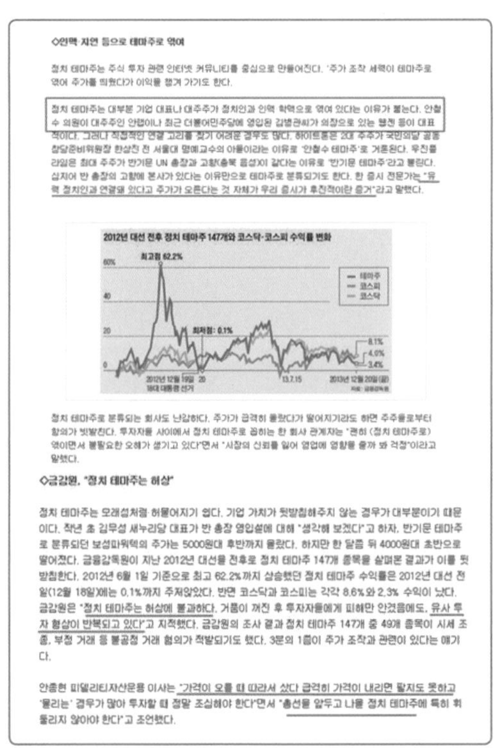

◇인맥·지연 등으로 테마주로 엮여

정치 테마주는 주식 투자 관련 인터넷 커뮤니티를 중심으로 만들어진다. '주가 조작 세력이 테마주로 엮어 주가를 띄웠다가 이익을 챙겨 가기도 한다.

정치 테마주는 대부분 기업 대표나 대주주가 정치인과 인맥·학맥으로 엮여 있다는 이유가 붙는다. 안철수 의원이 대주주인 안랩이나 최근 더불어민주당에 영입된 김병관씨가 의장으로 있는 웹젠 등이 대표적이다. 그러나 직접적인 연결 고리를 찾기 어려운 경우도 많다. 하이트롱은 2대 주주가 국민의당 공동창당준비위원장 한상진 전 서울대 명예교수의 아들이라는 이유로 '안철수 테마주'로 거론된다. 우진플라임은 최대 주주가 반기문 UN 총장과 고향(충북 음성)이 같다는 이유로 '반기문 테마주'라고 불린다. 심지어 반 총장의 고향에 본사가 있다는 이유만으로 테마주로 분류되기도 한다. 한 증시 전문가는 "유력 정치인과 연결돼 있다고 주가가 오른다는 것 자체가 우리 증시가 후진적이란 증거"라고 말했다.

정치 테마주로 분류되는 회사도 난감하다. 주가가 급격히 올랐다가 떨어지기라도 하면 주주들로부터 항의가 빗발친다. 투자자들 사이에서 정치 테마주로 꼽히는 한 회사 관계자는 "괜히 (정치 테마주로) 엮이면서 불필요한 오해가 생기고 있다"면서 "시장의 신뢰를 잃어 영업에 영향을 줄까 봐 걱정"이라고 말했다.

◇금감원, "정치 테마주는 허상"

정치 테마주는 모래성처럼 허물어지기 쉽다. 기업 가치가 뒷받침해주지 않는 경우가 대부분이기 때문이다. 작년 초 김무성 새누리당 대표가 반 총장 영입설에 대해 "생각해 보겠다"고 하자, 반기문 테마주로 분류되던 보성파워텍의 주가는 5000원대 후반까지 올랐다. 하지만 한 달쯤 뒤 4000원대 초반으로 떨어졌다. 금융감독원이 지난 2012년 대선을 전후로 정치 테마주 147개 종목을 살펴본 결과가 이를 뒷받침한다. 2012년 6월 1일 기준으로 최고 62.2%까지 상승했던 정치 테마주 수익률은 2012년 대선 전일(12월 18일)에는 0.1%까지 주저앉았다. 반면 코스닥과 코스피는 각각 8.6%와 2.3% 수익이 났다. 금감원은 "정치 테마주는 허상에 불과하다. 거품이 꺼진 후 투자자들에게 피해만 안겼음에도, 유사 투자 형상이 반복되고 있다"고 지적했다. 금감원의 조사 결과 정치 테마주 147개 중 49개 종목이 시세 조종, 부정 거래 등 불공정 거래 혐의가 적발되기도 했다. 3분의 1쯤이 주가 조작과 관련이 있다는 얘기다.

안홍현 피델리티자산운용 이사는 "가격이 오를 때 따라서 샀다 급격히 가격이 내리면 팔지도 못하고 '물리는' 경우가 많아 투자할 때 정말 조심해야 한다"면서 "총선을 앞두고 나올 정치 테마주에 특히 휘둘리지 않아야 한다"고 조언했다.

주도 업종, 주도 테마에 대한 시장의 현상을 처음부터 이해하고 받아들이는 것은 쉽지 않다. 쟁점은 테마주를 공략해야 한다는 것이 아니다. 이런 시장에서 일어나는 현상을 이해하고 돈의 흐름을 분석할 수 있어야 유리한 시나리오 전략을 세울 수 있다는 것이다.

이런 시장의 업종, 테마에 대한 이해 없이 개별종목을 분석하고 기법이나 재무제표를 고집하는 것은 나무에 집중하느라 숲을 못 보는 것과 같다. 가치투자처럼 개별종목에 대한 심층 분석으로 기업 가치를 판단했더라도 저평가, 고평가를 판단하기 위해서는 시장에 대한 상대적 가치를 비교해야만 한다.

테마주에 대한 움직임이 주식시장의 부정적인 모습이더라도 이것을 무조건 부정하고 무시할 것이 아니라 시장에서 일어나는 현상을 관찰하고 원리를 이해할 필요가 있다. 현명한 트레이더는 나무와 숲을 골고루 분석할 수 있는 기준을 선택해야 한다.

모멘텀

매일 아침 지난 밤 해외시장의 움직임을 정리하는 뉴스가 보도된다. 뉴스에는 하루도 빠짐없이 상승과 하락에 대한 원인을 명시해야 한다는 기자정신이 발휘된다. 그러나 기자는 트레이더가 아니다. 애널리스트도 트레이더가 아니다. 그들의 예측과 주가의 움직임에 대한 분석은 상승 또는 하락이라는 50% 확률을 조금 상회하는 수준에 불과하다. 그들의 목적은 주가의 움직임을 예측하는 것이 아니라 주가의 움직임을 설명하는 것이다.

주요 뉴스

머니투데이

[뉴욕마감]유가 급등·CPI 호조에 이틀째↑…S&P 1%↑

2015-12-16 06:29:16

[머니투데이 뉴욕=서명훈 특파원]

뉴욕 증시가 국제유가 급등에 따른 에너지 업종의 선전과 금리인상 수혜가 예상되는 금융업종의 약진에 힘입어 1% 가까이 상승했다. 소비자물가지수(CPI)가 상승한 것도 호재로 작용했고 유럽 증시도 급등하면서 힘을 보탰다.

15일(현지시간) 뉴욕 증시에서 스탠다드앤푸어스(S&P)500 지수는 전날보다 21.47포인트(1.06%) 상승한 2043.41을 기록했다. 다우존스산업평균 지수는 156.41포인트(0.9%) 오른 1만7524.91로 마감했다. 나스닥종합지수 역시 43.13포인트(0.87%) 상승한 4995.36으로 거래를 마쳤다.

'유가급등에 따른 증시 상승'이라는 헤드라인이 하루가 멀다 하고 '유가급등에도 불구하고 증시 하락'이라는 헤드라인과 바꿔가며 등장한다. 소비자물가지수 등 각종 경제지표들은 하루에도 몇 개씩 발표되는데 지표 발표 때마다 지수에 영향을 발휘하는 것은 어불성설이다.

물론 중요한 지표는 결과에 따라 지수에 직접적인 영향을 미치지만 여기서 또 하나의 모순이 생긴다. 긍정적인 지표가 발표되면 지수가 상승할까? 그렇다면 모든 투자자들이 지표 발표 직후, 결과를 확인하자마자 매수하면 될 것이다. 중요한 지표 발표 때마다 시장의 모든 관심을 받고 발표와 동시에 주가는 아래위로 요동치지만 결과는 지표가 아니라 시장의 반응에 달려 있다. 쉽게 말해 확률은 여전히 50%다.

예를 들어, 금리인상이라는 모멘텀이 악재로 작용해 주가를 하락시키는 것이 아니다. 금리를 인상하겠다는 발표와 함께 증시가 하락한다면 금리인상 우려감 때문이라고 설명할 것이고 증시가 상승한다면 금리인상 우려감이 이미 주가에 선반영 되었거나 악재 소멸에 따른 즉, 금리인상 우려감이 해소되었기 때문이라고 설명할 것이다.

모멘텀을 단독으로 분석하는 것은 역부족이다. 자본력과 정보력이 부족한 개인이 스스로 모멘텀을 분석하는 것은 불가능하며 각종 리포트나 기사자료를 참조하는 것도 판단의 기준이 되지 못한다. 경제위기 때문에 증시가 하락한 것인지, 증시가 하락해 경제위기가 도래한 것인지, 사실 '계란이 먼저냐 달걀이 먼저냐'의 논쟁일 뿐이다.

중요한 것은 바로 시장의 반응 즉, 투자심리에 달려 있다. 투자심리는 'F=투심(차트, 수급, 모멘텀)' 공식에 따라 접근해야 한다.

트레이더에게 차트는 '주 무기'이고 모멘텀은 '보조무기'다. 시나리오 트레이딩 시스템에서 사용하는 기법은 기본적으로 차트를 무기로 삼는다. 기준봉을 선정할 때 최우선은 차트로 확인할 수 있는 지지력, 저항력, 돌파력이다.

차트가 우선하며 수급과 모멘텀은 차트를 보조한다. 앞에서 기준봉의 원리에서 배웠듯이 지지력, 저항력, 돌파력이 발생할 경우, 차트는 일반적인 패턴으로 움직이기 마련이다. 차트를 통해 수급과 세력을 예측하고 시장에 알려지지 않은 모멘텀이 존재한다는 것을 눈치 챌 수도 있다. 물론 차트를 맹신해선 안 된다. 이런 특징을 역이용하는 시장의 움직임도 있으며 차트 기준만으로 예측하는 시장의 움직임은 50~60% 확률을 조금 상회하는 수준이다.

따라서 차트를 기준으로 시장을 바라볼 때 수급과 모멘텀으로 확률을 높이기 위한 기준을 더 타이트하게 잡아야 한다.

모멘텀 분석을 위해서는 특별한 정보력이 필요한가? 남들이 모르는, 누구보다 빠른 정보를 우리 손에 넣는 데는 현실적인 어려움이 있을 뿐만 아니라 시황 분석에서 남보다 빠른 모멘텀 분석은 큰 의미가 없다. 모멘텀이 본격적으로 시장에 반영될 때 강한 투자심리에 편승하는 전략이 더 유리한 경우가 많다. 또한 대부분이 시황 분석을 전문가의 영역이며 많은 공부가 필요하고 접근하기 어렵다고 생각한다. 위 사진처럼 NAVER와 같은 포털 사이트에서 누구나 쉽게 시황 분석을 할 수 있다.

기법차트가 확률이 높은 것은 반복되는 차트 패턴을 많은 사람들이 참고하기 때문이다. 마찬가지로 모멘텀을 분석하기 위해서는 많은 사람들이 참고하는 것을 확인해야 한다.

바로 헤드라인 뉴스, 기사, 이슈들이다. 헤드라인은 한 눈에 많은 사람들에게 전달되어 투자심리를 반영하고 주가의 움직임에 큰 영향을 미친다.

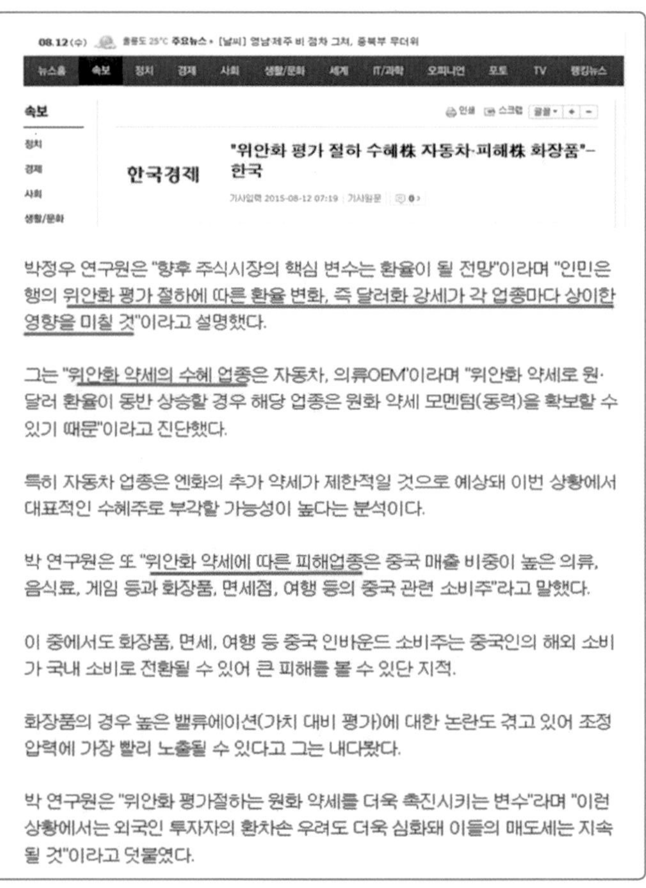

08.12(수) 흐림도 25°C 주요뉴스 • [날씨] 영남·제주 비 점차 그쳐, 중북부 무더위

뉴스홈 속보 정치 경제 사회 생활/문화 세계 IT/과학 오피니언 포토 TV 랭킹뉴스

속보

한국경제

"위안화 평가 절하 수혜株 자동차·피해株 화장품"-한국

기사입력 2015-08-12 07:19 | 기사원문

박정우 연구원은 "향후 주식시장의 핵심 변수는 환율이 될 전망"이라며 "인민은행의 위안화 평가 절하에 따른 환율 변화, 즉 달러화 강세가 각 업종마다 상이한 영향을 미칠 것"이라고 설명했다.

그는 "위안화 약세의 수혜 업종은 자동차, 의류OEM"이라며 "위안화 약세로 원·달러 환율이 동반 상승할 경우 해당 업종은 원화 약세 모멘텀(동력)을 확보할 수 있기 때문"이라고 진단했다.

특히 자동차 업종은 엔화의 추가 약세가 제한적일 것으로 예상돼 이번 상황에서 대표적인 수혜주로 부각할 가능성이 높다는 분석이다.

박 연구원은 또 "위안화 약세에 따른 피해업종은 중국 매출 비중이 높은 의류, 음식료, 게임 등과 화장품, 면세점, 여행 등의 중국 관련 소비주"라고 말했다.

이 중에서도 화장품, 면세, 여행 등 중국 인바운드 소비주는 중국인의 해외 소비가 국내 소비로 전환될 수 있어 큰 피해를 볼 수 있단 지적.

화장품의 경우 높은 밸류에이션(가치 대비 평가)에 대한 논란도 겪고 있어 조정 압력에 가장 빨리 노출될 수 있다고 그는 내다봤다.

박 연구원은 "위안화 평가절하는 원화 약세를 더욱 촉진시키는 변수"라며 "이런 상황에서는 외국인 투자자의 환차손 우려도 더욱 심화돼 이들의 매도세는 지속될 것"이라고 덧붙였다.

각종 경제지식을 동반한 심층적인 시황 분석이 필요하다는 편견을 버려라. 뉴스나 기사의 헤드라인을 통해 주가의 움직임에 영향을 미치는 투자심리를 이해하는 것으로 충분하다.

기사 내용에는 투자심리에 영향을 미치는 변수들과 기대감이나 우려감이 시장에 미칠 영향이 설득력 있게 제시되어 있다. 논리적 근거와 인과관계를 확인할 수 있을 정도의 훈련을 한다면 시시각각 변하는 시장의 움직임을 이해할 수 있을 것이다.

모멘텀을 분석하는 목적은 상승이나 하락을 예측하는 것이 아니라 기대감이나 우려감이 시장에 어떻게 반영되는지 확인하는 것이다. 모멘텀 분석은 차트 분석의 근거를 뒷받침하며 돈이 들어오는 업종이나 테마를 선정하고 유리한 시나리오 전략 수립을 위한 나침반 역할을 한다.

모멘텀의 종류는 수없이 많고 다양하다. 경기와 경제성장률, 금리, 환율, 유가, 각종 경제지표 등 시황 분석을 위해 모든 변수를 공부하고 그때마다 분석하는 데는 어려움이 많다. 하지만 모멘텀을 복잡하게 분석할 필요는 없다.

대표적인 사례를 살펴보자. 2015년 12월 17일 미국의 금리인상이라는 중요한 모멘텀이 발생했다. 모멘텀을 어렵게 분석한다고 해서 예측 가능한 구간이 늘어나는 것은 아니다. 평소처럼 몇 가지 기준을 체크하며 시황 분석을 마친다.

1. 해외지수 체크
2. 경제TV 시황 방송 시청
3. NAVER 헤드라인 뉴스 확인

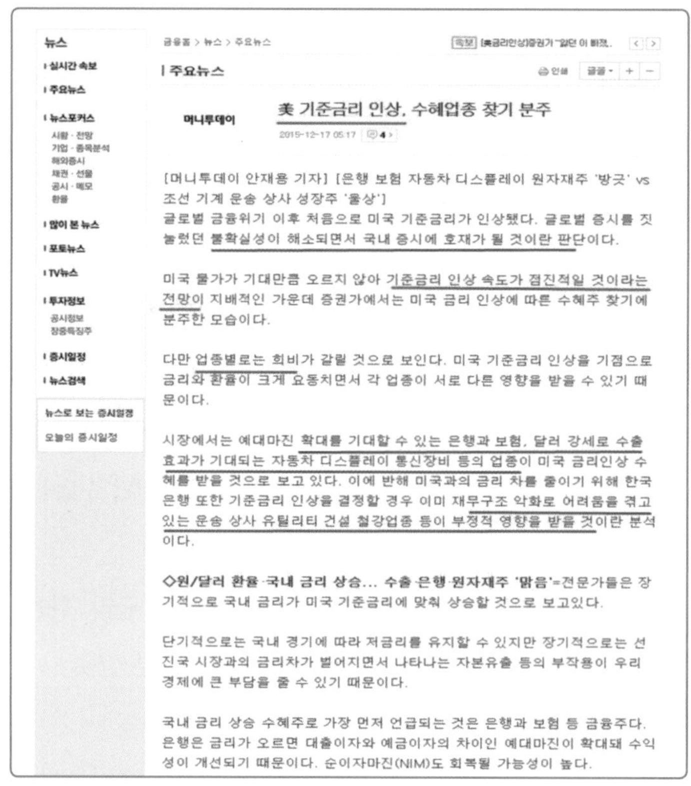

뉴스
실시간 속보
주요뉴스
뉴스포커스
시황 · 전망
기업 · 종목분석
해외증시
채권 · 선물
공시 · 메모
환율
많이 본 뉴스
포토뉴스
TV뉴스
투자정보
공시정보
장중특징주
증시일정
뉴스검색
뉴스로 보는 증시일정
오늘의 증시일정

금융홈 > 뉴스 > 주요뉴스

| 주요뉴스

머니투데이

美 기준금리 인상, 수혜업종 찾기 분주

2015-12-17 05:17

[머니투데이 안재용 기자] [은행 보험 자동차 디스플레이 원자재주 '방긋' vs 조선 기계 운송 상사 성장주 '울상']
글로벌 금융위기 이후 처음으로 미국 기준금리가 인상됐다. 글로벌 증시를 짓눌렀던 불확실성이 해소되면서 국내 증시에 호재가 될 것이란 판단이다.

미국 물가가 기대만큼 오르지 않아 기준금리 인상 속도가 점진적일 것이라는 전망이 지배적인 가운데 증권가에서는 미국 금리 인상에 따른 수혜주 찾기에 분주한 모습이다.

다만 업종별로는 희비가 갈릴 것으로 보인다. 미국 기준금리 인상을 기점으로 금리와 환율이 크게 요동치면서 각 업종이 서로 다른 영향을 받을 수 있기 때문이다.

시장에서는 예대마진 확대를 기대할 수 있는 은행과 보험, 달러 강세로 수출효과가 기대되는 자동차 디스플레이 통신장비 등의 업종이 미국 금리인상 수혜를 받을 것으로 보고 있다. 이에 반해 미국과의 금리 차를 줄이기 위해 한국은행 또한 기준금리 인상을 결정할 경우 이미 재무구조 악화로 어려움을 겪고 있는 운송 상사 유틸리티 건설 철강업종 등이 부정적 영향을 받을 것이란 분석이다.

◇원/달러 환율·국내 금리 상승... 수출·은행·원자재주 '맑음'=전문가들은 장기적으로 국내 금리가 미국 기준금리에 맞춰 상승할 것으로 보고있다.

단기적으로는 국내 경기에 따라 저금리를 유지할 수 있지만 장기적으로는 선진국 시장과의 금리차가 벌어지면서 나타나는 자본유출 등의 부작용이 우리 경제에 큰 부담을 줄 수 있기 때문이다.

국내 금리 상승 수혜주로 가장 먼저 언급되는 것은 은행과 보험 등 금융주다. 은행은 금리가 오르면 대출이자와 예금이자의 차이인 예대마진이 확대돼 수익성이 개선되기 때문이다. 순이자마진(NIM)도 회복될 가능성이 높다.

빨간색 선은 사실 정보, 파란색 선은 주관적인 정보로 각각 투자심리에 영향을 미친다. 투자심리는 곧 시장에 반영되는데 확실한 정보를 체크하는 것으로 충분하다. 확실한 정보의 기준은 무엇일까? 앞에서 배운 '허용한계'의 개념으로 '확실한 정보'의 기준을 더 확실히 세우는 것이다. 10명이 보는 정보가 아니라 100명이 보는 정보를 체크해야 한다. 100명 중 90명이 같은 생각을 하는 일반적인 정보를 체크해야 한다.

모멘텀 분석이 '주 무기'가 아닌 '보조무기'가 될 수밖에 없는 이유는 기준이 분명하지 못한 한계 때문이다. 기대감, 우려감이라는 투자심리를 분석하는 데는 어려움이 있지만 헤드라인 뉴스 2~3개만 체크하는 이유를 생각해보자. 그 날 가장 중요한 이슈를 다룬 것이 헤드라인이다. 투자심리에 가장 큰 영향을 미치는 헤드라인에 집중하듯이 모든 정보는 사실 여부와 주관적인 견해의 논리력과 설득력을 엄격한 기준으로 판단해야 한다. 수많은 캔들 중 단 하나의 캔들, 기준봉에 집중하듯이 애매모호한 정보나 뉴스, 지표에 흔들리지 않을 수 있는 확실한 모멘텀에 집중하는 것이 분명한 기준이 되는 것이다.

Key Point

1. 지수 차트를 통해 코스피, 코스닥 시장의 1차, 2차 지지선과 저항선을 설정한다.
2. 대형주와 중소형주, 시장의 특징주 또는 업종별 돈의 흐름을 비교, 분석해 돈이 몰리는 시장의 주도 업종과 테마를 분류한다.
3. 뉴스, 기사, 이슈 등 헤드라인 모멘텀을 분석해 돈의 움직임과 투자심리를 판단한다.
4. 1~3번을 기준으로 상승장, 하락장, 횡보장, 비추세장을 구분하고 시나리오 전략을 공격적으로 공략할지 보수적으로 공략할지 결정한다.

■ 시황 분석을 통한 시나리오 전략

❶ **종목**: 시장의 주도 업종과 테마를 유념해 돈이 몰리는 유리한 종목을 선정한다.

❷ **기법**: 장세와 지수 차트에 따라 기준봉의 패턴과 빈도 수가 달라진다. 강세장일수록 기준봉의 신뢰도가 높아지며 출현 빈도 수가 높아진다.

❸ **신호**: 장세에 따라 매수와 매도의 타이밍이 달라진다. 강세장일수록 대기 매수세가 풍부해 타이밍을 공격적으로 공략한다.

❹ **비중**: 장세에 따라 비중을 조절해야 한다. 강세장일수록 1차 매수 비중을 높이고 손절보다 추가매수 전략이 유효하다.

■ 장세에 따른 시장의 특징

❶ **상승장**: 돌파 양봉(기준봉) 발생이 많다. 대기 매수세가 풍부해 반등 확률이 높다. 시가총액이 큰 우량주로 돈이 몰린다. 상승장의 끝으로 갈수록 중소형주로 돈이 분산

된다.

❷ **횡보장:** 변동성이 큰 박스권과 변동성이 작은 박스권으로 나눌 수 있다. 변동성이 작은 시장에서는 매수, 매도 기회가 급격히 줄어든다. 박스권 돌파는 순간적으로 강하게 발생한다. 여러 번 돌파 시도를 할수록 박스권의 지지력 또는 저항력이 약해진다.

❸ **하락장:** 상승은 느리지만 하락은 빠르고 가파른 것이 특징이다. 장대양봉(상승 돌파 기준봉)의 출현 빈도 수가 급격히 줄어든다. 장대음봉(하락 돌파 기준봉) 발생이 많다. 하지만 돈이 빠져나가는 장세에서 발생한 돌파 양봉(기준봉)은 상대적으로 돈이 몰려 강하다.(매우 강한 종목을 선택하고 집중한다.) 변곡 기준봉들이 대거 출현하기 전까지는 섣불리 저점을 예측할 수 없다.(새로운 주도 업종 출현)

❹ **비추세장:** 돌파를 시도하지만 성공과 실패 여부를 판단하기에는 애매모호하다. 보통 옵션 만기, 중요한 경제지표 발표, 중요 이슈를 앞두고 나타난다. 비중을 줄이고 방향성이 나올 때까지 관망해야 한다.

02
종목

〈시나리오 트레이딩 시스템〉의 6가지 요소 중에서 영향력의 우선순위는 어떻게 될까? 시황, 종목, 기법, 신호, 비중, 마인드 중 어느 하나도 빠짐없이 모두 중요하다. 그럼에도 불구하고 굳이 영향력을 비교한다면 첫 번째는 기법이고 두 번째는 종목이다.

'기법'은 주식시장이라는 전쟁터에 뛰어든 전사의 무기와 같다. 총구가 향한 목표물은 주식시장에서 '종목'이다. 아무리 총을 잘 쏘아도 날아가는 새는 잡을 수 있지만 F-16 전투기를 잡을 수 있을까? 좋은 무기를 아무리 잘 다루더라도 잘못된 목표물을 공격하는 것은 무의미할 것이다.

'백발백중의 법칙'(마인드 편 참조)으로 맞힐 수 있는 목표물을 공략하는 것이 트레이딩의 핵심이다. 당연한 소리라고 생각하지 말고 다시 한 번 곰곰이 생각해보자. 종목 선정은 기법 확률에 가장 직접적인 영향을 미친다.

차트만 보고 기법 자리에서 무조건 공략하는 것이 아니라 상승할 수밖에 없는 강한 종목만 선별하고 압축해 확신 있는 종목만 공략하는 것이다. 확신 있는 종목을 선택하고 집중해야 한다. 확신은 어디서 오는가? 지금부터 5가지 확신의 기준을 살펴보자.

시장의 주도주, 테마의 대장주

주식시장의 밀물과 썰물처럼 돈의 흐름에 주목하고 주도 업종의 주도 종목을 공략해야 한다. 돈이 몰리는 업종은 투자심리가 좋을 때는 더 크게 상승하고 투자심리가 나쁠 때는 비교적 적게 빠진다. 시장을 상승 견인하는 주도 업종으로 돈이 몰리는 현상처럼 주도 업종을 상승 견인하는 것은 업종 내 1~2개 종목으로 돈이 몰리기 때문이다.

주도 업종을 상승 견인하는 종목을 '시장의 주도주'라고 하며 테마군을 상승 견인하는 종목을 '테마의 대장주'라고 한다. 시나리오 전략에서 주도 업종과 주도 테마를 공략하듯이 시장의 주도주와 테마의 대장주를 공략하는 것이 시장에서 가장 유리한 전략을 구사하는 것이다.

시장의 주도주, 테마의 대장주 공략 전략은 기준과 원칙으로 설명할 수 없는 시장의 감각적인 면을 살펴보는 것으로 충분히 이해할 수 있다. 예를 들어 같은 기법차트에 해당하는 두 종목이 있다고 가장 하자. A 종목은 원하는 매수가격까지 내려왔다. 그런데 B 종목은 원하는 매수가격까지 내려오지 않았다. 대개 종목들은 시장과 함께 전반적으로 오르내리는데 시장의 주도주와 테마의 대장주 또는 강한 종목들은 다른 종목들보다 오를 때는 더 크게 오르고 빠질 때는 적게 빠지기 마련이다. 따라서 A 종목보다 B 종목이 강하다는 것을 의미할 수 있다. B 종목이 시장의 주도주 또는 테마의 대장주라면 두 말할 것도 없이 B 종목을 공략해야 한다. 매수 타이밍을 고려한 A 종목보다 시장의 주도주, 테마의 대장주처럼 강한 종목이 우선순위다.

설령 B 종목이 강한 종목이 아니더라도 A 종목을 공략하는 것보다 B 종목이 원하는 타이밍까지 내려오길 기다렸다가 공략하는 것이 확률 높은 시나리오 전략이 될 것이다. 물론 A 종목이 반등하고 B 종목은 내려오지 않아 공략에 실패할 수도 있지만 이것은 문제가 안 된다. 백발백중의 법칙, 매수하지 않았다고 해서 손실을 보는 것은 아니다. 시장은 주식을 사라고 강요하지 않는다. 확신에 차 진입해 확신의 끝에서 청산하라.

대선 테마주의 사례를 살펴보자. 안철수 대표의 강력한 대선 출마 의지로 관련주들은 지지율에 따른 기대감으로 강력한 모멘텀을 갖고 있다. 대선을 앞두고 당락 여부를 떠나 기대감을 자극하는 사건, 뉴스, 기사는 여러 번 등장할 것이다. 따라서 기대감이 조성될 때마다 투자심리가 쏠리며 주가는 급등락을 반복할 것이라는 예측이 가능해진다. 후보자의 당선이 기업에 어떤 수혜를 줄지는 예측하기 힘들다. 마찬가지로 수혜주에 대한 기대감이 모멘텀으로 작용해 대장주와 2~3등 주를 가려낼 것이다. 시장은 귀신처럼 대장주와 2~3등 주를 가려내며 윤곽을 드러낸다면 투자심리에 따른 격차는 더 크게 벌어진다.

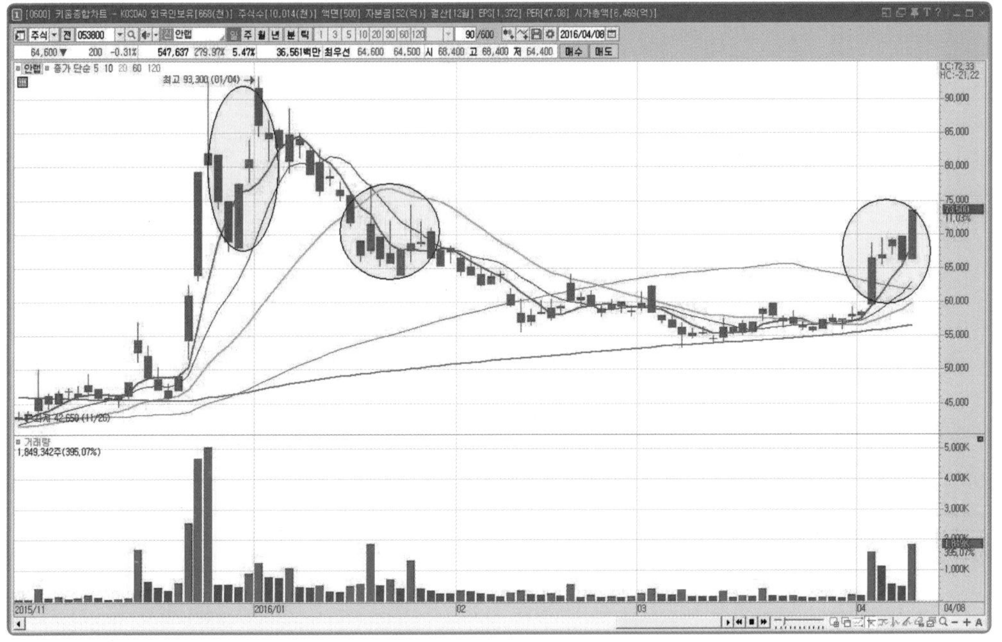

안랩은 2015년 12월 급등으로 대장주로서 기대감을 모았으며 주춤하는 듯했지만 한 차례 더 시세를 분출했다. 엔피케이는 후발주로 급등 이후 더 이상의 돌파 시도는 없었다. 이후 옆으로 횡보하는 모습을 보여주었는데 대장주가 아닌 후발주의 가격이 싸다고 매수하는 것은 안 좋은 선택임을 알 수 있다. 대장주를 원하는 타이밍까지 기다리는 전략이 유효하다. 이후 대장주와 후발주의 주가흐름은 극명히 갈리는데 대장주는 하락하더라도 대기 매수세의 강한 지지력을 눈으로 확인할 수 있다. 반면, 후발주는 거래량도 없으며 시장의 관심을 받지 못하고 흘러내리고 만다.

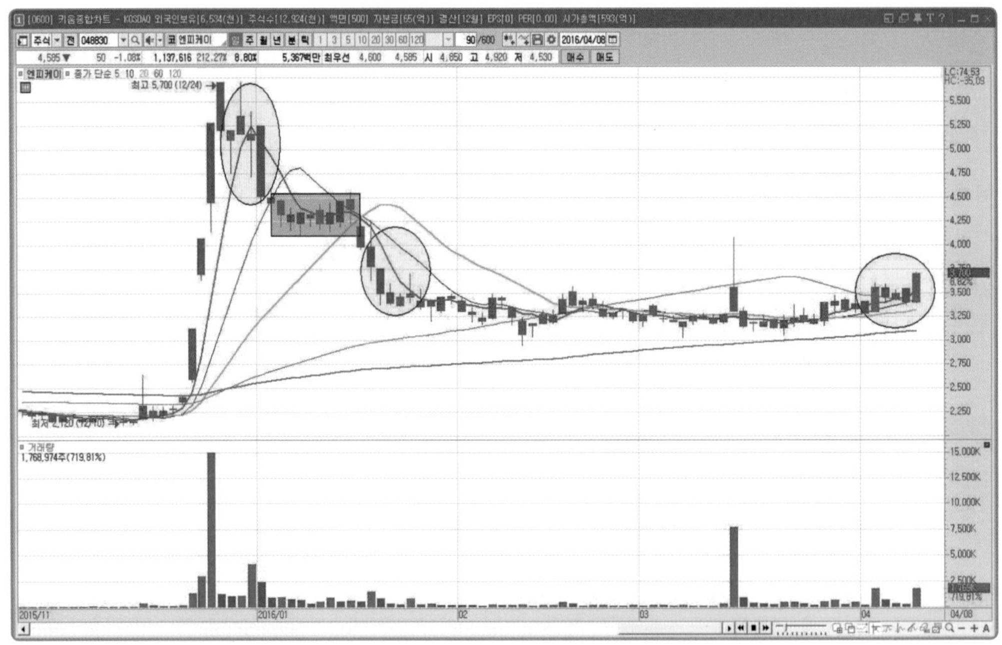

안정성, 유동성, 성장성

가치투자의 창시자 벤저민 그레이엄은 '사업한다는 생각으로 주식을 사야 한다.'라고 말했다. 그의 제자이자 가치투자의 대가인 워런 버핏은 '기업을 통째로 살 만한 가치가 없다면 단 한 주도 매수하지 말라'라는 명언을 남겼다. 단 한 주를 사더라도 기업의 주주임을 강조하며 가치투자의 훌륭한 마인드의 지침이 된다. 물론 길어도 1년, 한 달 또는 하루 동안도 보유하지 않는 트레이더에게는 조금 다른 지침이 필요할 것이다. 기업 가치를 분석하는 것보다 주가의 지지, 저항, 돌파의 움직임을 분석하는 기준으로 시장을 바라보기 때문에 5년, 10년 후의 미래를 바라보는 주주가 될 필요는 없다.

기업의 주주라는 멋진 이름은 없더라도 시장의 유동성을 공급하는 시장참여자로서 제 역할은 충분하다. 시장의 유동성을 공급하기 위해서는 유동성이 활발한 주식을 사고 팔아야 한다. 주식을 사고 싶어도 파는 사람이 없고 팔고 싶어도 사는 사람이 없다면 거래가 일어나지 않는다. 대량으로 주식을 사고 파는 경우, 유동성이 부족하다면 가격왜곡 현상뿐만 아니라 주식을 팔고 싶어도 매수자가 없어 팔 수 없는 리스크가 발생한다. 따라서 단 한 주를 매수하더라도 최소한의 안정성이 보장되는 주식을 보유해야 한다. 안정성은 트레이더에게는 최소한의 안전장치다. 예상치 못한 사고가 발생하더라도 트레이더가 치명적인 위험을 피할 수 있는 안전벨트이자 에어백이자 과속방지턱이자 속도제한 장치인 것이다. 9번 수익이 나더라도 단 한 번에 모든 것을 날릴 수 있는 곳이 주식시장이다. 물론 난폭하게 주식투자했기 때문이다. 안정성은 트레이딩의 첫 번째 조건임을 한 순간도 잊어선 안 된다.

주식의 안정성, 유동성, 성장성을 개별적으로 분석하고 분명한 기준을 통해 심층 분석해야 될 것 같은 편견을 없애라. 트레이더에게 기업 분석은 기법이 높은 확률로 적중할 수 있는 종목을 선별하는 것이 목적이다. 최소한의 안정성과 유동성, 성장성의 기준을 설정해 리스크 관리에 통과하지 못한 종목들은 철저히 관심종목에서 제외시킨다. 아무리 차트가 좋고 모멘텀이 좋더라도 리스크 관리를 통과하지 못한 종목은 단 한 주도, 단 1초도 보유해선 안 된다.

최소한의 안정성, 유동성, 성장성의 리스크 관리 측면에서 기업 분석의 체크사항을 확인해보자. 시가총액 500억 원~1,000억 원 이하의 종목은 상대적으로 적은 자본금으로도 세력들의 주가조작이 가능하다. 따라서 안정성과 유동성을 보장할 수 없다. 발행주식 수가 많을수록 주식가치가 희석된다는 점에서 CB(전환사채), BW(신주 인수권부 사채)의 발행은 주식으로 전환해 시장에서 매도물량으로 출현하는 사례가 많으므로 안정성에 심각한 리스크를 내포한다.

- 유동성 리스크: 소수 지점, 소수 계좌, 단일 계좌 등
- 안정성 리스크: 관리종목, 부실주, 우선주, 자본 잠식 등
- 성장성 리스크: 적자기업, 대주주 지분 매도, 횡령 등

시세현황 [2016/05/17] 단위 : 원, 주, %

종가/ 전일대비	64,800/ -600	거래량	195,605
52주.최고가/ 최저가	86,200/ 39,850	거래대금 (억원)	127
수익률 (1M/ 3M/ 6M/ 1Y)	-4.85/ +12.31/ +58.82/ +26.07	외국인 보유비중	7.22
시가총액 (억원)	6,489	베타	0.55355
발행주식수 (보통주/ 우선주)	10,013,855/ 0	액면가	500

실적이슈 [2016/03 기준, 분기]

잠정실적발표일	잠정실적 (영업이익, 억원)	예상실적대비 (%)	전년동기대비 (%)
2016/04/21	13	-	+560.50

운용사별 보유 현황 [2015/12] 단위 : 천주, 억원, %

운용사명	보유수량	시가평가액	상장주식수내비중	운용사내비중
한국투신운용	15.92	12.92	0.16	0.01
미래에셋자산운용	11.22	9.11	0.11	0.00
삼성자산운용	3.52	2.86	0.04	0.00
동양자산운용	0.27	0.22	0.00	0.00
멀티에셋자산운용	0.15	0.13	0.00	0.00

주주현황 단위 : 주, %

항목	주권의 수	지분율	최종변동일
안철수(외 3인)	2,861,500	28.58	2015/02/24
안랩 자사주	1,360,172	13.58	2012/04/23
오석주	1,000	0.01	2007/09/18

주주구분 현황 단위 : 주, %

주주구분	대표주주수	주권의 수	지분율	최종변동일
최대주주등 ...	1	2,861,500	28.58	2015/02/24
10%이상주주...				
5%이상주주...				
임원 (5%미...	1	1,000	0.01	2007/09/18
자기주식 (...	1	1,360,172	13.58	2012/04/23

신용등급현황 기업어음 (CP)

KIS	KR	NICE

관련 데이터가 없습니다.

신용등급현황 회사채(Bond)

KIS	KR	NICE

관련 데이터가 없습니다.

투자의견 컨센서스 단위 : 배, 원, %

투자의견	목표주가	EPS	PER	추정기관수

관련 데이터가 없습니다.

운용사별 보유 현황은 기업의 안정성 측면에서 참조한다면 도움이 될 수 있다. 대주주 지분에 대한 구체적인 기준은 없지만 60%에 육박한다면 유통물량 측면에서 약간의 기피 현상이 있으며 20% 이하인 경우, 기업신뢰도 측면에서 기피현상이 있다.

사실 이런 배경지식들이 나쁠 것은 없지만 실질적으로 트레이딩 확률을 높여주는 것은 아니다. 심층적으로 분석할수록 끝이 없는 것이 기업 분석이다. 따라서 세부적인 노하우는 개별적인 학습에 맡겨두고 실질적인 체크포인트를 알아보자. 거래량, 거래대금, 수급 측면에서 살펴본다면 리스크 관리는 쉽게 해결할 수 있다.

투신과 연기금에서 대량 매수하는 종목은 안정성, 성장성 측면에서 검증이 완료되었다. 투신과 연기금의 신뢰성으로 판단할 수 있는 간단한 체크포인트이지만 사실 각종 금융자격증과 경제학적 지식은 기본이며 MBA 출신의 내로라하는 투자자들의 판단을 한 눈에 ○, ×로 확인할 수 있는 핵심 노하우다.

리스크 관리를 위한 안정성, 유동성, 성장성 측면에서 투신과 연기금의 매수는 종목 선정의 기준을 통과하는 ○를 증명한다.(하루 거래대금 약 100억 원 이상, 거래량 약 100만 주 이상을 기준으로 기준봉 선정을 위한 유동성의 허용한계를 설정할 수 있다.)

물론 투신과 연기금이 아무리 대량 매수하더라도 기업의 수익구조에 대한 최소한의 정보는 기본이다. 이것은 기업 분석 창에서 확인할 수 있으며 조금만 노력하면 인터넷에서 쉽게 찾아볼 수 있다. 그러나 오늘날의 주식시장에서도 무엇을 만들어 파는지, 어떤 회사인지도 모르고 주식을 사는 사람들이 허다하다.

■ 기업 분석 체크포인트

1. 자산과 실적은 매년 꾸준히 증가하는 것이 좋다.
2. 부채는 빚이다.
3. 단기차입금은 1년 안에 갚아야 하는 빚으로 재무적인 부담을 갖는다. 또한 이자를 발생시킨다는 측면에서 실적에도 불리하게 작용한다.
4. 자산 + 부채=자본
5. 자본 총계 〈 자본금 → 자본 잠식 리스크
6. 이익잉여금은 회사에 유보된 돈으로 재무 안정성을 의미한다.

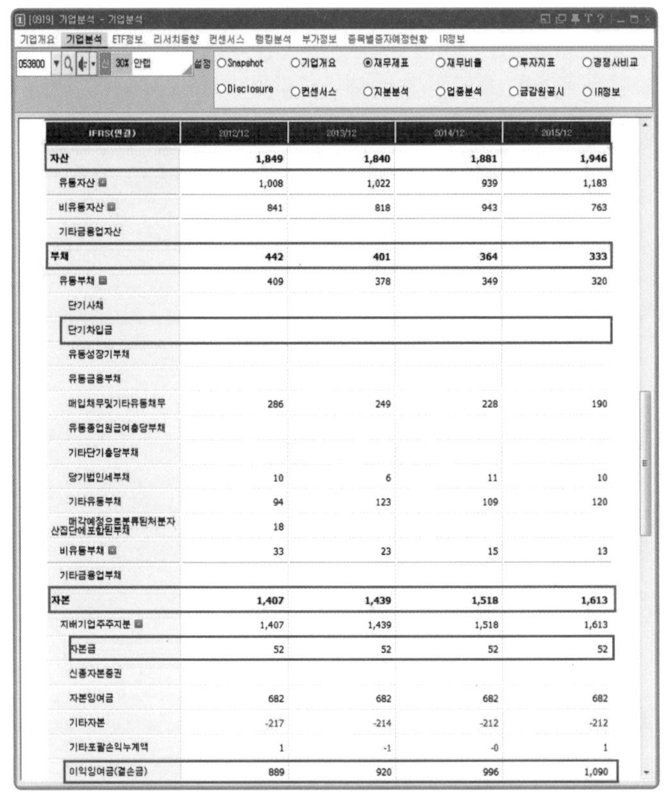

IFRS(연결)	2012/12	2013/12	2014/12	2015/12
자산	**1,849**	**1,840**	**1,881**	**1,946**
유동자산	1,008	1,022	939	1,183
비유동자산	841	818	943	763
기타금융업자산				
부채	**442**	**401**	**364**	**333**
유동부채	409	378	349	320
단기사채				
단기차입금				
유동성장기부채				
유동금융부채				
매입채무및기타유동채무	286	249	228	190
유동종업원급여충당부채				
기타단기충당부채				
당기법인세부채	10	6	11	10
기타유동부채	94	123	109	120
매각예정으로분류된처분자산집단에포함된부채	18			
비유동부채	33	23	15	13
기타금융업부채				
자본	**1,407**	**1,439**	**1,518**	**1,613**
지배기업주주지분	1,407	1,439	1,518	1,613
자본금	52	52	52	52
신종자본증권				
자본잉여금	682	682	682	682
기타자본	-217	-214	-212	-212
기타포괄손익누계액	1	-1	-0	1
이익잉여금(결손금)	889	920	996	1,090

1. 매출액, 영업이익, 당기순이익은 매년 꾸준히 증가하는 것이 좋다.
2. 매출액, 영업이익, 당기순이익 변화의 원인을 파악할 수 있다면 종목 분석에 유리하다.
3. 실적이 불규칙하고 급등락의 원인이 불분명하다면 리스크가 높다.
4. 적자전환은 큰 악재로 작용하며 2~3년 연속 적자기업은 리스크가 높다.
5. 흑자전환은 큰 호재로 작용한다.
6. 분기별 실적은 전 분기 대비, 전년 동기 대비 증감으로 주가에 약 1~3개월 선반영되는 경향이 있다.
7. 예상실적 대비 어닝 서프라이즈와 어닝 쇼크의 경우, 실적 발표 직전과 직후에 급등락을 유발한다.
8. PER의 경우, 실적의 급등락이 없다면 시황에 비례해 움직이는 경향이 크다.

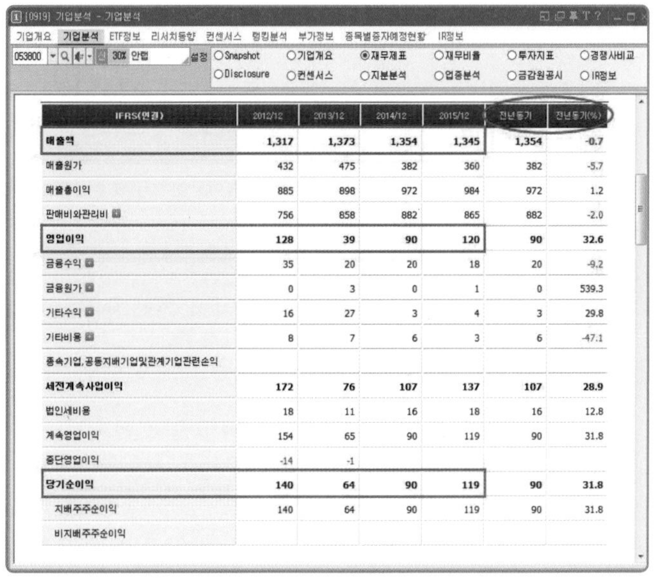

IFRS(연결)	2012/12	2013/12	2014/12	2015/12	전년동기	전년동기(%)
매출액	**1,317**	**1,373**	**1,354**	**1,345**	**1,354**	**-0.7**
매출원가	432	475	382	360	382	-5.7
매출총이익	885	898	972	984	972	1.2
판매비와관리비	756	858	882	865	882	-2.0
영업이익	**128**	**39**	**90**	**120**	**90**	**32.6**
금융수익	35	20	20	18	20	-9.2
금융원가	0	3	0	1	0	539.3
기타수익	16	27	3	4	3	29.8
기타비용	8	7	6	3	6	-47.1
종속기업,공동지배기업및관계기업관련손익						
세전계속사업이익	**172**	**76**	**107**	**137**	**107**	**28.9**
법인세비용	18	11	16	18	16	12.8
계속영업이익	154	65	90	119	90	31.8
중단영업이익	-14	-1				
당기순이익	**140**	**64**	**90**	**119**	**90**	**31.8**
지배주주순이익	140	64	90	119	90	31.8
비지배주주순이익						

실적 변화가 크지 않고 등락의 원인을 파악할 수 있는 종목은 실적과 시가총액을 비교해 적정주가의 지지, 저항선을 설정할 수 있다. 물론 시황이나 수급, 모멘텀의 영향에 따라 오차율이 크게 발생할 수 있지만 오차율을 보수적으로 고려한다면 때로는 시나리오 전략에 도움이 될 수도 있다. 이는 중장기 트레이딩 전략에서 기준봉만큼 중요한 기준이 된다.

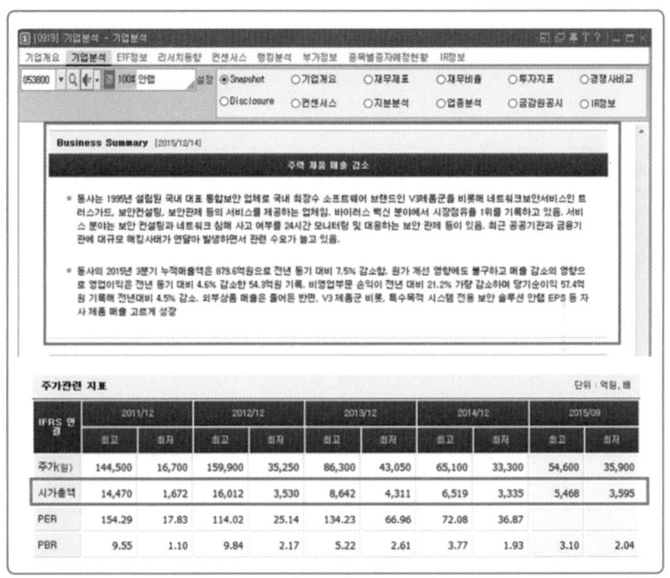

Business Summary [2015/12/14]

주력 제품 매출 감소

- 동사는 1995년 설립된 국내 대표 통합보안 업체로 국내 최장수 소프트웨어 브랜드인 V3제품군을 비롯해 네트워크보안서비스인 트러스가드, 보안컨설팅, 보안관제 등의 서비스를 제공하는 업체임. 바이러스 백신 분야에서 시장점유율 1위를 기록하고 있음. 서비스 분야는 보안 컨설팅과 네트워크 침해 사고 여부를 24시간 모니터링 및 대응하는 보안 관제 등이 있음. 최근 공공기관과 금융기관에 대규모 해킹사태가 연달아 발생하면서 관련 수요가 늘고 있음.
- 동사의 2015년 3분기 누적매출액은 879.6억원으로 전년 동기 대비 7.5% 감소함. 원가 개선 영향에도 불구하고 매출 감소의 영향으로 영업이익은 전년 동기 대비 4.6% 감소한 54.3억원 기록. 비영업부문 손익이 전년 대비 21.2% 가량 감소하여 당기순이익 57.4억원 기록해 전년대비 4.5% 감소. 외부상품 매출은 줄어든 반면, V3제품군 비롯, 특수목적 시스템 전용 보안 솔루션 안랩 EPS 등 자사 제품 매출 고르게 성장

주가관련 지표 단위 : 억원, 배

IFRS 연결	2011/12		2012/12		2013/12		2014/12		2015/09	
	최고	최저	최고	최저	최고	최저	최고	최저	최고	최저
주가(원)	144,500	16,700	159,900	35,250	86,300	43,050	65,100	33,300	54,600	35,900
시가총액	14,470	1,672	16,012	3,530	8,642	4,311	6,519	3,335	5,468	3,595
PER	154.29	17.83	114.02	25.14	134.23	66.96	72.08	36.87		
PBR	9.55	1.10	9.84	2.17	5.22	2.61	3.77	1.93	3.10	2.04

분기보고서, 반기보고서는 정해진 기간에 맞추어 공시되는데 HTS 또는 금융감독원 전자공시 시스템(http://dart.fss.or.kr)에서 확인할 수 있다. 분기별 실적은 기간마다 반복해 찾아오는 증시의 중요 이벤트다. 발표 전, 발표 직전, 발표 후 크게 3구간으로 나누어 시장의 관심을 받고 실적을 중심으로 다양한 시장요소들이 복합적으로 작용한 투자심리가 주가에 반영된다.

분기보고서를 분석할 수 있다면 더할 나위 없지만 여러 기회비용 측면에서 직접 보고서를 분석하기보다 뉴스, 기사 등 각종 증권 리포트를 참조해 모멘텀 측면에서 투자심리를 분석하는 것으로 충분히 대체할 수 있다. 조금만 노력하면 기본적인 인터넷 검색을 통해 각종 공시 또는 특별한 이슈에 대한 중요 사항들을 체크할 수 있다.

심층적으로 어렵게 분석할 필요가 전혀 없다. 시장은 누구나 직관적으로 이해할 수 있는 논리 구조와 인과관계에 따라 투자심리가 반영된다는 것을 이해하기 바란다.

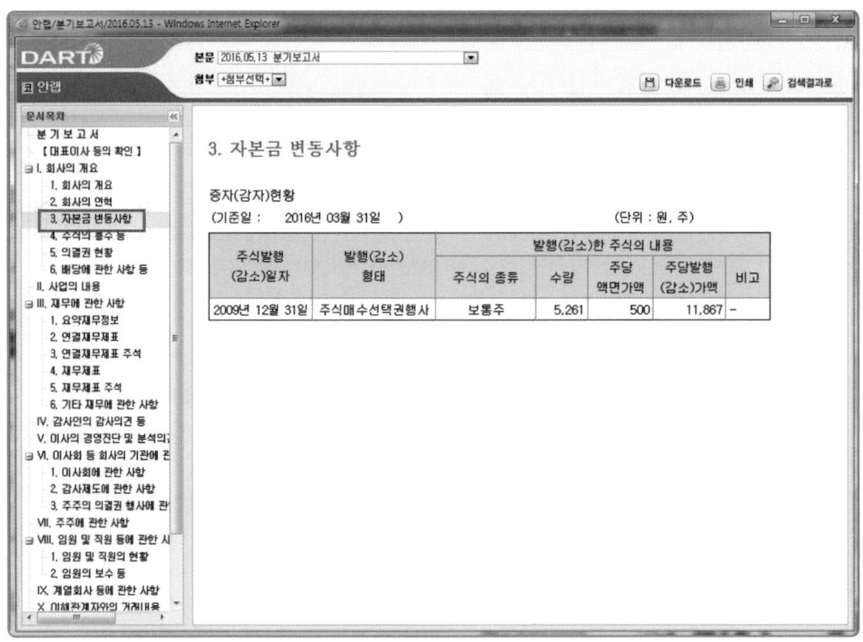

3. 자본금 변동사항

증자(감자)현황

(기준일 : 2016년 03월 31일) (단위 : 원, 주)

주식발행 (감소)일자	발행(감소) 형태	발행(감소)한 주식의 내용				
		주식의 종류	수량	주당 액면가액	주당발행 (감소)가액	비고
2009년 12월 31일	주식매수선택권행사	보통주	5,261	500	11,867	-

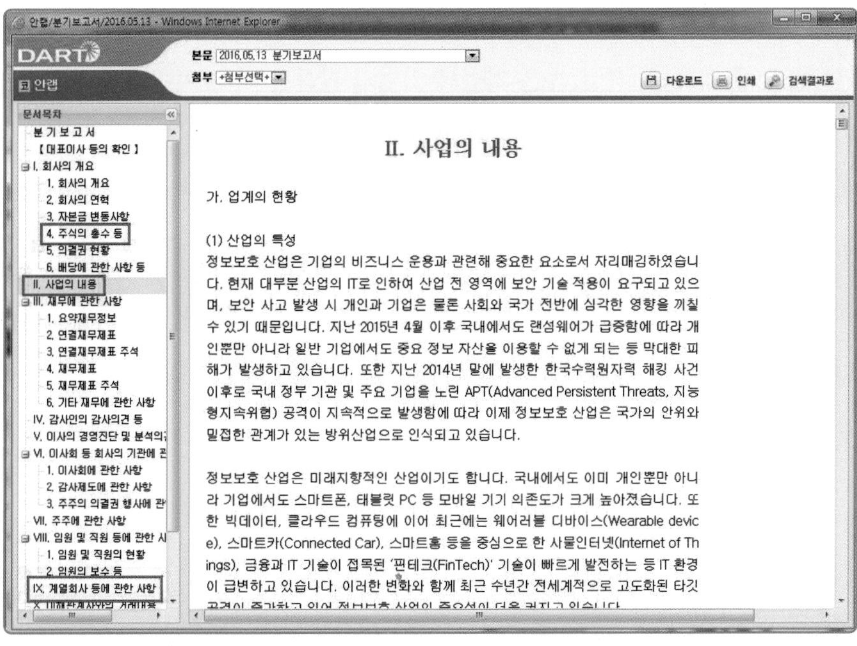

No	보고서명	제출인	비고	접수일자
1	분기보고서 (2016.03)	안랩		2016/05/13
2	연결재무제표기준영업(잠정)실적(공정공시)	안랩	본 공시사항은 한국거래소 코스닥시장...	2016/04/21
3	영업(잠정)실적(공정공시)	안랩	본 공시사항은 한국거래소 코스닥시장...	2016/04/21
4	사업보고서 (2015.12)	안랩	본 보고서는 연결부분을 포함	2016/03/30
5	영업(잠정)실적(공정공시)	안랩	본 공시사항은 한국거래소 코스닥시장...	2016/02/03
6	연결재무제표기준영업(잠정)실적(공정공시)	안랩	본 공시사항은 한국거래소 코스닥시장...	2016/02/03

뷰차트

나무와 숲을 함께 보라. 확률 높은 기법과 기법의 확률을 더 높여주기 위한 2가지 환경 조건을 모두 놓치면 안 된다. 종목 선정에서 뷰차트는 선택이 아닌 필수다. 기법차트 옆에 항상 뷰차트를 두고 분석해야 한다. 실과 바늘이 함께 가듯이 기법차트와 뷰차트는 항상 함께 있어야 한다.

실전에서 뷰차트는 확률 높은 시나리오 전략 수립을 위한 여러 가지 측면에서 도움을 준다. 분명한 기준으로 설명할 수 없는 감각적인 부분을 실전 사례를 통해 살펴보자. 기법차트와 뷰차트를 함께 보는 눈이 생긴다면 어렵지 않게 자신만의 기준과 트레이딩 감각을 향상시킬 수 있을 것이다.

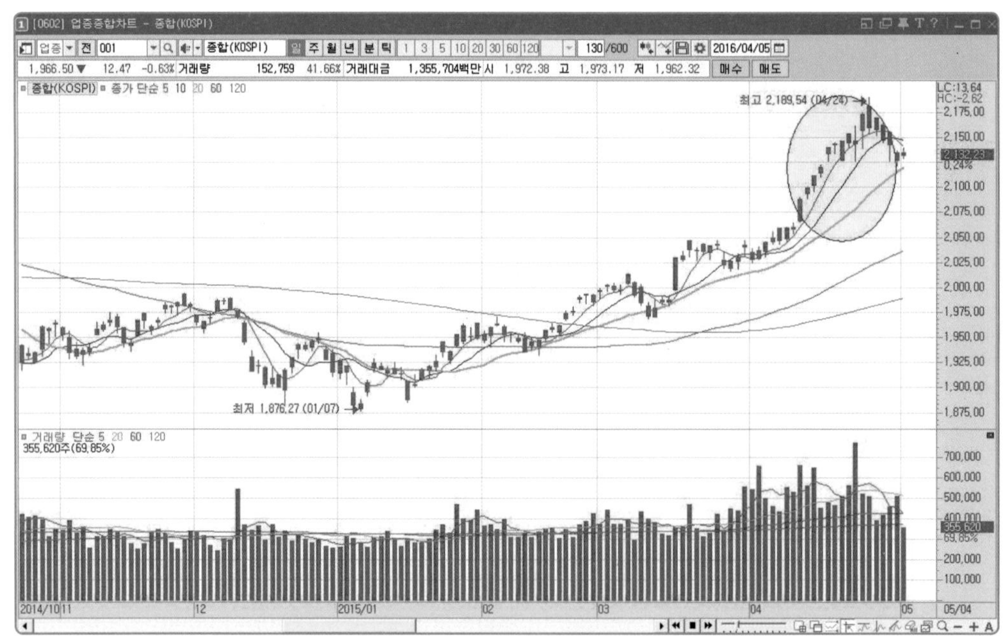

2015년 4월, 코스피 일봉 차트

주가지수가 저항을 돌파하며 강하게 상승하는 모습이다. 시장으로 엄청난 돈이 들어오고 있다.

시장을 상승 견인하는 주도 업종 중 하나로 화학업종을 살펴보자. 화학업종에는 여러 종목들이 있다. 시장으로 들어온 돈은 화학업종 중에서도 몇 개 종목으로 쏠리기 마련이다.

유행처럼 좋은 종목, 인기 있는 종목으로 관심이 쏠리는 것은 시장의 자연스러운 현상이다. 다음은 화학업종을 상승 견인하는 주도주와 후발주의 차트다. 돈이 들어오는 모습과 상승 추세의 힘을 비교해보자.

1번 롯데케미칼은 4월 초부터 점차 상승했고 곧이어 2차 시세를 위한 돌파를 시도하는 모습을 확인할 수 있다. 2번 LG화학은 강한 상승 돌파 이후 마찬가지로 2차 시세를 위한 두 번째 돌파를 시도하는 모습이 포착되었는데 상대적으로 롯데케미칼보다 뒷심이 조금 약한 모습이다. 그러나 엄밀히 따지면 LG화학이 초반에 더 강한 돌파력이 포착되었는데 이것은 주도주들이 1, 2위를 다투는 모습으로 볼 수 있다.

두 종목 모두 돌파에 성공했다는 측면에서 큰 의미는 부여하기 힘들다. 하지만 3번 한화케미칼의 경우, 돌파력이 약해 상대적으로 뒤처지는 모습이다. 시장의 관심이 부족하고 돈이 들어왔지만 다시 빠져나가는 모습이다.

〈일봉 차트〉

(1) 롯데케미칼

(2) LG화학

(3) 한화케미칼

〈월봉 차트〉

(1) 롯데케미칼

(2) LG화학

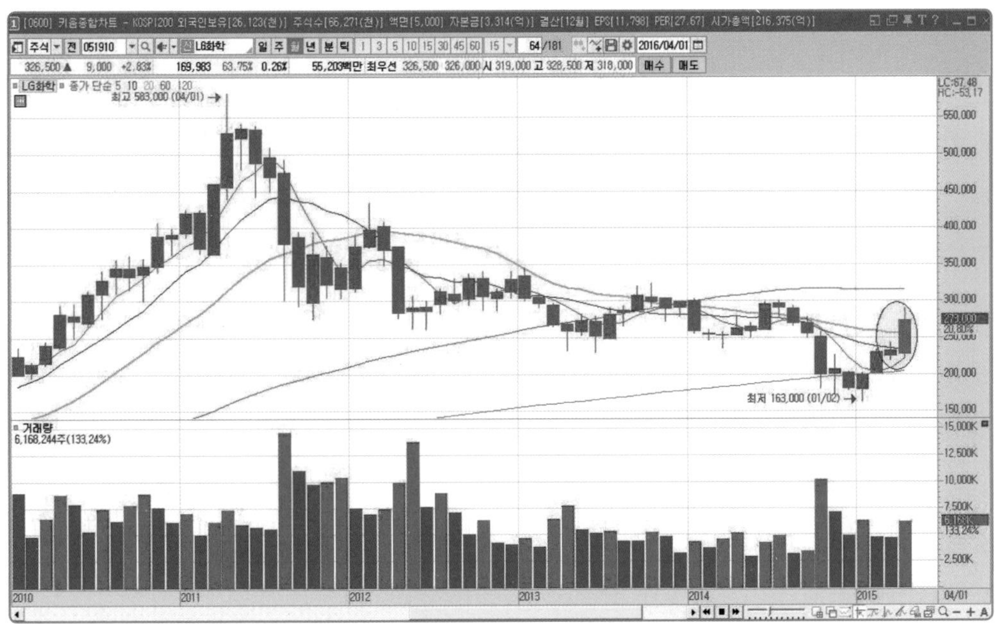

(3) 한화케미칼

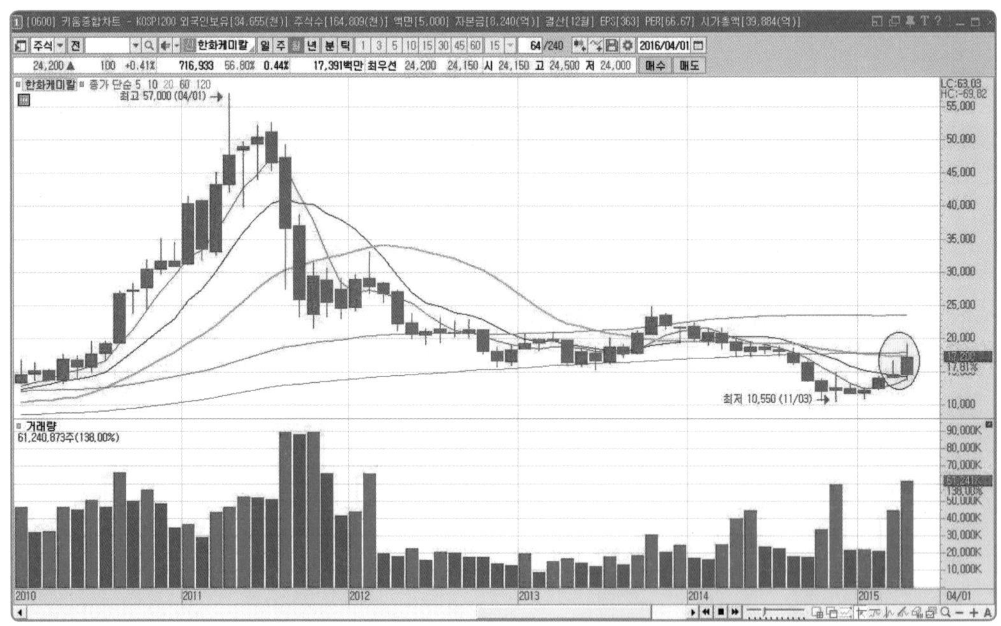

1~3번의 차이는 뷰차트를 통해 확인할 수 있다. 1번 롯데케미칼의 경우, 20일선을 지지하고 강한 상승 돌파의 모습을 확인할 수 있다. 2번 LG화학의 경우, 20일선이 저항선으로 작용하지만 곧 강한 돌파력으로 상승하는 모습이다. 3번 한화케미칼의 경우, 20일선이 강한 저항선으로 작용해 돌파가 쉽지 않은 상황인 것을 확인할 수 있다.

화학업종의 주가는 2011년을 고점으로 전반적인 하락 추세를 보이고 있다. 강한 종목은 하락은 작고 상대적으로 크게 상승하며 하락 추세에서도 강하게 버텨주는 모습이다. 반대로 3번 한화케미칼의 경우, 1번과 2번에 비해 차트가 아래로 짓눌린 모습이다. 롯데케미칼과 한화케미칼 두 종목은 일봉 차트에서 강한 거래량을 동반해 전고점을 돌파하는 추세 기준봉이 출현했지만 이후 주가흐름은 차이를 보였다. 두 종목의 차이는 뷰차트를 통해 지지력, 저항력, 돌파력을 직관적으로 알 수 있다.

물론 이런 주가의 움직임이 순전히 뷰차트의 영향 때문이라고 할 수는 없다. 기업가치, 실적가치, 수급 등 다양한 영향이 존재한다. 하지만 이 모든 것이 반영된 것이 시장의 가치다. 시장은 이 모든 것을 반영해 주가를 결정한다. 이런 주가의 움직임이 뷰차트에서 드러나기도 한다는 점에서 중요한 의미가 있다.

2016년 3월, 코스피 일봉 차트

주가지수가 바닥을 다지고 강하게 반등하는 모습이다. 시장으로 엄청난 돈이 들어오고 있다. 시장을 상승 견인하는 주도 업종 중의 하나로 금융업종을 살펴보자. 앞에서 비교한 종목들처럼 주도주와 후발주의 차트를 비교해보자.

〈일봉 차트〉

(1) KTB투자증권

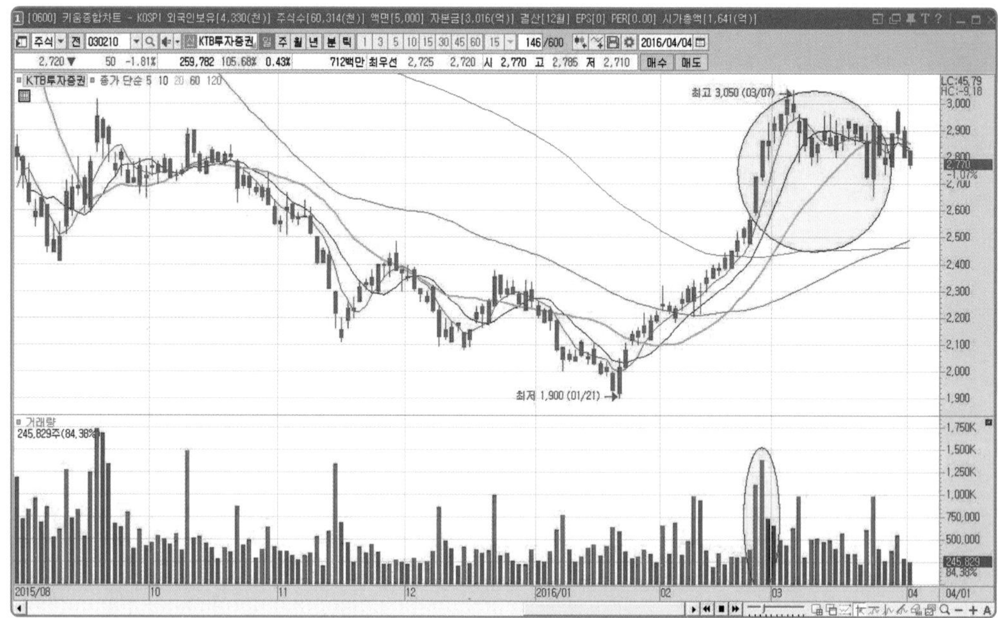

(2) SK증권

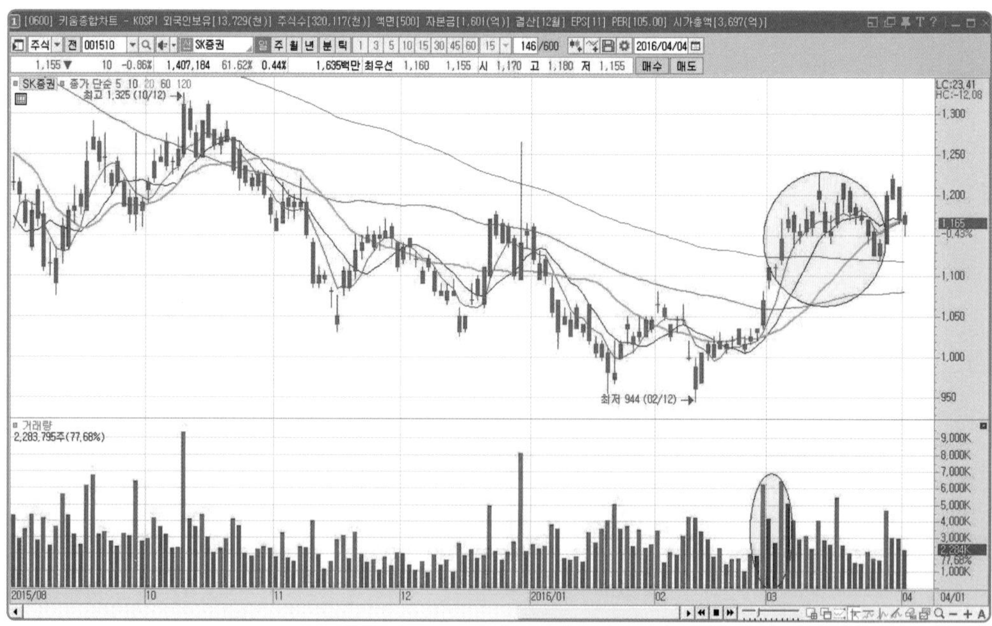

(3) 삼성증권

1번 KTB투자증권은 2월부터 점차 상승했고 그 돌파력이 점차 강해지는 모습이다. 2번 SK증권은 3월부터 본격적으로 상승하며 추격전을 시작했지만 격차를 쉽게 좁히지 못하는 모습이다. 3번 삼성증권은 돌파라는 말이 무색할 정도로 더딘 상승을 보였고, 결국 전년도 12월의 고점 부근에도 도달하지 못했다.

이런 주가흐름을 뷰차트는 어떻게 반영하고 있을까?

〈월봉 차트〉

(1) KTB투자증권

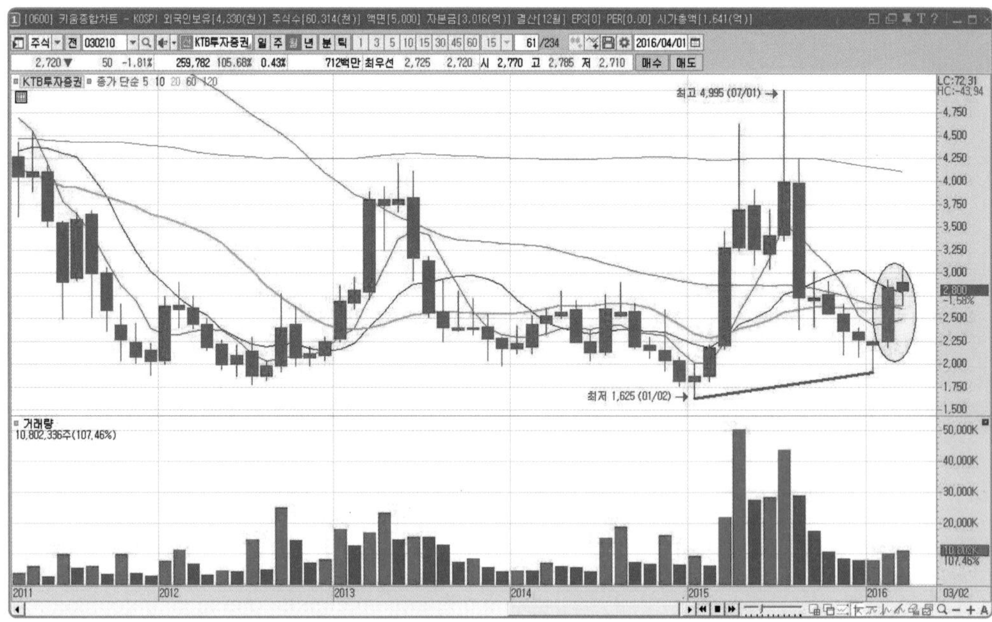

(2) SK증권

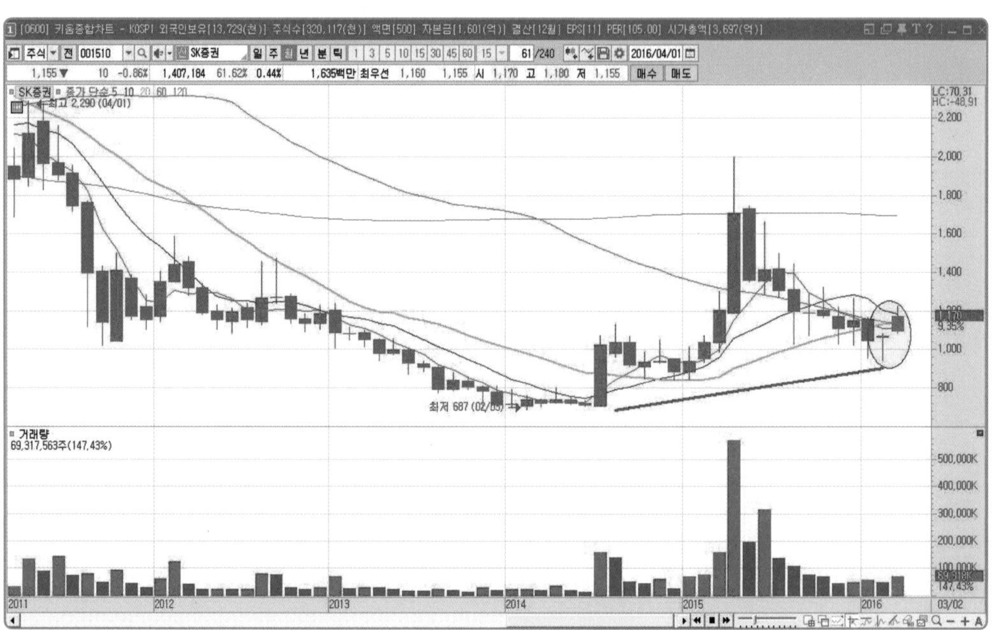

(3) 삼성증권

1번 KTB투자증권의 경우, 20일선을 돌파하는 장대양봉이 출현했다. 강력한 돌파의 배경에는 저점의 지지력이 큰 영향을 발휘했다. 1~2월에 형성된 저점이 2015년의 저점보다 높은 가격선에서 지지력을 받았다. 하지만 3번 삼성증권의 경우, 2015년의 저점을 뚫고 내려가 신저가를 경신했고 간신히 지지력이 형성된 모습이다.

2번 SK증권의 경우, 상대적으로 강한 모습을 보여주었지만 아직 20일선을 돌파했다고 볼 수 없는 상황이다. 2015년의 주가흐름을 비교해보았을 때 KTB투자증권은 SK증권보다 강한 상승을 보여주었고 여러 차례의 돌파 시도를 확인할 수 있다. SK증권은 상승 이후 추가적인 돌파 시도는 없었지만 상대적으로 20일선을 지지하려는 모습에서 강하게 버텨주는 모습을 확인할 수 있다.

따라서 KTB투자증권과 SK증권 두 종목을 뷰차트를 통해 비교하는 것은 큰 의미가 없다.

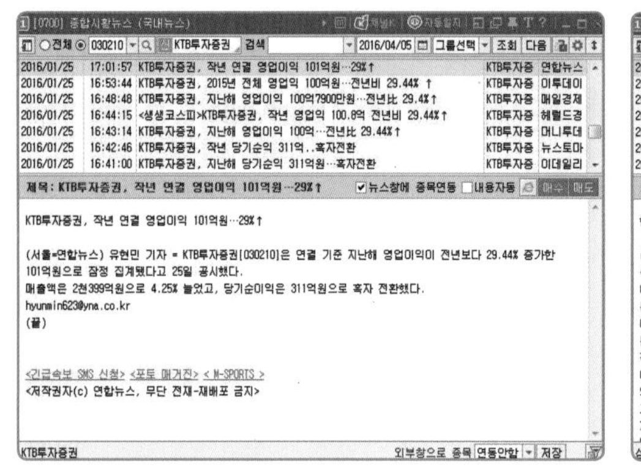

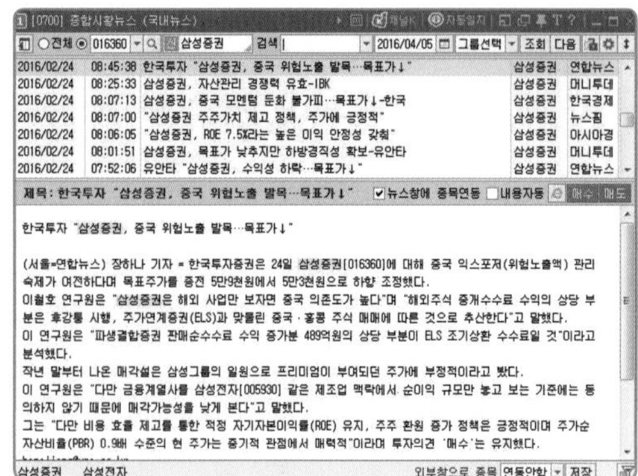

KTB투자증권과 삼성증권은 뷰차트를 통해 지지력, 저항력, 돌파력의 차이를 확인할 수 있었다. 'F=투심(차트, 수급, 모멘텀)' 공식에 따르면 이런 투자심리의 차이에는 차트뿐만 아니라 다른 요인들이 복합적으로 있다는 것을 이해할 수 있다. 단, 차이를 확인할 수 없을 뿐이다. 그러나 2016년 코스피를 강하게 상승 견인한 증권업종의 주도주를 공략하는 것은 기사를 통해 어렵지 않게 확인할 수 있었다.

뷰차트뿐만 아니라 실적 모멘텀의 영향이 작용했음을 확인할 수 있다. 같은 증권업종이지만 이런 모멘텀은 실적 기대감에 대한 상반된 투자심리를 자극한다. 삼성증권보다 KTB투자증권으로 돈이 몰리는 현상은 차트와 모멘텀을 통해 충분히 예측할 수 있었다.

증권업종의 주도주를 확인할 수 있다면 주도 업종도 확인할 수 있을까? 상반기 코스피의 강한 상승을 견인한 것은 증권업종뿐만이 아니었다. 앞에서 화학업종을 주도했던 롯데케미칼의 월봉 차트를 보자. 사상 최대실적이라는 모멘텀과 함께 기관, 외국인의 집중 매수세를 확인할 수 있다.

주도 업종은 업황을 반영하고 주도주는 개별기업의 실적을 자연스럽게 반영한다. 시황, 업황, 실적뿐만 아니라 수급과 모멘텀 등등… 가격(차트)은 이 모든 것이 반영되어 시장에서 평가받은 결과다. 따라서 항상 뷰차트를 확인해야 한다. 매번 제 역할을 하는 것은 아니지만 버릴 수 없는 기준임에는 틀림없다.

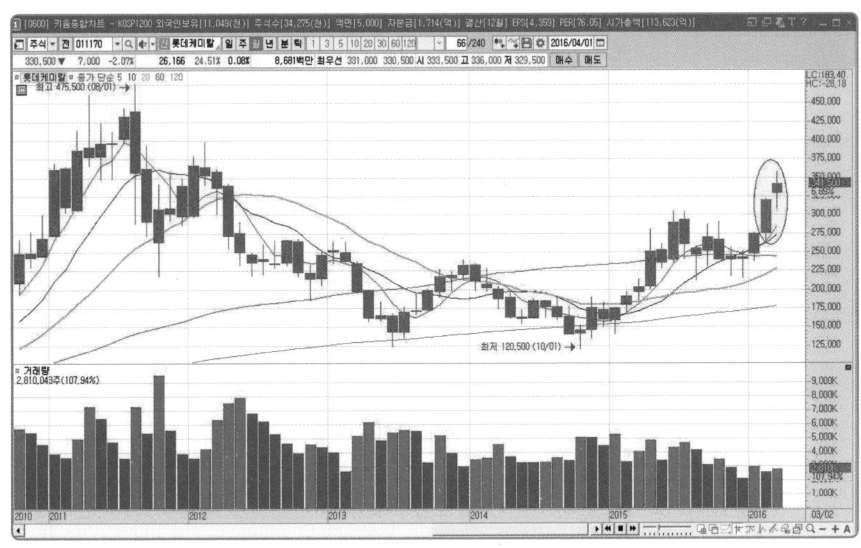

롯데케미칼 2016/04/05 ◉금액 ○수량 ○추정평균가 ◉순매수 ○매수 ○매도 ◉천주 ○단주 ◉전일비 ○등락률 투자자안내 단위:백만원,천주 조회 다음 차트

일자	현재가	전일비	거래량	개인	외국인	기관계	금융투자	보험	투신	기타금융	은행	연기금등	사모펀드	국가	기타법인	내외국인
2016/03/05 ~ 2016/04/05			누적순매수	-15,528	-23,322	+40,879	+13,771	-12,226	-936	-89	-1,848	+27,817	+13,848	+542	-177	-1,853
16/03/07	316,000	▲ 2,500	111,675	-3,388	-4,399	+8,072	-143	+1,798	+3,650		-267	+1,679	-892	+2,245	-285	
16/03/04	313,500	▼ 3,000	181,844	-2,862	+9,792	-6,704	-72	-943	-2,707	+9		-2,086	-1,321	+416	-228	+1
16/03/03	316,500	▼ 14,500	199,895	+8,473	-6,730	-1,899	+8,459	+1,271	-1,688	+86	-241	-9,855	+195	-126	+201	-46
16/03/02	331,000	▲ 11,500	183,097	-15,679	+9,975	+6,348	+647	+3,705	-550	+35	+115	+1,021	+1,095	+278	-582	-62
16/02/29	319,500	▲ 8,500	136,425	-10,721	+5,049	+5,686	-2,384	+2,595	+718	-400	-232	+6,404	-1,398	+385	-15	+1
16/02/26	311,000	▲ 1,500	83,433	-2,573	+5,807	-3,052	+1,504	+1,780	-3,300	+21	-335	-1,099	-1,848	+225	-228	+46
16/02/25	309,500	▲ 2,500	138,259	-7,438	+7,861	-171	+2,006	-628	-2,523	-68	-35	+2,631	-1,568	+14	-56	-195
16/02/24	307,000	▼ 2,500	89,056	-4,539	+6,404	-1,491	+400	-614	+321	+186		+2,246	-4,031	+1	-168	-206
16/02/23	309,500	▲ 4,500	170,645	-12,491	+1,322	+10,769	-3,922	+5,586	+3,126	+40	-58	+6,495	-695	+198	+105	+295
16/02/22	305,000	▲ 11,000	212,523	-17,168	+13,383	+5,461	-501	+4,264	+6,899	-398	-617	-5,827	+2,543	-903	-1,663	-13
16/02/19	294,000	▲ 9,500	123,626	-14,994	+7,610	+7,068	+1,456	+2,668	+1,392	+50	+107	+54	+1,923	-582	+161	+155
16/02/18	284,500	▲ 1,000	130,476	-830	-4,397	+5,092	+2,127	+3,518	+1,844	+71	-285	-1,823	-177	-182	+143	-7
16/02/17	283,500	▼ 2,000	117,316	-3,188	-3,897	+7,134	+492	+434	-1,214	-143	+122	+5,971	+1,472		-44	-6
16/02/16	285,500	▲ 15,000	113,628	-12,873	+5,835	+7,173	-1,888	+777	+1,677	+52	+302	+4,678	+1,541	+35	-79	-56
16/02/15	270,500	▲ 1,500	117,904	-12,238	+8,813	+4,767	+4,813	-550	+720	+14	-141	-1,611	+1,524	-2	-1,220	-121
16/02/12	269,000	▼ 11,000	184,778	-2,956	-1,733	+7,217	+2,466	+280	+2,148	+546	-533	+1,780	+862	-333	-2,495	-33
16/02/11	280,000	▼ 7,500	111,994	-5,072	+7,973	-1,910	-1,556	-1,124	+336			+828	-272	-121	-1,006	+16
16/02/05	287,500	▼ 5,500	112,141	+1,892	-6,851	+5,226	+1,537	+965	+487		-302	+2,098	+447	-6	-257	-10
16/02/04	293,000	▲ 10,500	173,973	-18,153	+8,498	+9,332	-311	+1,376	+3,911	-84	-67	+2,544	+1,392	+571	+533	-211
16/02/03	282,500	▲ 8,000	317,167	-17,142	+869	+16,364	-2,497	+6,049	+12,388	+63	-308	-3,684	+3,705	+648	-439	+349

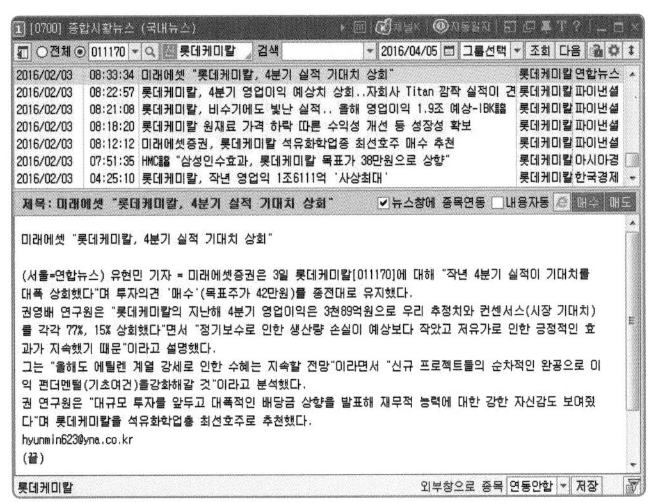
[0700] 종합시황뉴스 (국내뉴스)

○전체 ◉ 011170 롯데케미칼 검색 2016/04/05 그룹선택 조회 다음

날짜	시간	제목	종목	출처
2016/02/03	08:33:34	미래에셋 "롯데케미칼, 4분기 실적 기대치 상회"	롯데케미칼	연합뉴스
2016/02/03	08:22:57	롯데케미칼, 4분기 영업이익 예상치 상회..자회사 Titan 깜짝 실적이 견	롯데케미칼	파이낸셜
2016/02/03	08:21:08	롯데케미칼, 비수기에도 빛난 실적.. 올해 영업이익 1.9조 예상-IBK證	롯데케미칼	파이낸셜
2016/02/03	08:18:20	롯데케미칼 원재료 가격 하락 따른 수익성 개선 등 성장성 확보	롯데케미칼	파이낸셜
2016/02/03	08:12:12	미래에셋증권, 롯데케미칼 석유화학업종 최선호주 매수 추천	롯데케미칼	파이낸셜
2016/02/03	07:51:35	HMC證 "삼성인수효과, 롯데케미칼 목표가 38만원으로 상향"	롯데케미칼	아시아경
2016/02/03	04:25:10	롯데케미칼, 작년 영업익 1조6111억 '사상최대'	롯데케미칼	한국경제

제목: 미래에셋 "롯데케미칼, 4분기 실적 기대치 상회" ✔뉴스창에 종목연동 □내용자동 매수 매도

미래에셋 "롯데케미칼, 4분기 실적 기대치 상회"

(서울=연합뉴스) 유현민 기자 = 미래에셋증권은 3일 롯데케미칼[011170]에 대해 "작년 4분기 실적이 기대치를 대폭 상회했다"며 투자의견 '매수'(목표주가 42만원)를 종전대로 유지했다.
권영배 연구원은 "롯데케미칼의 지난해 4분기 영업이익은 3천89억원으로 우리 추정치와 컨센서스(시장 기대치)를 각각 77%, 15% 상회했다"면서 "정기보수로 인한 생산량 손실이 예상보다 작았고 저유가로 인한 긍정적인 효과가 지속했기 때문"이라고 설명했다.
그는 "올해도 에틸렌 계열 강세로 인한 수혜는 지속할 전망"이라면서 "신규 프로젝트들의 순차적인 완공으로 이익 펀더멘털(기초여건)을강화해갈 것"이라고 분석했다.
권 연구원은 "대규모 투자를 앞두고 대폭적인 배당금 상향을 발표해 재무적 능력에 대한 강한 자신감도 보여줬다"며 롯데케미칼을 석유화학업종 최선호주로 추천했다.
hyunmin623@yna.co.kr
(끝)

롯데케미칼 외부창으로 종목 연동안함 저장

수급

'F=투심(차트, 수급, 모멘텀)' 공식에서 눈으로 확인할 수 있는 가장 객관적이고 신뢰할 수 있는 기준은 수급이다. 단, 분명한 기준에 해당하는 수급이 포착되는 기회는 매우 드물다는 아쉬움이 있다. 그러나 백발백중의 법칙, 트레이딩의 법칙, 신호확인의 법칙처럼 트레이더에게 가장 중요한 것은 확률이다. 확신하고 또 확신할 수 있는 기회의 순간이 올 때까지 기다려야 한다. 수급은 분석하는 것이 아니라 눈으로 확인하는 것으로 매우 쉽다. 단지 수급을 확인하기 위한 부지런함과 기회의 순간을 포착하기 위한 기다림의 영역이다.

앞에서 'F=투심(차트, 수급, 모멘텀)' 공식을 통한 기준봉의 원리에서 수급을 배웠다. 자본력과 정보력을 가진 수급과 세력을 포착해 따라 진입하는 트레이딩 전략은 예측 확률이 높을 수밖에 없다는 것을 이해했을 것이다. 그렇다면 수급과 세력을 어떻게 포착할 수 있을까? 특별한 기술이나 노하우가 있는 것이 아니다. 특별한 기회의 순간을 포착하기 위한 트레이더의 부지런함과 기다림이 특별함을 만드는 것이다.

수급과 세력의 포착 기준은 무엇인가? 거래량 100만 주 이상, 거래대금 100억 원 이상, 시가총액 대비 0.5% 이상의 금액을 수급 포착의 기준으로 삼는 것은 큰 의미가 없다. 누가 봐도 '문제없다' 이야기할 수 있는 기준이어야 한다.

누가 보더라도 차트와 수급, 모멘텀의 기준에서 추세 기준봉으로 적합한 캔들을 예시로 들어보겠다. 차트를 확인하고 힌트를 얻길 바란다.

예시 1

[0796] 투자자별 매매동향 - 종목별투자자

041510 에스엠 2015/08/11 ⊙금액 ○수량 ○추정평균가 ⊙순매수 ○매수 ○매도 ⊙천주 ○단주 ⊙전일비 ○등락률 단위:백만원,천주

일자	현재가	전일비	거래량	개인	외국인	기관계	금융투자	보험	투신	기타금융	은행	연기금등	사모펀드	국가	기타법인	내외국인
2016/04/18 ~ 2016/05/18	누적순매수			+13,925	-10,694	-2,570	+2,121	-2,086	+2,362	+615	-830	-3,154	-1,669	+71	-504	-157
15/08/11	41,400	▲ 4,150	6,118,937	-27,007	+11,337	+15,846	+2,836	+1,167	+7,618	+132	+1,349	+2,342	-475	+880	-7	-168
15/08/10	37,250	▲ 2,100	1,455,164	-11,140	+1,393	+9,768	+5,853	+95	+1,975	+279	+465	+1,269	-55	-113	+59	-80
15/08/07	35,150	▲ 150	361,383	-1,895	-107	+1,949	+1,352	-79	+1,247	+98	-293	-94	+67	-349	+82	-30
15/08/06	35,000	▲ 250	383,056	-3,852	+337	+3,477	+939	-6	+2,925			-785	+533	-129	-10	+48
15/08/05	34,750	▲ 1,150	655,737	-6,830	+780	+6,007	+767	-83	+1,937	-112	+137	-101	+3,756	-293	+27	+16
15/08/04	33,600	▲ 500	255,867	-725	-1,007	+1,069	+3	+53	+110			+856	+47		+633	+29
15/08/03	33,100	▲ 1,450	330,800	-1,071	-279	+1,338	+2		+401	+19		+309	+607		+11	+1
15/07/31	31,650	▼ 150	359,315	+2,983	-496	-2,513	-628	+97	+564	-344	-200	-1,321	-591	-91	+25	+1
15/07/30	31,800	▼ 1,750	432,457	+2,510	+228	-2,726	-1,351	+150	+260	-21	-1	-639	-859	-265	-42	+29
15/07/29	33,550	0	346,005	-471	+1,304	-815	+97	-625	+71	-321	+251	-451	-69	+232	-16	-1
15/07/28	33,550	▲ 50	362,567	+1,384	+1,195	-2,704	-96	-1	-1,882		-410	-67	-246		+147	-22
15/07/27	33,500	▼ 1,900	459,626	+2,927	-2,792	-184	+468	+261	-427		+328	-950	+82	+54	+71	-23
15/07/24	35,400	▲ 850	624,208	-4,675	+5,616	-1,000	-168	-46	-186		-315	-537	+17	+235	+27	+31
15/07/23	34,550	▼ 750	921,103	+2,551	-1,708	-943	+154	-116	+4		-310	-779		+102	+71	+30
15/07/22	35,300	▲ 2,200	1,360,942	-10,697	+4,042	+6,305	+509	+893	+463		+231	+1,821	+1,843	+544	+369	-20
15/07/21	33,100	▼ 850	466,708	+125	-253	+16	-85		-196	-4	+155	+146			+113	
15/07/20	33,950	▲ 200	472,544	-2,074	+1,868	+232	+650	+365	-51			-737	+6		-22	-4
15/07/17	33,750	▲ 750	893,273	-5,728	+3,250	+2,181	+748	+159	+465	-131	+170	-111	+882		+305	-8
15/07/16	33,000	▲ 850	585,119	-4,270	+2,180	+1,966	+132	-319	+922		+164		+1,067		+136	-12
15/07/15	32,150	▼ 250	204,877	-780	+726	+37	+29	-510	+518						+16	

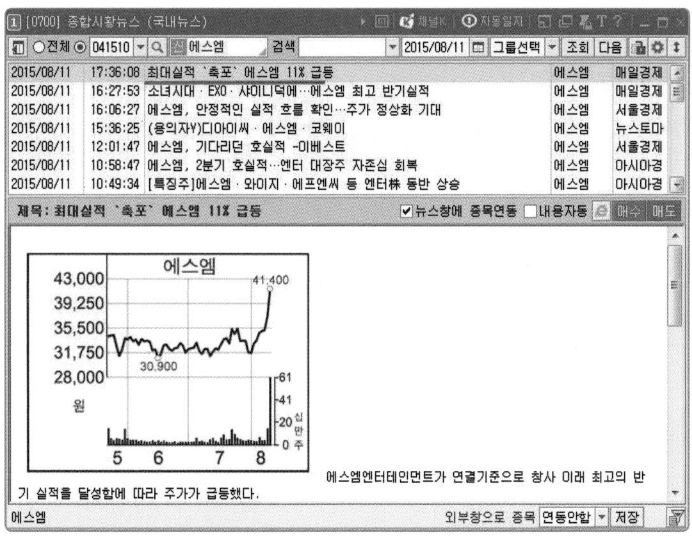

after : 이후 주가 흐름을 나타내는 차트

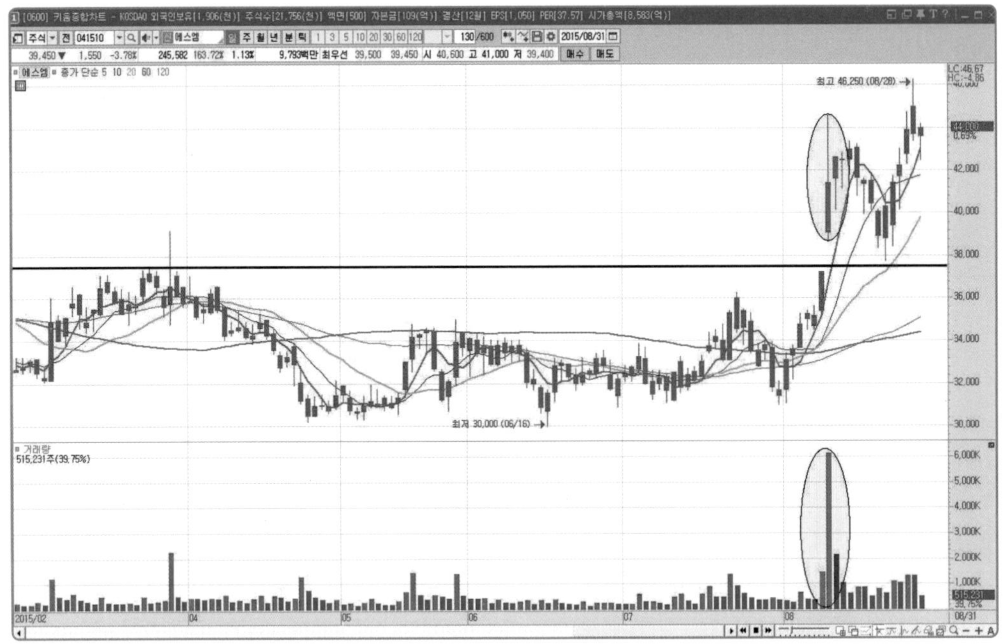

예시 2

[0796] 투자자별 매매동향 - 종목별투자자

078340 컴투스 2016/01/21 ⊙금액 ⊙순매수 ⊙천주 ⊙전일비 단위:백만원,천주

일자	현재가	전일비	거래량	개인	외국인	기관계	금융투자	보험	투신	기타금융	은행	연기금등	사모펀드	국가	기타법인	내외국인
2016/04/18 - 2016/05/18			누적순매수	-66,465	+40,239	+27,034	+1,479	+1,430	+13,781	+1,166	-132	+8,682	+163	+464	-608	-200
16/01/21	135,500	▲ 5,900	733,084	-21,038	+7,488	+13,933	-176	+4,254	+3,241	+163	+217	+7,562	-183	-1,146	-286	-97
16/01/20	129,600	▲ 2,400	472,700	-5,122	+347	+5,939	-126	+717	+597	+174	+753	+5,266	+116	-1,559	-838	-327
16/01/19	127,200	0	338,028	+4,626	-3,237	-1,459	-1,613	+1,422	-844	+719	+296	-1,720	+281		-56	+126
16/01/18	127,200	▲ 9,200	489,394	-9,727	+3,420	+5,517	-975	-122	+739		-1,132	+6,758	+249		+141	+649
16/01/15	118,000	▼ 2,000	737,791	+3,578	-4,646	+1,642	+226	+668	+406	-13	+1,036	+374	-1,323	+269	-348	-226
16/01/14	120,000	▲ 1,400	247,302	+63	-2,111	+1,394	-279	+35	+151	+553		+645	+290		+586	+68
16/01/13	118,600	▲ 1,900	158,756	-989	-582	+1,336	+181	-189	+979		-12		+377		+213	+23
16/01/12	116,700	▼ 600	269,100	+1,445	-5,713	+4,136	+2,066	+173	+680	+64	+494	+655	+4		+132	+1
16/01/11	117,300	▲ 4,000	393,511	+362	+396	-1,493	-692	+91	-793		+36		-134		+753	-18
16/01/08	113,300	▲ 200	169,914	-625	-3,642	+4,480	-378	+35	+4,009	+169	-13	+674	-16		-199	-15
16/01/07	113,100	▼ 900	143,592	+969	-1,217	+263	+42	+14	+16		+156	+231	-196		-17	+2
16/01/06	114,000	▼ 3,900	214,644	+4,571	-6,532	+2,079	-750	+306	+1,895			+570	+58		-211	+93
16/01/05	117,900	▲ 900	129,848	+2,916	-1,788	-1,227	-84	-2,329	+826		+48	+35	+277		+28	+70
16/01/04	117,000	▼ 1,500	147,163	-2,492	-909	+3,192	+175	+1,444	+885		+57		+669	-39	+209	
15/12/30	118,500	▲ 3,800	216,568	-4,998	+934	+4,167	+647	+308	+2,272		+177	+361	+401		-99	-4
15/12/29	114,700	▲ 4,200	110,107	-2,140	+227	+1,831	+873	-1	+552		+306	+89	+13		+72	+10
15/12/28	110,500	▼ 700	87,055	-2,518	-889	+3,282	+949		+2,333						+125	
15/12/24	111,200	▼ 800	91,353	-2,101	-1,941	+3,913	-205	-7	+3,339	+503	+1	-3	-4	+291	+130	-1
15/12/23	112,000	▲ 700	78,986	-2,379	+2,002	+537	+247	+1	+256		+36	-2			-161	+1
15/12/22	111,300	▼ 3,400	175,495	+2,237	-3,199	+1,573	+303	-2,549	+3,896		-417	-222	+175	+388	-612	+1

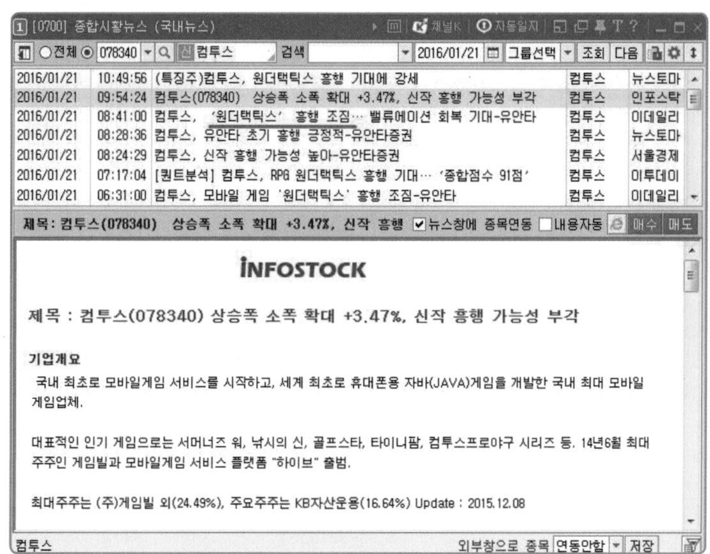

[0700] 종합시황뉴스 (국내뉴스)

일자	시간	제목	종목	출처
2016/01/21	10:49:56	(특징주)컴투스, 원더택틱스 흥행 기대에 강세	컴투스	뉴스토마
2016/01/21	09:54:24	컴투스(078340) 상승폭 소폭 확대 +3.47%, 신작 흥행 가능성 부각	컴투스	인포스탁
2016/01/21	08:41:00	컴투스, '원더택틱스' 흥행 조짐… 밸류에이션 회복 기대-유안타	컴투스	이데일리
2016/01/21	08:28:36	컴투스, 유안타 초기 흥행 긍정적-유안타증권	컴투스	뉴스토마
2016/01/21	08:24:29	컴투스, 신작 흥행 가능성 높아-유안타증권	컴투스	서울경제
2016/01/21	07:17:04	[퀀트분석] 컴투스, RPG 원더택틱스 흥행 기대… '종합점수 91점'	컴투스	이투데이
2016/01/21	06:31:00	컴투스, 모바일 게임 '원더택틱스' 흥행 조짐-유안타	컴투스	이데일리

제목: 컴투스(078340) 상승폭 소폭 확대 +3.47%, 신작 흥행

INFOSTOCK

제목 : 컴투스(078340) 상승폭 소폭 확대 +3.47%, 신작 흥행 가능성 부각

기업개요

국내 최초로 모바일게임 서비스를 시작하고, 세계 최초로 휴대폰용 자바(JAVA)게임을 개발한 국내 최대 모바일 게임업체.

대표적인 인기 게임으로는 서머너즈 워, 낚시의 신, 골프스타, 타이니팜, 컴투스프로야구 시리즈 등. 14년6월 최대주주인 게임빌과 모바일게임 서비스 플랫폼 "하이브" 출범.

최대주주는 (주)게임빌 외(24.49%), 주요주주는 KB자산운용(16.64%) Update : 2015.12.08

after : 이후 주가 흐름을 나타내는 차트

■ 거래원 창구 분석

수급과 세력을 포착하기 위한 노하우는 그들만의 특징을 파악하는 것이다. 전제조건은 큰 변화다. 평소와 다른 특징을 포착해야 하는데 애매모호한 변화는 무시해야 한다. 변화의 기준이 크고 분명할수록 확률은 높아진다. 다음은 일반적이지 않은 특징이다. 개인의 영역에서 할 수 없는 패턴, 일반적이지 않은 모습이 포착된다면 수급과 세력의 움직임일 가능성이 높다.

[0251] 증권사별 매매동향 - 종목별증권사순위

종목매매동향 | 종목별증권사순위 | 증권사별매매상위 | 전증권사동향 | 당일주요거래원 | 거래원순간거래량 | 거래원매물대분석

010140 삼성중공업 기간거래량 22,658,446 기간 기간입력 2016/02/17 - 2016/03/07 조회 유의사항

기간별 누적		6,765,414	3,160,711	+3,604,703
순위	거래원	매수량	매도량	순매수
1	모건스탠리	1,921,571	315,617	+1,605,954
2	유비에스증	818,005	117,499	+700,506
3	CS 증권	2,087,123	1,549,639	+537,484
4	메릴린치	665,509	362,133	+303,376
5	CIMB	234,400	0	+234,400
6	SG증권	128,699	16,291	+112,408
7	H S B C	103,206	70,010	+33,196
8	HMC증권	70,524	42,464	+28,060
9	C.L.S.A 증	61,800	45,563	+16,237
10	교 보	249,577	233,971	+15,606
11	메리츠	218,812	205,535	+13,277
12	LIG투자증권	206,188	201,989	+4,199

기간별 누적		15,893,032	19,497,735	-3,604,703
순위	거래원	매수량	매도량	순매수
1	JP모간서울	69,880	504,353	-434,473
2	삼 성	1,125,504	1,525,012	-399,508
3	BNP파리바	23,733	275,000	-251,267
4	신한금융투	1,069,996	1,301,605	-231,609
5	미래에셋	1,155,427	1,362,470	-207,043
6	골드만삭스	493,788	694,242	-200,454
7	현 대	973,705	1,157,375	-183,670
8	키움증권	3,749,435	3,932,558	-183,123
9	대 신	835,400	1,010,825	-175,425
10	한국투자증	1,233,858	1,394,736	-160,878
11	도이치코리	246,927	383,891	-136,964
12	대 우	1,235,054	1,357,936	-122,882
13	씨티그룹	39,541	122,345	-82,804
14	하나금융투	512,857	590,646	-77,789
15	한 화	119,781	194,861	-75,080

[0250] 증권사별 매매동향 - 종목매매동향

종목매매동향 | 종목별증권사순위 | 증권사별매매상위 | 전증권사동향 | 당일주요거래원 | 거래원순간거래량

코드 036 모건스탠리 010140 삼성중공업 상세 조회 다음 차트

기간입력 2016/02/07 ~ 2016/03/07 누적순매수 +1,906,763 매수 2,505,863 매도 599,100

일자	주가	대비	등락률	거래량	순매수	매수수량	매도수량
2016/03/07	12,650	▲ 500	+4.12	3,184,528	+188,306	192,650	4,344
2016/03/04	12,150	▲ 650	+5.65	3,448,629	+131,961	136,982	5,021
2016/03/03	11,500	▲ 700	+6.48	3,584,515	+73,676	208,719	135,043
2016/03/02	10,800	▲ 300	+2.86	1,092,849	+168,591	172,977	4,386
2016/02/29	10,500	▼ 350	-3.23	1,022,396	+76,404	76,973	569
2016/02/26	10,850	▲ 50	+0.46	812,505	-19,080	12,782	31,862
2016/02/25	10,800	▼ 100	-0.92	1,060,007	-10,399	22,242	32,641
2016/02/24	10,900	▼ 100	-0.91	1,340,144	+83,414	95,740	12,326
2016/02/23	11,000	▲ 50	+0.46	761,419	+69,079	75,258	6,179
2016/02/22	10,950	▼ 200	-1.79	724,716	+65,670	87,073	21,403
2016/02/19	11,150	▼ 50	-0.45	1,034,893	+46,407	82,228	35,821
2016/02/18	11,200	▲ 300	+2.75	2,151,106	+211,695	225,970	14,275
2016/02/17	10,900	▼ 200	-1.80	2,440,739	+520,230	531,977	11,747
2016/02/16	11,100	▲ 100	+0.91	2,174,257	-136,115	79,980	216,095
2016/02/15	11,000	▲ 750	+7.32	2,700,978	+31,419	53,892	22,473

[0250] 증권사별 매매동향 - 종목매매동향

종목매매동향 | 종목별증권사순위 | 증권사별매매상위 | 전증권사동향 | 당일주요거래원 | 거래원순간거래량

코드 043 유비에스증권 010140 삼성중공업 상세 조회 다음 차트

기간입력 2016/02/07 ~ 2016/03/07 누적순매수 +904,378 매수 1,061,862 매도 157,484

일자	주가	대비	등락률	거래량	순매수	매수수량	매도수량
2016/03/07	12,650	▲ 500	+4.12	3,184,528	+300,841	301,939	1,098
2016/03/04	12,150	▲ 650	+5.65	3,448,629	+197,935	217,565	19,630
2016/03/03	11,500	▲ 700	+6.48	3,584,515	0	0	0
2016/03/02	10,800	▲ 300	+2.86	1,092,849	+12,441	13,866	1,425
2016/02/29	10,500	▼ 350	-3.23	1,022,396	+6,423	16,110	9,687
2016/02/26	10,850	▲ 50	+0.46	812,505	+1,801	18,136	16,335
2016/02/25	10,800	▼ 100	-0.92	1,060,007	-44,018	0	44,018
2016/02/24	10,900	▼ 100	-0.91	1,340,144	+30,914	35,963	5,049
2016/02/23	11,000	▲ 50	+0.46	761,419	+6,250	6,250	0
2016/02/22	10,950	▼ 200	-1.79	724,716	+62,009	62,227	218
2016/02/19	11,150	▼ 50	-0.45	1,034,893	+139,659	139,659	0
2016/02/18	11,200	▲ 300	+2.75	2,151,106	-12,099	3,482	15,581
2016/02/17	10,900	▼ 200	-1.80	2,440,739	-1,650	2,808	4,458
2016/02/16	11,100	▲ 100	+0.91	2,174,257	+3,659	7,127	3,468
2016/02/15	11,000	▲ 750	+7.32	2,700,978	+109,388	139,376	29,988

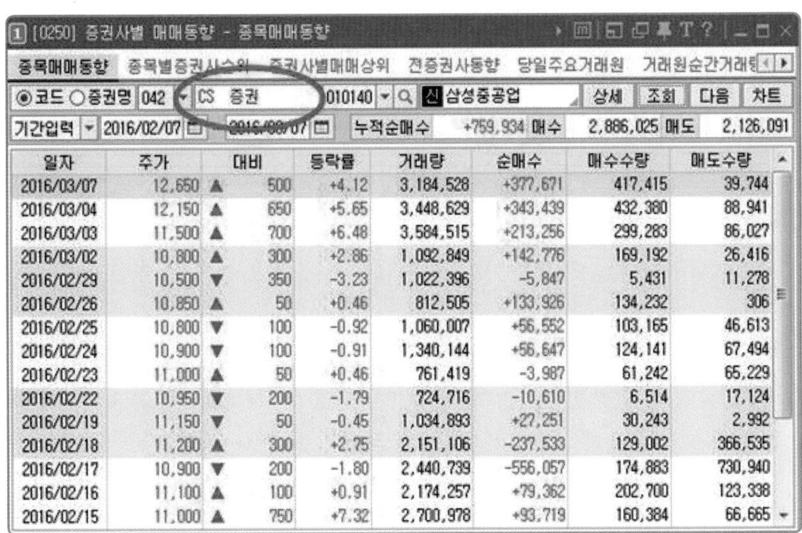

[0250] 증권사별 매매동향 - 종목매매동향

종목매매동향 | 종목별증권사순위 | 증권사별매매상위 | 전증권사동향 | 당일주요거래원 | 거래원순간거래량

코드 042 CS 증권 010140 삼성중공업 상세 조회 다음 차트

기간입력 2016/02/07 ~ 2016/03/07 누적순매수 +759,934 매수 2,886,025 매도 2,126,091

일자	주가	대비	등락률	거래량	순매수	매수수량	매도수량
2016/03/07	12,650	▲ 500	+4.12	3,184,528	+377,671	417,415	39,744
2016/03/04	12,150	▲ 650	+5.65	3,448,629	+343,439	432,380	88,941
2016/03/03	11,500	▲ 700	+6.48	3,584,515	+213,256	299,283	86,027
2016/03/02	10,800	▲ 300	+2.86	1,092,849	+142,776	169,192	26,416
2016/02/29	10,500	▼ 350	-3.23	1,022,396	-5,847	5,431	11,278
2016/02/26	10,850	▲ 50	+0.46	812,505	+133,926	134,232	306
2016/02/25	10,800	▼ 100	-0.92	1,060,007	+56,552	103,165	46,613
2016/02/24	10,900	▼ 100	-0.91	1,340,144	+56,647	124,141	67,494
2016/02/23	11,000	▲ 50	+0.46	761,419	-3,987	61,242	65,229
2016/02/22	10,950	▼ 200	-1.79	724,716	-10,610	6,514	17,124
2016/02/19	11,150	▼ 50	-0.45	1,034,893	+27,251	30,243	2,992
2016/02/18	11,200	▲ 300	+2.75	2,151,106	-237,533	129,002	366,535
2016/02/17	10,900	▼ 200	-1.80	2,440,739	-556,057	174,883	730,940
2016/02/16	11,100	▲ 100	+0.91	2,174,257	+79,362	202,700	123,338
2016/02/15	11,000	▲ 750	+7.32	2,700,978	+93,719	160,384	66,665

증권사(거래원)의 창구 분석을 통해 수급과 세력을 포착할 가능성도 있다. 물론 확률적으로 수급과 세력을 포착할 가능성이 낮고 포착하더라도 그 영향력은 크게 신뢰할 수 없다. 하지만 시나리오 전략에서 종목 선정 그리고 매수, 매도 신호를 포착할 때 때로는 확률을 높여주기도 한다.

모멘텀

'F=투심(차트, 수급, 모멘텀)' 공식에 따라 주가의 돌파력을 분석할 때 모멘텀은 두 단어로 표현할 수 있다. 기대감과 우려감. 기대감이 높을수록 많은 투자자들이 매수하려는 경향이 높아지며 반대로 우려감이 커질수록 매도하려는 경향이 높아진다. 따라서 기대감이 살아있는 종목을 공략해야 한다.

그런데 기대감이 사라진다면 당연히 청산해야 한다. 실적 급증 뉴스와 함께 급등하던 주가가 곧 하락해 전보다 더 고꾸라지는 현상은 바로 기대감 때문이다. 실적이 향상될 것이라는 기대감이 실적 발표와 함께 기정사실이 되는 순간, 기대감은 사라진다.

모멘텀은 시장참여자들의 심리를 반영하므로 애매모호한 기준으로 생각할 수 있지만 사실 차트나 수급보다 강력한 영향력이 있다. 투자심리가 일치하는 경우, 기대감 또는 우려감은 강한 돌파력을 가진다. 강력한 투자심리로 형성된 돌파력은 차트와 수급을 무시한다.

차트나 수급은 과거의 행적일 뿐 새로 쓰는 주가는 지지력과 저항력은 없고 돌파력만 존재할 뿐이다. 예를 들어, 대형 호재가 강한 모멘텀을 유발한다면 모든 투자자들은 매수를 생각할 것이다. 매수자들만 있고 매도자가 없다면 호가 공백이 생기고 가격은 널뛰기하며 상승하게 되는 것이다.

이처럼 강력하지만 기준이 불분명한 치명적인 단점을 가진 모멘텀은 주의해 다루어야 한다. 첫째, 모멘텀의 기준을 매우 보수적으로 설정해 방향성이 확실한 모멘텀만 'F=투심(차트, 수급, 모멘텀)' 공식에 적용한다. 둘째, 'F=투심(차트, 수급, 모멘텀)' 공식에서 차트와 수급의 보조 역할로 적용하며 절대로 단독으로 사용하지 않는다.

찌라시, 정보매매는 도박에 불과하다. 모멘텀의 두 가지 사용 원칙을 준수하고 투자심리에 영향을 미치는 모든 정보는 오직 기대감과 우려감, 두 단어로 분석해야 한다. 종목 선정, 기준봉 선정을 위한 모멘텀의 기준은 기대감 또는 우려감의 '방향성'과 '지속성'에 달려 있다.

Key Point

■ 주가의 위치

뉴스나 재료가 시장에 노출될 때 주가의 위치를 체크하는 것은 일종의 안전벨트와 같다. 사고가 발생할 확률은 희박하지만 만약 발생할 수 있는 위험에 대비해 리스크를 관리하는 것이다.

일단 주가의 위치가 높다면 피해야 한다. 2~3차 시세까지 상승한 경우, 추가적으로 폭발적인 모멘텀이 존재하지 않는 한, 또 한 차례의 돌파를 기대하는 것은 무리다. 수급과 모멘텀이 노출된 이후 상승한 주가에는 이미 반영되었을 가능성이 높다.

주가의 돌파력에는 시장에 존재하는 약간의 기대감도 영향을 미친다. 반대로 악재에 따른 우려감으로 주가는 하락하기 시작하며 역배열 시세 초입이라면 시황이나 수급, 뷰차트의 지지선이 있더라도 무조건 무시해야 한다. 악재를 동반한 하락 또는 악재가 있을 가능성이 있는 하락, 즉 대량 거래량을 동반한 주가 하락은 항상 우려감을 내포하므로 예외 없이 무조건 피해야 한다.

따라서 모멘텀은 대량 거래량을 동반할 때 비로소 영향력을 가진다. 모멘텀의 영향력을 분석하기 위해서는 첫째, 모멘텀이 시장에 노출된 시점과 기간을 체크한다. 둘째, 주가의 위치를 체크한다. 매수세력과 매도세력의 관점에서 모멘텀의 기대감과 우려감이 어떻게 작용할지 여러 가능성을 열어놓고 보수적으로 분석해야 한다.

■ 지속성 대 단발성

모멘텀의 영향력은 세기보다 지속성이 중요하다. 아무리 좋은 호재도 단발성이라면 시장에 노출되는 순간, 모두 아는 사실이 되어버리므로 기대감은 사라지고 만다. 이것을 '재료 소멸'이라고 부르는데 모멘텀의 힘은 기대감으로 시작해 재료 소멸로 끝난다. 따라서 재료가 단발성인지, 얼마나 지속적으로 작용할 수 있는지에 대한 분석이 이루어져야 한다.

대표적인 실적 모멘텀은 실적 발표를 한두 달 앞두고 투자심리가 영향을 미친다. 실적 시즌은 실적에 대한 기대감 또는 우려감이 주가에 반영되는 기간으로 많은 사람들이 시장에 주목한다. 1분기 실적이 상당히 좋을 것으로 예상된다면 주가는 상승한다. 하지만 실적이 발표되는 당일 시장의 예상치에 부합하는 실적이 공개된다면 재료 소멸로 주가 상승 기대감은 멈춘다. 예상치를 크게 상회하지 않는다면 더 큰 상승은 기대하기 힘들며 '어닝 서프라이즈'로 상승하더라도 단발성으로 작용하는 경향이 높다.

만약 예상치를 크게 하회해 '어닝 쇼크'가 발생한다면 그동안 실적 기대감으로 상승했던 주가는 상승폭을 전부 반납하게 될 것이다. 상승 이유가 사라지면 주가는 원래 위치로 돌아가는 것이 자연스러운 현상이다. 그러므로 모멘텀의 생명은 재료의 지속성에 달려 있다. 기대감이나 우려감이 사라지면 곧 모멘텀은 죽는다.

■ 모멘텀의 종류

개별종목들의 모멘텀은 시황 분석을 위한 모멘텀 분석과 같다. 모멘텀을 분석하기 위해서는 많은 사람들이 참고하는 것을 확인해야 한다. 바로 헤드라인 뉴스, 기사, 이슈들이다. 헤드라인은 한 눈에 많은 사람들에게 전달되어 투자심리를 반영하고 주가의 움직임에 큰 영향을 미친다.

다른 사람들은 모르고 나만 아는 고급정보가 필요하다는 편견을 버려라. 투자심리에서 나 혼자 알고 있는 정보는 힘이 없다. 시장에서 사람들의 기대감이나 우려감이 주가에 작용할 때 비로소 모멘텀이 발생한다. 논리적 근거와 인과관계를 확인할 수 있을 정도의 훈련을 받는다면 수많은 종목의 다양한 정보를 이해할 수 있을 것이다.

모멘텀을 분석하는 목적은 상승이나 하락을 예측하는 것이 아니라 기대감이나 우려감이 종목에 어떻게 반영되는지 확인하는 것이다. 모멘텀 분석은 차트 분석의 근거를 뒷받침하며 시장의 돈이 집중되는 유리한 종목을 선정하기 위한 전략이다. 모멘텀은 거래량을 동반한 주가의 큰 변화가 발생했을 때 기준봉을 선정하기 위한 나침반이 되어줄 것이다.

- 1차 모멘텀: 실적, 수주, 합병 · 분할, 자본금 변동(유 · 무상증자, CB, BW 등), 배당, 경영권 분쟁, 주요 주주 지분 변동, 자회사, 투자 유치 등
- 2차 모멘텀: 업황, 환율, 유가, 계절, 신사업, 신기술, 신제품, 경제지표, 시장 성장률 등
- 3차 모멘텀: 대선, 정책, 인맥, 정치, 사건 사고(질병, 전쟁, 테러), 미래기술 등

모멘텀은 나열하기 불가능할 정도로 다양하다. 여러 유형의 테마주, 관련주와 수혜주, 피해주가 있는데 시장에 자주 등장하는 모멘텀을 중심으로 대표적인 키워드를 정리했다.

모든 모멘텀은 결국 실적으로 귀결한다. 1차적으로 실적과 기업 가치에 직결되는 모멘텀, 2차적으로 실적에 직간접적으로 영향을 미치는 모멘텀, 마지막으로 실적에 영향을 미칠 가능성만으로도 기대감이나 우려감을 갖는 모멘텀으로 구분할 수 있다.

이해의 편의를 돕기 위한 것이며 정답이 있는 것도 아니고 정해진 매뉴얼이나 분석법은 필요하지 않다. 단, 모멘텀의 기대감이나 우려감이 개별종목에 어떤 영향을 미치는지 직관적으로 이해할 수 있다면 충분하다.

■ 대장주를 공략하라

모멘텀 분석에서 주의해야 할 것들이 있다. 모멘텀은 단독으로 분석하지 않는다. 모멘텀은 대량 거래량을 동반할 때 비로소 영향력을 갖는다. 다시 강조하는 이유는

그 중요성을 인지하지 않으면 실수하게 되고 여러 번의 실수로 승률이 무너지고 계좌가 망가지기 때문이다.

기준봉이 출현하면 무조건 공략하는 것이 아니라 종목의 안정성, 유동성, 성장성을 체크하고 뷰차트를 통해 기준봉의 확률을 점검한다. 기본적인 체크사항을 통과한 기준봉은 수급과 모멘텀 분석을 통해 시장의 주도주 또는 테마의 대장주 여부를 한 번 더 체크해야 한다. 이런 분석 과정을 통과해야 비로소 시나리오 전략에 적합한 종목으로 선정된다.

시나리오 전략에 적합한 종목들의 가장 큰 공통점은 유동성이 풍부하다는 것이다. 거래량과 거래대금이 적은 주식들은 설령 테마 관련주로 상승률이 높더라도 종목 선정에서 제외된다. 승률과 손익비를 높이지 못하는 요인들 중에 많은 사람들이 간과하는 한 가지가 있다.

"거래한 종목이 대장주인가?"

주가가 많이 올라 매수하지 못하고 상대적으로 낮은 가격의 주식을 매수하고 싶은 심리는 자연스럽다. 초보자들의 일반적인 심리이자 투자 습성이기 때문이다. 하지만 시장은 습성과 다르다. 돈은 돈이 몰리는 곳으로 움직인다. 버블은 버블을 만든다. 사람들은 본능적으로 유행을 쫓는다. 강한 종목으로 돈이 몰리고 약한 종목은 약한 이유가 있는 법이다. 가장 강한 종목이 대장주다. 시장은 대장주를 귀신처럼 알고 있다.

주가가 많이 올랐다고 해서 대장주가 아닌 2~3등 주를 공략하는 것은 약한 종목을 공략하는 것이다. 만약 약한 종목을 매수했는데 상승했다면 대장주는 급등했을 것이다. 강한 종목은 오를 때 많이 오르고 빠질 때는 조금 내린다. 이것이 지금까지 강조한, 돈이 움직이는 원리이기 때문이다. 따라서 대장주의 주가가 너무 높다면 내려올 때까지 기다려라. 2~3등 주를 매수할 이유는 없다. 대장주가 매수 기회를 주지 않고 계속 급등하더라도 상관없다. 트레이더는 돈을 잃지 않는다. 만만한 2~3등

주의 가격이 유혹하더라도 무시하라.

테마가 강하다면 대장주의 매수 타이밍을 조금 높여 잡는 것은 어떨까? 그렇다. 차라리 2~3등 주를 공략하는 것보다 확률이 높다는 것을 기억하라. 물론 대장주의 주가가 매수 타이밍까지 내려오길 기다리는 것이 최우선이다. 대장주를 저격하는 트레이더가 끝까지 살아남을 것이다.

03

기법

기준봉 공략 시나리오=기법차트 + 신호차트

기준봉을 공략하기 위해 주가를 파동의 관점에서 접근해 차트 분석이 이루어진다. 앞에서 종목 선정의 기준을 통과한, 믿을 수 있는 종목에 한해 기법차트와 신호차트를 통해 기본적인 예측구간을 60~70% 이상으로 끌어올린다. 물론 다음 〈시나리오 트레이딩 시스템〉의 '신호' 파트에서 'F=투심(차트, 수급, 모멘텀)' 공식을 적용해 확률을 끌어올리기 위한 체크포인트를 배울 것이다.

신호파트에서 '차트', '지수', '수급', '호가창', '모멘텀'을 함께 고려해 정밀한 타이밍을 공략하는데 '차트'를 통한 기본적인 매수, 매도 타이밍은 이번 장에서 기법차트와 함께 다루도록 하자.

■ 기법차트

- 지지, 저항, 돌파를 확인하는 기법의 기준: '기준봉'
- 4가지 기준봉(즉, 기법차트는 4개)
- 기법차트에서 단 하나의 '캔들'(기준봉)을 자신 있게 예측할 수 있어야 한다.

데이터 통계를 통해 정해진 기법과 패턴을 '예측'이 아닌 지지, 저항, 돌파를 '확인'하는 관점으로 적용한다.

- 기법차트는 '승률'에 직결된다

■ 신호차트

- 하위 차트로 신호차트의 20개 이상의 캔들이 기법차트 1개의 캔들을 구성한다.
- '뷰차트', '기법차트'에서 예측한 구간 내에서 실질적으로 매수와 매도를 체크한다.
- 확률과 손익비를 높이기 위해 매수와 매도의 정확한 가격과 시간을 체크한다.
- 이격과 속도에 따라 타이밍의 유연성을 허용하는 차트다.
- 손절가격선을 통해 손익비를 확인하고 진입한 후, 예상과 다르게 흘러갈 경우의 시나리오를 모두 고려해야 한다.
- 신호차트는 '손익비'에 직결된다

■ 추세 기준봉

기법차트

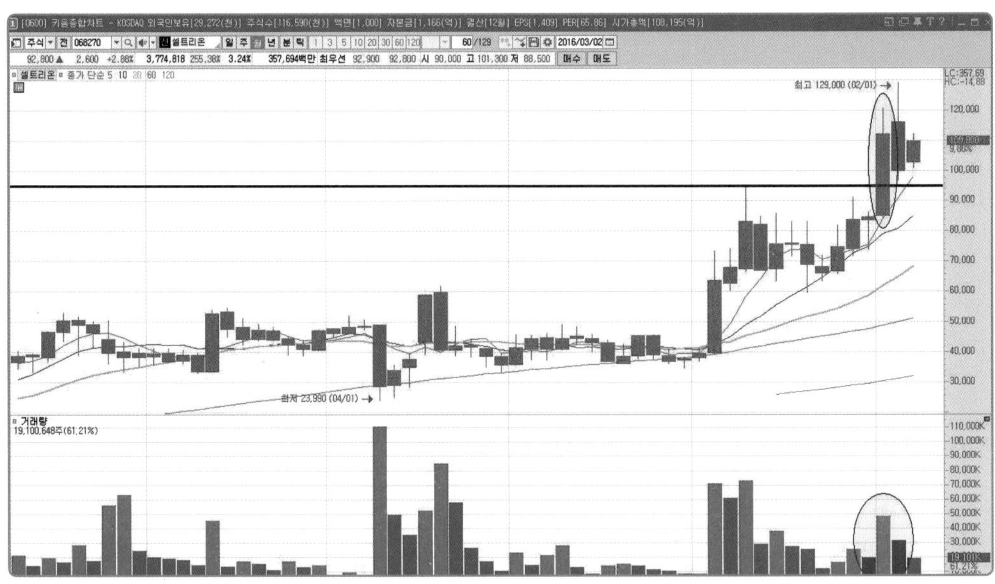

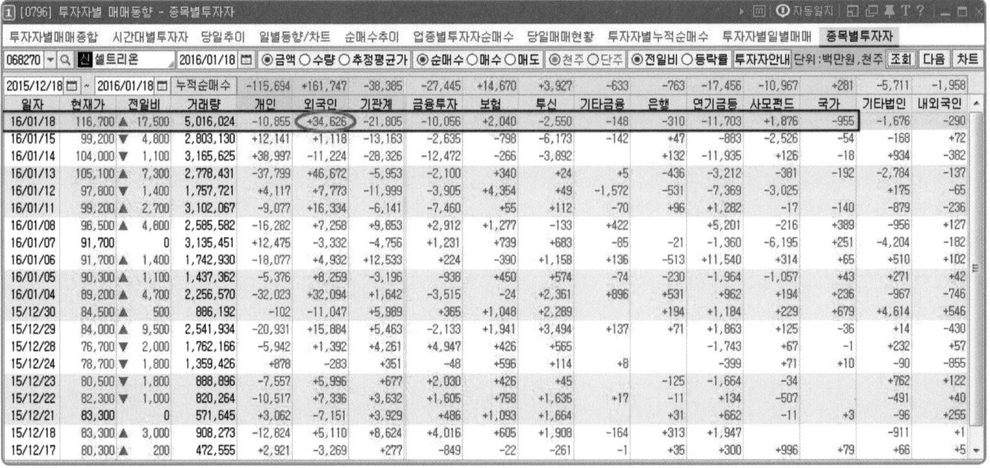

[0796] 투자자별 매매동향 - 종목별투자자

068270 셀트리온 2016/01/18 ◉금액 ○수량 ○추정평균가 ◉순매수 ○매수 ○매도 ◉천주 ○단주 ◉전일비 ○등락률 투자자안내 단위 : 백만원, 천주

일자	현재가	전일비	거래량	개인	외국인	기관계	금융투자	보험	투신	기타금융	은행	연기금등	사모펀드	국가	기타법인	내외국인
2015/12/18 ~ 2016/01/18			누적순매수	-115,694	+161,747	-38,385	-27,445	+14,670	+3,927	-633	-763	-17,456	-10,967	+281	-5,711	-1,958
16/01/18	116,700	▲ 17,500	5,016,024	-10,855	+34,626	-21,805	-10,056	+2,040	-2,550	-148	-310	-11,703	+1,876	-955	-1,676	-290
16/01/15	99,200	▼ 4,800	2,803,130	+12,141	+1,118	-13,163	-2,635	-798	-6,173	-142	+47	-883	-2,526	-54	-168	+72
16/01/14	104,000	▼ 1,100	3,165,625	+38,997	-11,224	-28,326	-12,472	-266	-3,892		+132	-11,935	+126	-18	+934	-382
16/01/13	105,100	▲ 7,300	2,778,431	-37,799	+46,672	-5,953	-2,100	+340	+24	+5	-436	-3,212	-381	-192	-2,784	-137
16/01/12	97,800	▼ 1,400	1,757,721	+4,117	+7,773	-11,999	-3,905	+4,354	+49	-1,572	-531	-7,369	-3,025		+175	-65
16/01/11	99,200	▲ 2,700	3,102,067	-9,077	+16,334	-6,141	-7,460	+55	+112	-70	+96	+1,282	-17	-140	-879	-236
16/01/08	96,500	▲ 4,800	2,585,582	-16,282	+7,258	+9,853	+2,912	+1,277	-133	+422		+5,201	-216	+389	-956	+127
16/01/07	91,700	0	3,135,451	+12,475	-3,332	-4,756	+1,231	+739	+683	-85	-21	-1,360	-6,195	+251	-4,204	-182
16/01/06	91,700	▲ 1,400	1,742,930	-18,077	+4,932	+12,533	+224	-390	+1,158	+136	-513	+11,540	+314	+65	+510	+102
16/01/05	90,300	▲ 1,100	1,437,362	-5,376	+8,259	-3,196	-938	+450	+574	-74	-230	-1,964	-1,057	+43	+271	+42
16/01/04	89,200	▲ 4,700	2,256,570	-32,023	+32,094	+1,642	-3,515	-24	+2,361	+896	+531	+962	+194	+236	-967	-746
15/12/30	84,500	▲ 500	886,192	-102	-11,047	+5,989	+365	+1,048	+2,289		+194	+1,184	+229	+679	+4,614	+546
15/12/29	84,000	▲ 9,500	2,541,934	-20,931	+15,884	+5,463	-2,133	+1,941	+3,494	+137	+71	+1,863	+125	-36	+14	-430
15/12/28	76,700	▼ 2,000	1,762,166	-5,942	+1,392	+4,261	+4,947	+426	+565			-1,743	+67	-1	+232	+57
15/12/24	78,700	▼ 1,800	1,359,426	+878	-283	+351	-48	+596	+114	+8		-399	+71	+10	-90	-855
15/12/23	80,500	▼ 1,800	888,896	-7,557	+5,996	+677	+2,030	+426	+45		-125	-1,664	-34		+762	+122
15/12/22	82,300	▼ 1,000	820,264	-10,517	+7,336	+3,632	+1,605	+758	+1,635	+17	-11	+134	-507		-491	+40
15/12/21	83,300	0	571,645	+3,062	-7,151	+3,929	+486	+1,093	+1,664		+31	+662	-11	+3	-96	+255
15/12/18	83,300	▲ 3,000	908,273	-12,824	+5,110	+8,624	+4,016	+605	+1,908	-164	+313	+1,947			-911	+1
15/12/17	80,300	▲ 200	472,555	+2,921	-3,269	+277	-849	-22	-261	-1	+35	+300	+996	+79	+66	+5

❶ 거래량을 동반한 '추세 기준봉' 발생(추세 돌파 기준봉)

❷ 전고점 돌파, 신고가, 정배열 차트로 A급 기준봉

❸ 12월말 거래량이 급증하며 100억 원 이상의 외국인 수급 포착

❹ 10만 원 라운드 피겨 돌파

❺ 기준봉 다음 캔들은 내려오더라도 꼬리를 달고 올라갈 것이라는 확신(추세 눌림 기준봉)

신호차트

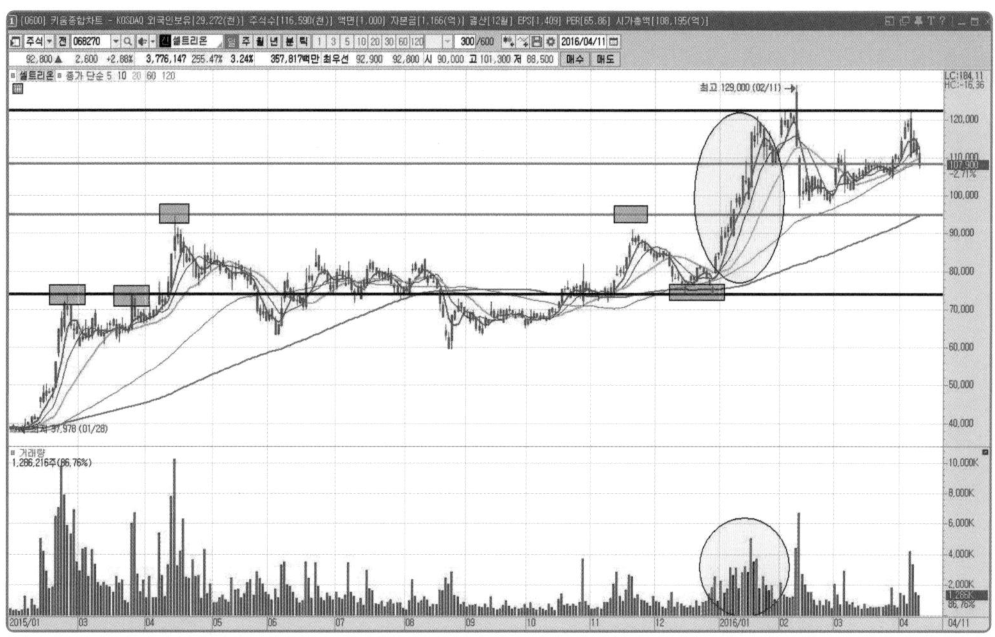

[0796] 투자자별 매매동향 - 종목별투자자

투자자별매매종합 시간대별투자자 당일추이 일별동향/차트 순매수추이 업종별투자자순매수 당일매매현황 투자자별누적순매수 투자자별일별매매 종목별투자자

068270 셀트리온 2016/02/12 ◉금액 ○수량 ○추정평균가 ◉순매수 ○매수 ○매도 ◉천주 ○단주 ◉전일비 ○등락률 투자자안내 단위:백만원,천주 조회 다음 차트

2015/12/18 ~ 2016/02/12 누적순매수 +235,083 +48,032 -279,740 -32,694 -27,835 -58,472 -54,260 -3,968 -68,874 -22,631 -11,007 -2,747 -629

일자	현재가	전일비	거래량	개인	외국인	기관계	금융투자	보험	투신	기타금융	은행	연기금등	사모펀드	국가	기타법인	내외국인
16/02/12	100,000	▼ 13,200	6,721,014	+40,547	-36,021	-5,029	+23,139	-6,359	-9,855	+930	-703	-9,022	-263	-2,895	+1,384	-881
16/02/11	113,200	▼ 6,200	4,361,133	+105,325	-18,066	-87,462	-8,523	-14,645	-20,782	-17,309	-166	-18,962	-4,543	-2,532	-167	+370
16/02/05	119,400	▼ 1,200	1,210,916	+23,422	+3,146	-26,561	-6,807	-3,340	-4,144	-12,112	-186	+82	-142	+88	-71	+65
16/02/04	120,600	▲ 700	1,140,949	+16,167	+1,463	-17,144	-2,448	-2,558	-389	-9,166	-33	-261	-2,407	+118	-599	+114
16/02/03	119,900	▲ 1,100	1,200,275	+19,533	+4,779	-23,791	-4,276	-8,338	-3,191	-5,872	-85	-1,023	-409	-597	-707	+186
16/02/02	118,800	▼ 1,200	1,336,132	+26,345	-22,528	-3,327	-1,164	+863	+1,775	-6,061	+466	+793	-2		-646	+156
16/02/01	120,000	▲ 7,900	2,126,754	-15,703	+10,745	+6,113	+2,721	+1,163	+1,983	-35	-1	-583	+785	+82	-1,116	-40
16/01/29	112,100	▲ 700	880,121	+7,435	-8,925	+1,061	+2,371	+203	-716	+34	-5	-768	-10	-47	+404	+24
16/01/28	111,400	▲ 3,300	991,743	-4,226	+9,981	-5,473	+3,411	-307	-2,679	-926	-2	-828	-3,881	-262	-175	-106
16/01/27	108,100	▼ 4,000	1,919,593	+25,607	-12,228	-17,222	-3,721	-2,371	-3,991	-329	-931	-3,410	-2,308	-161	+3,268	+575
16/01/26	112,100	▼ 1,100	1,581,047	+19,142	-14,947	-2,496	-443	+193	+781	-266	-26	-1,215	-1,083	-435	-1,743	+43
16/01/25	113,200	▲ 200	1,958,411	+3,812	+5,824	-10,885	-673	-1,339	-5,714	-783	-616	-2,667	+2,936	-2,029	+1,175	+75
16/01/22	113,000	▼ 3,500	2,515,761	+44,377	-28,988	-17,588	+732	-1,780	-11,644	-302	-461	-2,357	-1,030	-747	+1,779	+421
16/01/21	116,500	▲ 100	1,732,714	+27,213	-17,416	-10,355	-2,918	-1,251	-2,042	-348	-116	-3,983	+1,343	-1,040	+63	+495
16/01/20	116,400	▲ 2,100	3,676,197	-24,656	+50,459	-23,662	-5,857	-3,144	-4,209	-507	-515	-7,335	-1,239	-855	-1,853	-289
16/01/19	114,300	▼ 2,400	3,474,046	+36,436	-40,994	+2,466	-791	+504	+2,419	-573	+175	+119	+589	+25	+1,969	+123
16/01/18	116,700	▲ 17,500	5,016,024	-10,855	+34,626	-21,805	-10,056	+2,040	-2,550	-148	-310	-11,703	+1,876	-955	-1,676	-290
16/01/15	99,200	▼ 4,800	2,803,130	+12,141	+1,118	-13,163	-2,635	-798	-6,173	-142	+47	-883	-2,526	-54	-168	+72
16/01/14	104,000	▼ 1,100	3,165,625	+38,997	-11,224	-28,326	-12,472	-266	-3,892		+132	-11,935	+126	-18	+934	-382
16/01/13	105,100	▲ 7,300	2,778,431	-37,799	+46,672	-5,953	-2,100	+340	+24	+5	-436	-3,212	-381	-192	-2,784	-137

❶ 1월 18일, 1월 20일 약 340억 원, 500억 원 이상의 외국인 수급을 동반한 강한 돌파 확인

❷ 이후 거래량이 감소하며 일주일 정도 약간의 시간조정과 가격조정을 보이다가 다시 상승

❸ 기관의 매도세에도 불구하고 12월부터 지속적으로 매집하던 외국인의 수급으로 강한 주가흐름

❹ 2월 11~12일 외국인의 500억 원이 넘는 매도세로 변곡 신호 발생

❺ 변곡 신호에도 불구하고 '램시마' 미국 진출, 실적 급증이라는 강력한 모멘텀과 외국인의 오랜 기간 매

집에 따른 지지력으로 보수적인 지지선의 재공략 전략 유효

❻ 외국인의 이탈 가능성이 높아졌음에도 불구하고 10만 원 라운드 피겨 지지선에서 버티는 모습

❼ 2~3주 동안 횡보하다가 기본 반등, 더블 반등하는 모습(변곡 신호와 외국인 매수의 연속성 둔화를 고려할 때 기본 반등 이상으로 공략하기에는 확률이 낮아짐)

❽ 4월 6일 '램시마'의 미국 진출 확정 소식에 갭 상승 출발 후 재료 소멸에 따라 변곡 기준봉 발생

■ 변곡 기준봉

기법차트: 스윙

[0796] 투자자별 매매동향 - 종목별투자자

000720 현대건설 2016/02/26 ◉금액 ○수량 ○추정평균가 ◉순매수 ○매수 ○매도 ◉천주 ○단주 ◉전일비 ○등락률 투자자안내 단위:백만원,천주

일자	현재가	전일비	거래량	개인	외국인	기관계	금융투자	보험	투신	기타금융	은행	연기금등	사모펀드	국가	기타법인	내외국인
2016/01/26 ~ 2016/02/26			누적순매수	-137,367	+5,472	+133,365	+6,157	+9,649	+38,996	+846	+15	+73,338	+4,487	-124	-1,330	-140
16/02/26	38,000	▲ 150	435,398	+1,497	+1,423	-2,896	+591	-109	-1,151	-36	-112	-902	-1,121	-56	-24	
16/02/25	37,850	▼ 400	1,149,222	+2,286	-10,088	+8,108	+409	-1,119	-1,599	-79	-48	+10,103	+464	-25	-299	-7
16/02/24	38,250	▼ 900	983,312	+4,261	-1,979	-2,571	-1,896	-2,588	-550	+64	+8	+3,516	-1,200	+75	+256	+32
16/02/23	39,150	▼ 100	702,771	-1,381	-3,262	+4,964	+1,304	+344	+2,502	-179	+22	+1,515	-557	+13	-320	-1
16/02/22	39,250	▼ 800	704,320	+5,730	-2,560	-3,336	-231	-161	-932	+166	+26	-1,816	-388		+100	+66
16/02/19	40,050	▲ 50	742,223	-3,688	+159	+3,500	-1,647	-646	+1,329	+21	-3	+4,691	+3	-247	-17	+46
16/02/18	40,000	▲ 2,350	1,481,128	-29,731	+6,083	+24,258	-364	+9,879	+4,324	-99	-40	+6,859	+2,749	+949	-1,048	+438
16/02/17	37,650	▼ 450	711,295	-2,526	-2,608	+4,831	+706	-184	-165		+101	+3,334	+1,069	-30	+257	+46
16/02/16	38,100	▲ 400	828,477	-9,186	-2,932	+11,750	-9	+1,144	+3,849	+378	+245	+5,724	+387	+32	+386	-19
16/02/15	37,700	▲ 1,700	970,641	-8,748	-134	+8,814	+400	+1,683	+692		-74	+5,940	+168	+5	+292	-224
16/02/12	36,000	▲ 200	956,833	-6,065	+3,629	+2,940	+635	+248	+773	+29	-3	+1,110	+916	-768	-515	+12
16/02/11	35,800	▼ 1,850	886,244	+4,663	+295	-4,817	-615	-3,174	-102	+181	-11	+235	-1,320	-10	-128	-14
16/02/05	37,650	▲ 150	503,420	-2,136	+2,162	+165	-879	-2,061	+1,039			+1,884	+182		-191	
16/02/04	37,500	▲ 1,500	1,101,166	-15,843	+3,666	+12,104	+3,139	-1,018	+2,083		+100	+5,824	+1,974	+2	+83	-11
16/02/03	36,000	▼ 1,100	935,395	+1,496	+2,933	-3,800	-140	-2,376	-1,238	-149	-337	+776	-316	-20	-628	
16/02/02	37,100	▲ 200	951,235	-11,412	+2,409	+8,977	+3,536	+246	+1,709	+48	+290	+1,767	+1,420	-40	+100	-75
16/02/01	36,900	▲ 200	773,662	-8,939	+1,695	+7,036	-716	+674	+3,086	-2	+21	+4,138	-139	-28	+407	-198
16/01/29	36,700	▲ 350	1,442,423	-12,794	+2,899	+9,961	-1,317	+1,376	+8,546	+234	-136	+4,591	-3,321	-12	-2	-64
16/01/28	36,350	▲ 1,600	2,303,909	-23,359	+8,169	+14,720	-831	+2,592	+7,445	+77	+13	+3,934	+1,685	-195	+636	-167
16/01/27	34,750	▲ 2,250	2,441,402	-19,660	-3,224	+22,888	+4,376	+4,177	+6,300	+191	-50	+6,314	+1,347	+233	+5	-9

❶ 거래량을 동반한 '변곡 기준봉' 발생(변곡 돌파 기준봉)

❷ 엘리어트 5파까지 출현하며 깊은 가격조정, 시간조정으로 저평가에 대한 기대감(뷰차트)

❸ 건설업종의 불황에 따른 하락세에도 불구하고 업종 대비 하락폭이 작음

❹ 건설업종의 턴어라운드 기대감으로 업종 반등을 주도하며 큰 폭으로 상승(주도주, 대장주)

❺ 연기금, 투신, 외국인의 지속적인 강한 수급 포착

❻ 주가가 3만 원 이하로 하락한다면 연기금, 투신, 외국인의 대량 손실이 발생하는 구조

❼ 자본력과 정보력을 가진 세력들의 손실 발생 확률은 매우 낮음(세력들의 주가 관리)

신호차트

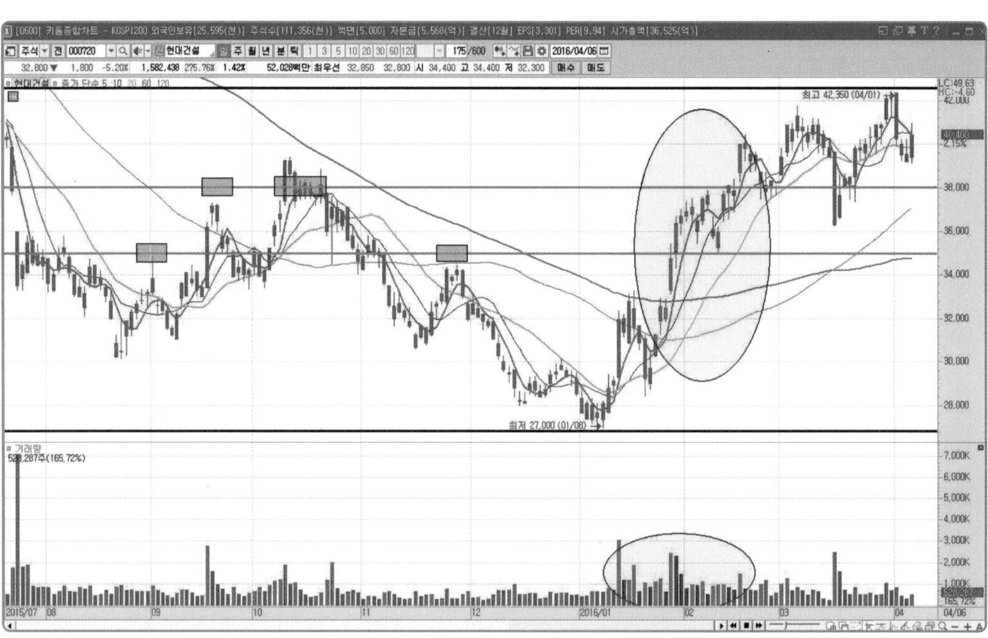

투자자별매매종합 시간대별투자자 당일추이 일별동향/차트 순매수추이 업종별투자자순매수 당일매매현황 투자자별누적순매수 투자자별일별매매 종목별투자자

000720 현대건설 2016/03/26 ◉금액 ○수량 ○추정평균가 ◉순매수 ○매수 ○매도 ◉천주 ○단주 ◉전일비 ○등락률 투자자안내 단위:백만원,천주 조회 다음 차트

일자	현재가	전일비	거래량	개인	외국인	기관계	금융투자	보험	투신	기타금융	은행	연기금등	사모펀드	국가	기타법인	내외국인
2016/01/26 ~ 2016/03/26			누적순매수	-198,561	+40,627	+162,479	+10,085	+9,381	+49,703	+1,760	+1,096	+87,754	-250	+2,950	-4,154	-391
16/03/25	40,300	▲ 300	590,127	-11,915	-1,804	+13,832	+3,297	+3,039	+5,322	+203	+349	+444	+878	+301	-126	+14
16/03/24	40,000	▲ 250	505,375	-1,390	-4,999	+6,382	+1,921	+1,146	+1,184			+1,342	-122	+912	+15	-7
16/03/23	39,750	▼ 50	498,509	-1,039	-5,188	+6,150	+128	+1,372	+1,359		+714	+1,705	+765	+108	+74	+3
16/03/22	39,800	▲ 1,600	806,399	-16,542	+3,545	+12,968	-153	+1,154	+4,537	-57	+199	+4,297	+2,464	+527	+62	-33
16/03/21	38,200	▼ 250	520,082	-370	+2,675	-2,677	-569	-636	+529	+25		-2,066	+17	+22	+218	+155
16/03/18	38,450	▲ 800	731,672	-7,794	+6,944	+1,114	-586	-402	+724	+5		+1,326	-119	+166	-257	-7
16/03/17	37,650	▲ 1,350	1,574,188	-16,878	+16,382	+448	+157	-268	+1,155	-15	-2	-2,227	+1,042	+606	+134	-86
16/03/16	36,300	▼ 3,550	2,467,009	+34,121	-9,343	-23,964	+1,075	-4,551	-7,013	-139	-512	-7,709	-5,261	+146	-727	-87
16/03/15	39,850	0	248,725	-193	+1,781	-1,259	+470	-13	-992	-73	+10	+636	-1,326	+29	-328	-2
16/03/14	39,850	▼ 200	294,880	-151	+1,258	-1,150	-665	+16	+218		-36	-454	-205	-24	+40	+4
16/03/11	40,050	▼ 800	648,377	+7,195	+1,929	-8,951	-1,614	-2,589	-1,703	+360	-327	-2,117	-1,060	+99	-180	+8
16/03/10	40,850	▲ 400	721,153	-5,480	+8,722	-2,882	-2,175	-1,295	-1,869	+246	+136	+1,671	+524	-121	-357	-3
16/03/09	40,450	▼ 150	469,283	+487	-1,082	+576	-715	+599	-1,035	+485	+61	+1,846	-662	-4	+23	-4
16/03/08	40,600	0	689,535	-5,287	+1,566	+3,761	-2,193	+303	+709		+19	+5,552	-613	-17	-4	-36
16/03/07	40,600	▲ 450	811,673	-3,674	+108	+3,998	+743	-1,831	+2,475		+251	+3,423	-1,014	-48	-217	-215
16/03/04	40,150	▼ 750	681,046	+2,538	-2,071	-952	+152	-321	+769			-229	-1,335	+11	+480	+5
16/03/03	40,900	▲ 1,500	1,281,293	-21,648	+11,821	+10,260	+1,787	+3,047	+3,038		+46	+1,346	+953	+42	-385	-48
16/03/02	39,400	▲ 1,400	982,725	-10,869	+3,584	+8,175	+3,722	+449	+2,145	-241	+174	-403	+2,026	+303	-956	+65
16/02/29	38,000	0	570,145	-2,303	-671	+3,286	-854	+513	-844	+114		+6,034	-1,692	+15	-332	+21
16/02/26	38,000	▲ 150	435,398	+1,497	+1,423	-2,896	+591	-109	-1,151	-36	-112	-902	-1,121	-56	-24	

❶ 2~3월 기관과 외국인의 매수세가 교차하지만 결국 개인들의 일방적인 매도세 포착

❷ 주가는 약간의 시간조정과 가격조정을 보일 뿐 강하게 반등하며 상승하는 모습

❸ 3월 16일 외국인, 기관의 쌍끌이 매도로 장대음봉이 출현하지만 매집물량에 비해 작은 매도 수량

❹ 3월 17일 외국인이 160억 원 이상 매수하며 주가 반등(세력들의 주가 관리)

❺ 외국인과 기관의 매수세가 멈추거나 매도물량에 따라 반등 폭 결정

❻ 상승장, 주도 업종, 대장주 A급 기준봉으로 강한 반등 예상 가능

❼ 공격적인 매수 타이밍 공략 유효

■ 역추세 기준봉

기법차트: 스윙

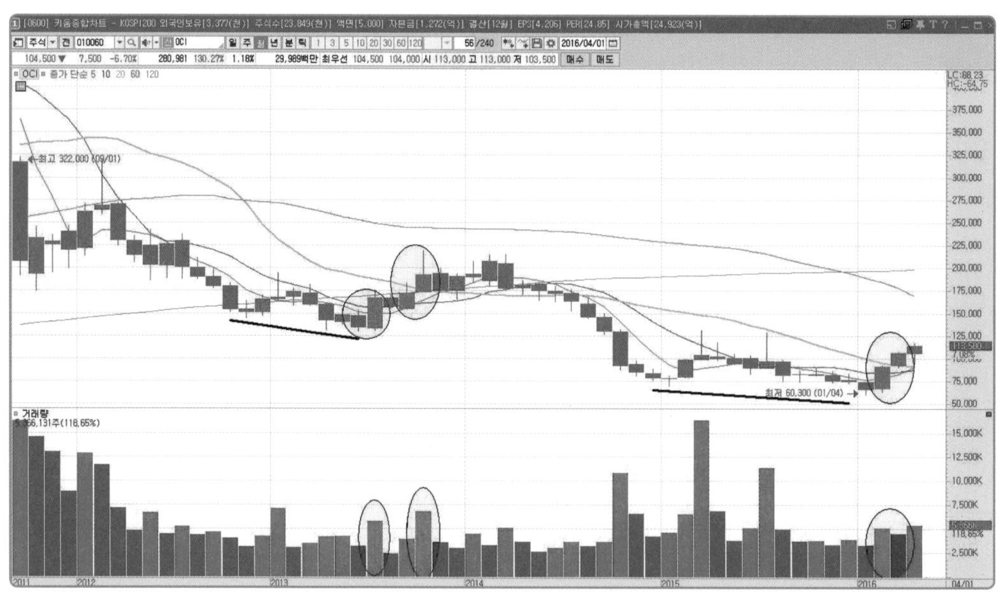

일자	현재가	전일비	거래량	개인	외국인	기관계	금융투자	보험	투신	기타금융	은행	연기금등	사모펀드	국가	기타법인	내외국인
2016/02/10 ~ 2016/03/10	누적순매수			-129,385	+18,360	+112,079	+7,742	+19,735	+23,954	+650	+137	+30,144	+20,804	+8,914	-822	-232
16/03/10	95,900	▲ 2,300	224,595	-3,930	+4,068	-32	-2,053	+2,415	-214	+405		+922	-1,786	+279	-112	+7
16/03/09	93,600	▼ 3,800	281,659	-3,633	+635	+3,026	+1,240	+279	-2,822			+4,107	+148	+73	+28	-56
16/03/08	97,400	▼ 100	150,535	-1,393	+156	+1,537	+244	+275	+21		-2	+88	+881	+28	-282	-18
16/03/07	97,500	▲ 1,500	158,439	-4,330	+161	+4,348	-86	+1,197	+749			+570	+2,035	-117	-179	-1
16/03/04	96,000	▲ 300	208,659	-3,083	+2,890	+68	-683	+215	-277	+9	-82	+824	-1,126	+1,188	+61	+63
16/03/03	95,700	▼ 500	322,065	-8,617	+2,770	+5,870	+319	+3,035	-1,025	+284	-116	+2,329	+1,044		+18	-41
16/03/02	96,200	▲ 4,900	300,921	-7,737	+1,634	+7,207	+313	+1,131	+856			+851	+3,818	+238	-1,062	-42
16/02/29	91,300	▲ 3,100	331,662	-11,122	+3,140	+7,945	+1,032	+2,484	+767		-28	+3,172	+251	+267	+28	+9
16/02/26	88,200	▼ 1,500	146,086	-964	+364	+442	+1,500	+743	+738		+71	-3,276	-131	+797	+166	-8
16/02/25	89,700	▲ 3,700	418,678	-16,183	-9	+15,768	+1,842	+2,424	+3,573		-140	+3,192	+2,583	+2,292	+422	+3
16/02/24	86,000	▼ 1,300	219,164	-3,362	+257	+3,153	+1,420	+450	+1,521		-317	+740	-742	+81	-72	+25
16/02/23	87,300	▲ 4,300	441,430	-10,596	-1,367	+11,980	+722	+1,815	+4,685	-48	+60	+1,296	+1,426	+2,025	-44	+27
16/02/22	83,000	▲ 600	183,982	-1,342	+2,815	-1,316	-1,658	+42	-590		-458	+1,188	+27	+134	-157	
16/02/19	82,400	▲ 1,100	252,286	-8,406	+3,944	+4,771	+100	+549	+573			+2,626	+1,049	-125	-273	-37
16/02/18	81,300	▲ 3,400	780,402	-18,699	-2,196	+20,803	-3,858	+253	+8,162			+6,530	+8,442	+1,274	+72	+20
16/02/17	77,900	▲ 6,300	959,396	-24,421	+1,571	+22,610	+4,182	+2,285	+5,995		+846	+5,952	+2,820	+529	+310	-70
16/02/16	71,600	▲ 4,300	338,297	-4,535	+666	+3,756	+919	+164	+989		+303	+1,144	+32	+206	+130	-17
16/02/15	67,300	▲ 2,000	121,153	+2,512	-1,301	-1,158	+276	-34	+80			-1,420	+15	-75	-58	+5

❶ 거래량을 동반한 '변곡 기준봉' + '역추세 기준봉' 발생

❷ 2013년 비슷한 패턴 등장(다이버전스 + 변곡 기준봉 + 역추세 돌파 기준봉)

❸ '변곡 기준봉'과 '역추세 돌파 기준봉'의 구분이 애매한 응용적인 패턴 발생

❹ 폭발적인 수급으로 변곡 기준봉 발생 이후 시간조정이나 가격조정 없이 돌파력 발생

❺ 외국인, 연기금, 투신, 보험, 금융투자, 사모펀드의 폭발적인 수급 포착(개인 매도물량 출회)

❻ 상반기 75,000원 이하로 하락할 가능성은 극히 낮음(저점 확인)

신호차트

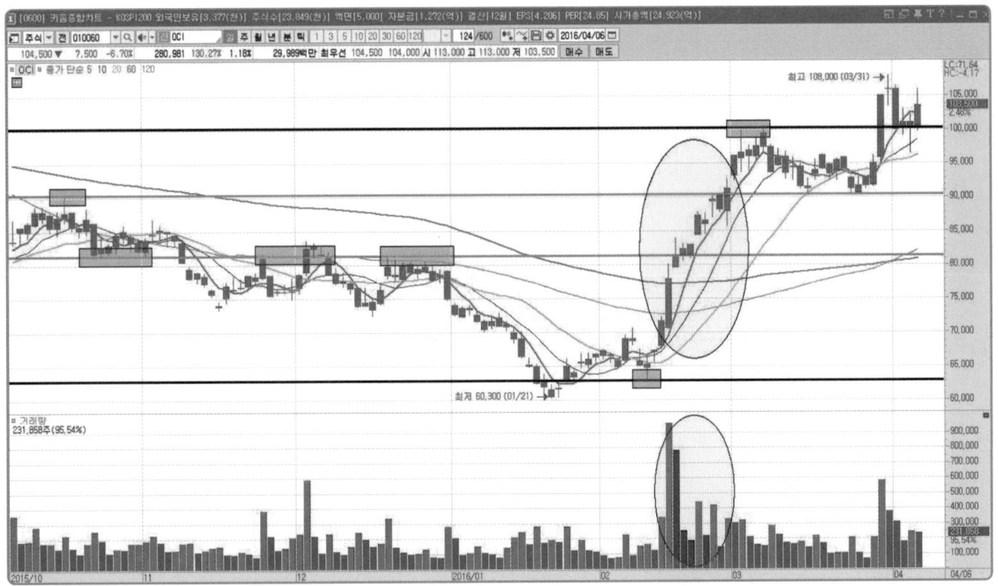

[0796] 투자자별 매매동향 - 종목별투자자

투자자별매매종합 | 시간대별투자자 | 당일추이 | 일별동향/차트 | 순매수추이 | 업종별투자자순매수 | 당일매매현황 | 투자자별누적순매수 | 투자자별일별매매 | 종목별투자자

010060 OCI 2016/04/06 ◉금액 ○수량 ○추정평균가 ◉순매수 ○매수 ○매도 ◉천주 ○단주 ◉전일비 ○등락률 투자자안내 단위:백만원,천주 조회 다음 차트

2016/02/10 ~ 2016/04/06		누적순매수		-174,873	+11,165	+165,062	+12,455	+25,830	+33,986	+1,641	+1,258	+58,881	+17,626	+13,386	-869	-485
일자	현재가	전일비	거래량	개인	외국인	기관계	금융투자	보험	투신	기타금융	은행	연기금등	사모펀드	국가	기타법인	내외국인
16/04/06	103,500	▲ 2,500	231,858	-2,651	-6,526	+9,136	+2,225	+686	+1,304		+171	+3,608	+454	+688	+45	-5
16/04/05	101,000	0	242,670	+627	-4,572	+3,627	-565	+861	+1,650		+23	+1,332	+163	+163	+326	-6
16/04/04	101,000	▲ 1,000	176,665	-3,509	+180	+3,298	-964	+1,580	+187			+2,147	+224	+123	+26	+5
16/04/01	100,000	▼ 6,000	308,249	+2,839	-1,371	-1,469	+2,036	+39	-1,083		+72	+2,250	-4,969	+186	-1	+1
16/03/31	106,000	▲ 1,000	374,810	-4,964	-4,063	+9,044	+454	+2,815	+2,440	+849	+292	+459	+139	+1,596	+155	-171
16/03/30	105,000	▲ 10,000	583,689	-19,335	+1,951	+17,024	+4,115	+608	+6,823		+352	+2,339	+1,934	+854	+623	-264
16/03/29	95,000	▲ 3,300	204,332	-6,411	+2,771	+3,550	+657	+457	+388	+158	+178	+1,697	+14	+2	+101	-11
16/03/28	91,700	0	65,696	-1,075	-396	+1,427	-123	-37	+271			+1,146	+171		-9	+54
16/03/25	91,700	▲ 500	101,265	-3,839	+1,616	+2,326	+492	+189	-294			+1,973	-33		-97	-6
16/03/24	91,200	▼ 3,000	202,615	+2,026	-1,529	-296	+205	+143	+711			-1,088	-267		-37	-164
16/03/23	94,200	▼ 1,200	100,368	+1,305	-1,801	+383	+231	+9	-210			+452	-97	-2	+113	+1
16/03/22	95,400	▲ 2,000	103,243	-1,640	+1,453	+275	-178	-36	+16			+487	-21	+6	-92	+4
16/03/21	93,400	▼ 800	96,485	-727	+421	+500	-282	+138	+97	+5		+822	-280		-170	-23
16/03/18	94,200	▲ 200	165,865	-1,812	-1,515	+3,835	-236	-746	-18		+92	+3,757	+135	+850	-748	+240
16/03/17	94,000	▲ 2,400	220,213	-3,164	-145	+3,893	+108	+607	+275		+247	+2,294	+340	+22	-669	+85
16/03/16	91,600	0	139,304	-1,352	+2,603	-832	-1,274	-76	+165			+353			-420	
16/03/15	91,600	▼ 2,900	178,433	+1,040	+1,389	-2,517	-1,610	-744	-1,099			+1,138	-187	-16	+82	+6
16/03/14	94,500	▲ 1,000	165,078	-2,035	+343	+921	-229	+49	-727		-252	+2,117	-35		+783	-12

❶ 10만 원 라운드 피겨를 저항으로 시간조정과 가격조정이 나타나는 모습

❷ 조정 기간에도 연기금의 지속적인 매수세 포착

❸ 상승폭의 ½ 타점까지 내려오지도 않는 강한 대기 매수세 확인

❹ 기본 반등폭을 넘어 전고점을 돌파하는 모습(고가놀이 패턴)

❺ 기준봉 공략을 위한 가장 이상적인 거래량 패턴(거래량 급감=수급과 세력의 이탈 ×)

❻ 수급과 세력이 한꺼번에 이탈할 수 없다는 확신으로 공격적인 매수 타이밍 공략 유효

❼ 상승장, 주도 업종, 대장주 + 대량 수급 + 모멘텀(업황 개선 + 흑자전환 기대감)=A급 기준봉

❽ 트레이딩 전략=수급과 세력이 들어오는 것을 확인하고 따라 진입해 먼저 청산한다.

■ 스켈핑: 기법차트 – 일봉 차트, 신호차트 – 3분 차트

기법차트

[0796] 투자자별 매매동향 - 종목별투자자

투자자별매매종합 시간대별투자자 당일추이 일별동향/차트 순매수추이 업종별투자자순매수 당일매매현황 투자자별누적순매수 투자자별일별매매 종목별투자자

078520 에이블씨엔씨 2016/03/07 ◉금액 ○수량 ○추정평균가 ◉순매수 ○매수 ○매도 ◉천주 ○단주 ◉전일비 ○등락률 투자자안내 단위:백만원,천주 조회 다음 차트

2016/02/07 ~ 2016/03/07		누적순매수		-20,489	+16,174	+4,333	+618	+666	+688	+152	+74	+3,241	-982	-123	-71	+53
일자	현재가	전일비	거래량	개인	외국인	기관계	금융투자	보험	투신	기타금융	은행	연기금등	사모펀드	국가	기타법인	내외국인
16/03/07	26,750	▲ 900	227,597	-1,340	+850	+538	-45	-14	+14		+26	-5	+559	+4	-49	
16/03/04	25,850	▼ 350	157,691	-1,055	+1,501	-469	-29	-52	-51			-140	-196		+22	
16/03/03	26,200	▼ 450	238,136	-1,079	+1,627	-555	-353		-110			+121	-212		+6	
16/03/02	26,650	▲ 200	210,444	-1,938	+932	+933	+261	+48	-72	+152		+500	-11	+56	-5	+78
16/02/29	26,450	▲ 450	315,981	-3,419	+1,566	+1,825	+259	+71	+13			+1,466	-32	+48	+28	
16/02/26	26,000	▼ 250	297,139	-1,882	+883	+979	+559	+53	-31		+49	+506	-159	+1	+21	-2
16/02/25	26,250	▲ 1,850	727,268	-4,050	+1,268	+2,926	+1,051	+296	+558	-12	-1	+642	+393	+1	-124	-19
16/02/24	24,400	▲ 300	162,653	-1,225	+430	+670	+262	+10	+398	+12			-12		+121	+5
16/02/23	24,100	0	443,598	+357	-205	-158	-98	+38	+1			+2	-101		-1	+7
16/02/22	24,100	▲ 1,700	281,249	-2,484	+1,882	+617	+232	+19	+1			+1	+365			-14
16/02/19	22,400	▲ 200	93,501	-816	+644	+210	+217	+8	-2				+6	-18	-39	
16/02/18	22,200	▲ 600	182,355	-1,279	+806	+475	-482	+200	-21			+775	+6	-3		-2
16/02/17	21,600	▼ 1,300	245,170	+1,620	-865	-754	-976	+53	+94			+87	-13			-1
16/02/16	22,900	▲ 1,200	161,392	-1,029	+1,107	-49	-43	-5	+9			-8	-1		-30	
16/02/15	21,700	▲ 200	155,419	+299	+656	-933	-174	-17	-51			+44	-733	-2	-24	+1
16/02/12	21,500	▼ 1,800	297,918	+1,164	+803	-1,971	+67	-57	-71			-913	-916	-81	+5	-1
16/02/11	23,300	▼ 450	146,618	-1,733	+1,775	-42	-124	-20	-8			+164	+76	-130		
16/02/05	23,750	▼ 200	54,601	-601	+515	+88	+35	+35	+18						-2	
16/02/04	23,950	▼ 250	92,914	-67	+175	-106	+38	+77	+15			-239	-3	+5	-1	
16/02/03	24,200	▲ 400	156,169	-1,163	+716	+460	+152	+43	+21		+73	+121	-3	+52	-12	-1

❶ 거래량을 동반한 추세 기준봉 발생

❷ 2월 25일 외국인과 기관의 평소보다 비교적 눈에 띄게 많은 수급 포착

❸ 추세 돌파 기준봉: 양봉이라는 확신

❹ 추세 눌림 기준봉: 장대양봉(기준봉) 다음날 주가가 내려오더라도 꼬리를 달고 올라간다는 확신

신호차트

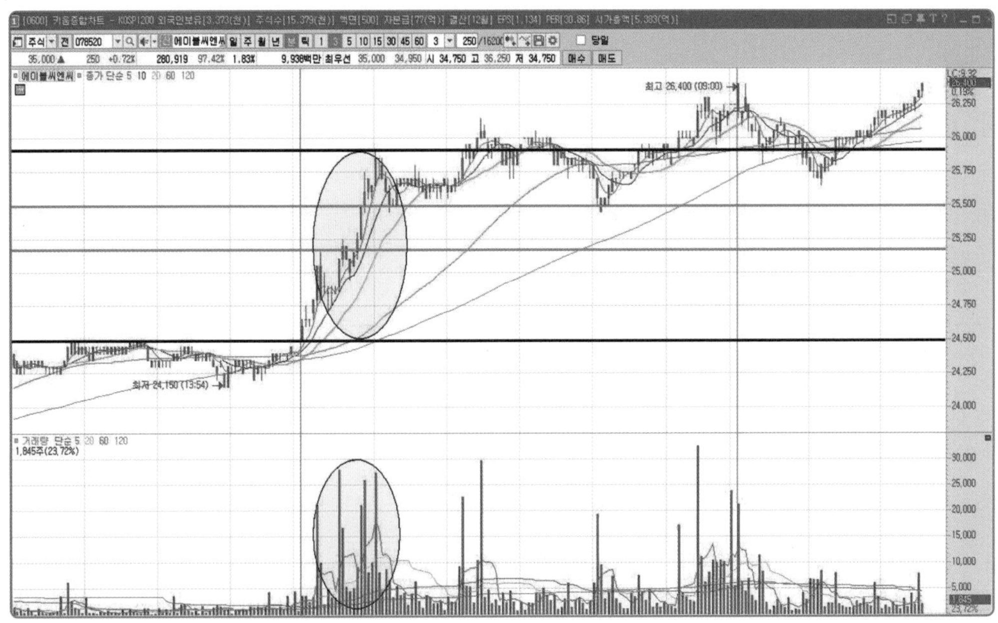

[0776] 프로그램매매 - 종목일별 프로그램매매추이

일자	현재가		전일대비	등락률	거래량	프로그램매매 (단위:주,백만원)			
						매도금액	매수금액	순매수금액	순매수증감
2016/02/25	26,250	▲	1,850	+7.58	727,268	708	2,438	1,730	966
2016/02/24	24,400	▲	300	+1.24	162,653	466	1,230	764	1,031
2016/02/23	24,100		0	0	443,598	1,020	753	-267	-2,285
2016/02/22	24,100	▲	1,700	+7.59	281,249	362	2,380	2,018	1,234
2016/02/19	22,400	▲	200	+0.90	93,501	180	964	784	299
2016/02/18	22,200	▲	600	+2.78	182,355	1,269	1,754	485	1,435
2016/02/17	21,600	▼	1,300	-5.68	245,170	1,829	879	-950	-2,104
2016/02/16	22,900	▲	1,200	+5.53	161,392	442	1,596	1,154	545
2016/02/15	21,700	▲	200	+0.93	155,419	317	926	609	-128
2016/02/12	21,500	▼	1,800	-7.73	297,918	997	1,734	737	-941
2016/02/11	23,300	▼	450	-1.89	146,618	361	2,039	1,678	1,110
2016/02/05	23,750	▼	200	-0.84	54,601	32	600	568	512
2016/02/04	23,950	▼	250	-1.03	92,914	423	479	56	-713
2016/02/03	24,200	▲	400	+1.68	156,169	280	1,049	769	-87
2016/02/02	23,800	▲	150	+0.63	98,645	155	1,011	856	818
2016/02/01	23,650		0	0	115,216	511	549	38	-502
2016/01/29	23,650	▲	650	+2.83	140,606	530	1,070	540	265
2016/01/28	23,000	▲	150	+0.66	107,736	397	672	275	478

[0127] 거래원순간거래량

시간	종목명	거래원명	구분	순간거래량	누적순매수	등락률
09:43:05	에이블씨엔씨	모건스탠리	매수	254	+5,100	+2.87
09:41:04	에이블씨엔씨	모건스탠리	매수	668	+4,846	+2.46
09:33:09	에이블씨엔씨	모건스탠리	매수	238	+4,178	+2.87
09:32:10	에이블씨엔씨	모건스탠리	매수	38	+3,940	+2.46
09:31:13	에이블씨엔씨	모건스탠리	매수	306	+3,902	+2.05
09:30:13	에이블씨엔씨	모건스탠리	매수	9	+3,596	+1.84
09:29:11	에이블씨엔씨	모건스탠리	매수	36	+3,587	+1.84
09:28:13	에이블씨엔씨	모건스탠리	매수	137	+3,551	+2.05
09:25:20	에이블씨엔씨	모건스탠리	매수	254	+3,414	+1.64
09:24:20	에이블씨엔씨	모건스탠리	매수	25	+3,160	+1.84
09:23:20	에이블씨엔씨	모건스탠리	매수	35	+3,135	+1.43
09:22:21	에이블씨엔씨	모건스탠리	매수	87	+3,100	+2.05
09:21:22	에이블씨엔씨	모건스탠리	매수	78	+3,013	+2.05
09:20:24	에이블씨엔씨	모건스탠리	매수	60	+2,936	+2.25
09:19:26	에이블씨엔씨	모건스탠리	매수	22	+2,875	+2.46

❶ 기준봉이라는 확신을 뒷받침하는 실시간 수급 포착

❷ 신호차트는 ⅓ 타점 또는 ½ 타점을 기본 지지선으로 한다.

❸ 차트와 수급뿐만 아니라 지수, 호가창, 모멘텀도 함께 체크해 정밀한 매수, 매도 타이밍을 포착한다.

기법차트

일자	현재가	전일비	거래량	개인	외국인	기관계	금융투자	보험	투신	기타금융	은행	연기금등	사모펀드	국가	기타법인	내외국인
2016/03/22 ~ 2016/04/22			누적순매수	+3,941	-3,729	-188	-205	+436	-419	-82	-10	+234	-150	+8	-14	-10
16/04/22	22,900	▲ 1,100	2,047,957	+415	-1,319	+797	+114	+468	+215						+149	-42
16/04/21	21,800	▼ 500	939,654	+2,539	-2,652	+36	-95	+53	+14	+64					+40	+36
16/04/20	22,300	▲ 3,950	3,522,768	-2,049	+1,697	+446	-33	+56				+416		+8	-90	-4
16/04/19	18,350	▲ 50	76,907	-312	+325	-9	-9								-4	
16/04/18	18,300	▼ 150	96,527	+543	-541	+1	+1									-3
16/04/15	18,450	▲ 200	73,723	-84	+85	-1	-1									
16/04/14	18,250	▼ 350	107,342	+629	-646	+7	+7								+11	
16/04/12	18,600	▼ 150	131,850	+848	-389	-463	+6	-142		-147		-181				+4
16/04/11	18,750	▲ 100	153,714	+653	-650	-4	-4									+1
16/04/08	18,650	▲ 250	166,820	-115	+120										-6	
16/04/07	18,400	▼ 150	110,295	+695	-691	-4	-4									+1
16/04/06	18,550	▲ 450	180,459	+204	-354	+98	+98								+52	
16/04/05	18,100	▼ 100	128,116	-296	+277	+19	+58		-39							
16/04/04	18,200	▼ 250	83,819	+99	-118	-17	-17								+37	
16/04/01	18,450	▼ 150	192,122	+285	-270	-15	-15									+1
16/03/31	18,600	▼ 50	133,537	+68	-82	+11	+40		-1		-10		-18		+4	-1
16/03/30	18,650	▲ 850	341,867	-290	+224	+16	-1		+6				+11		+56	-6
16/03/29	17,800	▲ 150	111,588	-541	+502	+39	+39									
16/03/28	17,650	▲ 400	110,681	-28	+8	+19	+19									+1
16/03/25	17,250	▼ 400	98,683	+150	-102	-48	+8		-56							

❶ 거래량을 동반한 추세 기준봉 발생

❷ 외국인과 기관의 수급이 눈에 띄게 포착되지 않는다면 기준봉의 확률이 조금 떨어진다.

❸ 주도주, 뷰차트, 모멘텀 분석을 통해 기준봉을 선별할 수 있다.

❹ 추세 돌파 기준봉: 양봉이라는 확신

❺ 추세 눌림 기준봉: 장대양봉(기준봉) 다음날 주가가 내려오더라도 꼬리를 달고 올라간다는 확신

신호차트

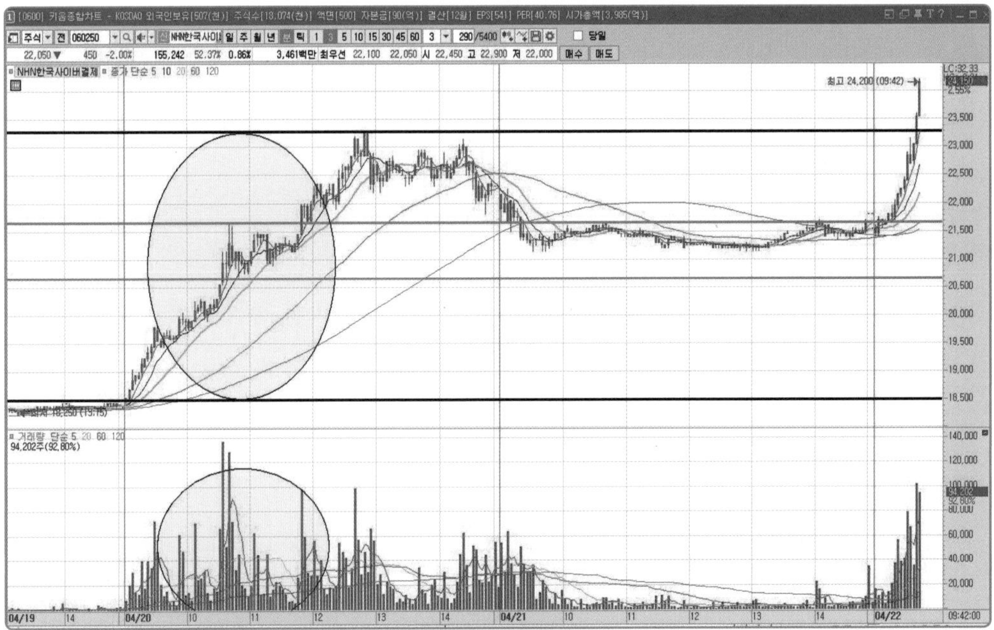

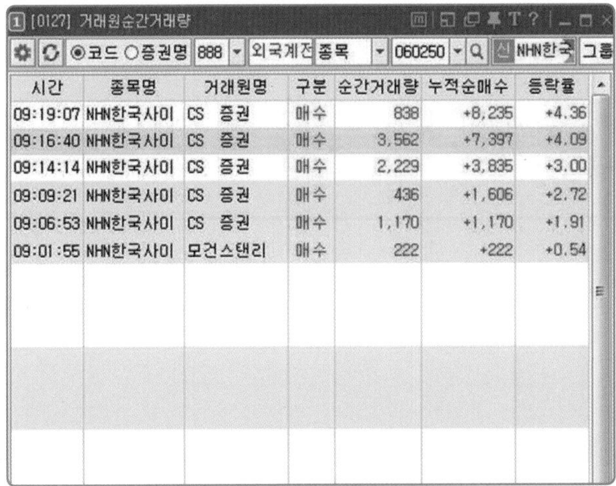

[0127] 거래원순간거래량

시간	종목명	거래원명	구분	순간거래량	누적순매수	등락률
09:19:07	NHN한국사이	CS 증권	매수	838	+8,235	+4.36
09:16:40	NHN한국사이	CS 증권	매수	3,562	+7,397	+4.09
09:14:14	NHN한국사이	CS 증권	매수	2,229	+3,835	+3.00
09:09:21	NHN한국사이	CS 증권	매수	436	+1,606	+2.72
09:06:53	NHN한국사이	CS 증권	매수	1,170	+1,170	+1.91
09:01:55	NHN한국사이	모건스탠리	매수	222	+222	+0.54

❶ 기준봉이라는 확신을 뒷받침하는 실시간 수급 포착

❷ 신호차트는 ⅓ 타점 또는 ½ 타점을 기본 지지선으로 한다.

❸ 차트와 수급뿐만 아니라 지수, 호가창, 모멘텀도 함께 체크해 정밀한 매수, 매도 타이밍을 포착한다.

지금까지 기법차트와 신호차트 그리고 수급의 실전 사례를 살펴보았다. 이해의 편의를 위해 가장 확실한 베스트 사례로 설명했지만 실전에서는 기준과 원칙의 경계를 넘나드는 다소 감각적인 면이 필요하다. 물론 백발백중의 법칙에 따라 최대한 베스트 사례에 적합한 기준과 원칙을 추구해야 한다.

사실 베스트 사례의 경우, 종목 선정과 기법차트에서 이미 최상의 조건을 갖추었기 때문에 신호차트가 필요 없을 만큼 확률이 높다. 이런 베스트 사례가 공략 1순위이지만 출현 횟수가 많지 않다는 것은 매우 아쉬운 점이다. 따라서 조금 부족한 종목 선정과 기법차트를 보완하기 위한 기준과 원칙을 다음 장에서 매수와 매도 신호를 통해 살펴보자.

04

신호

믿을 수 있고 두렵지 않고 견딜 수 있는 종목을 선정한다. 종목의 기준봉에 대한 확신이 있다면 이제 남은 것은 매수와 매도뿐이다. 기준봉에 대한 확신이 승률을 보장하지만 트레이딩은 승률만의 싸움이 아니다. 트레이딩의 목표를 잊어선 안 된다. 승률과 손익비. 즉, 정밀한 매수와 매도 타이밍을 공략해 손익비를 충족시켜야 한다.

많은 투자자들이 냉정하게 손절하지 못한다. 이것저것 분석하고 나름대로 자신의 판단에 대한 믿음을 갖고 매수하는 반면, 매도는 상황이 다르다. 머릿속으로는 매도를 생각하지만 손가락은 말을 듣지 않는다. 수익에 대한 욕심과 손실에 대한 두려움으로 마인드가 이성을 마비시킨다. 그래서 대부분 마인드의 중요성, 심리관리의 중요성을 강조하지만 사실 문제를 잘못 짚었다.

근본적인 문제는 마인드가 아니라 기준과 원칙이 분명하지 않기 때문이다. 기준과 원칙이 분명하지 않기 때문에 바람에 흔들리는 갈대처럼 이리저리 마음이 흔들리는 것이다. 그래서 마인드 컨트롤을 한다.

"기계적으로 매수, 매도하자.", "칼같이 손절하자.", "뇌동매매를 하지 말자." 속으로 백 번 천 번 되뇌어도 승률과 손익비가 충족되지 않는다면 불안한 마음은 컨트롤되지 않는다.

따라서 분명한 기준과 원칙을 세워야 한다. 컴퓨터 프로그램은 잘 짜인 코드에 따라 기계적으로 단순히 ○, ×를 판단하지만 어떻게 코딩하는가에 따라 간단히 ○, ×로 할 수 있는 것들은 상상 이상이다. 컴퓨터 프로그램처럼 트레이딩의 기준과 원칙도 코딩을 통해 기계적으로 매수와 매도를 판단해야 한다. 지금부터 매수 신호와 매도 신호를 코딩해보자.

차트, 지수, 수급, 호가창, 모멘텀

'필요충분 법칙'에 따라 이 5가지 요소를 동시에 체크하고 '○, ○, ○, ○, ○' 신호가 발생한다면 완벽한 매수 타이밍이 될 것이다.

차트

차트는 과거의 주가가 흘러온 흔적을 남긴 데이터를 보기 쉽게 만든 도구에 불과하다. 보통 이런 식으로 차트를 폄하하는 사람은 없다. 가격이란 시장에서 평가받은 가치를 의미하고 시장의 평가는 아담 스미스의 '보이지 않는 손'이 보이지 않는 것까지 잡아내 냉정하게 이루어진다. 수요자와 공급자, 매수자와 매도자 모두 한 치의 양보도 없이 팽팽한 가격 줄다리기가 이루어지는 것이다.

주가는 모든 것을 반영한다. 하지만 차트는 많은 사람들의 관심으로 고평가되기도 한다. 주가를 예측하기 위해 차트의 역할이 얼마나 큰 비중을 차지하는가? 차트에서 보이지 않는 심리, 수급, 세력, 정보 등이 나타나기도 하지만 정보의 비대칭성, 시장의 불완전성, 시간오차, 평가오차, 속임수, 여러 가지 오류 등 예측 불가능한 변수들도 함께 숨어 있다. 따라서 차트를 맹신해선 안 된다.

앞에서 기준봉의 원리에 대해 살펴보았다. 'F=투심(차트, 수급, 모멘텀)' 공식으로 주가의 지지력, 저항력, 돌파력을 분석했다. 투자심리에는 차트의 영향력뿐만 아니라 수급과 모멘텀의 영향력도 있는데 오히려 후자가 더 클 수도 있다. 그럼에도 불구하고 주가의 지지, 저항, 돌파를 예측하고 예측구간에서 매수, 매도하기 위해 두 눈으로 확인할 수 있는 기준이 차트다.

본격적으로 까다로운 선발 기준을 통과한 종목들에 한해 'F=투심(차트, 수급, 모멘텀)' 공식으로 선정한 기준봉을 지금부터 공략해보자. 목표물은 기준봉이다. 조준점은 어디인가? 움직이는 목표물을 맞히기 위해서는 정조준하면 안 된다. 타깃의 위치, 거리, 속도를 고려해 조준점의 위치를 타깃의 이동 방향보다 앞쪽으로 향해야 하듯이 움직이는 주가를 맞추기 위해 조준점을 확인해야 한다. 신호차트는 조준점을 확인하기 위한 도구(기준)다.

기준봉

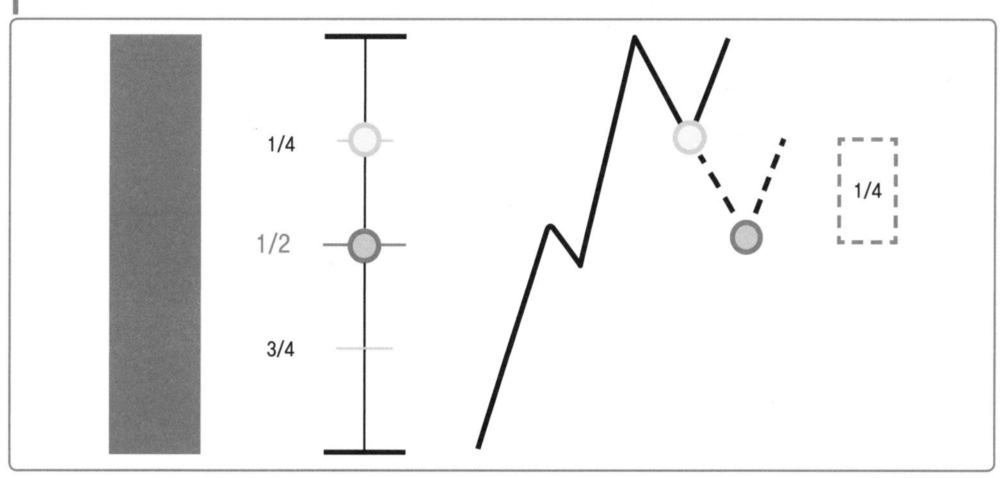

'F=투심(차트, 수급, 모멘텀)' 공식으로 지지력, 저항력, 돌파력을 분석했을 때 기준봉마다 힘의 차이가 있을 것이다. 강한 기준봉이 있다면 상대적으로 약한 기준봉이 있다. 물론 방향성이 보장되지 않을 만큼 힘이 약하다면 기준봉으로 선정되지도 못 한다. 엄격한 심사를 통해 선정된 기준봉에 한해 A급과 B급으로 나누자. 방향성이 강할수록 승률과 손익비가 올라갈 것이다. 위 그림은 A급 기준봉을 기준으로 주가의 움직임을 고려한 가장 최적화된 매수 타이밍을 나타낸 것이다. 예측 가능한 구간에서 승률과 손익비를 높이기 위해 최적화된 매수 타이밍은 $\frac{1}{2}$ 타점이 A급이며 $\frac{1}{4}$ 타점이 B급이다. 기본적인 상승 추세, 상승 파동의 원리로도 쉽게 확인할 수 있다.

A급 기준봉의 경우, 돌파력이 매우 강하므로 $\frac{1}{2}$ 타점까지 내려올 가능성이 낮다. 그럼에도 불구하고 투매가 나와 주가가 내려온다면 반등 확률은 극한으로 올라간다. '투매'란 수급과 세력의 이탈, 특별한 악재, 시황의 문제가 없이 파동의 연장선으로 흘러내리는 주가의 움직임, 소위 눌림목과 비슷한 개념이다. 기준봉 이후 투매가 나온다면 적극적인 매수 기회가 된다.

예측 가능한 구간은 상승 파동이 멈추고 하락 파동으로 바뀔지라도 파동의 연장선으로 최소한의 반등이 나올 수 있는 간격으로 설정할 수 있다. 기본 반등의 개념은 4장에서 설명했다. 기준봉 이후 주가는 단번에 수직하락할 수는 없다. 만약 수직하락했다면 기준봉 선정에 실패했거나 대형 돌발악재가 발생한 예외적인 경우다.

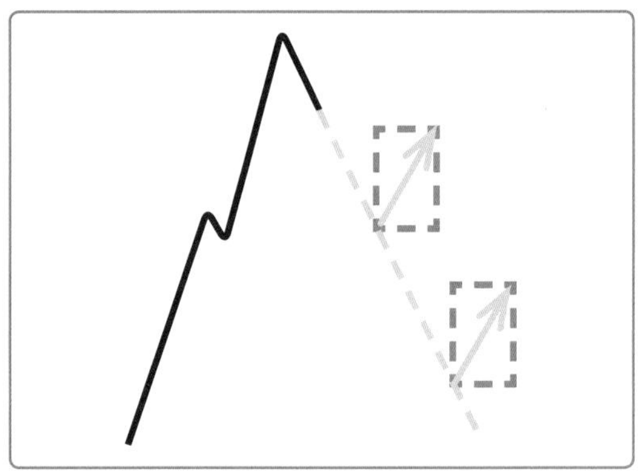

수급과 세력이 이탈하거나 돌발악재 또는 지수급락의 영향으로 주가가 흘러내린다면 파동의 연장선이 아닌 또 다른 변화가 발생한 것이다. 즉, 어떤 충격에 의해 상승 파동이 하락 파동으로 바뀌는 것이다. 투매가 아닌, 말 그대로 주가의 하락이다. A급 기준봉이더라도 투매가 아닌 하락 가능성이 높은 파동은 공략하면 안 된다.

최소한의 반등구간을 스켈핑으로 공략하더라도 수급과 세력의 이탈 또는 악재를 동반한 하락이라면 분할매수가 아닌 손절을 잡고 보수적으로 공략하거나 공략하지 않는 것이 최선이다.

■ 매수 신호, 매도 신호(차트)

❶ 파동의 간격을 이용한 지지선, 저항선

- 초록색: 1차 지지선
- 빨간색: 2차 지지선

파동의 간격에 따라 지지선과 저항선을 설정할 수 있다. 돌파력에 따라 지지선과 저항선은 유동적으로 변할 수 있으며, 돌파력은 'F=투심(차트, 수급, 모멘텀)' 공식을 따른다. 1차 지지선을 패스하고 2차 지지선을 공략하는 전략도 유효하다.

매수 타이밍과 매도 타이밍의 유동성 변수는 다음과 같다.

- 상승장, 횡보장, 하락장
- 추세 기준봉, 변곡 기준봉
- A급 기준봉, B급 기준봉
- 매수, 매도 신호(지수, 수급, 호가창, 모멘텀)

기본 타점을 중심으로 공격적인 타이밍과 보수적인 타이밍, 총 3가지 매수 타이밍을 기준으로 한다. 기본 반등($\frac{1}{4}$)을 중심으로 큰 반등($\frac{1}{2}$, $\frac{3}{4}$)과 작은 반등($\frac{1}{8}$) 총 3가지 매도 타이밍을 기준으로 한다.

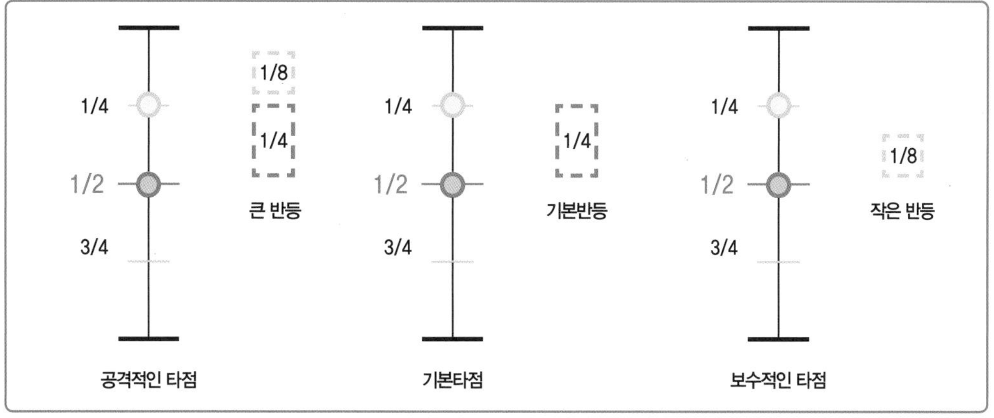

❷ 저항 – 돌파 – 지지에 따른 지지선과 저항선

- 초록색: 신호차트 지지선
- 빨간색: 신호차트 저항선

저항선을 돌파하면 지지선으로 바뀐다.

지지선을 돌파하면 저항선으로 바뀐다.

의미 있는 저점과 고점은 지지력과 저항력을 가진다.

신호차트의 지지선과 저항선은 세부적인 매수, 매도 타이밍을 잡기 위한 보조 역할을 한다.

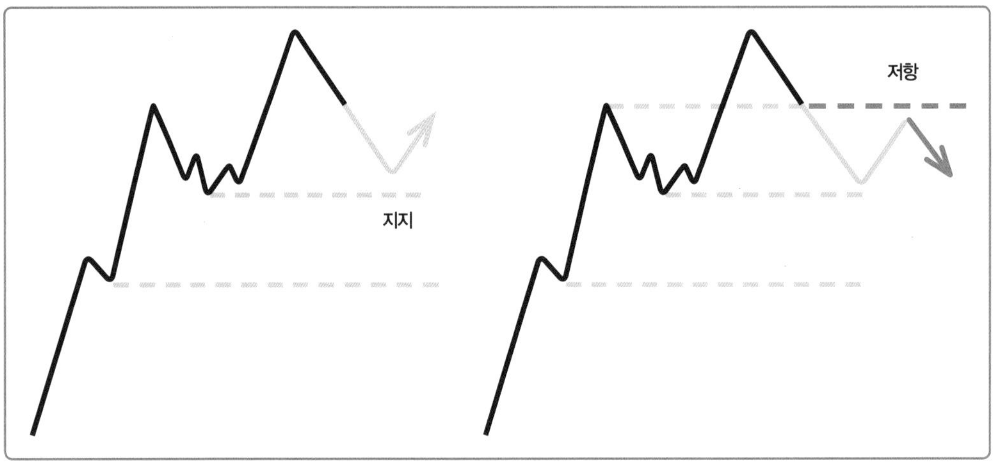

■ 손절선

트레이딩은 매수 신호와 매도 신호에 따라 기계적으로 사고 파는 것이다.

매도 신호에 따라 매도한 결과를 다음과 같이 이해하자.

- 매수가격보다 높다면 '수익 실현'
- 매수가격과 비슷하다면 '본절' 또는 '익절'
- 매수가격보다 낮다면 '손절'

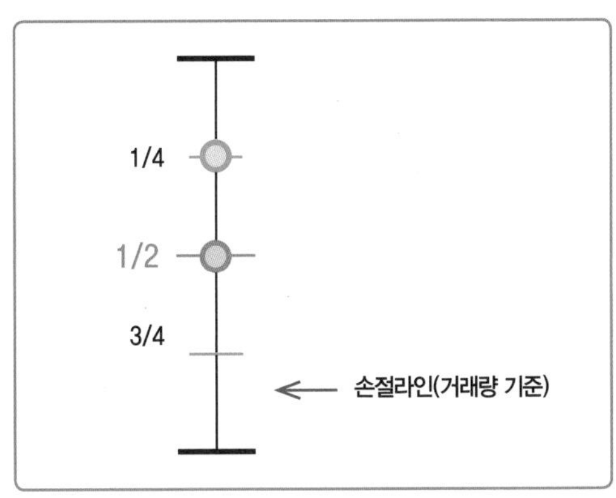

수익과 손실에 의미를 담으면 기계적인 트레이딩을 하는 데 심리적인 어려움이 생긴다. 따라서 수익 실현, 본절, 손절이라는 용어를 매도 신호의 결과로 이해한다면 심리적인 부담감을 조금 덜 수 있을 것이다. 기억하라. 손절은 매도 신호의 결과일 뿐이다.

매도 신호는 차트보다 상대적으로 지수, 수급, 호가창, 모멘텀의 영향이 더 크다. 앞에서 신호차트의 지지선을 설정하는 기준을 세웠지만 사실 차트의 지지선은 보는 관점에 따라 무수히 많으므로 분명한 기준이 될 수 없다.

지지선이 뚫렸다는 기준은 무엇인가? 한두 개 호가라도 훼손되면 뚫린 것인가? 1% 이상 하락하면 하락 돌파, 1% 이하의 하락이면 지지라고 볼 수 있는가? 그것 역시 분명한 기준이 될 수는 없다. 욕심과 두려움이라는 심리는 머릿속에서 지지선을 끊임없이 이동시킨다. 따라서 지수, 수급, 호가창, 모멘텀의 매도 신호를 통해 분명한 기준을 세워야 한다.

다음 장에서 하나씩 배우기로 하고 최악의 상황에 대비해 차트 손절 라인을 설정하도록 하겠다.

기준봉의 돌파가 시작되는 출발 지점이 뚫렸다면 사실 기준봉 선정에 실패했다고 인정해야 한다. 수급과 세력이 첫 발을 내딛은 기준봉의 시가선은 지지력의 마지막 보루다. 물론 기준봉의 시가 부근에서 또는 시가선이 붕괴된 후 뒤늦게 유유히 반등하는 경우도 있다. 하지만 이런 움직임은 돌파력이 충분히 강하지 못한 모습으로 기준봉에 적합하지 않다.

예상과 다르게 움직이는 것은 매도의 가장 큰 이유가 될 것이다. 1차 타점, 2차 타점 두 번의 지지선이 붕괴되었다면 자신이 예측한 지지선이 틀렸다는 것을 인정해야 한다. 3차 지지선은 지지력이 중요한 것이 아니다. 두 번이나 틀린 예측이 완전한 실패임을 증명하는 마지막 최후의 선이다.

3차 지지선에서 재빠른 반등이 없다면 결론은 하나다. 실패! 당신의 예측은 틀렸다!

기법의 승률은 100%가 아니다. 따라서 손절은 반드시 나와야 정상이다. 100번 중 100번 모두 수익이 발생했다면 오히려 눈에 보이지 않는 심각한 문제가 있을 수도 있다. 승률과 손익비를 크게 훼손하지 않는 적당한 손절은 지극히 자연스러운 것이다. 지속적이고 안정적인 누적수익의 비결은 수익이 아닌 적절한 손절에 있다. 계좌를 아름답게 하는 것은 '빨간 불빛'보다 '파란 불빛'이 아름답게 빛나기 때문이다.

조회기간 2015/12/01 ~ 2015/12/30

* 실현손익, 수수료, 세금은 추정치이며, 수수료는 체결시 수수료율로 적용됩니다.
* 매입금액, 매도금액, 수수료, 세금은 당일매매일지 화면의 내용과 동일합니다.

총매수	369,967,170	총매도	467,353,975	실현손익	10,389,271
수수료	125,590	세금합	1,402,020		

매매일	매수금액	매도금액	실현손익	수수료	세금
2015/12/30	0	0	0	0	0
2015/12/29	0	30,640,800	1,422,328	4,590	91,922
2015/12/28	19,067,200	16,259,100	1,169,964	5,290	48,776
2015/12/23	14,989,290	30,359,640	253,289	6,800	91,071
2015/12/22	40,000,050	25,876,005	807,648	9,880	77,627
2015/12/21	44,196,975	76,752,075	2,353,402	18,140	230,253
2015/12/18	56,675,445	37,210,335	346,934	14,080	111,626
2015/12/17	9,994,900	10,374,000	344,938	3,050	31,122
2015/12/16	10,016,680	40,072,050	-83,691	7,510	120,212
2015/12/14	19,996,785	31,522,180	1,423,810	7,720	94,565
2015/12/11	44,979,310	24,981,740	-82,993	10,490	74,943
2015/12/10	54,937,425	53,593,835	-1,369,782	16,270	160,780
2015/12/09	9,970,400	10,374,000	342,279	3,050	31,121
2015/12/08	34,843,960	4,882,200	-126,716	5,950	14,646
2015/12/07	0	34,453,860	2,998,205	5,160	103,360
2015/12/04	10,298,750	40,002,155	589,657	7,540	119,996

조회가 완료되었습니다.

빨간 불빛은 '승률', 파란 불빛은 '손익비'다.

지수

■ 지수 신호차트

시나리오 전략을 세우기 위해 시황을 분석하듯이 세부적인 매수와 매도 타이밍을 정밀 예측하려면 지수를 분석해야 한다. 시황 분석을 위해 지수 차트의 지지, 저항, 돌파를 종목의 기법차트와 비교했다. 시장으로 들어오고 나가는 돈의 흐름은 업종뿐만 아니라 개별종목에게까지 직접적인 영향을 미치기 때문이다. 기법차트와 같은 원리로 신호차트의 움직임도 시장의 돈의 흐름과 밀접한 관련이 있다. 따라서 종목의 신호차트와 지수의 신호차트를 비교해야 한다.

시나리오 트레이딩	(뷰차트)	기법차트	신호차트
스윙	(　　)	월봉	일봉
단타	(월봉)	주봉	15분
스켈핑	(주봉)	일봉	3분

월봉 차트, 주봉 차트, 일봉 차트, 15분 차트, 3분 차트

차트의 시간만 달라질 뿐 지수를 분석하는 방법은 같다. 시나리오 트레이딩 시스템의 시황-지수 분석 부분을 참조하자.

■ 변곡 신호

지수 신호차트는 당일의 지수 움직임을 분석할 때 빛을 발한다. 주로 3분 차트를 활용하며 조금만 훈련받는다면 당일의 저점 또는 고점을 높은 확률로 예측할 수 있다. 같은 원리로 일봉 차트에서 강력한 저점 또는 고점을 예측할 수 있다.

3분 지수 차트 사례 1

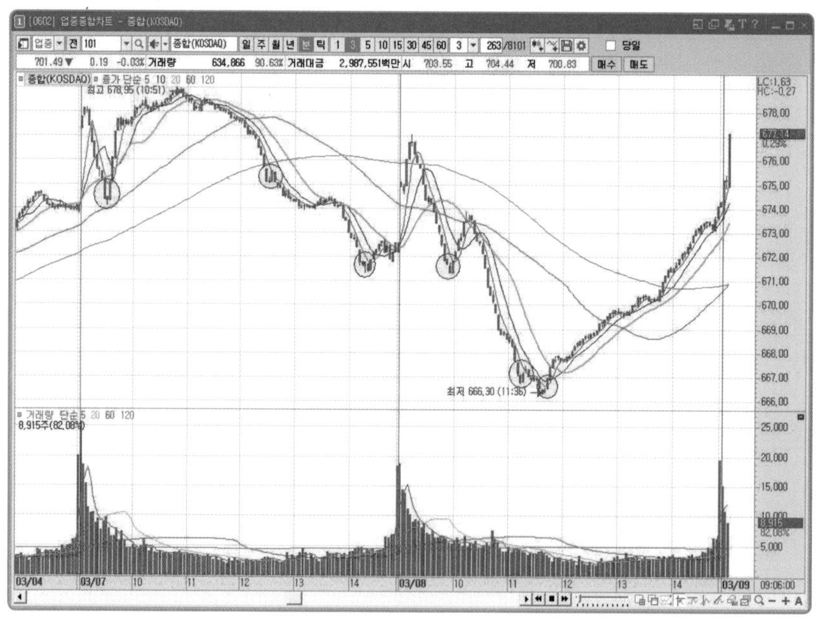

저점, 고점, 변곡점을 예측하는 방법은 간단하다. 변곡점을 미리 예측하는 것이 아니라 지지력, 저항력, 돌파력을 통해 변곡점을 확인한 후 선정하는 것이다. 주가는 5일선을 타고 하락하기 시작한다. 큰 그림에서 지지선을 설정해 변곡점이 출현할 부근을 예측할 수도 있지만 조금 더 기다려보자. 지지력이 발생한다면 주가는 하락을 멈출 것이고 빨간색 캔들이 등장할 것이다. 만약 이곳이 변곡점이라면 이후 5일선을 골든크로스하며 반등할 것이다. 변곡점이 아니라면 반등할 듯하다가 곧 다시 저점을 뚫고 내려갈 것이다.

중요한 것은 변곡점에서는 항상 하락을 멈추고 빨간색 캔들이 출현한다는 것이며 5일선을 골든크로스한다는 것이다. 빨간색 캔들이 등장하지 않거나 5일선을 골든크로스하지 않는다면 주가는 변곡점이 될 수 없다. 말장난이 아니라 이것은 당연한 사실이다. 따라서 빨간색 캔들이 출현하거나 5일선을 골든크로스하는 지지력을 확인했을 때 진짜 변곡점일지 가짜 변곡점일지 $\frac{1}{2}$의 판단만 하면 된다. 이것을 '변곡 신호'의 기준으로 세우자.

앞의 그림처럼 상승 추세에서는 첫 번째나 두 번째 변곡 신호에서 변곡점이 발생할 확률이 높다. 보통 두 번째나 세 번째 변곡 신호가 확률이 가장 높으며 하락 추세에서는 세 번째나 네 번째 변곡 신호도 발생하는데 당일 네 번째 변곡 신호는 그날의 저점일 가능성이 매우 높다.

3분 지수 차트 사례 2

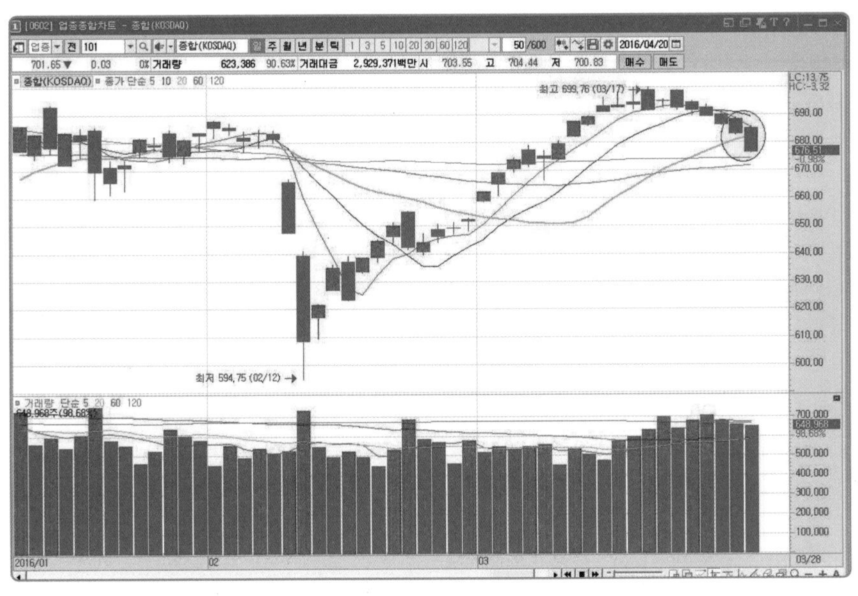

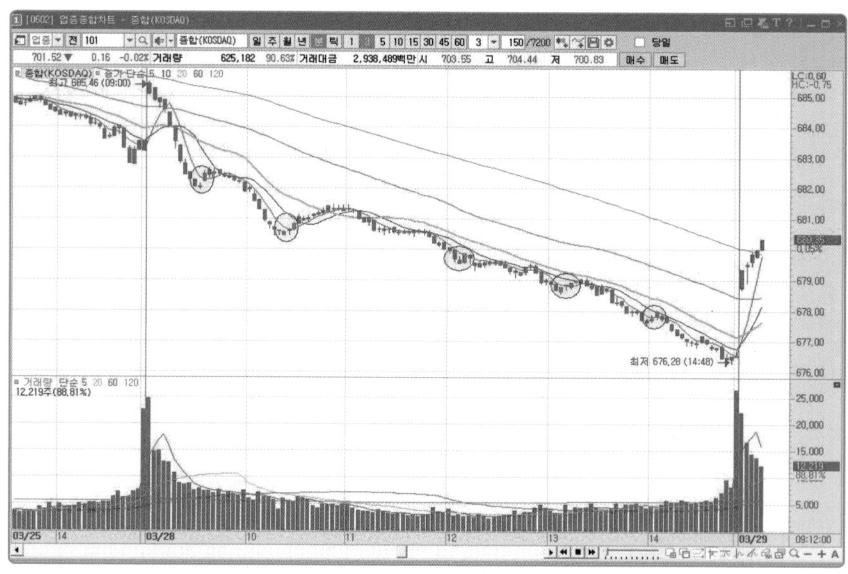

상승은 느리고 더디게 진행되고 하락은 가파르게 진행되는 것은 지수 움직임의 큰 특징이다. 5일선과 20일선을 우하향할 경우, 하락장이라고 기준을 세웠다. 5일선이 꺾인 지수 차트 흐름에서는 투매가 언제든지 발생해도 확률적으로 전혀 이상하지 않다. 따라서 1~2번째 변곡 신호는 무시하고 4~5번째 변곡 신호에서 매수 타이밍을 공략하는 것이 유효할 것이다.

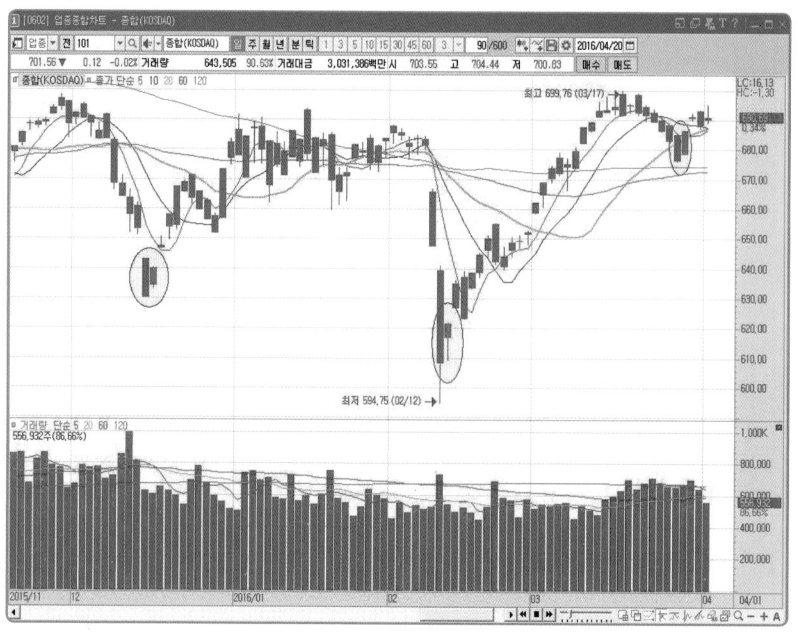

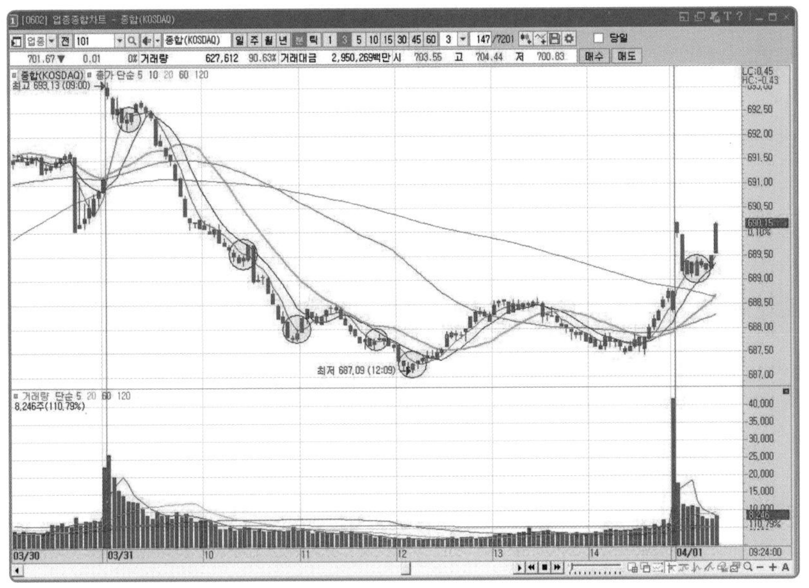

일봉 차트를 지수 신호차트의 기준으로 분석할 때도 변곡 신호는 비슷한 패턴으로 발생한다. 하락을 멈추고 강력한 장대양봉이 출현한다면 매수세력이 개입했을 확률이 높다. 따라서 단기 저점일 가능성을 열어두고 1~2차 지지선과 함께 변곡 신호를 참조한다면 확률 높은 변곡 신호를 예측할 수 있다.

지수 차트에서 3월말 주가는 우하향 움직임을 멈추고 5일선을 골든크로스 하는 장대양봉이 출현했다. 이것을 변곡 신호로 판단한다면 2~3일 정도의 단기 지지력을 예상할 수 있다. 즉, 하락이 멈춘 횡보장으로 판단한다면 3~4번째 변곡 신호에서 충분히 당일의 저점을 예상할 수 있다. 복잡하게 분석한다면 끝없이 복잡하지만 단순하게 접근하더라도 변곡 신호를 잡아낼 수 있다면 충분하다. 복잡한 것은 단순한 것에 귀결한다.

■ 지수 신호차트와 종목 신호차트의 관계

지수 차트는 시장으로 들어오고 나가는 돈의 흐름을 한 눈에 보여준다. 지수 차트에 나타나지 않거나 착시현상을 일으키는 특징들은 앞의 〈시나리오 트레이딩 시스템〉 편에서 설명했다.

돈의 흐름은 개별종목으로 들어온 돈이 지수 차트에 나타나는 것처럼 보이지만 지수 차트에 나타나는 돈의 흐름이 개별종목의 투자심리에 영향을 미치기도 한다. 투자심리는 지수와 종목 양쪽의 눈치를 살피며 돈의 움직임을 쫓는다. 따라서 기준봉을 공략하기 위해서는 시장으로 돈이 들어올 때 매수하고 시장에서 돈이 빠져나가기 전에 매도해야 한다.

〈지수〉

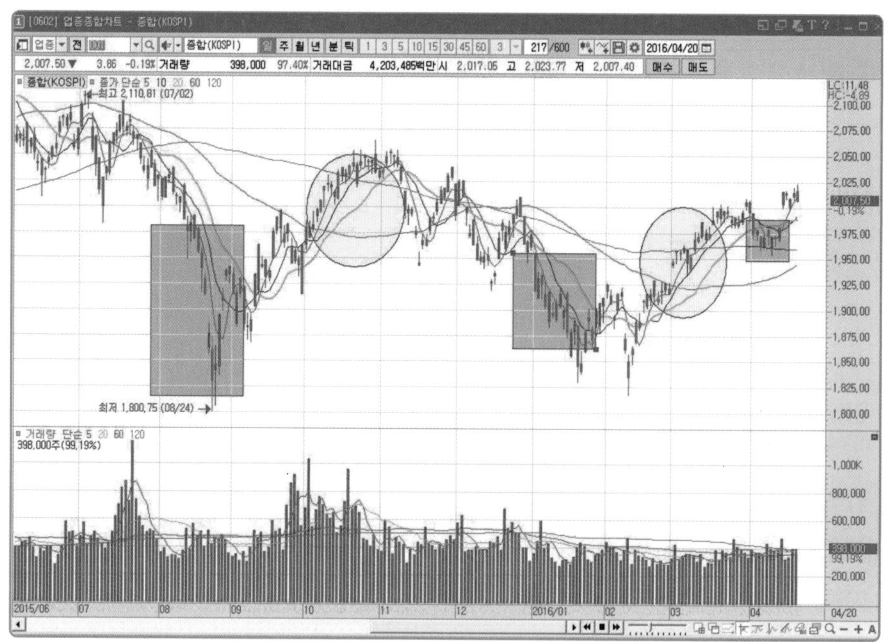

시장으로 돈이 들어오는데 개별종목으로 돈이 들어오지 않는다면 그 종목의 투자심리는 약한 것이다. 우리의 눈에는 보이지 않지만 시장의 눈에는 그 종목의 약점이 보이는 것이다. 반대로 시장에서 돈이 빠져나가는데 개별종목으로 돈이 쏠린다면 그 종목은 특별한 호재가 있을 것이다.

경제위기가 찾아와도 실적이 좋은 기업이 탄생하고 악화된 시장에서도 선방하는 종목이 있듯이 지수가 하락해도 좋은 종목에서는 돈이 쉽게 빠져나가지 않는다.

〈강한 종목 대 약한 종목 사례〉

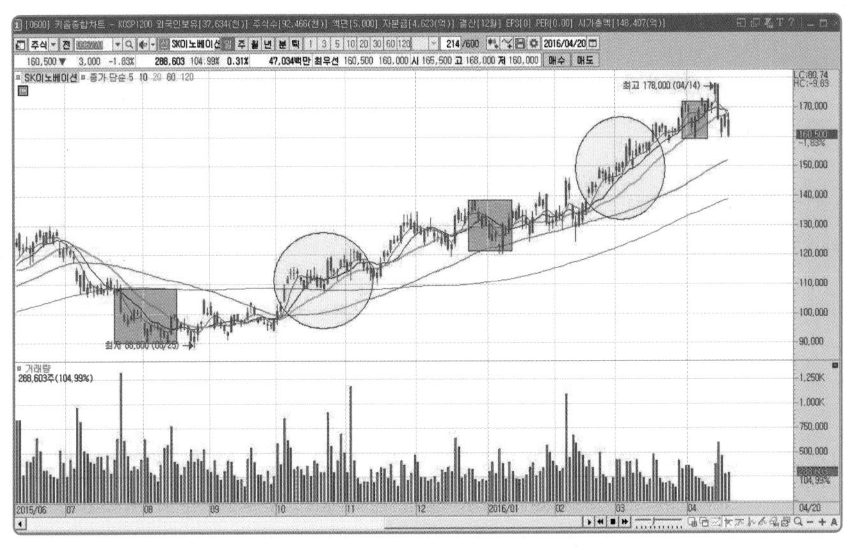

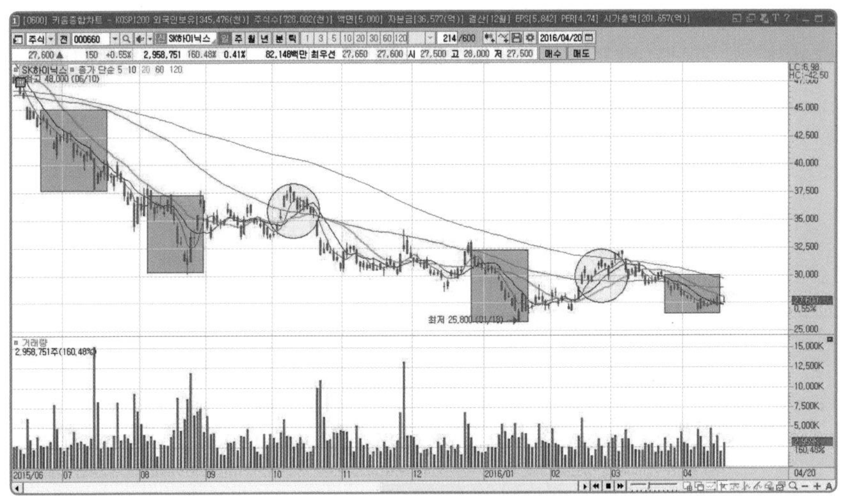

2015년 8월 시장은 급락했다. 강력한 하방 모멘텀으로 시장에서 돈이 빠져나가면서 전반적으로 모든 종목이 하락했다. 그러나 강한 종목은 상대적으로 적게 빠졌지만 약한 종목은 시장이 급락하기 전부터 하락을 이어오는 모습을 확인할 수 있다. 돈이 빠져나가는 종목은 시장에서 알게 모르게 이유가 있는 것이다.

10월 시장은 반등에 성공했고 8월 하락 전보다 더 많은 돈이 시장으로 들어왔다. 강한 종목은 8월의 하락을 뛰어넘었고 상승 추세를 이어가는 모습이다. 하지만 약한 종목은 반등이 나오는 듯했지만 곧 돈이 빠져나가는 모습을 확인할 수 있다. 돈이 들어와 빠져나가지 않는 종목과 돈이 빠져나가는 종목의 차이를 시장은 알고 있다. 2016년 1월 시장은 다시 큰 하락을 맞으며 돈이 빠져나갔다. 이에 따른 강한 종목과 약한 종목의 주가 움직임에서 큰 차이를 확인할 수 있다.

지수가 상승할 때 상승하지 않는 종목은 돌파력이 약하다. 지수가 상승을 멈춘다면 투자심리가 약한 종목의 주가는 매수세력이 약해 버티지 못할 것이다. 반대로 지수가 하락할 때 하락하지 않는 종목은 지지력이 강하다. 지수가 하락을 멈춘다면 투자심리가 강한 종목은 주도적으로 상승을 시도할 것이다.

수급

강력한 매수세력과 매도세력은 주가의 움직임에 직 · 간접적인 영향을 미친다. 외국인과 기관투자자들처럼 공신력 있는 세력이 대량 포착된다면 투자심리를 자극해 방향성을 예측하는 데 큰 도움을 준다. 기준봉을 공략하기 위해 매수 타이밍을 기다리고 있을 때 강력한 지지 세력이 포착되는 순간은 매수 신호가 될 수 있다. 반대로 주가 상승을 견인한 매수세력이 사라지거나 매도세력이 등장한다면 매도 신호가 될 것이다. 세부적인 매수와 매도 타이밍을 앞에서 배운 신호차트와 지수뿐만 아니라 수급과 세력을 포착해 참조한다면 트레이딩의 승률과 손익비를 높일 수 있을 것이다.

수급과 세력을 포착하는 훈련을 반복적으로 한다면 나아가 눈에 보이지 않는 수급과 세력을 포착하는 스킬까지 익힐 수 있을 것이다. 효율적인 훈련을 위해 당일 실시간으로 움직이는 수급을 포착해 매수, 매도 신호로 적용하는 법부터 익혀야 한다. 하루의 수급과 주가의 움직임을 이해할 수 있어야 1주일, 1개월의 주가흐름을 수급으로 이해할 수 있을 것이다. 우선 매수 타이밍을 공략하기 위해 수급 신호를 포착하는 법과 수급을 포착하기 위한 체크포인트를 사례를 통해 알아보자.

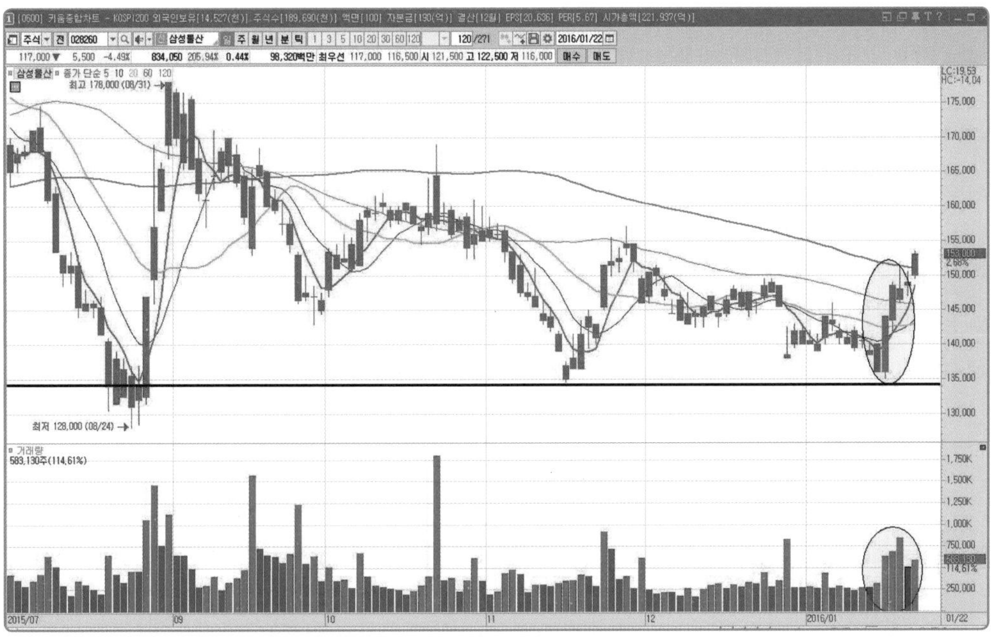

[0796] 투자자별 매매동향 - 종목별투자자

투자자별매매종합 시간대별투자자 당일추이 일별동향/차트 순매수추이 업종별투자자순매수 당일매매현황 투자자별누적순매수 투자자별일별매매 종목별투자자

028260 삼성물산 2016/01/20 ◉금액 ○수량 ○추정평균가 ◉순매수 ○매수 ○매도 ◉천주 ○단주 ◉전일비 ○등락률 투자자안내 단위:백만원,천주 조회 다음 차트

일자	현재가	전일비	거래량	개인	외국인	기관계	금융투자	보험	투신	기타금융	은행	연기금등	사모펀드	국가	기타법인	내외국인
2016/04/19 ~ 2016/05/19			누적순매수	+340,918	-121,967	-224,841	+2,504	-32,317	-32,683	-2,384	-18,040	-113,336	-20,666	-7,919	+4,909	+982
16/01/20	148,000	▼ 500	836,548	-23,772	+5,165	+24,865	-9,588	+7,702	+4,770	-182	+101	+22,109	-571	+526	-6,276	+18
16/01/19	148,500	▲ 4,500	684,816	-20,549	-8,211	+31,771	-349	+3,633	+5,475	+271	+1,155	+17,312	+1,184	+3,091	-3,337	+325
16/01/18	144,000	▲ 8,000	627,410	-6,852	-16,890	+25,281	+5,264	+2,698	+6,639	+484	+106	+5,035	+4,743	+313	-1,418	-121
16/01/15	136,000	▼ 3,000	317,924	+3,144	-6,784	+3,844	+4,870	+200	-1,020	-1,351	-250	+1,155	+196	+46	-257	+53
16/01/14	139,000	▼ 1,500	268,437	+6,288	-6,745	+365	+321	+141	-1,475	+5	+104	+897	+143	+230	+173	-81
16/01/13	140,500	▲ 1,000	272,452	+9,243	-14,162	+5,848	+850	+770	+692	+200	-63	+2,014	+1,384		-906	-22
16/01/12	139,500	▼ 500	233,567	+2,287	-11,868	+10,086	+3,505	+678	+3,175	-87		+2,714	+101		-500	-5
16/01/11	140,000	▼ 2,000	264,132	+3,221	-5,540	+6,271	+1,687	+406	+2,634	+7	-12	+701	+848		-3,943	-9
16/01/08	142,000	▼ 1,000	291,038	+6,305	-9,042	+7,470	+3,725	+1,292	+1,107	-220		+981	+620	-34	-4,738	+4
16/01/07	143,000	▼ 1,000	266,121	+551	-6,141	+6,477	-24	+1,032	+2,579	+232	+5	+2,067	+589	-3	-673	-214
16/01/06	144,000	▲ 4,000	435,314	-6,354	-6,232	+11,429	-4,250	+2,031	+3,747	+240	+950	+5,843	+2,223	+645	+1,041	+115
16/01/05	140,000	0	265,292	+1,996	-5,292	+3,103	-683	+429	+1,349	+129	-55	+1,209	+348	+378	+153	+40
16/01/04	140,000	0	280,114	+8,739	-5,801	-1,411	-4,941	-1,392	+3,170	+28	-289	+1,667	+246	+101	-1,578	+51
15/12/30	140,000	▼ 2,000	270,526	+7,636	-2,854	-4,096	-2,432	-1,350	+1,112	+61	-797	-233	-399	-57	-726	+40
15/12/29	142,000	▲ 3,500	275,120	+3,698	+927	-4,572	-3,659	-1,857	-1,071	+99	-609	+1,637	+743	+145	-175	+123
15/12/28	138,500	▼ 7,000	829,483	-11,583	-7,976	+21,685	+20,364	-2,887	-4,076	+37	-1,034	+3,804	+5,409	+69	-2,193	+66
15/12/24	145,500	▼ 2,000	345,791	-7,121	+455	+8,356	+9,325	+956	-1,444	-287	-150	+1,102	-1,180	+34	-1,625	-65
15/12/23	147,500	▼ 1,000	278,739	-10,955	+530	+11,219	+9,898	+794	-196	-148	-55	+678	+101	+145	-849	+55
15/12/22	148,500	▲ 2,500	442,905	-10,436	+4,257	+7,808	+5,840	+721	-1,559	+107	-402	+3,505	-349	-56	-1,686	+58
15/12/21	146,000	▼ 1,500	311,008	-7,090	-1,434	+11,127	+11,646	+411	+64	+24	-409	-342	-283	+16	-2,010	-593

외국인의 지속적인 매도세로 1월 15일 음봉을 만들며 저점 이탈을 위협했다. 135,000원 선이 붕괴된다면 주가는 크게 하락할 가능성이 높은 중요한 구간이다. 그런데 1월 18일과 1월 19일 주가는 강력한 지지력을 동반하며 상승했다. 수급을 확인했더니 외국인이 168억 원어치 매도했음에도 불구하고 기관이 250억 원, 다음날 310억 원어치 매수하며 외국인 매도세력을 압도해버렸다.

직관적으로 기관이 강력한 매수세력이며 지지선을 사수하겠다는 강력한 의지를 확인할 수 있다. "당분간 135,000원은 붕괴되지 않을 것이다. 기관이 방어하는 135,000원은 저점이다." 이런 확신을 바탕으로 박스권 기준봉을 공략하기 위한 시나리오 전략을 세울 수 있을 것이다. 기관이 매도세력으로 포착되지 않는다면 압도적인 시나리오 전략이 될 것이다.

1월 20일 당일의 수급에 외국인 매수세가 포착되었다. 지속적으로 매도하던 외국인이 매수세로 돌아서는 모습이 포착되는 순간은 더할 나위없는 매수 신호가 될 것이다. 사실 이 정도의 매수 신호는 앞에서 배운 신호차트를 통한 매수 타이밍이나 지수 분석을 통한 당일의 저점을 예측하는 것은 무의미하다.

9시 8분부터 갑자기 모건스탠리, 골드만삭스 외국인 창구에서 매수물량이 지속적으로 들어오는 것을 확인할 수 있다.

[0127] 거래원순간거래량

코드 증권명 888 외국계전 종목 028260 삼성물산 그룹

시간	종목명	거래원명	구분	순간거래량	누적순매수	등락률
09:59:17	삼성물산	모건스탠리	매수	762	+22,446	+2.02
09:58:21	삼성물산	모건스탠리	매수	9	+21,684	+1.68
09:57:23	삼성물산	모건스탠리	매수	496	+21,675	+1.68
09:56:24	삼성물산	모건스탠리	매수	1,167	+21,179	+1.68
09:51:32	삼성물산	모건스탠리	매수	224	+20,012	+1.68
09:48:35	삼성물산	모건스탠리	매수	600	+19,788	+1.35
09:47:36	삼성물산	모건스탠리	매수	6,188	+19,188	+1.35
09:44:38	삼성물산	모건스탠리	매수	1,080	+13,000	+0.67
09:43:41	삼성물산	모건스탠리	매수	56	+11,920	+1.01
09:42:44	삼성물산	모건스탠리	매수	1,724	+11,864	+1.01
09:41:45	삼성물산	모건스탠리	매수	10,140	+10,140	+0.67
09:11:49	삼성물산	SG증권	매도	1,138	-2,127	-0.34
09:08:54	삼성물산	CS 증권	매도	1,996	-1,996	-1.35
09:06:02	삼성물산	메릴린치	매도	2,089	-2,089	-1.01
09:04:08	삼성물산	SG증권	매도	989	-989	-0.67

[0127] 거래원순간거래량

시간	종목명	거래원명	구분	순간거래량	누적순매수	등락률
12:27:01	삼성물산	골드만삭스	매수	551	+33,614	+0.34
12:24:28	삼성물산	골드만삭스	매수	409	+33,063	+0.34
12:23:15	삼성물산	골드만삭스	매수	170	+32,654	+0.67
12:22:05	삼성물산	골드만삭스	매수	139	+32,484	+1.01
12:20:56	삼성물산	골드만삭스	매수	1,880	+32,345	+1.01
12:19:46	삼성물산	골드만삭스	매수	203	+30,465	+1.01
12:18:41	삼성물산	골드만삭스	매수	261	+30,262	+0.67
12:17:36	삼성물산	골드만삭스	매수	195	+30,001	+0.67
12:16:31	삼성물산	골드만삭스	매수	192	+29,806	+0.67
12:15:23	삼성물산	골드만삭스	매수	163	+29,614	+0.67
12:07:42	삼성물산	골드만삭스	매수	260	+29,451	+1.01
12:06:37	삼성물산	골드만삭스	매수	29,191	+29,191	+1.01
10:56:49	삼성물산	모건스탠리	매수	18	+25,244	+0.67
10:55:48	삼성물산	모건스탠리	매수	17	+25,226	+1.01
10:54:45	삼성물산	모건스탠리	매수	17	+25,209	+1.01

[0127] 거래원순간거래량

시간	종목명	거래원명	구분	순간거래량	누적순매수	등락률
13:38:52	삼성물산	골드만삭스	매수	345	+47,099	+0.34
13:37:42	삼성물산	골드만삭스	매수	230	+46,754	0
13:36:30	삼성물산	골드만삭스	매수	120	+46,524	+0.34
13:35:19	삼성물산	골드만삭스	매수	350	+46,404	+0.34
13:34:07	삼성물산	골드만삭스	매수	221	+46,054	+0.34
13:32:54	삼성물산	골드만삭스	매수	221	+45,833	+0.34
13:26:53	삼성물산	모건스탠리	매수	23	+33,737	-0.67
13:26:53	삼성물산	골드만삭스	매수	690	+45,612	-0.67
13:25:41	삼성물산	골드만삭스	매수	70	+44,922	-0.34
13:24:29	삼성물산	골드만삭스	매수	87	+44,852	-0.67
13:23:14	삼성물산	모건스탠리	매수	293	+33,714	0
13:23:14	삼성물산	골드만삭스	매수	825	+44,765	0
13:21:58	삼성물산	모건스탠리	매수	8,177	+33,421	-0.67
13:21:58	삼성물산	골드만삭스	매수	228	+43,940	-0.67
13:19:21	삼성물산	골드만삭스	매수	535	+43,712	-1.01

Key Point

1. 기준봉을 공략한다.
2. 거래량이 곧 수급이다.
3. 거래량에 숨겨진 의미를 찾아라.

① 종목별 투자자 분석

[0796] 투자자별 매매동향 - 종목별투자자

투자자별매매종합 | 시간대별투자자 | 당일추이 | 일별동향/차트 | 순매수추이 | 업종별투자자순매수 | 당일매매현황 | 투자자별누적순매수 | 투자자별일별매매 | 종목별투자자

하나투어 2016/01/26 ◉금액 ○수량 ◉순매수 ○매수 ○매도 ◉천주 ○단주 ◉전일비 ○등락률 투자자구분 안내 단위:백만원,천주 조회 다음 차트

2015/12/26 - 2016/01/26 누적순매수

일자	현재가	전일비	거래량	개인	외국인	기관계	금융투자	보험	투신	기타금융	은행	연기금등	사모펀드	국가	기타법인	내외국인
누적순매수				+30,075	-31,479	-92	-1,998	+3,665	+4,809	+421	-1,904	-895	-931	-3,259	+1,978	+84
13:39	94,600	▲ 3,300	470,300			+473		+95	-94			+473			+95	
16/01/25	91,300	▼ 1,000	201,891	+8,256	-12,013	+3,606	+1,986	+220	+1,041		-6	+518	+33	-123	+47	+103
16/01/22	92,300	▲ 5,300	181,150	-303	-4,969	+4,444	+60	-224	+1,218			+3,334	+16	+40	+834	-6
16/01/21	87,000	▲ 1,000	159,784	-317	-2,979	+2,723	+329	+428	+65	-69	+2	+1,547	+403		+542	+32
16/01/20	86,000	▼ 2,100	194,628	+1,875	-2,856	+371	+228	+490	-6	+256		-873	+1,689	-1,413	+613	-3
16/01/19	88,100	▼ 700	207,115	+199	-1,775	+1,577	+516	+966	+35	+94	-304	+425	+15	-170	+9	-10
16/01/18	88,800	▼ 4,500	260,671	+4,915	-4,009	-926	-106	-1,743	+1,398	+228	-175	-85	-2	-440	+93	-73
16/01/15	93,300	▼ 2,100	114,347	+2,024	-1,926	-1,012	-195	-760	-498	-186	+193	+433			+915	-2
16/01/14	95,400	▼ 1,500	188,718	+1,509	-3,202	+1,501	+1,552	+1,334	-229			-813	-285	-57	-8	+200
16/01/13	96,900	▲ 200	116,738	+292	-349	-98	-402	+128	+1,278	-13	-527	-557	-4		+190	-35
16/01/12	96,700	▼ 2,400	226,571	+875	+845	-2,193	-1,169	+2,052	+1,981	-192	-1,170	-1,912	-1,627	-155	+469	+4
16/01/11	99,100	▼ 8,900	306,106	+8,621	-244	-7,789	-1,231	+449	-838	-45	-15	-4,917	-909	-283	-626	+39
16/01/08	108,000	▲ 1,000	101,490	+530	+1,360	-1,518	-379	-228	+41	+154	-160	+270	-1,029	-187	-192	-180
16/01/07	107,000	▼ 6,000	147,299	+3,558	-4,494	+912	+584	+1,107	-318	+22		+225	-622	-86	-14	+38
16/01/06	113,000	▲ 1,500	87,799	-1,931	+959	+972	-58	+233	+213	+30	+337	+217				
16/01/05	111,500	0	49,127	-80	+256	-18	-305	+537	+210	-2		+21	-5	-473	-159	
16/01/04	111,500	▼ 3,500	60,103	-174	+77	+205	-635	-29	+765			+1	+86	+17	-104	-4
15/12/30	115,000	▲ 2,500	49,391	-704	+950	-240	-1,045	+450	-21	+34	+11	+320	+10			-6
15/12/29	112,500	▲ 2,000	56,590	-416	+1,229	-688	-1,108	-685	-115	+109		+702	+308	+101	-125	-1
15/12/28	110,500	▲ 1,500	48,436	+543	+414	-593	-491	-32	-994		-10	+435	+449	+50	-359	-6

② 프로그램 분석

[0778] 프로그램매매 - 종목일별 프로그램매매추이

차익잔고추이 | 차익잔고현황 | 일별차익잔고차트 | 프로그램매매누적추이 | 일별프로그램매매추이

039130 신 30% 하나투어 ◉시간대별 ○일자별 ◉금액 ○수량 2016/01/26 조회 다음 수+차

시간	현재가	전일대비	등락률	거래량	프로그램매매 (단위:주,백만원)			
					매도금액	매수금액	순매수금액	순매수증감
14:34:36	94,500	▲ 3,200	+3.50	464,515	1,808	5,698	3,890	
14:34:32	94,500	▲ 3,200	+3.50	464,490	1,808	5,698	3,890	2
14:34:30	94,500	▲ 3,200	+3.50	464,466	1,808	5,696	3,888	
14:34:24	94,400	▲ 3,100	+3.39	464,306	1,808	5,696	3,888	13
14:34:15	94,400	▲ 3,100	+3.39	464,069	1,808	5,683	3,875	1
14:34:12	94,400	▲ 3,100	+3.39	464,056	1,808	5,682	3,874	-1
14:34:08	94,200	▲ 2,900	+3.17	463,872	1,807	5,682	3,875	
14:34:02	94,300	▲ 3,000	+3.28	463,707	1,807	5,682	3,875	1
14:33:59	94,400	▲ 3,100	+3.39	463,674	1,807	5,681	3,874	
14:33:56	94,300	▲ 3,000	+3.28	463,516	1,807	5,681	3,874	5
14:33:54	94,300	▲ 3,000	+3.28	463,433	1,807	5,676	3,869	
14:33:47	94,300	▲ 3,000	+3.28	463,401	1,807	5,676	3,869	
14:33:45	94,200	▲ 2,900	+3.17	463,372	1,807	5,676	3,869	1
14:33:41	94,200	▲ 2,900	+3.17	463,347	1,807	5,675	3,868	37

③ 거래원 창구 분석

[0128] 거래원입체분석

039130 하나투어 ○시간별 ◉일별 2015/11/26 ~ 2016/01/26 조회 차트

맥쿼리증권		C.L.S.A 증권		유비에스증권		키움증권		미래에셋	
01/26	77,576	01/26	72,377	01/26	66,339	01/26	13,549	01/26	18,205
01/25	41,346	01/25	5,712	01/25	135	01/25	14,624	01/25	11,304
01/22	99	01/22	[illegible]	01/22	[illegible]	01/22	814	01/22	42,695
01/21	26,001	01/21	234	01/21	2,522	01/21	6,380	01/21	4,906
01/20	31,255	01/20	3,000	01/20	3,887	01/20	353	01/20	10,091
01/19	31,000	01/19	791	01/19	1,658	01/19	6,943	01/19	3,084
01/18	32,645	01/18	0	01/18	5,084	01/18	25,110	01/18	3,656
01/15	0	01/15	0	01/15	1,471	01/15	2,750	01/15	694

NH투자증권		신한금융투자		하나금융투자	
01/26	41,923	01/26	33,180	01/26	25,522
01/25	20,233	01/25	6,096	01/25	3,741
01/22	1,541	01/22	8,600	01/22	745
01/21	[illegible]	01/21	[illegible]	01/21	[illegible]
01/20	7,380	01/20	17,331	01/20	4,514
01/19	5,476	01/19	21,514	01/19	14,303
01/18	1,394	01/18	13,322	01/18	415
01/15	978	01/15	5,724	01/15	4,412

④ 공매도

[0142] 종목별 공매도추이 - 종목별 공매도추이

종목별공매도추이 기간별공매도순위

039130 하나투어 ○시작일 ◉기간 2015/11/26 ~ 2016/01/26 *단위 : 천원 조회 다음

*당일자료는 18시 30분 이후에 제공됩니다. *평균가는 공매도평균가(원)

일자	종가	대비	등락율	거래량	누적공매도량	매매비중%	공매도거래대금	공매도평균가
16/01/26	94,000	▲ 2,700	+2.96	517,946	403,401	2.21	1,073,022	93,656
16/01/25	91,300	▼ 1,000	-1.08	201,891	391,944	16.47	3,083,563	92,722
16/01/22	92,300	▲ 5,300	+6.09	181,150	358,688	2.39	396,490	91,462
16/01/21	87,000	▲ 1,000	+1.16	159,784	354,353	2.54	355,923	87,795
16/01/20	86,000	▼ 2,100	-2.38	194,628	350,299	0.10	16,641	86,222
16/01/19	88,100	▼ 700	-0.79	207,115	350,106	1.16	209,267	87,122
16/01/18	88,800	▼ 4,500	-4.82	260,671	347,704	2.56	596,170	89,354
16/01/15	93,300	▼ 2,100	-2.20	114,347	341,032	6.30	675,976	93,859
16/01/14	95,400	▼ 1,500	-1.55	188,718	333,830	14.89	2,634,858	93,774
16/01/13	96,900	▲ 200	+0.21	116,738	305,732	1.55	176,042	97,099
16/01/12	96,700	▼ 2,400	-2.42	226,571	303,919	5.00	1,090,181	96,297
16/01/11	99,100	▼ 8,900	-8.24	306,106	292,598	10.74	3,362,709	102,238
16/01/08	108,000	▲ 1,000	+0.93	101,490	259,707	8.97	965,188	105,995
16/01/07	107,000	▼ 6,000	-5.31	147,299	250,601	5.20	829,178	108,290
16/01/06	113,000	▲ 1,500	+1.35	87,799	242,944	4.07	400,412	112,097
16/01/05	111,500		0	49,127	239,372	10.91	601,745	112,266

트레이딩 전략을 기억하는가? 수급과 세력이 들어오는 것을 확인하고 따라 진입해 먼저 청산하는 것이다. 매수 타이밍은 꼼꼼하고 섬세하고 정교하게 수급을 포착해야 한다. 매도 타이밍은 매도세력이 포착되었을 때 매도해야 할까? 아니, 오히려 대충 하라. 매수세력이 사라지면 매도한다. 애매하면 매도. 불안하면 매도. 이상하면 매도. 그냥 매도.

"확신에 진입하여 확신의 끝에 청산하라."

수많은 캔들 중 의미 있는 캔들은 극소수이며 세력의 의도가 드러나는 강력한 수급 포착의 기회는 쉽게 오지 않는다. 아무리 좋은 기법이 있더라도 부지런함과 기다림이 없다면 기회는 찾을 수 없다. 게다가 기회의 순간을 잡더라도 예측 가능한 구간은 길지 않다. 시장에 순응한다는 것은 그런 것이다.

특별한 기법을 찾는가? 대박 수익률을 추구하는가? 빨리 돈을 벌고 싶은가? 지속적이고 안정적인 누적수익의 비결, 잃지 않는 매매의 비결, 시장에서 끝까지 살아남는 비결은 바로 시장에 순응하는 것이다.

호가창

■ 호가창

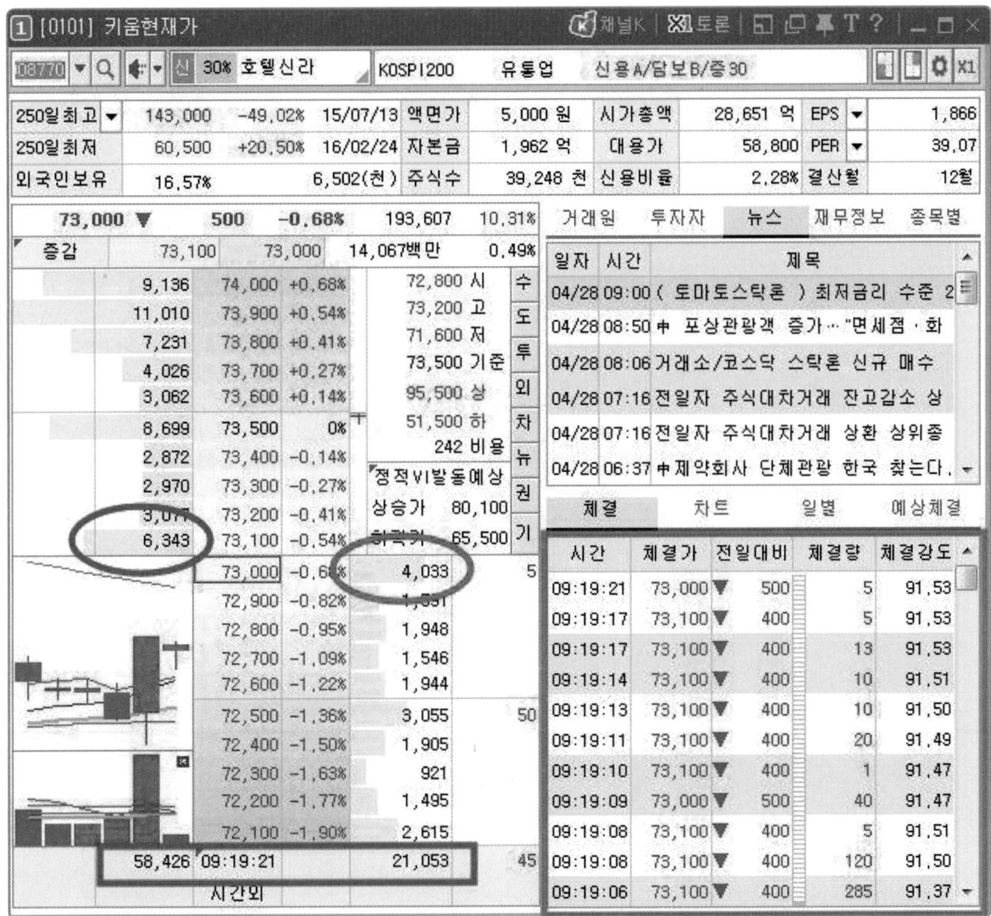

❶ 매수 잔량 〈 매도 잔량

❷ 매수 잔량 〉 매도 잔량

❸ 호가 공백

❹ 라운드 피겨

❺ 1호가 단위

주가 상승을 위한 돌파력은 매수세력이 매도세력보다 강하다는 뜻이다. 쉽게 말해 1~2 호가가 비싸더라도 매수하겠다는 것이다. 경매를 떠올려보자. 이런 투자심리를 실시간으로 반영하는 호가창에는 일정한 패턴이 반복된다. 상승 돌파력이 발생하면 매수세력이 주식을 사기 위해 대량으로 주문을 넣는다. 주가가 상승하면 곧 수익실현을 하려는 매도물량이 출현하는데 상승 돌파력이 강하다면 매도물량을 시장가로 1호가 아래로 던질 필요가 없다. 따라서 높은 가격에 주문을 걸어놓으려는 투자심리가 반영되어 호가창에 매도물량이 쌓이게 된다.

시장가로 주식을 매도하는 사람들이 없기 때문에 매수하고 싶은 사람들은 조바심나기 시작하고 곧 1호가 위로 비싸게 시장가 매수를 한다. 따라서 상승 돌파력이 강할수록 매도 잔량은 많아지고 매수 잔량은 사라진다. 주가는 오르고 남들보다 빨리 주식을 사기 위해서는 한가하게 매수 잔량을 쌓아놓고 기다릴 수는 없다. 달리는 말에 올라타려면 1호가 위의 시장가로 체결시켜야 되기 때문이다. 주가의 하락 돌파력은 같은 원리로 반대 패턴인 '매수 잔량 〉 매도 잔량'이 발생한다.

호가 공백이 심하면 매수와 매도가 원활히 이루어질 수 없다. 유동성은 트레이딩의 생명이다. 따라서 호가 공백을 확인하고 유동성이 떨어지면 관심종목에서 삭제해야 한다.

라운드 피겨는 10,000원 15,000원, 100,000원처럼 딱 떨어지는 가격으로 미미하지만 지지대나 저항대로 작용하는 경향이 있다. 호가 단위는 가격대 별로 5원, 10원, 500원, 1,000원까지 최소단위 가격이 변한다. 또한 마케팅 전략으로 1만 원이 아닌 9,900원으로 판매하는 것처럼 라운드 피겨의 영향력은 물리적, 심리적 변화로 투자심리에 영향을 미친다.

■ 체결창

❶ 체결 강도

❷ 물량 패턴

❸ 규칙성 패턴

❹ 프로그램 패턴

매수와 매도가 실시간으로 체결되는 호가창에서는 매수세력과 매도세력의 치열한 가격 전쟁을 눈으로 확인할 수 있다. 호가창 분석은 실시간으로 벌어지는 투자심리를 분석하는 것으로 특정 매수세력과 매도세력의 힘과 그들의 의도를 파악할 수 있다. 그러나 영향력은 찰나이며 단기적이다. 강한 힘이 포착되더라도 그 영향력이 일주일, 한 달 동안 지속되는 것은 불가능하다.

물론 스윙, 중장기 트레이딩에서 몇 호가라도 유리한 가격에서 매수, 매도하기 위해 호가창을 참조할 수 있을 뿐만 아니라 모든 주가의 움직임은 호가창 분석의 연장선이다. '호가창'과 '체결창'의 흐름을 이해한다면 스켈핑, 데이, 스윙 트레이딩에 필요한 감각적 스킬에 도움이 될 것이다.

강한 돌파력은 강한 매수세력이나 매도세력의 일방적인 공격이 진행되어야 한다. 따라서 거래량이 급증하는 것이 전제조건이 된다. 비슷한 개념으로 체결 강도를 기준으로 돌파력의 세기를 이해할 수 있다.

지지력이나 저항력은 빠르게 포착되는 경우의 신뢰도가 높지만 천천히 포착되는 경우도 일반적이다. 보통 지지선 부근에 대기 매수세가 풍부하므로 매수 잔량이 쌓여 있고 매도 물량은 크게 출현하지 않으며 잔잔한 흐름을 보인다. 두터운 매수 잔량을 지지하고 주가가 반등하는 경우가 일반적이지만 신뢰하기는 힘들다.

주가의 돌파는 갑자기 강하게 진행되기 때문이다. 한순간에 엄청난 매도 물량이 쏟아지고 돌파를 시도하게 된다면 돌파 성공 여부는 예측할 수 없다. 그런데 돌파를 시도하는 과정에서 대량 매수세가 등장해 매도세를 압도해버린다면, 그 순간 매수세력의 의도가 포착될 수 있다. 바로 특정 세력의 강한 힘과 의도를 포착하는 것이 트레이딩의 핵심이다.이것은 기술적 분석에서 변곡 기준봉의 출현과 비슷한 패턴이다. 이처럼 지지력과 저항력, 돌파력을 분석하는 원리는 모두 같다. 기법, 지수, 수급, 호가창, 모멘텀 모든 요소를 이런 원리로 분석해 기회의 순간을 포착해야 한다. 따라서 매수세력과 매도세력 간의 치열한 싸움 속에서 포착될 수 있는 체결창의 몇 가지 특징을 살펴보자.

1~2억 원이 넘는 물량을 한 번에 사고 팔 수 있는 개인이 과연 몇 명이나 될까? 설령 그들이 개인이더라도 호가창에서는 자본력이라고 할 수 있을 만큼 영향을 미친다. 평범하지 않은 큰 물량의 출현은 투자심리에 영향을 미친다.

기관투자자나 외국인 투자자들은 수십억 원, 수백억 원의 주식을 어떻게 사고 팔 수 있을까? 엄청난 물량을 직접 매수, 매도하기 위해서는 노동이 아닌 노동력과 시간이 소비된다. 따라서 컴퓨터 시스템을 통한 주문이 일반적으로 이루어지는데 프로그램에 입력된 주문 방법에는 몇 가지 패턴이 있다.

체결창의 체결 시간은 0.01초 단위까지 기록되는데 0.01초 만에 수십 번의 주문이 쏟아지는 경우가 있다. 또 같은 매수, 매도물량이 반복적으로 체결되는 경우도 빈번히 나타난다. 이런 패턴은 기관투자자나 외국인 투자자들의 프로그램 주문이다.

이런 패턴은 체결창을 통해 수급과 세력의 특징을 포착해 그들의 움직임을 추적할 수 있는 유용한 스킬이다. 세력들의 패턴을 파악할 수 있는 여러 가지 스킬이 있는데, 자세한 내용은 고명환 작가의 책 〈수급 단타왕 수급매매 절대비기〉를 참조하기 바란다.

모멘텀

아무리 좋은 종목, 좋은 기법이더라도 앞에서 배운 차트, 지수, 수급, 호가창에서 매수 신호가 발생해도 절대로 매수하면 안 되는 경우가 있다. 하루아침에 종목이 거래정지되고 상장폐지되는 경우가 1년에도 여러 번 발생한다. 이것은 투자자들에게 큰 위험을 내포하는데 앞에서 까다로운 종목 선정을 통해 이런 리스크를 관리했다. 그러나 기업의 내재적, 외재적 가치가 급변하는 경우는 훨씬 더 비일비재하게 일어난다.

개인투자자들이 접근할 수 없는 자본력과 정보력을 가진 자들의 합법과 불법, 윤리와 비윤리를 오가는 시장참여, 아무도 예상하지 못한 자연재해 등 각종 사건 사고로 기업이 입는 직·간접적 피해 등 기업의 내재적, 외재적 가치가 급변하는 요인들은 수없이 많다. 기업의 내재적, 외재적 가치를 변화시키는 모멘텀은 곧 주가의 급등락에 강한 영향을 미친다.

강한 돌파력을 의미하는 기준봉은 평소와 다른 주가의 움직임으로 큰 변화를 나타낸다. 단순히 차트에서 나타나는 주가 상승을 의미하는 것이 아니다. 기준봉은 기업의 내재적, 외재적 가치의 변화를 함축한다. 따라서 기준봉을 선정할 때 모멘텀이 기업 가치에 어떤 영향을 미치는지, 기대감이나 우려감이 얼마나 지속적으로 영향을 미치는지 분석해야 한다.

모멘텀은 정확한 매수 타이밍을 알려주는 차트, 지수, 수급과 같은 매수 신호의 역할을 하지 않는다. 모멘텀은 곧 대기 매수세를 의미하고 기준봉의 확률을 높여준다. 이후 뉴스, 기사 등으로 재료가 발표됨과 동시에 투자심리가 몰리면서 거래량을 동반하며 급등이 나타난다. 여기까지가 기본적으로 예측할 수 있는 영역이다. 이후 시장에서 재료가 어떻게 반영될지 예측하기 위한 분명한 기준은 없다.

사실 50% 이상 조금이라도 끌어올리기가 쉽지 않다. 따라서 강한 기대감을 동반한 모멘텀은 대기 매수세를 불러일으키며 재료 노출과 함께 상승한다. 물론 상승의 지속성은 예측하기 어렵다.

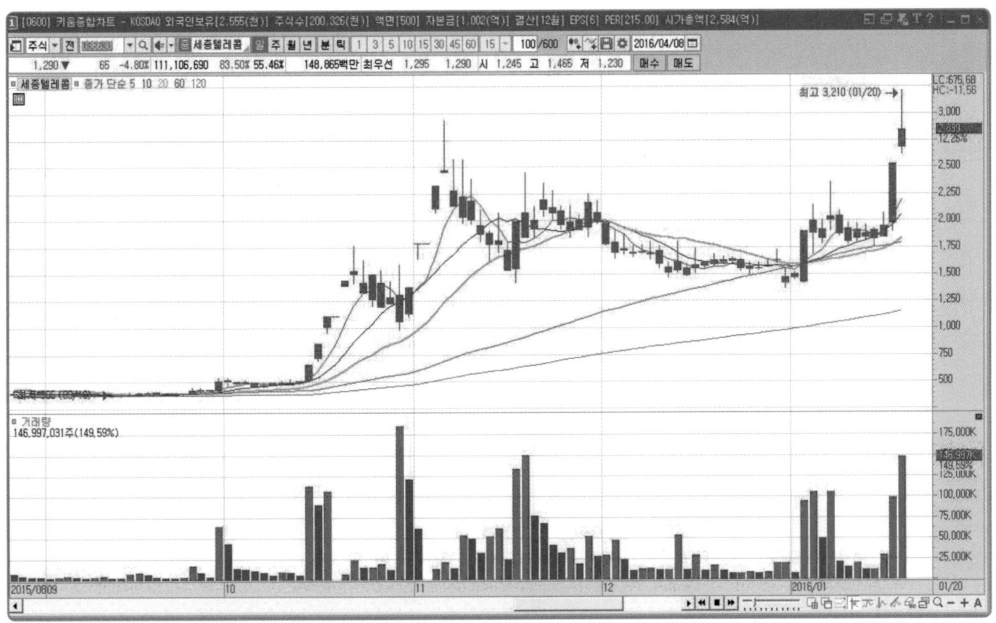

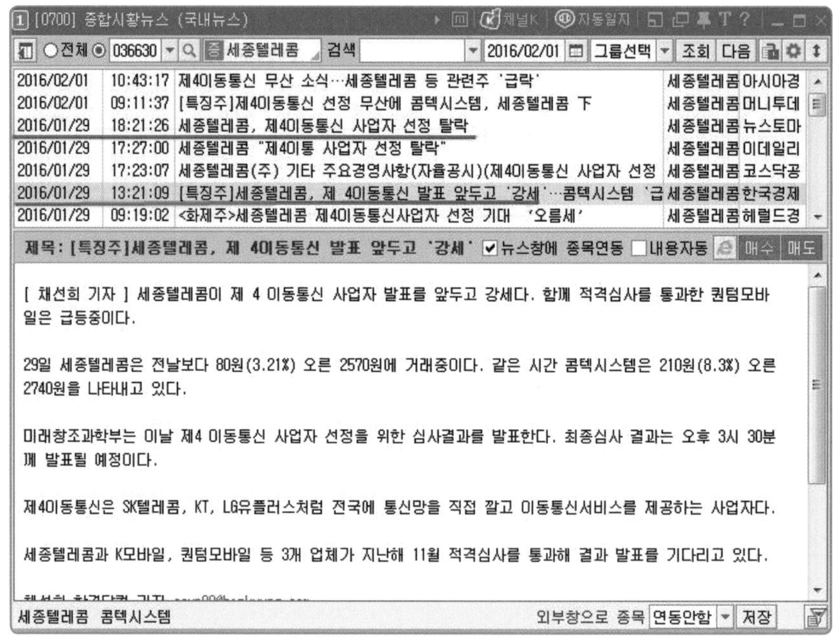

제4이동통신 사업자 선정을 위한 심사가 진행되면서 관련주들이 테마를 형성하며 급등했다. SK텔레콤, LG텔레콤, KT 3대 이동통신사 체제에서 사업자를 하나 더 추가하겠다는 소식은 강한 모멘텀이 될 수 있다. 10월부터 급등하기 시작한 주가는 3개월 만에 2~3배 이상 상승했다.

1월 29일 사업자 발표를 앞두고 강세를 보이던 주가가 사업자 선정 탈락 기사가 나온 다음날 시초가부터 하한가로 급락했다. 그러나 세종텔레콤의 모멘텀이 매수 신호로 적합한지 분석해보았다면 누구나 직관적으로 이런 위험을 피할 수 있다. 사업자 선정 여부는 개인들이 알 수 있는 영역이 아니며 사업자 선정 기대감에 상승했던 주가는 사업자 선정이 되지 않는다면 상승 이유가 사라지므로 당연히 하락을 예상할 수 있다. 따라서 발표일이 다가올수록 불확실성이 커지므로 주식을 보유해선 안 될 것이다.

리더스코스메틱(산성앨엔에스)은 중국시장 매출 급증으로 실적이 급증하며 주가도 함께 올랐다. 상승을 이어가던 주가가 조정을 받기 시작했는데 기법차트의 관점에서 볼 때 강력한 지지선에서 반등을 노려볼 수 있었다. 차트의 지지선을 믿고 매수할 수 있을까?

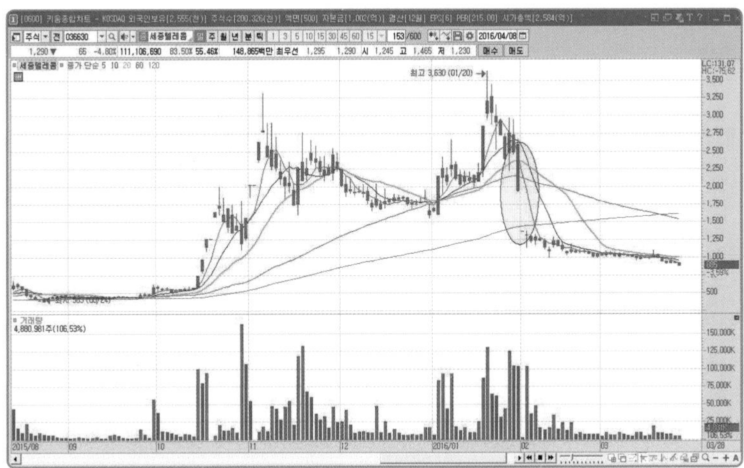

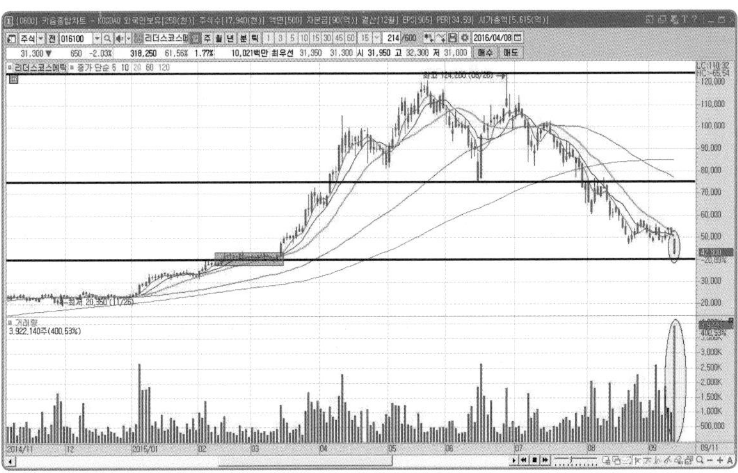

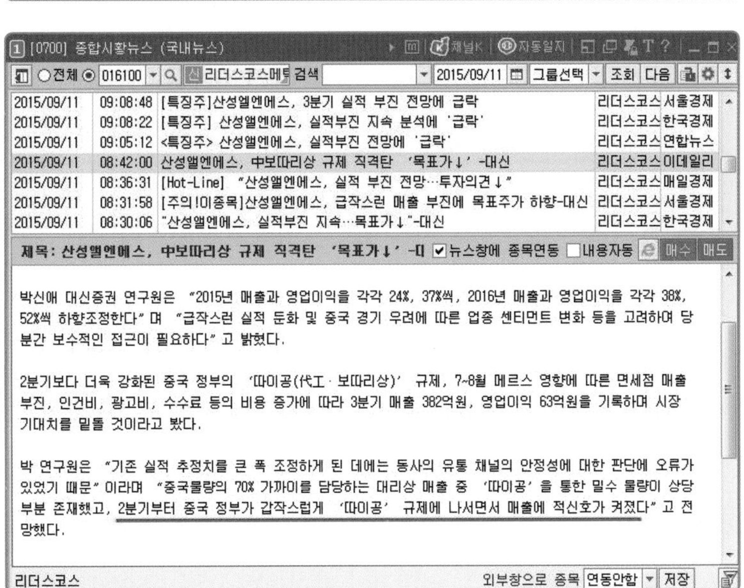

[0700] 종합시황뉴스 (국내뉴스)

○전체 ◉ 016100 리더스코스메틱 검색 2015/09/11 그룹선택 조회 다음

2015/09/11	09:08:48	[특징주]산성앨엔에스, 3분기 실적 부진 전망에 급락	리더스코스 서울경제
2015/09/11	09:08:22	[특징주] 산성앨엔에스, 실적부진 지속 분석에 '급락'	리더스코스 한국경제
2015/09/11	09:05:12	<특징주> 산성앨엔에스, 실적부진 전망에 '급락'	리더스코스 연합뉴스
2015/09/11	08:42:00	산성앨엔에스, 中보따리상 규제 직격탄 '목표가↓' -대신	리더스코스 이데일리
2015/09/11	08:36:31	[Hot-Line] "산성앨엔에스, 실적 부진 전망…투자의견↓"	리더스코스 매일경제
2015/09/11	08:31:58	[주의!이종목]산성앨엔에스, 급작스런 매출 부진에 목표주가 하향-대신	리더스코스 서울경제
2015/09/11	08:30:06	"산성앨엔에스, 실적부진 지속…목표가↓"-대신	리더스코스 한국경제

제목: 산성앨엔에스, 中보따리상 규제 직격탄 '목표가↓' -대 ☑뉴스창에 종목연동 ☐내용자동 매수 매도

박신애 대신증권 연구원은 "2015년 매출과 영업이익을 각각 24%, 37%씩, 2016년 매출과 영업이익을 각각 38%, 52%씩 하향조정한다"며 "급작스런 실적 둔화 및 중국 경기 우려에 따른 업종 센티먼트 변화 등을 고려하여 당분간 보수적인 접근이 필요하다"고 밝혔다.

2분기보다 더욱 강화된 중국 정부의 '따이공(代工·보따리상)' 규제, 7~8월 메르스 영향에 따른 면세점 매출 부진, 인건비, 광고비, 수수료 등의 비용 증가에 따라 3분기 매출 382억원, 영업이익 63억원을 기록하며 시장 기대치를 밑돌 것이라고 봤다.

박 연구원은 "기존 실적 추정치를 큰 폭 조정하게 된 데에는 동사의 유통 채널의 안정성에 대한 판단에 오류가 있었기 때문"이라며 "중국물량의 70% 가까이를 담당하는 대리상 매출 중 '따이공'을 통한 밀수 물량이 상당 부분 존재했고, 2분기부터 중국 정부가 갑작스럽게 '따이공' 규제에 나서면서 매출에 적신호가 켜졌다"고 전망했다.

리더스코스 외부창으로 종목 연동안함 저장

악재 소식과 함께 거래량을 동반하며 하락하는 주가는 강력한 하방 모멘텀을 받고 있다. 앞에서 배운 투매와 하락의 차이를 기억하는가? 기준봉이 출현한 이후 주가가 흘러내릴 때 수급과 세력의 이탈이 없다면 '투매'로 보고 매수 기회가 된다. 그러나 수급과 세력의 이탈 가능성이 커진다면 주가의 '하락'으로 보고 매수를 자제해야 한다. 마찬가지로 악재를 동반한 주가의 하락은 반등이 나올 확률이 급격히 줄어든다. '떨어지는 칼날을 잡지 말라'라는 주식 격언이 악재를 동반한 하락 모멘텀이 작용하는 주식에서 탄생한 것이다. 악재가 있는 종목은 아무리 좋은 기법 자리가 오더라도 매수하면 안 된다.

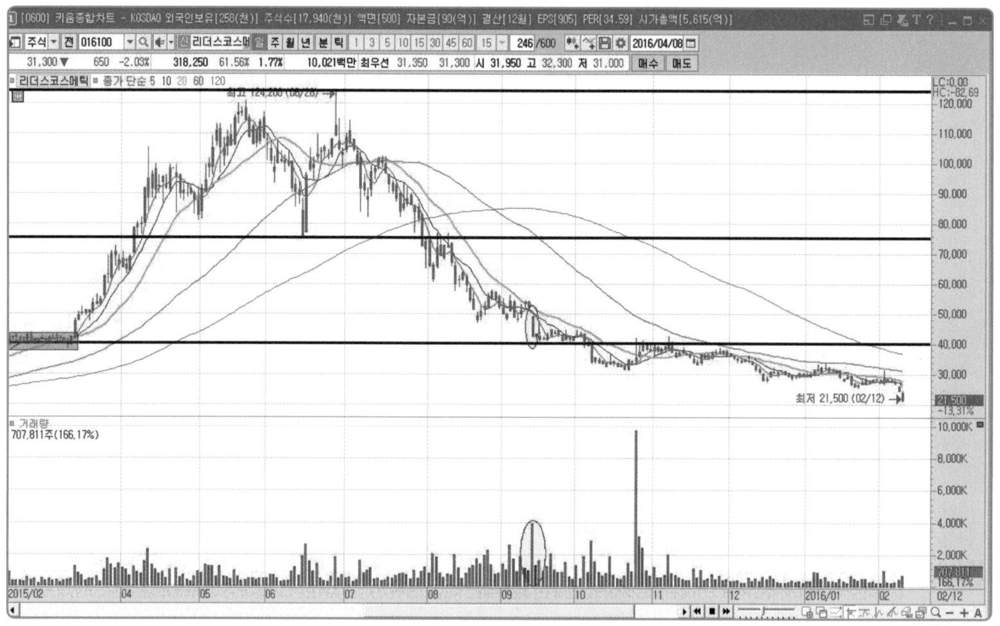

중국시장 매출 급증이라는 모멘텀에 따라 주가는 상승했고 강력한 모멘텀이 뒷받침되어 주가는 쉽게 하락하지 않고 반등하는 모습을 확인할 수 있다. 모멘텀이 주가에 충분히 반영되고 1년이 넘는 기간 동안의 상승에 변곡 신호가 발생했다. 차트 분석으로 지지선이 있었지만 악재 때문에 반등 없이 하락했다. 강력한 하방 모멘텀으로 바닥을 모르고 하락하던 주가는 반의 반토막이 나고도 끝없이 하락했다. 그리고 마침내 수급이 들어오면서 변곡 신호가 발생했다. 그리고 슬그머니 몇 가지 기사들이 모멘텀을 형성했다.

악재가 충분히 시장에 반영되었다. 우려감이 사라졌다. 재료 소멸에 해당하는 각종 기사들이 모멘텀으로 작용하며 시장은 언제 그랬냐는 듯이 하락을 멈추고 상승, 상승을 멈추고 하락하며 순환한다. 하지만 섣불리 저점을 예측해선 안 된다. 기업의 충분한 내재가치가 뒷받침되었기 때문에 수급과 세력이 들어오며 투자심리가 살아날 수 있었다. 수급과 세력이 들어올 것이라고 기대하며 바닥을 예측하는 것은 확률과 시간 면에서 효율적이지 못하다. 변곡 신호를 확인하고 21,500원선이 강력한 지지력 또는 상당 기간 동안 저점이라는 확신을 갖고 접근하는 것이 유효하다.

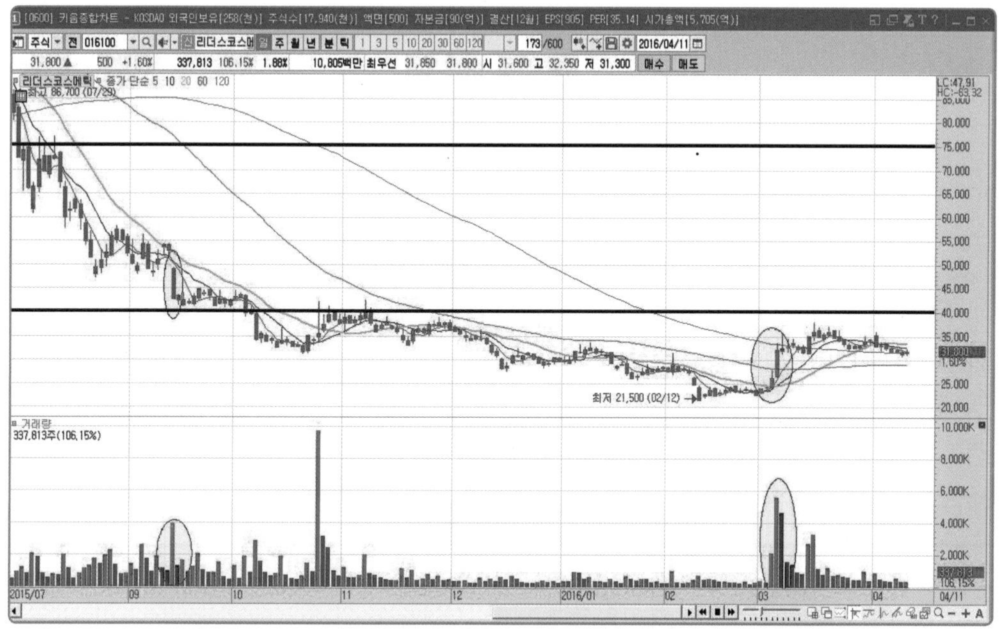

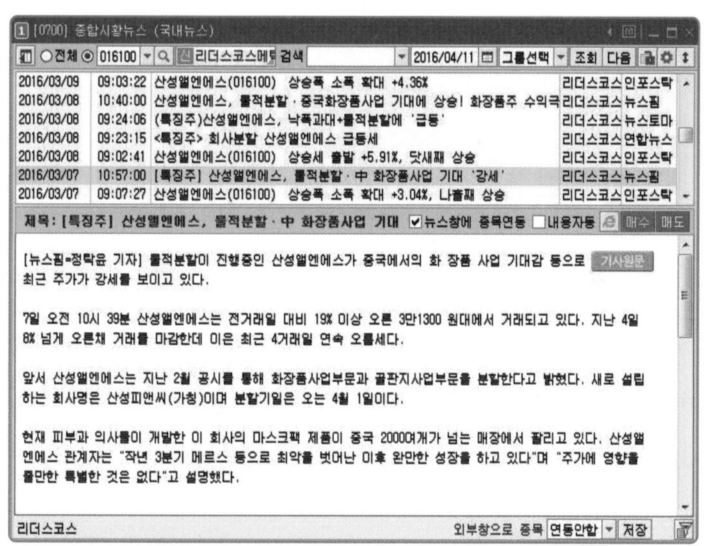

이런 모멘텀을 기대하고 미리 저점을 예측하는 접근방식은 많은 투자자들을 유혹한다.

대표적인 사례를 알아보자. '코스피 200'은 대한민국 대표 주식이라고 할 만큼 시가총액이 크고 신뢰도가 높은 종목들이다. 많은 트레이더들이 한 번쯤 빠지는 함정이 여기 있다. 승률이 오르고 자신감이 생기다보면 기준과 원칙이 조금씩 흔들린다. 곧 기준과 원칙의 경계를 허물어버리고 뇌동매매하게 되는 대표적 사례가 '코스피 200' 종목이다. 대한민국을 대표하는 코스피 200위 안에 든 좋은 종목이 하락하면 점점 싸진다는 생각이 든다. 수십만 원 하던 주가가 다섯 자리 숫자로 떨어지기라도 하면 바겐세일 구간처럼 느껴진다.

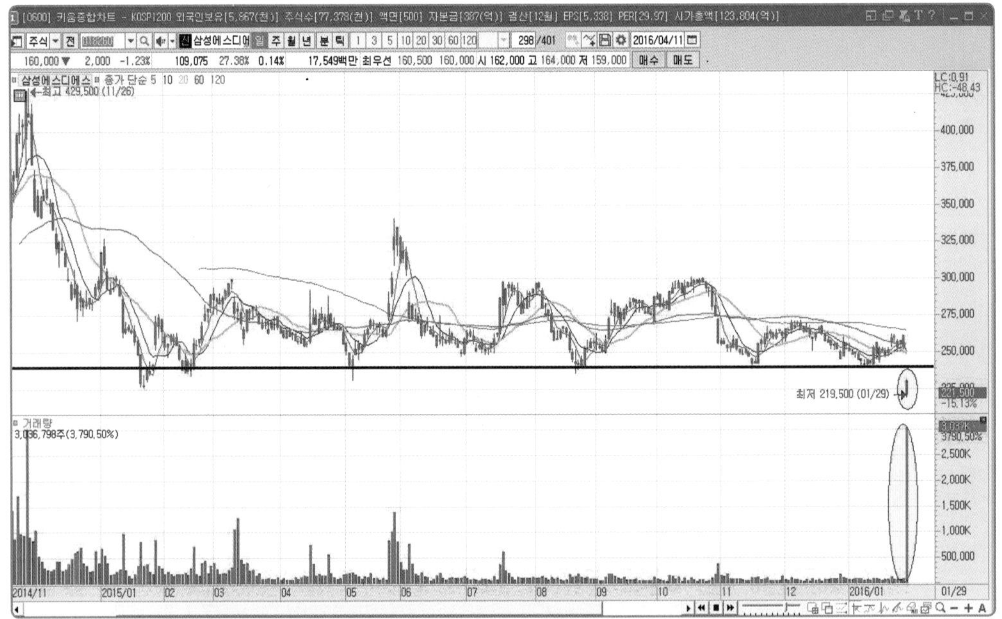

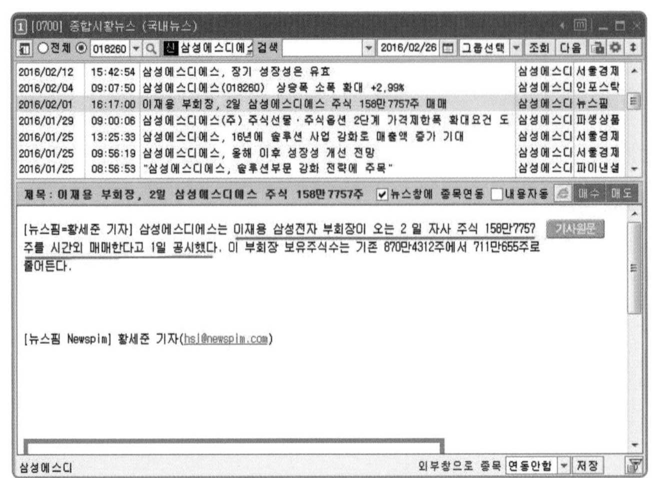

삼성에스디에스는 코스피 200 종목으로 40만 원 하던 주가가 20만 원까지 하락했다. 회사가 망하지만 않는다면 언젠가는 오를 것이라는 함정이 유혹한다. "이렇게 우량한 대기업이 설마 망하겠어? 천천히 주식을 사모아두면 언젠가는 오를 거야." 하지만 악재를 동반한 하락에는 장사가 없다.

설령 삼성에스디에스를 이전부터 보유하고 있었더라도 2월 1일 악재 뉴스를 확인했다면 뒤도 돌아보지 말고 무조건 매도했어야 한다. "손실이 크다.", "추가매수 하겠다.", "자식에게 물려주겠다." 등등 그 어떤 말도 의미가 없다. 악재는 무조건 매도 신호다. 매도 신호에 따라 매도할 뿐이다. 주식시장에는 정답이 없다고 한다. 하지만 이것만은 정답이다. 매도 신호에 따라 매도하지 않는 것은 분명한 오답이다.

헛된 기대를 하지 말라. 기준과 원칙에서 벗어난 의미를 부여하지 말라. 악재가 발생한다면 뒤도 돌아보지 말고 매도하면 된다. 이유는 오직 하나, 매도 신호에 따라 매도할 뿐이다.

Key Point

모멘텀은 기대감이나 우려감이 주가에 어떻게 반영되는지 확인하고 지속성 여부로 판단한다. 모멘텀의 전제조건은 기준봉의 출현이다. 기준봉이 출현하지 않은 상태의 모든 정보는 아무 의미 없다. 거래량이 터지면 우선 재료 노출을 의심하고 모멘텀을 확인해야 한다. '팩트'보다 '기대감'이 중요하다. 불확실하고 애매모호한 정보더라도 '기대감'을 불러일으킨다면 충분하다. 재료가 시장에 노출되는 시점의 주가의 위치를 확인해야 한다. 시장에 재료가 공개되고 기대감이나 우려감이 사라지면 재료는 소멸한다. 그 어떤 정보도 100% 믿으면 안 된다. 여러 가능성을 열어두고 접근한다. 모멘텀이 주가를 견인하지만 주가가 모멘텀보다 선행하기도 한다.

■ 매수 신호

- 기대감을 불러일으킬 강력한 모멘텀
- 날짜가 충분한 지속적인 모멘텀
- 전대미문의 새로운 모멘텀
- 기대감이 살아있는 모멘텀

실적 기대감에 매수하고 실적 발표 직전에 매도한다.
모멘텀이 주가에 충분히 반영되었다면 패스한다.
악재를 동반한 모멘텀은 무조건 패스한다.
돌발악재가 발생할 가능성이 높은 모멘텀은 패스한다.
결과를 알 수 없는 모멘텀은 패스한다.
재료 소멸 기간이 임박한 모멘텀은 패스한다.

■ 매도 신호

- 거래량 급증(핵심) - 재료 노출, 재료 반영, 재료 소멸
- 돌발악재

05

비중 및 계좌

주식투자는 사업이다. 트레이딩이라는 기술로 나만의 '1인 기업'을 경영하는 것이다. 많은 사람들이 주식투자하면 좋은 종목이나 좋은 기법에만 집중한다. 정말 답답하다. 좋은 종목과 좋은 기법만 알 수 있으면 과연 돈을 벌 수 있을까?

모든 기업은 수익을 내기 위한 제품과 서비스, 기술력을 갖고 있다. 이것은 기업의 생존과 직결된다. 그러나 아무리 좋은 제품과 서비스를 기획하더라도 사업 시작부터 최초 매출 발생 때까지는 예상하지 못한 너무나 많은 어려움이 있다. 문제는 수많은 기업들이 주식시장에 뛰어든 개미투자자들처럼 시장에서 퇴출된다는 사실이다. 시장에서 살아남지 못하는 이유는 기업경영에서 훌륭한 제품과 서비스, 뛰어난 기술력이 전부가 아니기 때문이다.

당당히 시장을 지배하고 있는 기업들을 보라. 재무, 마케팅, 인사 등 지원부서의 존재감이 빛을 발한다. 자산운용사나 투자자문사 같은 투자회사도 주식운용본부 외에 경영지원부서나 리스크관리 부서를 두고 총무, 자금, 회계, 인사 등 경영에 필요한 다양한 업무를 소화한다.

트레이더를 1인 기업의 투자회사라고 생각해보자. 규모는 작더라도 경영에 필요한 요소들을 반드시 갖추어야 한다. 우선 앞에서 배운 트레이딩 시스템을 중심으로 주식운용 본

부를 설립했다. 억대 연봉을 받는 애널리스트들이 보고서를 제출하는 리서치 부서는 없지만 시황 분석을 통해 이것을 보완했다. 그렇다면 경영지원, 경영관리 부서는 어떻게 할까? 즉, 〈트레이딩 시스템〉이 잘 굴러가려면 비중 조절과 계좌관리가 반드시 필요하다.

트레이딩의 목적을 기억하는가? 트레이딩의 목적은 승률과 손익비에 있다. 승률과 손익비를 높이기 위해 트레이딩 시스템의 시황, 종목, 기법, 신호 분석을 위한 기준과 원칙들을 설정했다. 앞에서 최적화의 전제조건으로 기준과 원칙의 일관성의 중요성을 배웠다. 확률의 일관성을 유지하기 위한 장치가 비중 조절이다.

일관성이 있는 비중 조절을 통해 트레이딩을 반복하다보면 또 한 가지 문제가 발생한다. 수익이 쌓이거나 한두 번의 큰 손실이 발생하면 심리적 일관성을 유지하기 어렵다. 계좌에 수익이 늘어날수록 더 큰 수익에 대한 욕심이 꿈틀거리고 한두 번의 큰 손실이나 잦은 손절로 계좌에 스크래치가 나면 불쑥 공포감이나 복수심이 튀어나온다. 또한 시간이 흐를수록 본능적으로 변화 욕구가 생기고 도전정신을 불러일으키는데 투자금 수익을 올리기 위해서는 단계적인 계획이 뒷받침되어야 한다.

트레이더는 〈트레이딩 시스템〉을 기반으로 기업을 운영하는 CEO다. 경영자 마인드로 시스템을 운용해야 하며 재무, 리스크 관리 등 경영지원 업무도 스스로 진행해야 한다. 기업이 성장하기 위해서는 시스템 운용이 핵심 역할을 하지만 시스템의 일관성을 유지하고 운영계획과 운영용역의 심리적 요소를 관리하는 경영지원 업무도 반드시 통제되어야 한다. 지금부터 이것을 위한 비중 조절과 계좌관리에 대해 알아보자.

10 유닛 베팅법

올인! 포커게임에서 가진 돈(시드)의 전부를 걸고 한 판에 승부를 거는 베팅이다. 흔히 주식시장에서는 이렇게 표현한다. 몰빵! 포커에서는 베팅 실력도 하나의 스킬이다. 자신의 패가 좋지 않더라도 과감한 베팅 실력에 상대방이 지레 겁을 먹고 게임을 포기하게 만드는 전략이다. 주식시장에서는 자본력과 정보력을 가진 세력들이 주가의 움직임에 큰 영향을 미친다. 주가의 빨간색 장대양봉을 보고 많은 사람들이 상승 기대감에 매수하는 경향이 있는데 이것은 베팅 실력과 비슷한 개념으로 볼 수 있다.

'계란을 한 바구니에 담지 말라'라는 워런 버핏의 조언은 주식시장의 정답으로 여겨지고 있다. '몰빵 금지', 한 종목에 투자금 전액을 쏟아 부으면 안 된다는 뜻으로 몰빵은 투자자들에게 자살행위로 여겨진다. 이것은 주식시장에서 실패하는 대표적인 원인으로 지적받고 있으며 아무 것도 모르는 주식 초보자들에게는 투자 조언으로 손색없다. 그러나 초보적인 지식에 머물면 시장에서 살아남을 수 없다. 분산투자가 정답이고 몰빵은 무조건 틀렸다는 식의 접근법에서 조금 더 체계적인 비중 조절법이 필요하다.

이해의 편의를 위해 잠시 강원랜드를 찾아가자.

'시드'는 자본, '유닛'은 베팅 단위를 의미하는 베팅 기법의 기초 용어다. 1유닛을 카지노에서 흔히 볼 수 있는 '머니 칩' 1개라고 생각하자. 칩 100개를 갖고 있다면 자신의 시드는 100유닛이다. 지금부터 50% 확률 게임을 진행할 것이다. 50% 확률 게임에서 돈을 벌 확률은 얼마나 될까?

베팅 전략을 세워보자.

순서대로 1유닛, 2유닛, 4유닛, 8유닛, 16유닛, 32유닛을 베팅한다. 첫 번째 베팅에서 승리한다면 1유닛을 벌었다. 패한다면 1유닛을 잃고 다음 판에 2유닛을 베팅한다. 승리한다면 2유닛을 벌어 결과적으로 $-1+2=1$유닛을 벌었다. 따라서 두 판, 세 판을 지더라도 다음 한 판을 이기면 1유닛을 벌게 된다. 6번 연달아 패할 확률은 직관적으로 50%보다 낮다는 것을 알 수 있다. 단, 6번 베팅을 연속으로 모두 졌을 때 $1+2+4+8+16+32=63$유닛을 잃게 된다.

승률은 압도적으로 올라가지만 손익비는 압도적으로 내려갈 뿐 확률은 같다. 하지만 베팅 전략에 따라 승률과 손익비가 달라진다는 특징을 유념해야 한다. 베팅 전략에 따른 승률과 손익비의 관계에 대해 다음 '분할 베팅'에서 자세히 살펴보자.

여기서 또 한 가지 재미있는 특징을 알 수 있다. 주식시장은 상승과 하락 확률이 50%인데 어떻게 대부분이 돈을 잃을까? 예를 들어, 일관성 있게 상승에만 베팅한다면 결국 수익은 없지만 손실도 없는 것이 자연스럽지 않은가? 바로 베팅의 심리적 특징 때문이다. 일반적으로 인간의 심리는 돈을 잃었을 때 원금회복을 위해 베팅 금액이 커지고 돈을 벌게 되면 그것을 지키고 싶은 마음에 베팅 금액이 작아지는 특징이 있다. 결과적으로 사람들은 돈을 잃지 않기 위해 애쓰지만 결국 돈을 잃기 위해 부자연스러운 행동을 하는 것이다. 따라서 인위적인 교정이 필요하다.

- 1유닛=투자금의 10%
- 시드(투자금)=10유닛

트레이딩의 일관성을 유지하기 위해서는 수익과 손실의 액수가 아닌 승률과 손익비에 집중해야 한다. 따라서 주식을 매수하는 비중은 1유닛으로 고정한다. 1유닛 매수를 고정시킴으로써 〈트레이딩 시스템〉이 인간의 심리적 요소에 따른 일관성 문제를 해결하고 50대 50으로 계좌의 기본적인 안정성을 확보했다.

분할 베팅 대 손절 베팅

기준봉을 공략하기 위한 매수 타이밍은 기본적으로 신호차트를 통해 판단하다. 이때 강력한 지지선을 찾는 것이 중요한데 신호차트뿐만 아니라 지수, 수급, 호가창, 모멘텀을 함께 고려해 매수 타이밍을 잡았다. 기준봉을 수급과 세력이 들어온 캔들이라고 정의했지만 쉽게 말해 이것은 강한 돌파력을 의미한다.

주가가 갑자기 대량 거래량을 동반하며 강한 상승을 할 때 이런 상승의 돌파력이 얼마나 강하고 지속적인지 판단하는 기준에 따라 종목 선정 여부가 결정된다. 종목 선정을 통과했다면 다음으로 매수 타이밍을 포착해야 하는데 마찬가지로 돌파력을 분석해야 한다.

A급 기준봉으로 강한 돌파력으로 판단했다면 1차, 2차 지지선을 공격적으로 설정하고 첫 번째 지지선에서 매수한 후 반등이 나오지 않더라도 강한 돌파력을 믿고 버틸 수 있다. 만약 1차 지지선이 뚫리고 2차 지지선까지 주가가 내려왔다면 파동 원리에 의해 더 강한 매수 기회가 될 수 있다. 강한 돌파력으로 상승 파동이 만들어졌다면 이후 주가는 수직하

강 할 수 없다는 전제조건을 내포한다. 따라서 상승 파동이 멈추고 하락 파동으로 바뀌었더라도 최소한의 반등구간이 존재할 것이다.

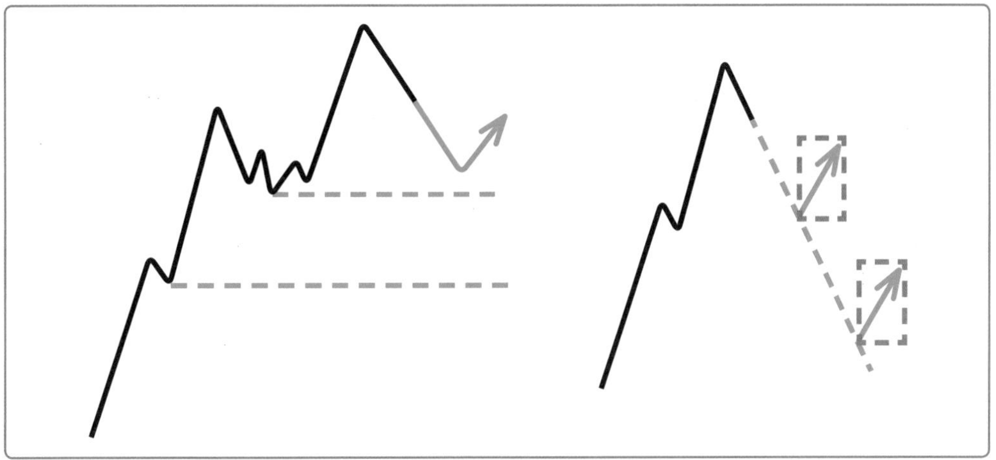

그러나 수급과 세력의 이탈 가능성(거래량 증가, 매도 수급 포착, 지수 하락, 악재 모멘텀)이 포착되었다면 기준봉의 파동은 의미를 상실한다. 따라서 새로운 하락 파동이 형성되며 이후 최소한의 반등이 나오지 않을 가능성도 있게 된다. 따라서 1차, 2차 지지선을 보수적으로 설정하거나 1차 지지선은 공략하지 않고 2차 지지선을 한 타점 아래에서 공략해야 한다. 또한 분할매수 전략보다 손절 베팅이 유효하다. 강력한 지지선이라고 판단하고 매수했지만 쉽사리 반등이 나오지 않는다면 재빨리 매도하는 것이다.

마찬가지로 지지선에서 지지력이 발생하지 않거나 지수, 수급, 호가창, 모멘텀의 매도 신호에서 수급과 세력의 이탈 가능성이 포착된다면 2차 매수가 아닌 손절을 단행해야 한다. 지지력에 대한 자신의 판단이 틀렸음을 인정하는 것이다.

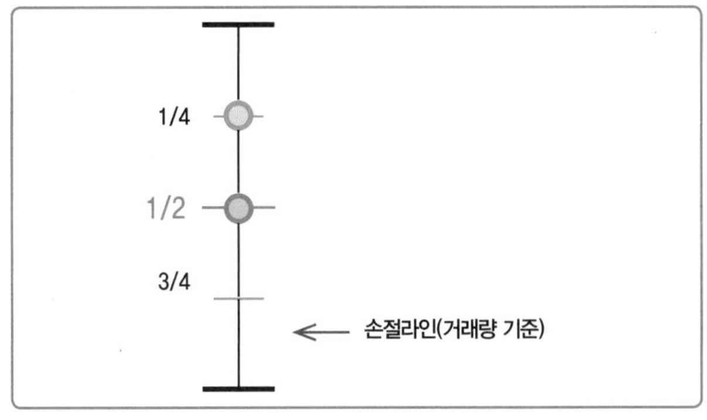

돌파력에 대한 확신과 1차, 2차 지지선에 대한 설정이 유효하다면 조금 흔들리는 주가의 움직임에 전혀 흔들림 없이 매수 신호에 따라 분할매수 전략을 실행한다. 기준봉에 대한 기준을 훼손하지 않고 매도 신호가 포착되지 않는다면 돌파력을 믿고 자신의 기준과 원칙대로 강하게 분할매수 전략을 실행해야 한다. 하지만 돌파력에 대한 확신, 종목에 대한 믿음, 지지선의 지지력이 허용한계의 경계에서 애매한 기준이라면 보수적인 타점을 공략하며 분할매수가 아닌 손절 베팅 전략이 유효하다.

매도 신호(차트, 지수, 수급, 호가창, 모멘텀)가 포착되었음에도 불구하고 차트에서 다음 지지선을 찾고 무의미한 수급이나 모멘텀에 의미를 부여하며 매도 신호를 무시해선 안 된다. '한 종목과 사랑하지 말라', '물타기 하지 말라' 이런 주식 격언들은 바로 매도 신호를 무시하는 태도를 지적하는 것이다. 기준과 원칙을 어기는 순간, 트레이더가 아닌 도박꾼으로 전락하는 것이다.

기준과 원칙을 어긴다면 수익이 나더라도 잘못된 트레이딩이다. 기준과 원칙을 지킨다면 손실이 나더라도 올바른 트레이딩이다. 정답은 기준과 원칙에 있다.

분할 베팅과 분산 베팅의 차이

기준봉의 출현, 강한 돌파력을 믿고 반드시 상승할 것이라는 확신이 있다면 1차, 2차 지지선에서 분할 베팅으로 공략할 수 있다. 시간과 가격의 간격을 두고 2~3번의 매수 타이밍을 공략하는 전략은 1차 지지선이 무너지더라도 실패가 아닌 기회로 판단한다. 돌파력이 강한 종목의 주가가 시장의 출렁임으로 눌림목을 만들어준다면 대기 매수세가 풍부해 반등이 나올 확률이 높아진다. 시장의 출렁임은 차트, 지수, 수급, 호가창, 모멘텀 등 시장의 여러 변수의 영향을 받지만 결국 매수세력과 매도세력의 힘겨루기 싸움의 흔적이다. 매수세력이 이길 것이라는 확신이 있다고 해서 무조건 매수하는 것이 아니다. 매도세력의 반발로 출렁일 때 눌림목이라는 기회를 매수 타이밍의 기회로 포착해야 한다.

그런데 시장의 출렁임이 불규칙하므로 매수 타이밍을 잡기 위한 기준을 세워야 한다.

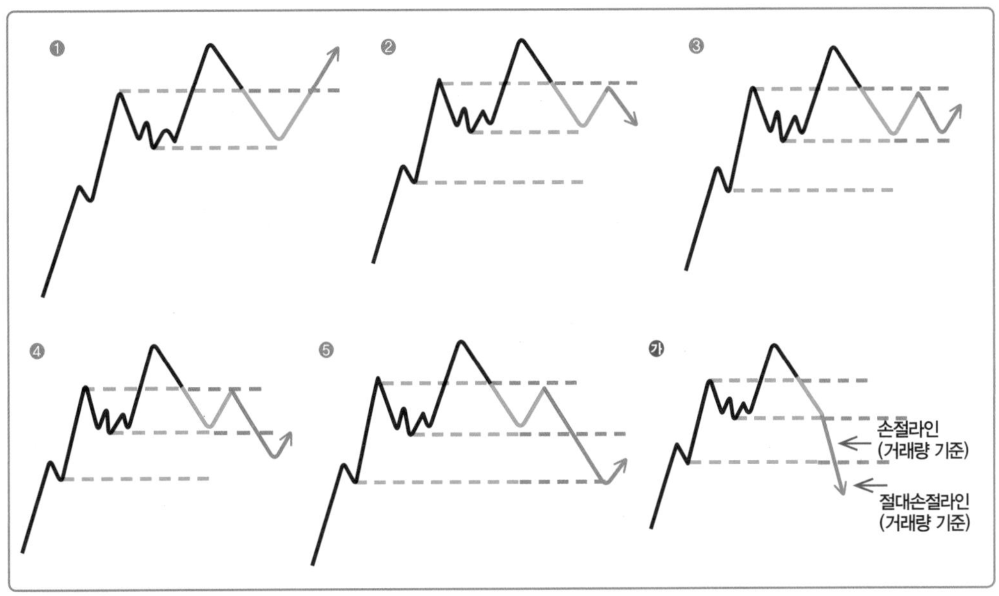

돌파력의 세기에 따라 크게 6가지 패턴이 형성된다.

❶번: 기준봉의 상승 파동이 상승을 이어가는 모습

❷번, ❸번: 기준봉의 상승 파동이 멈추는(횡보) 모습

❹번, ❺번: 기준봉의 상승 파동이 하락 파동으로 전환되는 모습

㉮: 기준봉의 해제(돌파력 소멸, 매도세력의 역습)

분할 베팅은 지지선에서 1차 매수 후 기본 반등이 나오지 않는다면 다음 지지선에서 2차 매수를 하는 분할매수 전략이다. 중요한 것은 2차 매수 후 기본 반등에서 일단 2차 매수물량을 청산해야 한다는 것이다. 분할매수는 1차 매수에서 지지선 공략에 성공하지 못했다는 점을 인정하고 수익보다 탈출전략으로 접근하는 것이 유효하다.

많은 사람들이 분할매수에 익숙해지면 1차 매수 타이밍을 공격적으로 공략한다. 또 2차 매수 후 수익구간에 도달했음에도 불구하고 분할 청산 없이 기본 반등까지 욕심을 부리는 경향이 있다. 트레이딩의 전략을 잊어선 안 된다. 확신을 갖고 예측 가능한 구간, 주가의 움직임을 통제할 수 있는 영역을 보수적으로 짧게 공략하자. 보수적으로 공략하지 않고 시장 변동성을 간과한다면 예상하지 못한 한두 차례의 주가 움직임에도 시나리오를 통제하

는 것이 어려울 수 있다. 따라서 반드시 1차 매수에서 수익을 낼 수 있도록 강력한 지지선에서 공략해야 한다.

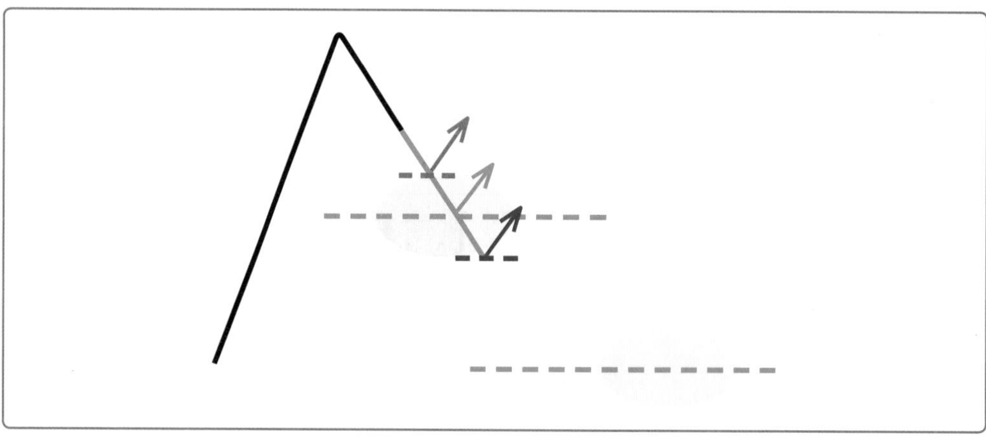

☞ 노란색: 분할매수 타이밍

☞ 화살표: 분할매수 타이밍에서 분산 베팅

- 분할 베팅: 1유닛이나 2유닛을 매수하는 매수 타이밍이다.
- 분산 베팅: 매수 타이밍에서 1유닛이나 2유닛을 2~3번 나누어 매수하는 것이다.
- 1차 매수 타이밍과 2차 매수 타이밍: 가격 간격뿐만 아니라 시간 간격도 필요하다.

분할매수 타이밍은 가격 간격뿐만 아니라 시간 간격에 대한 기준도 설정해야 한다. 기준봉이 출현하고 가격조정, 시간조정 과정에서 수급과 세력의 이탈이 없어야 한다. 돌파력이 잠시 주춤해 주가가 흘러내릴 때 지지선에서 1차 매수한다. 그러나 1차 지지선이 붕괴되고 급속히 수직하락한다면 예상하지 못한 돌발악재의 가능성이 있는 것이다. 따라서 수직하락하면 2차 지지선이더라도 추가매수 전략은 신중히 접근해야 한다.

따라서 기준봉의 파동이 연속적인 흐름으로 자연스럽게 이어질 때 2차 매수 전략이 유효하다. 자연스러운 파동은 수급과 세력의 이탈이 없는, 위의 돌파력의 세기에 따른 ①번~⑤번 패턴에 해당한다. 물론 기본적인 5가지 패턴 외에도 주가의 여러 움직임이 있지만 돌파력과 지지력의 관점에서 본다면 몇 가지 패턴만으로도 통제할 수 있다. 돌파력과 지지력 분석은 차트(가격, 시간, 속도, 이격, 거래량)와 매수, 매도 신호(지수, 수급, 호가창, 모멘텀)를 기준으로 충분히 할 수 있다.

분산 베팅은 매수 타이밍에서 매수물량을 나누어 베팅하는 것이다. 흔히 착각하기 쉽고 무분별한 물타기를 방지하기 위한 분할매수의 기준이다. 매수한 종목이 손실구간에 있다면 심리적으로 초조해지고 빨리 회복하고 싶은 마음에 베팅력이 강해진다. 자연스럽게 지지선이나 매수 신호의 기준을 느슨하게 판단하고 하루에도 자칫 2~3번 분할매수하는 실수를 범한다. 따라서 매수 타이밍은 신호차트의 5~10개 이상의 캔들, 기본 반등폭 이상으로 가격과 시간의 간격을 설정한다.

그런데 5~10개 캔들 중에서 주가가 큰 폭으로 움직인다면 매수 타이밍의 기준에 큰 빈틈이 생길 수 있다. 따라서 변동성이 큰 종목은 매수 타이밍에서 1유닛을 2~3번 나누어 베팅하는 것이다. 분산 베팅의 장점은 매수 타이밍에서 한두 호가 차이로 아쉽게 체결되지 않고 상승해 놓치는 경우를 줄일 수 있다. 단점은 분산 베팅에 익숙해지면 자연스럽게 매수 타이밍이 공격적으로 높아지는 경향이 있다. 분산 베팅의 최고가격과 최저가격의 평균이 매수 타이밍 가격인데 최저가격이 체결되지 않는다면 결과적으로 평균 매수단가는 기본 타이밍 가격보다 높다.

따라서 보통의 경우, 1~2회가 적당하며 변동성이 매우 크면 3회에 걸친 분산 베팅이 적절하다. 그 이상의 분산 베팅은 매수 타이밍의 경계가 모호해지며 무의미한 체결 물량으로 지지부진한 주가의 움직임을 계속 모니터링해야 하는 상황이 발생하기도 한다. 따라서 매수 타이밍까지 내려오지 않는다면 반등이 나오더라도 버리겠다는 마음으로 항상 보수적인 공략법이 최선이다. 백발백중의 법칙을 기억하라. 버릴 수 없다면 가질 수 없다.

분할매수에 따른 승률과 손익비의 관계

분산 베팅과 마찬가지로 분할매수도 3회가 넘으면 무분별한 물타기에 불과하다. 주식투자 경력이 10년이 되어도 꾸준히 수익을 못내는 가장 큰 이유가 그것이다. 승률에 집착한 나머지 손절이 아닌 매수, 매도 신호 없이 무작정 물타기를 한다.

예를 들어, 주식을 매수하고 오르면 판다. 매수한 주식의 주가가 하락하면 주식을 더 산다. 평균 매수단가가 낮아져 주가가 하락폭의 절반만 올라도 손실을 만회할 수 있다. 만약 2차 매수의 비중이 더 크다면 하락폭의 절반이 아니라 $\frac{1}{3}$만 상승해도 수익으로 전환할 수 있다. 승률이 올라가지만 결국 함정에 빠지고 만다. 10번 수익을 내더라도 결국 2차, 3차, 4차 매수 후에도 주가가 하락한다면 그동안 벌어놓은 수익을 토해내고 손실은 눈덩이처럼 커진다. 분할매수를 하면 승률은 올라가지만 손익비는 낮아진다. 결국 주가의 상승이나 하락, 50% 확률은 분할매수를 하더라도 아무 변화가 없다.

주가는 확률 높은 패턴의 시나리오대로 움직일 확률이 높을 뿐이지 가격변화는 항상 불확실한 영역이다. 제멋대로인 주가의 움직임을 확률 높은 시나리오 기준으로 바라보고 부분적으로 예측하는 것이다. 1단계는 상승, 횡보, 하락 3가지 예측이지만 시간이 흐를수록 불확실성은 커진다. 2단계는 상승, 횡보, 하락의 가능성으로 9가지, 3단계는 27가지 이상으로 복잡해진다.

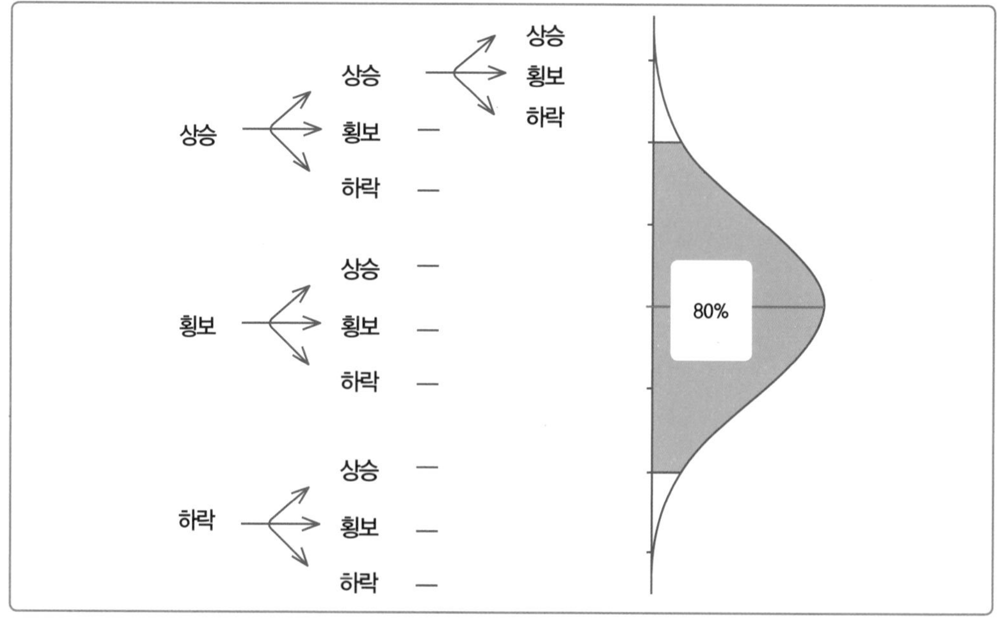

따라서 최대한 3차 매수까지 허용하며 27가지 시나리오 안에서 모든 주가의 움직임을 통제해야 한다. 27가지 시나리오에서 지지력, 저항력, 돌파력을 판단하고 모든 매수와 매도를 결정해야 한다. 이것에 유연하게 대처하기 위한 방법이 유닛 개념이다. 1차, 2차 지지선과 저항선을 판단하고 유닛을 조절함으로써 승률과 손익비를 부분적으로 컨트롤할 수 있다.

손절 베팅은 강력한 지지선에서 손익비를 설정하고 손절가나 목표가에서 기계적으로 매도한다. 따라서 모든 가능성을 고려하더라도 상승, 횡보, 하락 3가지 경우의 수로 간단히 결정된다. 중요한 것은 확률이다.

주가를 반등시킬 강력한 지지력이 발생할 수 있는 지지선을 예측할 수 있는가? 오직 단 하나의 지지선으로 결정된다. 물론 주가는 지랄 맞게 움직이기 때문에 단 하나의 지지선으로 예측하는 데는 어려움이 많다. 따라서 2~3개 지지선으로 주가를 예측하며 기준과 원칙의 유연성이 필요하다. 하지만 초보자의 경우, 복잡한 기준과 원칙으로는 시나리오 전략을 세우기도 어렵고 실천하기도 어렵다. 따라서 손절 베팅으로 단순히 지지, 저항, 돌파를 예측하고 간단한 기준과 원칙대로 매수, 매도하는 훈련이 필요하다.

공격-미드-수비 계좌

지속적이고 안정적인 누적수익을 내지 못하는 것은 공격에 너무 치우쳐 방어하지 못하기 때문이다. 사실 방어 개념 자체가 없을 뿐만 아니라 그 필요성조차 느끼지 못하는 사람들이 대부분이다. 오직 수익만 바라보며 '최선의 방어는 공격'이라는 고집으로 주식을 사지 못해 안달이 난다. 수익은 누구나 맛볼 수 있지만 손실을 막는 것은 극소수다. 손실을 막을 수 있는 극소수만 월천 트레이더가 될 수 있다.

제발 과거에 하루에 몇 백, 몇 천만 원을 벌었다는 말은 하지 말라. 또한 믿지도 말라. 결국 몇 백, 몇 천만 원을 모두 토해내고 시장에서 쫓겨났을 것이라는 예상은 정상적인 심리상태라면 누구나 알 수 있다.

■ 복리의 함정

복리의 마법은 이론에 불과하다. 복리의 마법으로 돈을 번 사람이 과연 몇 명이나 될까? 현실적으로 불가능하다. 10년짜리 적금조차 만기를 채우기 힘든 것이 현실인데 투자수익률을 복리로 꾸준히 불린다는 것은 말장난이다. 지극히 결과론적인 허무맹랑한 소리다. 대부분 이런 복리의 마법은 재테크 분야의 마케팅에서 비롯되었으며 '국내 최저가'식 광고 문구에 불과하다.

삼성전자가 150만 원까지 올랐을 때 우스갯소리로 이런 말이 있었다. "아! 내가 삼성전자 주식을 20만 원일 때부터 봤는데 그때 사서 지금까지 들고 있었으면 인생 졸업하는 건데…" 이런 생각으로 주식투자를 한다면 인생 졸업은 은퇴가 아닌 패가망신이 될 것이다.

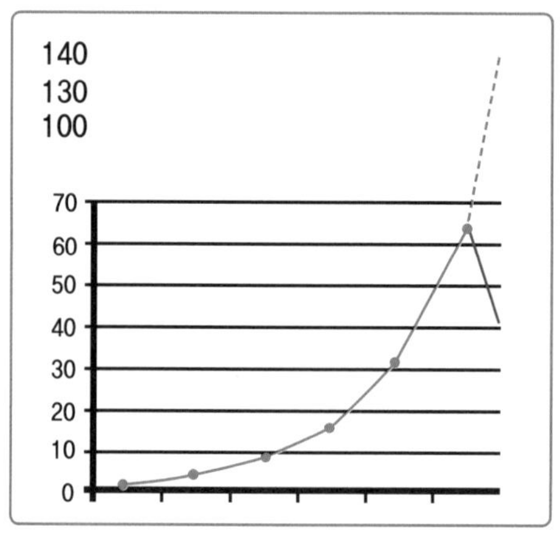

트레이딩에서 복리는 마법이 아닌 함정이다. 1년차 100만 원을 200만 원으로, 2년차 200만 원을 400만 원으로, 3년차 400만 원을 800만 원, 1,600만 원, 3,200만 원, 6,400만 원 그리고 마침내 1억 원 이상을 벌었다고 하자. 매년 2배의 수익률을 기록하며 7년 만에 100만 원이 1억 원이 되었다. 다음해 2배의 수익률을 기록하면 2억 원!!! 정말 엄청난 수익률을 기록하며 복리의 마법을 실감한다. 하지만 딱 한 번의 실패로 2배가 아닌 $\frac{1}{2}$배가 된다면 투자금 1억 원은 순식간에 5천만 원으로 반토막난다.

'1억 원이 2억 원이 된다.'라는 복리의 마법에 현혹되어 1억 원의 수익금이 생기면 뭘 할지 행복한 고민에 빠져있을 때 5천만 원이라는 손실이 발생하면 현실에서는 감당하기 힘든 금액으로 다가온다. 물론 7번의 수익과 단 한 번의 손실로 여전히 4,900만 원의 수익이 발생한 상태지만 말이다. 그래서 복리의 마법 끝에 단 한 번의 손실로 마이너스 5천만 원이라는 숫자가 계좌에 찍힌 순간, 평정심을 유지하며 손절할 수 있는 트레이더는 현실에서 찾아보기 어렵다.

■ 원금 회복률

초보 투자자가 부푼 꿈을 안고 원금 1억 원으로 주식투자를 시작했다. 초심자의 행운이었을까? 몇 번 수익이 나면서 자신의 숨은 재능에 감탄하지만 결국 운이 다하고 계좌는 실력으로 회귀한다. 계좌가 원금 대비 -10~-20%라면 여전히 자신의 실력이 고평가받고 있는 데 대해 감사하라. 보통 원금 대비 -50%, 반토막이 나야 자신의 실력에 걸맞은 계좌 상태일 것이다. 대부분 계좌가 이 지경에 이르면 비로소 공부의 필요성을 느끼지만 때는 이미 늦었다. 얼핏 -50% 손실이 나면 똑같이 50% 수익을 내서 원금을 회복할 수 있을 것이라고 생각한다. 그러나 현실은 50%가 아니라 100% 수익률 즉, 2배의 수익이 필요하다.

원금손실	복구 수익률	원금손실	복구 수익률
−1%	1.01%	−10%	11%
−2%	2.04%	−20%	25%
−3%	3.09%	−30%	43%
−4%	4.17%	−40%	67%
−5%	5.26%	−50%	100%
−6%	6.38%	−60%	150%
−7%	7.53%	−70%	233%
−8%	8.70%	−80%	400%
−9%	9.89%	−90%	900%

1억 원의 투자금이 반토막 나 5천만 원으로 줄었다면 원금을 회복하기 위해서는 5천만 원으로 100% 수익률을 달성해야 한다. 앞의 표를 통해 원금이 줄어들수록 회복 수익률이 점점 커지는 것을 확인할 수 있다. 따라서 회복률이 눈에 띄게 불리해지는 원금 대비 -10~-20% 이상의 손실이 발생하면 리스크 관리는 선택이 아닌 필수다.

지금부터 간단한 계좌관리 원칙을 살펴보자. 단순히 계좌를 3개로 분리하는 것이지만 몇 가지 원칙을 준수하는 것만으로도 리스크를 관리할 수 있다. 이것은 금전적, 심리적 안정을 유지한 상태로 트레이딩을 진행할 수 있도록 도와준다.

• 공격 계좌

주식을 살 수 있는 담보금으로 트레이딩 원금이 세팅되어 있는 증권계좌다. 트레이딩 결과에 따라 수익과 손실이 발생하는 치열한 격전지다. 예상하지 못한 심각한 타격을 입더라도 견딜 수 있도록 트레이딩 원금을 세팅하고 오직 트레이딩에만 집중한다. 500만 원, 1,000만 원, 3,000만 원, 5,000만 원, 1억 원 등 트레이딩 원금을 세팅하고 승패에 따른 승률과 손익비에 비례해 수익이나 손실이 발생한다.

• 미드 계좌

일관성 있는 트레이딩을 진행할 수 있도록 공격 계좌의 트레이딩 원금을 일정하게 유지시켜주는 역할을 한다. 수익이 발생하면 수익금을 인출하고 손실이 발생하면 손실금을 입금해 항상 같은 트레이딩 원금이 유지되어야 한다. 일정한 트레이딩 원금이 수익과 손실에 일희일비하지 않고 심리적, 물리적으로 일관성 있는 트레이딩을 할 수 있도록 도와준다.

• 수비 계좌

투자자산으로 수비 계좌의 증가가 곧 자산 증가를 의미한다. 장사꾼의 밑천이자 기업의 자본금이다. 따라서 여유 있게 쌓아놓을수록 안전하다. 정해진 기준은 없지만 공격 계좌의 트레이딩 원금 대비 최소 2배 이상을 유지해야 한다. 시나리오 전략을 세울 때 돌발악재나 경제위기와 같은 예상하지 못한 최악의 상황을 항상 고려해야 한다. 더 이상 밀리지 않겠다는 결연한 의지로 배수의 진을 치고 죽을 힘을 다해 싸우더라도 최악의 상황에 대비한 탈출구는 마련해두어야 한다. 최악의 상황에서 수비 계좌의 여유금액이 많을수록 안정성이 높아지며 위기는 곧 기회로 바뀔 수 있다.

따라서 대출이나 빚을 내 주식투자하는 것은 실력이 뛰어난 고수더라도 자칫 예상하지 못한 상황이 발생하면 돌이킬 수 없는 불상사가 일어날 수 있다. '설마 나한테 그런 일이 일어나겠어?'라는 안일한 생각은 프로의 세계에서 용납할 수 없다. 원숭이도 나무에서 떨어진다고 하지만 프로에게 실수는 수치다. 한두 번의 실수는 용납될 수 있지만 치명적인 실수나 반복적인 실수는 용납될 수 없다. 그것이 프로와 아마추어의 차이이기 때문이다. 주식시장은 프로들만 살아남는 정글이다. 프로의 실력을 갖출 때까지는 철저히 소액으로 경험하라.

1. 모의투자 또는 500만 원 미만
2. 1,000만 원 3개월 이상 계좌 검증
3. 3,000만 원 3개월 이상 계좌 검증
4. 5,000만 원 3개월 이상 계좌 검증
5. 트레이딩 원금 1억 원 이상

3개월 이상 트레이딩 원금을 고정시키는 원칙을 절대 잊으면 안 된다. 3개월이 절대적인 기준은 아니지만 최소한의 기간일 뿐이며 길면 길수록 안정적이다. 또한 트레이딩 원금을 1억 원 이상으로 올리기 전, 반드시 경제위기나 폭락장을 경험해야 한다. 2008년 경제위기, 2011년 유럽발 경제위기 외에도 크고 작은 경제위기나 폭락장에서 자신의 계좌를 지킬 수 있는지 검증해야 한다.

한두 달 승률과 손익비를 충족시키고 수익을 내더라도 아직 자신의 실력을 신뢰하기는 어렵다. 시장은 대세 상승과 대세 하락 그리고 박스권 장세에서도 상승과 하락이 있으며 크고 작은 파동을 그리며 순환한다. 돌발적인 이슈로 새로운 파동이 출현하며 예상하지 못한 크고 작은 사건 사고들이 발생한다. 최소한 3년 이상 시장에서 계좌를 검증받기 전까지는 절대로 트레이딩 원금을 높이면 안 된다.

'이 세상이 고수에게는 놀이터요, 하수에게는 생지옥 아닌가?'

영화 〈신의 한 수〉에 나오는 대사다. 주식시장은 철저히 고수들만 웃을 수 있는 곳이다. 주식시장이 무섭고 힘들거나 어렵다면 물러서라. 절대로 시장은 재촉하지 않는다. 생지옥에서 벗어나 모의투자와 소액으로 단련하라. 완벽히 준비될 때까지.

하수에게는 훈련만이 살 길이다. 이겨놓고 싸워라!

06

마인드

워런 버핏이 말한 투자 원칙이 있다.

- 투자 제1원칙: 돈을 잃지 말라.
- 투자 제2원칙: 제1원칙을 잊지 말라.

이 투자 원칙은 돈을 잃지 않기 위한 방어적 마인드의 중요성을 강조하고 있다. 사실 돈을 잃고 싶은 사람이 어디 있겠는가? 지키고 싶어도 지키지 못해 고민하는 것이다. 그렇다면 이 트레이딩 원칙을 강조하는 것은 어떨까?

- 트레이딩 제1원칙: 기준과 원칙을 세워라.
- 트레이딩 제2원칙: 제1원칙을 지켜라.

기준과 원칙은 반드시 지킬 수 있는 것이어야 한다. 자신이 세운 기준과 원칙을 지키지 못한다면 아침 일찍 눈뜨는 것조차 힘들 것이다. 트레이딩 훈련 전에 자신의 나태한 태도부터 다스려야 할 것이다. 물론 지킬 수 있는 기준과 원칙이라고 해서 돈을 잃지 않는다는 보장은 없다. 그러나 방법이 없는 것도 아니다. 돈을 잃지 않는 방어적인 트레이딩을 위한 기준과 원칙의 존재는 데이터 통계를 통해 이미 증명되었기 때문이다.

지금까지 배운 〈트레이딩 시스템〉의 기준과 원칙들은 트레이더가 시장을 보는 눈이다. 우리가 보기 편한 방식으로 시장을 본 것일 뿐 시장이 기준과 원칙대로 움직이는 것은 아니다. 컴퓨터 프로그램처럼 ○, ×로 분명히 구분할 수 없기 때문에 최적화와 허용한계라는 공학적 개념으로 접근했다. 쉽게 말해 보수적으로 ○, ×를 판단한 것이다. 이때 이런 궁금증이 생긴다. 판단이 어렵다면 컴퓨터로 분석하면 되지 않는가? 인공지능 바둑 프로그램인 알파고가 인간을 이기는 역사적인 시대를 살아가면서 주식시장 예측도 인공지능으로 대체할 수 없을까?

시장 예측을 위한 기준과 원칙을 길이를 재는 '자'와 비교해보자. 시장의 여러 변수들은 센티미터, 밀리미터의 기준을 빗겨가고 때로는 마이크로미터와 나노미터를 필요로 한다. 나노미터 단위를 측정하기 위해 개발된 다양한 도구들처럼 주식 프로그램이 개발된다면 좋겠지만 현재의 기술력으로는 불가능하다. 인간의 감정을 반영하는 투자심리를 수치화할 수 없다는 한계, 정보의 비대칭 같은 복잡한 변수들을 통제할 수 있는 프로그램이 없다는 한계는 주가 예측을 위해 극복해야 할 과제가 될 것이다.

그러나 그것은 개인의 영역에서 극복하기 힘든 과제다. 그렇다고 포기할 수는 없다. 또한 우리가 사용하는 평범한 도구를 과소평가하지 말라. 센티미터, 밀리미터 줄자로도 크고 작은 물체들의 수치를 얼마든지 근소하게 측정할 수 있다. 비록 어림짐작이더라도 트레이딩의 목적을 달성할 수 있다. 기준과 원칙의 오차를 극복하기 위한 요소가 바로 〈트레이딩 시스템〉에서 마인드의 영역이다.

세상이 자로 잰 듯 오와 열이 정확히 맞아 떨어지듯 완벽히 돌아가지는 않는다. 책상다리의 길이가 달라 약간 틀어져 신문지라도 접어 맞추듯 이론과 현실의 차이를 좁히기 위한 삶의 지혜와 노하우가 필요하듯 기준과 원칙의 한계를 마인드 컨트롤의 영역으로 교정할 수 있다.

마인드 컨트롤의 중요성은 백 번 강조해도 지나치지 않지만 사실 추상적이고 애매모호하다. 성공 비결을 묻는 질문에 오랜 경험과 노하우라는 답변만큼 배움을 갈망하는 사람들을 애태우는 것이 바로 마인드 컨트롤이다. 그래서 몇 가지 트레이딩 법칙을 세웠다. 오랜 경험과 노하우를 담은 기준과 원칙은 〈트레이딩 시스템〉에서 상세히 설정했다. 하지만 실전은 호락호락하지 않다. 인간이 만든 장엄한 인공물이 때로는 거대한 자연 앞에서 초라해지는, 자연의 위력과 무서움을 아는가? 주식시장에서도 자연처럼 일상적이다가도 한순간 무섭게 기준과 원칙을 흔들고 위협한다.

기준과 원칙이 흔들리지 않고 지킬 수 있도록 도와주는 것이 투자 철학이며 마인드 컨트롤이다. 매순간 트레이더에게 길을 잃지 않도록 나침반이 되어줄 몇 가지 트레이딩 법칙을 소개한다.

트레이딩의 법칙

트레이딩이란 트레이딩의 '의미'를 이해하고 트레이딩의 '전략'대로 트레이딩의 '목적'을 달성하는 것이다. 모든 마인드는 트레이딩의 법칙에서 파생된다.

- 트레이딩의 목적

주가의 예측 가능한 '지지', '저항', '돌파'의 최소구간에서 매수와 매도를 통해 승률과 손익비를 높이는 것이다.

- 트레이딩의 전략

수급과 세력이 들어오는 것을 확인하고 따라 진입해 그들보다 먼저 청산하는 것이다.

- 트레이딩의 의미

지지, 저항, 돌파의 '기준'

예측 가능한 구간에서의 매수와 매도의 '원칙'

기준과 원칙을 통해 승률과 손익비를 맞추는 실전 '감각'

트레이딩의 의미=기준과 원칙, 감각

필요충분의 법칙

고등학교 때 〈수학의 정석〉에서 배웠던 필요충분 조건을 기억하는가?

"인간이면 동물이다. 인간이면 동물이라고 할 수 있다. 하지만 역으로 단지 동물이라고 해서 인간이라고 단정지을 수는 없다. 따라서 '동물이다'라는 조건은 '인간이다'라는 조건의 필요조건이 된다."

'F=투심(차트, 수급, 모멘텀)' 공식과 기준봉의 관계를 살펴보자.

- 기준봉이라면 차트를 충족시킨다.
- 기준봉이라면 수급을 충족시킨다.
- 기준봉이라면 모멘텀을 충족시킨다.

차트, 수급, 모멘텀은 기준봉의 '필요조건'이 된다. 그러나 이 3가지 조건은 '역'조건이 성립하지 않는다.

- 차트를 충족시킨다고 해서 반드시 기준봉은 아니다.
- 수급을 충족시킨다고 해서 반드시 기준봉은 아니다.
- 모멘텀을 충족시킨다고 해서 반드시 기준봉은 아니다.

어떤 조건을 충족시켜야 기준봉이 될 수 있을까? 기준봉이 성립되기 위한 조건을 기준봉의 '충분조건'이라고 부른다. 확률 높은 기준봉을 선정하기 위해서는 기준봉의 필요조건과 충분조건을 동시에 충족시키는 조건이 필요하다.

– 차트, 수급, 모멘텀을 동시에 충족시키면 기준봉이다.

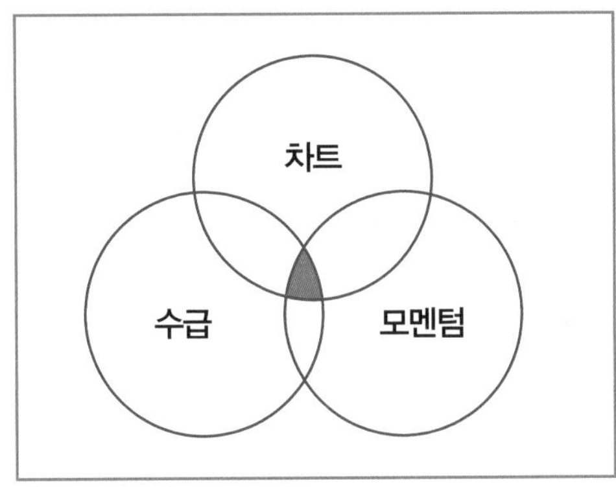

위 그림은 교집합이다. 많은 기준과 원칙들이 교집합이 될수록 기준봉의 확률은 높아진다. 트레이딩의 목적을 달성하기 위해 항상 필요충분 조건을 기억하고 교집합을 접목시켜야 한다.

백발백중의 법칙

백발백중(百發百中), 백 번 쏘아 백 번 명중시키는 명사수 이야기를 들어본 적 있는가?

> 백발백중이라는 사람이 있어요. 왕이 사냥을 나가면서 그를 데려갑니다. 정말로 한 발에 한 마리씩 정확히 맞힙니다. 너무 신기한 왕은 어떻게 단 한 발에 잡을 수 있는지 그에게 물어요. 그의 대답은 이렇습니다. "저는 사냥감이 백 보 안에 들어와야 쏘지 그 전에는 절대로 안 쏩니다."
>
> _ 장길섭의 〈라보레무스〉 중에서

백 보 안에 있는 사냥감 정도는 왕의 신하들도 충분히 맞힐 수 있다. 특별하지 않지만 특별할 수 있었던 비결은 바로 기다림이다.

당신은 백발백중 트레이더가 되어야 한다. 서둘지 말고 끝까지 기다려라. 주식시장은 국가가 망하지 않는 한, 당신이 죽은 후에도 어김없이 열릴 것이다. 백발백중, 원 샷 원 킬! 확신에 진입하여 확신의 끝에 청산하라.

신호 확인의 법칙

트레이딩에는 몇 가지 신호를 상징하는 경구가 있다.

"달리는 말에 올라타라." 추세 기준봉을 확인하고 눌림목이라는 기회에 매수하는 것이다.

"떨어지는 칼날을 잡지 말라." 저점을 섣불리 예측하지 말고 변곡 기준봉이 발생할 때까지 기다리라는 것이다.

• **트레이딩의 전략**

수급과 세력이 들어오는 것을 확인하고 따라 진입해 그들보다 먼저 청산하는 것이다.

• **기준봉**

기준봉을 예측하지 말라. 트레이딩 전략에 입각해 반드시 기준봉을 확인하고 시나리오 전략을 세워야 한다. 기준봉에 대한 확신이 없다면 무의미한 매수와 매도일 뿐이다.

"오를 것 같다.", "떨어질 것 같다." '~ 같다'라는 애매모호한 말에 아무 의미도 부여하지 말라. 60% 확률에 움직인다면 불나방처럼 매수와 매도를 반복하다가 결국 자멸할 것이다. 기준봉을 엄격히 선정하고 확률을 극한으로 끌어올려야 한다. 제멋대로 아래위로 움직이는 시장에 흔들리지 않을 기준을 지켜야만 한다. 기준봉을 확인하라.

스탑 로스의 법칙

증권사 HTS마다 스탑 로스 기능이 설정되어 있다. 'STOP LOSS', 말 그대로 손실을 제한하는 기능이다. 매수 체결과 동시에 ○○% 하락하면 자동적으로 시스템 매도 주문이 되도록 설정하는 기능이다. 상하한가 30%로 변경되면서 예상하지 못한 변수가 발생했을 때 하루에 당할 수 있는 손실폭이 커졌다. 물론 이런 리스크를 관리하기 위한 1차원적 기능을 설명하는 것이 아니다. 매도 신호에 따라 기계적으로 매도할 자신이 없다면 스탑 로스 기능의 도움을 받을 수도 있다. 하지만 스탑 로스 기능은 보조 역할만 할 뿐 트레이더는 매도 신호에 따라 스스로 기계적으로 매도할 수 있어야 한다.

100% 기법은 없다. 그러므로 손절은 필수다. 10번 중 2~3번 손절하는 것은 지극히 자연스럽다. 손실을 인정하라. 지속적이고 안정적인 누적수익이 날 수 있는 비결은 바로 손절에 있다. '자신을 통제하는 것보다 더 작은 통제나 더 큰 통제는 없다.' - 레오나르도 다빈치

손실에 흔들린다면 스탑 로스 기능을 통해 자신을 기계적으로 훈련시켜라. 스탑 로스 기능으로 쉽사리 개선되지 않는다면 극단적인 조치를 취해야 한다. 평정심을 유지하기 힘들다면 컴퓨터 전원을 꺼라! 1분, 1초 가격이 움직이는 차트를 보고 있노라면 어느새 기준과 원칙은 흐려지고 주가의 움직임에 현혹된다. 일단 컴퓨터 전원을 꺼버리고 창밖을 바라보거나 가볍게 산책하자. 비로소 기준과 원칙에 다시 집중할 수 있게 되고 마음의 평정이 찾아올 것이다.

마인드 컨트롤의 다른 표현은 기준과 원칙이다. 당신이 불안, 초조, 공포, 조바심 등 불안한 심리의 원인은 기준과 원칙에 대한 확신이 없기 때문이다. 수익과 손실 그 어떤 이유도 묻지 않고 기계적으로 매도 주문을 실행하는 스탑 로스 기능처럼 기준과 원칙이 흔들린다면 일단 청산하라. 그것마저 어렵다면 컴퓨터 전원을 꺼버려라.

처음이 어려울 뿐이다. 한두 번 하다보면 머리가 아닌 감각으로 깨닫게 된다. 기계적인 매도 속에는 사실 이런 속마음이 숨어 있다. "두 손 두 발 들고 에라이", "에라 모르겠다, 버리자", "졌다, 졌어. 포기!" 이렇게라도 손실을 인정하는 것이 계좌를 지키는 최선책임을 몸소 느낄 것이다. 예방이 최고의 안전책이다. 수익은 누구나 맛볼 수 있다. 그러나 손실을 막는 것은 극소수다. 방어만이 살 길이다. 계좌를 지켜라. 그 어떤 말도 상관없다. 스탑 로스의 법칙을 단 한 순간도 잊지 말자.

Wait & Pass & Cut

매수는 기다리고 또 기다리고 기다려라. 기회가 올 때까지. 확신이 설 때까지. 기준봉이 발생할 때까지. 매수 타이밍이 올 때까지. 종목 선정은 패스, 패스, 패스.

시장의 주도주, 테마의 대장주, 안정성, 유동성, 성장성, 뷰차트, 수급, 모멘텀 이 모든 것을 동시에 충족시키는 퍼펙트한 종목을 찾겠다는 욕심으로 까다롭게 선정하라.

매도는 CUT, CUT, CUT 자르고 줄이고 버려라.

주가가 예상과 다르게 움직인다면 일단 매도 버튼에서 대기해야 한다. 심리적으로 두렵고 불안하다면 일단 보유 주식 수를 줄여야 한다. 과유불급, 잃지 않는 것에 대해 감사하며 수익이 줄어들 때는 챙겨라. 손절할 때는 과감히 버려라.

진입할까 말까 망설여질 때는 하지 말라.

홀딩할까 말까 망설여질 때는 절반이라도 청산하라.

손절할까 말까 망설여질 때는 절반이라도 청산하라.

정리 요약

트레이딩의 목적: 승률과 손익비

■ 트레이딩의 전략: 수급과 세력이 들어오는 것을 확인하고 따라 진입해 먼저 청산한다.(기준봉 공략)

1. 시황: 상승장 대 하락장 판단, 공격적 대 보수적 시나리오 전략
2. 종목: '기법의 확률'을 높이기 위한 전제조건
3. 기법: 1~2개 캔들을 예측하는 도구이자 트레이더의 무기
4. 신호: '기법의 손익비'를 높이기 위한 매수, 매도 타이밍 신호
5. 비중 조절 및 계좌 관리: 일관성 있는 시나리오 전략을 위한 전제조건
6. 마인드: 1~5번까지의 기준과 원칙을 흔들리지 않고 지킬 수 있도록 시나리오의 중심을 잡아주는 트레이딩 철학

■ 시나리오 전략

1. 시황 분석을 통해 상승장과 하락장을 구분한다.
2. 주도 업종과 특징주 등 시장 분위기를 파악해 시나리오 전략을 공격적 또는 보수적으로 공략할지 판단한다.
3. 기준봉이 발생한 종목들을 검색한다.
4. 1차적으로 안정성, 유동성, 성장성에 문제가 없는 종목을 선별한다.
5. 뷰차트, 수급, 모멘텀 등을 고려해 시장의 주도주, 테마의 대장주로 압축한다.
6. 매수 신호(차트, 지수, 수급, 호가창, 모멘텀)를 통해 매수 타이밍을 포착한다.
7. 매도 신호에 따라 기계적으로 매도한다.
8. 비중 조절과 계좌관리는 일관성 있게 유지한다.

■ 시나리오 핵심 노트

1. 시나리오 트레이딩 시스템의 6가지 요소를 동시에 모두 충족시켜야 한다.
2. 모든 경우의 수, 최악의 상황까지 시나리오에 반드시 포함시켜야 한다.
3. 반복적인 트레이딩을 통해 승률과 손익비가 충족되면 계좌에는 누적수익이 발생한다.
4. 예상과 다른 경우, 현금 확보 전략이 최우선이다.
5. 한두 번, 한두 가지 실수는 용납되지만 치명적인 실수나 서너 번의 실수는 승률과 손익비에 치명상을 입힌다.
6. 문제가 발생하면 트레이딩을 멈추고 시나리오 전략을 재점검한다.

■ 시나리오 주의사항

1. 시나리오 전략에 집중하기 위해 종목 수를 제한한다.(최대 5종목 이하)
2. 업황, 테마가 같은 종목군을 동시에 공략하면 안 된다.(포트폴리오 중복 제한)
3. 하락장에서는 주식 비중을 극단적으로 줄이거나 100% 현금 확보를 습관화해야 한다.
4. 시나리오 전략은 공격과 방어를 확실히 구분해야 한다.
5. 시나리오 전략은 일관성 있게 시장에 순응하며 수익과 손실에 상관없이 지속적으로

흘러가야 한다.

6. 감당하기 힘든 손실이나 심리적 문제가 발생한다면 즉시 트레이딩을 멈춘다.
7. 안일한 시나리오 전략으로 큰 손실이 발생하거나 오랜 기간 매매가 꼬일 수 있다.(방심 금물)
8. 시나리오 전략을 지키지 않는다면 수익이 나더라도 아무 의미가 없다.

CHAPTER 6

1만 시간의 훈련

01

훈련의 필요성

인생은 매순간 선택의 연속이다. '아는 것이 힘이다', '돌다리도 두드려보고 건너라', '빛 좋은 개살구' 한 번쯤 들어본 속담들일 것이다. 이런 속담과 격언은 살아가면서 선택이 필요한 순간 판단의 기준이 되어주기도 한다. 하지만 선택은 결코 쉽지 않다. 고민의 원인을 '기회비용'이라는 경제학 용어로 설명할 수도 있지만 우리가 선택을 주저하게 되는 이유가 있다. '모르는 것이 약이다', '쇠뿔도 단김에 빼라', '보기 좋은 떡이 먹기도 좋다' 상반된 속담들이 있기 때문이다. 상반된 선택의 기준들 사이에서 고민하는 인생은 상승과 하락을 고민하는 주식투자와 닮았다. 그래서 인생철학, 투자 철학이라는 말이 있는 것이 아닐까?

더 나은 선택을 위해 우리는 어떻게 해야 할까? 흔히 주식시장을 총성 없는 전쟁터에 비유하는데 드라마 속 대사를 통해 투자 철학에 대해 생각해보자. "검을 겨룰 때 공격과 방어의 판단을 어떻게 하는가?"라는 질문에 무사는 이렇게 답했다. "공격과 방어는 찰나에 결정해야 합니다. 어떤 결정인지가 중요한 것이 아니고 그 결정이 무엇이든 믿는 것이 중요합니다." "그 믿음이 틀렸다면 어떻게 하는가?" 그는 다음 질문에 이렇게 답했다. "당연히 죽습니다."

선택이 틀렸다고 해서 트레이더가 목숨을 잃는 것은 아니다. 하지만 피 같은 돈을 잃는 것은 만만찮은 부담감이 따른다. 중요한 것은 공격이든 방어든 확신을 갖고 혼신의 힘을 다해야 한다는 것을 강조하려는 것이 아니다. 어떻게 그런 확신을 가질 수 있는가에 대한 질문이다. 누군가는 싸다고 생각해 주식을 살 것이고 누군가는 비싸다고 생각해 주식을 팔 것이다. 두 가지 상반된 선택이 주식시장에서 동시에 일어난다.

확신은 분명한 기준과 원칙에서 비롯된다. 지금까지 배운 기준과 원칙들을 정리해보자.

STEP 1. 기본 이론: 주식시장과 트레이딩에 대한 이해

STEP 2. 실전 이론: 트레이딩 – 기준과 원칙의 확립

STEP 3. 모의투자 또는 소액투자 훈련: 기준과 원칙의 검증

STEP 4. 시나리오 및 매매일지: 기준과 원칙 그리고 '감각' 키우기

STEP 5. 실전 트레이딩: 승률과 손익비 향상

힘들고 어렵고 지루한 일련의 과정 속에서 실력은 조금씩 성장한다. 트레이딩은 확률적으로 보더라도 다른 어느 분야보다 탁월한 경지에 오르기 어려운 분야임에 틀림없다. 그러나 절대적인 경지에 오르면 상대적인 경쟁은 아무 의미가 없다. 일정한 수준을 뛰어넘는 트레이딩 실력은 경제적, 시간적 자유를 보장한다. 학벌, 인맥, 외모와 상관없이 트레이딩 실력대로 평등하다. 더 이상 무슨 말이 필요한가. 단지 트레이딩의 목표를 향해 묵묵히 훈련하고 실력을 키우는 것이 트레이더가 되기 위해 할 수 있는 모든 것이다.

매수와 매도를 위한 '기준과 원칙 그리고 감각'에 모든 것을 집중해야 한다. 무수한 반복 훈련을 통해 '기법'이 아닌 '습관', 나아가 '직관'이 되어야 한다. 기준과 원칙, 감각에 따라 '의식'이 아니라 '무의식'적으로 기계적인 트레이딩을 하라. 그렇게 '승률과 손익비'를 충족시킬 수 있는 실력의 경지에 도달하면 돈은 버는 것이 아니라 저절로 벌리는 것이다.

02

시나리오 쓰기

STEP 1. 시황 : 지수, 업종, 모멘텀 분석

■ 체크리스트

- 주도 업종, 주도 테마, 특징 종목(돈이 어디로 움직이는가?)
- 주요 이슈, 경제지표
- 수혜 업종, 주의사항, 기타 변수
- 뉴스, 데일리 리포트, 증권사 리포트, 전문가 칼럼 등 참조

❶ 1차, 2차 지지선, 저항선

❷ 상승장 대 하락장

❸ 공격적인 시나리오 전략 대 보수적인 시나리오 전략

STEP 2. 관심종목 선정 : 기준봉 찾기

■ 체크리스트

- 안정성, 유동성, 성장성
- 수급, 모멘텀
- 상승 이유를 분명히 점검하고 리스크를 파악한다.

❶ 기준봉이 발생한 종목을 검색한다.

❷ 안정성, 유동성, 성장성을 통해 1차적으로 선별한다.

❸ 뷰차트, 수급, 모멘텀을 통해 2차적으로 압축한다.

❹ 시장의 주도주, 테마의 대장주, 특징주로 한 번 더 압축한다.

❺ 필요충분의 법칙, 백발백중의 법칙, 신호 확인의 법칙에 따라 조금이라도 불확실한 종목은 무조건 PASS(약 2천 개 종목 중에서 압축하고 또 압축하고 또 압축해 관심종목은 약 5~20개)

STEP 3. 매수, 매도 신호 체크

■ 체크리스트

- 차트(가격, 거래량, 시간, 속도, 이격)
- 지수
- 수급
- 호가창
- 모멘텀

■ 매수 타이밍

❶ 차트를 통한 기본 매수 타이밍 설정(½ 타점, ⅓ 타점 → 1~2차 지지선)

❷ 지수 저점 포착 후 매수 타이밍 공략

❸ 수급(외국인, 기관, 세력) 포착 후 매수 타이밍 공략

❹ 호가창에서 매수력 포착 후 매수 타이밍 공략

❺ 모멘텀의 지속성 체크 후 공략 여부 판단

❻ 분할 베팅 대 손절 베팅(매수 신호가 동시에 포착될 때 매수)

■ 매도 타이밍

❶ 기본 반등에서 절반 매도

❷ 2차 매수의 경우, 본전에 절반 매도

❸ 손절가 이탈하면 매도

❹ 수급 이탈하면 매도(거래량 동반)

❺ 모멘텀 소멸되면 매도

❻ 지수 하락하면 매도(매도 신호 중 하나라도 포착되면 매도)

03

매매일지 쓰기

카페, 블로그 등을 이용해 꾸준히 매매일지를 관리하는 방법을 권한다.

STEP 1. 시황

❶ 지수 차트 분석

❷ 주도 업종, 주도 테마, 특징주 기록

❸ 수급 확인

❹ 모멘텀, 이슈 확인

STEP 2. 종목별 기법, 신호차트

❶ 종목 분석

❷ 매수, 매도 타이밍 표시

❸ 매수 신호 확인

❹ 매도 신호 확인

❺ 종목별 피드백

STEP 3. 비중 조절 및 계좌관리

❶ 보유 종목 및 현금 비중 확인

❷ 추후 주가 움직임 지속적으로 확인

❸ 전체 시나리오 피드백

04

시나리오 및 매매일지 샘플

첫째, 시나리오 전략을 세우고 트레이딩한다.

둘째, 트레이딩을 마치고 매매일지를 작성한다.

이 두 가지는 트레이딩의 시작이자 끝으로 백 번 강조해도 지나치지 않다. 그러나 많은 사람들은 시나리오 전략을 세우고 매매가 끝난 후 매매일지를 작성하는 것을 귀찮게 여기거나 아예 하지 않는다. 매매일지를 쓰지 않는 것은 시험을 앞둔 학생이 공부하지 않는 것이며 운동선수가 매일 운동하지 않는 것이며 프로바둑 기사가 대국 후 복기하지 않는 것과 같다. 시나리오 전략을 세우고 매매일지를 쓰는 것은 선택이 아닌 필수다. 그리고 여러 번 반복해 매매 종목, 매수, 매도 타이밍, 승률과 손익비, 비중 조절 및 계좌관리 면에서 자신의 매매를 복기해야 한다. 이것을 통해 최적화된 기준과 원칙을 세우고 정기적으로 점검할 수 있다. 감정적인 동요나 슬럼프가 찾아오더라도 스스로 피드백하는 습관을 통해 다시 기준과 원칙으로 돌아가 안정적인 트레이딩을 할 수 있다.

카페나 블로그를 통해 혼자서도 쉽게 작성하고 관리할 수 있다. 아래는 내가 온라인에 매일 올린 매매일지 리스트이다.

355	[월천트레이더] 04월 01일 매매일지	월천트레이더	2016.04.01.
354	[월천트레이더] 03월 31일 매매일지	월천트레이더	2016.03.31.
353	[월천트레이더] 03월 30일 매매일지	월천트레이더	2016.03.30.
352	[월천트레이더] 03월 29일 매매일지	월천트레이더	2016.03.30.
351	[월천트레이더] 03월 28일 매매일지	월천트레이더	2016.03.28.
350	[월천트레이더] 03월 25일 매매일지	월천트레이더	2016.03.25.
349	[월천트레이더] 03월 24일 매매일지	월천트레이더	2016.03.25.
348	[월천트레이더] 03월 23일 매매일지	월천트레이더	2016.03.25.
347	[월천트레이더] 03월 22일 매매일지	월천트레이더	2016.03.22.
346	[월천트레이더] 03월 21일 매매일지	월천트레이더	2016.03.21.
345	[월천트레이더] 03월 18일 매매일지	월천트레이더	2016.03.18.
344	[월천트레이더] 03월 17일 매매일지	월천트레이더	2016.03.17.
343	[월천트레이더] 03월 16일 매매일지	월천트레이더	2016.03.16.
342	[월천트레이더] 03월 15일 매매일지	월천트레이더	2016.03.15.
341	[월천트레이더] 03월 14일 매매일지	월천트레이더	2016.03.15.

운동하는 방법을 배웠다고 해서 몸짱이 되는 것은 아니다. 운동법대로 꾸준히 운동할 때 비로소 근육이 자라듯 트레이딩 기술은 방법론으로 향상될 수 있는 것이 아니다. 시나리오 전략을 세우고 꾸준히 매매일지를 작성하는 습관이 당신의 트레이딩 근육을 자극할 것이다. 월천 트레이더가 되는 그날까지 트레이딩 근육을 키워라.

에필로그

주식 초보자들께 드리는 편지

요즘 저는 주식 초보자님처럼 주식투자자, 직장인, 대학생 심지어 퇴직자들로부터 트레이딩에 대해 많은 질문을 받고 있습니다. 주식으로 정말 돈을 벌 수 있나요? 질문 드린 후, 기대 반 의심 반으로 답변을 기다립니다. 하지만 이런 질문을 하는 대부분이 듣고 싶어 하는 대답은 정말 한결 같습니다.

"2~3배 급등할 좋은 종목 좀 알려주세요."

평범한 우리는 절대로 주식으로 일확천금을 벌 수 없습니다. 하루에도 20~30%씩 급등락하는 주식시장에서 우리가 예측할 수 있는 구간은 티끌만큼 작을 뿐만 아니라 그런 기회조차 자주 오지 않습니다. 티끌모아 태산이라고 말하고 싶지만 사람 욕심이 말처럼 쉽지 않습니다.

수많은 재테크 서적이며 주식전문가들이 화려한 마케팅으로 대중을 유혹하지만 이성적으로 바라보면 그 속에 어떤 문제가 숨어 있는지 깨닫지 못할 바보는 없을 겁니다. 우습지만 욕심이라는 인간의 본능이 정말 사람을 바보로 만듭니다. 하지만 사실 우리는 그렇게 큰 부자를 꿈꾸는 것도 아닙니다.

행복을 느끼며 살아가기 위한 경제적, 시간적 여유를 바라는 것이 그렇게 큰 욕심인가요? 베이비부머 세대의 은퇴부터 취업난, 불안한 일자리, 내 집 마련조차 힘든 3포 세대, 연애, 결혼, 출산까지 포기해가면서 모두 열심히 살아가고 있습니다. 그럼에도 불구하고 열심히 노력하는 것만으로는 충분하지 않은 냉혹한 시대입니다.

그런데 어떻게 주식투자는 그저 그런 노력조차 기울이지 않고 매달 월급을 아껴가면서 모은 피 같은 돈으로 도박처럼 무모하게 시작하는지 정말 안타깝습니다. 주식시장에 대한 많은 사람들의 편견과 선입견은 분명히 무지에서 비롯된 것입니다.

주식시장에서 살아남으려면 그 어느 분야보다 열심히 배우고, 익히고, 체계적으로 훈련받아야 합니다. 성공을 위해 열심히 노력해야 한다는 말처럼 당연한 진리를 주식시장에 뛰어든 대부분은 큰 손실을 입고나서야 깨닫지만 온몸으로 주식의 무서움을 경험하고 치를 떨며 곧 포기합니다. 그럼에도 불구하고 여러분처럼 주식을 제대로 배워보겠다고 두 팔 걷어 올리는 분들을 보면 박수 보내고 싶습니다.

자, 지금부터 시작입니다. 확률이나 기법 개념을 어렴풋이 이해하면 하루 종일 차트를 들여다봐도 실력은 늘지 않습니다. 열심히 노력했다고 생각하면 착각입니다.

기준과 원칙을 세우고 기준과 원칙대로 매수, 매도하고 매매일지를 작성하고 기준과 원칙을 수정, 보완하는 과정이 진정한 의미의 훈련입니다. 트레이딩에서는 주식을 매수, 매도하는 것이 중요한 것이 아니라 매수, 매도를 위한 기준과 원칙을 세우고 데이터 통계를 작성해 수천, 수만 번 반복해 검증하는 과정이 중요합니다.

트레이딩 실력은 철저히 데이터 통계로 증명됩니다. 이런 훈련 과정은 결코 하루아침에 이루어지지 않습니다. 가끔 이런 질문을 받습니다.

"트레이더님과 똑같은 기법을 사용하는데 왜 저는 승률이 낮을까요?"

저는 이렇게 질문하고 싶습니다.

"머릿속의 물음표(?)가 느낌표(!)로 바뀌는 경험, 이런 깨달음을 해본 적이 있습니까?"

과연 몇 번이나 경험해봤는지 묻고 싶습니다. 마치 온 세상을 얻은 것 같은 기분과 뒤이어 좌절, 쓰라린 패배감, 또 다시 유레카! 물음표와 느낌표가 반복되는 깨달음의 과정은 종목 선정부터 시황 분석, 비중 조절, 마인드 컨트롤까지 사소한 것 하나하나 모두 필요하고 온전히 자기 것으로 습득될 때까지 반복해야 합니다.

힘든 과정입니다. 그러나 '1만 시간의 법칙'을 기억해야 합니다. 결코 짧지 않은 시간입니다. 어림잡아 3~4년 이상 훈련하고 연구하고 고민하지 않은 채 포기하고 싶은 생각을 한다면 이것은 단순히 포기의 문제가 아닙니다.

'아는 만큼 보인다.'라는 말이 있습니다. 이런 과정 속에서 시장을 보는 눈이 트이고 트레이딩 실력은 향상됩니다. 중요한 것은 여전히 2~3배 급등할 주식을 찾는 것이 쉽지 않다는 것입니다. 초보자도 예측할 수 있는 짧은 구간만 예측할 뿐입니다.

단, 초보자도 예측할 수 있는 짧은 구간이지만 확신을 갖고 욕심 없이 기계적으로 매수, 매도합니다. 그 결과, 압도적 승률을 자랑하며 실력이 빛을 발합니다. '티끌모아 티끌'이라지만 주식시장의 티끌은 우리의 삶을 풍족하게 만들기에 충분합니다.

1천만 원을 투자해 10%를 예측하는 것과 1억 원을 투자해 1%를 예측하는 것 중 어느 방법이 유리할까요? 고작 1~2%. 투자금액이 100만 원이라면 겨우 1~2만 원 수익이지만 투자금액이 1천만 원, 1억 원이라면?

트레이딩은 뒤에 '0' 하나 더 붙을 뿐 달라지는 것은 없습니다. 월백 트레이더, 월천 트레이더, 월억 트레이더… 트레이딩은 겨우 1%를 예측하는 것으로 충분합니다.

월천 트레이더 **배단한**

북큐레이션 • 금리 1% 시대, 부자 되는 법 알려주는 라온북의 책

가장 수익률 높은 빌딩과 사모펀드 투자법, 경매 투자법, 절세를 통해 부자 되는 법을 알려드립니다.

한국의 빌딩부자들

배준형 지음 | 13,500원

맨손으로 시작한 그들은 어떻게 빌딩부자가 되었을까?
100억 빌딩부자들만 알고 있는 투자의 비밀!

평범한 사람들은 빌딩투자가 될 수 없을까? 대부분 월급쟁이들은 빌딩투자를 다른 세상 이야기라 여긴다. 이 책은 최소의 자본금으로 최대의 투자수익을 올릴 수 있는 방법을 알려준다. 현직 빌딩컨설턴트로서 상위 1% 빌딩부자들과 함께하는 저자로부터 기존 책들과는 확실히 다른 실질적인 정보를 얻을 수 있다.

부자는 모두 사모펀드로 돈을 번다

김태희 지음 | 13,800원

현직 투자 큐레이터가 알려주는
국내 최초 사모펀드 투자 매뉴얼!

다음-카카오 합병으로 가장 큰돈을 번 사람은 누굴까? 스톡옵션으로 연봉의 2배, 3배를 가져간 것으로 알려진 직원들보다 더 큰 수혜자는 따로 있었다. 바로 '사모펀드 투자자'들이다.

고급 정보를 통해 적은 돈으로도 안정성과 고수익 두 마리 토끼를 동시에 잡는 유일한 투자가 바로 사모펀드다. 사모펀드는 지난 20여 년간 전 세계적으로 평균 11%가 넘는 수익률을 기록했다. 그러나 최소투자금이 워낙 컸기에 부자나 기관들만의 전유물로 여겨졌다. 하지만 이제 평범한 월급쟁이도 참여할 수 있는 소액 상품들이 늘어나고 있다.

1% 초저금리 시대, 모든 부자들이 열광하는 투자 방법인 사모펀드로 눈을 돌려라! 글로벌 사모펀드 시장 정보부터 믿을만한 투자회사와 상담사 선정까지, 이 책이 당신을 위한 완벽한 가이드가 될 것이다

10배 경매

임경민 지음 | 16,000원

17년간 부동산 경매에 올인한 경매의 신이 알려주는 바로 벌고, 많이 벌고, 평생 버는 경매 투자 노하우!

대한민국에서는 자신의 집과 30억 원의 재산이 있어야 겨우 '부자' 소리를 들을 수 있다. 한 달에 100만 원씩 저축해도 250년이 걸리는 액수다. 결국, 월급만으로는 부자가 될 수 없다. 그렇다면 평범한 사람이, 빨리 부자가 될 수는 없을까? 임경민 저자는 '부동산 경매야말로 가장 쉽고, 안전하며, 수익률이 좋은 투자'라고 말한다. 온갖 투자를 섭렵한 그가 최종으로 택한 것이 바로 '부동산 경매'다. 특히 그는 "수십 채로 월세를 받는 것보다, 단기임대 후 매매하는 것이 훨씬 안전하고 수익률도 좋다"고 주장한다. 책에는 꼭 필요한 경매 지식과 수익 올리는 노하우가 가득하다. 특히, 투자금 대비 10배가 넘는 수익을 수차례 올린 저자의 실제 사례들이 낱낱이 공개되어 있다.

기적의 절세법 시리즈

〈부가가치세편 | 상속 · 증여세편〉

장중진, 정해인 지음 | 각 권 15,000원

안 내도 될 세금 아껴주는 기적의 절세법!

〈기적의 절세법〉 시리즈는 누구나 알아야 할 절세 가이드이다. 최고의 세금 전문가들이 간단한 세법 상식만으로 '안 내도 될 세금'을 더 내는 일이 없도록 도와준다.

내지 않아도 될 세금은 내지 않는 '절세'야말로 순수익 높은 비즈니스의 기본이다. 매출 1억 원을 올려도 비용과 세금을 제하면 남는 것은 1천만 원에도 못 미치는 경우가 많은 반면, 세금은 아낀 금액 그대로가 남는 돈이기 때문이다.

〈기적의 절세법〉시리즈 1권, '부가가치세 편'에서는 부가가치세 절세를 통해 매출 1억 원을 이기는 비즈니스를 하는 법을 알려주고, 2권 '상속세 편'에서는 상속재산 확인부터 세금 신고, 계산, 절세, 세무조사 대처까지 집 한 채만 있어도 꼭 알아야 하는 상속 증여세의 모든 것을 알려준다.